U0938725

高等政法院校法学系列教材

竞争法学

编　著　王兴运　郑艳馨

中国政法大学出版社
2010·北京

作者简介

王兴运 西北政法大学教授、硕士生导师、经济法研究中心主任，中国经济法学研究会理事，中国商业法研究会常务理事，陕西省经济法学研究会秘书长，西安市物价协会副会长。

主要著述有：《弱势群体权益保护法论纲》（专著）、《经济法若干问题研究》（专著）、《市场三法诸论》（专著）、《经济法学》（主编）、《经济法学原理》（主编）、《新编消费者权益保护法案例大点拨：五阶导读》（主编）等。

郑艳馨 西北政法大学副教授、硕士生导师，在读博士。主要研究方向为经济法学。曾作为副主编参与编写《经济法学》，参编《经济法学原理》、《经济法学案例评析》等教材六部；在《法学评论》、《当代法学》、《西北大学学报》等核心期刊上发表学术论文二十余篇；主持教育部人文社科研究项目等科研项目六项，作为主要参加人参与国家社科项目等科研项目五项。

前 言

竞争法学是西北政法大学经济法学院的专业模块课程之一。根据我院的教学计划和教材编写的统一规划，我们承担了竞争法学教材的编写任务。

本教材编写的宗旨是力求反映竞争法学的最新研究成果，全面介绍竞争法学的基础知识，如基本概念、理论和制度等，理论联系实际，培养同学们发现问题、分析问题和解决问题的能力。本教材编写力求结构清晰、概念准确、表达简练、介绍通俗。

本教材由竞争法概述、反垄断法、反不正当竞争法、反倾销与反补贴法、国际市场竞争法律制度概述等五部分组成。

本教材由西北政法大学王兴运教授和郑艳馨副教授共同编写。撰写分工如下：

王兴运：第一、五～九章。

郑艳馨：第二～四章。

本书在编写过程中参考、借鉴了学术界众多学者的研究成果，作者在此表示诚挚的谢意。由于水平有限，加之时间特别仓促，书中的错误和不妥之处在所难免，敬请读者批评指正。

作 者

2010 年 6 月 16 日

目 录

第一章

竞争与竞争法概述

内容提要：

竞争是经济发展和社会进步的源动力，竞争法则是“经济宪法”和“市场经济的大宪章”，同时也是经济法法律体系的核心。本章主要介绍竞争与竞争法的基础知识、基本概念和基本原理，具体包括竞争的概念、特征、实现、类型、作用，竞争法的概念、调整对象、历史发展、功能和作用，以及竞争法的地位和体系等内容。

教学目的：

①明白竞争的含义、特征、重要性和必要性；②了解竞争的功能和作用；③清楚竞争的历史发展过程；④熟悉竞争法的含义、调整对象、作用和体系等问题。

第一节　竞争概述

一、竞争的含义与特征

竞争作为一个特殊的社会和经济现象，对经济的发展、社会的进步影响巨大而深远。明晰竞争的含义与特征，对于探究竞争的本质和根源，认识竞争的作用具有十分重要的理论价值和实践意义。

（一）竞争的含义

竞争是一个特殊的现象，是经济发展和社会进步的源动力，广泛地存在于现实社会中的政治、经济、法律、文化等领域。本节仅在经济竞争领域，从语源和法律两个方面对竞争的含义进行探讨。

1. 竞争之语源。竞争由“竞”与“争”合并组成。我国古书中早有“竞”与“争”的记载，如《诗·商颂·长发》有“不竟不絿”的记载，《左传·襄公十八年》有“南风不竟”的记载，《庄子·齐物论》中更有“有竟有争”的记述。郭象注曰：“并逐曰竞，对辩曰争。”由此可见，竞争的最初含义是比赛、追逐、争胜。

2. 竞争之学理定义。经济竞争（或者称为市场竞争）是竞争的主要内容和表现。关于经济竞争，学术界还有不同认识。有的研究者认为，竞争“是指不同经济利益的两个以上的经营者，为争取利益最大化，以其他利害人为对手，采用能够争取交易机会的商业策略，争取市场的行为。”[1] 有的研究者则认为，竞争“主要是两个或两个以上的企业在特定的市场上通过提供同类或类似商品或劳务，为争夺市场地位或顾客而作的较量，并产生优胜劣汰的结果。”[2] 有的研究者更是认为，“所谓竞争，实质上是指两个或两个以上的经营者在市场中以比较有利的价格、数量、质量或者其他条件争取交易机会。”[3] “竞争是指市场经济条件下，商品生产者为实现自身利益最大化，而在投资、生产、销售、管理、技术、服务、消费等诸方面，相互争逐的各种争胜行为，它促进资源的合理配置和社会经济的发展。”[4] 不同的观点和表述还有很多，在此不一一列举。

我们认为，经济竞争是在商品经济或者市场经济条件下，同类市场主体在外部性资源稀缺的情况下，利用资金、技术、质量、价格、宣传、服务、信息等手段争取交易机会，实现自身经济利益最大化而实施的一种优胜劣汰行为。

3. 竞争之法律界定。以法典方式直接界定竞争的较少，在不多的直接定义中，其含义也不尽相同。如我国台湾地区的“公平交易法”第4条对竞争的定义是：“谓两人以上事业在市场上以比较有利之价格、数量、品质、服务或其他条件，争取交易机会之行为。”《日本关于禁止私人垄断及确保公平交易的法律》第2条对竞争的定义是：“指两个以上的事业人在通常的事业活动范围内，且无需对该事业活动的设施或形态加以重要变更而实施或能够实施下列行为的状态。但是，第四章（股份的持有、干部的兼任、合并及营业的受让）所规定的竞争，不包括实施或者能够实施本款第2项规定行为的状态。①向同一需要人提供相同或类似的商品或劳务的；②以同一供给人取得相同或类似的商品或劳务的。”我国现行的法律中，尚无对竞争这一概念的直接法律界定。

（二）竞争的特征

同其他社会现象相比，竞争具有以下几个明显的特征：

---

[1] 杨紫煊：《经济法》，北京大学出版社1999年版，第171页。

[2] 戴奎生：《竞争法研究》，中国大百科全书出版社1993年版，第12页。

[3] 孔祥俊：《反不正当竞争法的适用与完善》，法律出版社1997年版，第49页。

[4] 钟明钊：《竞争法学》，高等教育出版社2002年版，第5页。

1. 竞争是同业经营者之间展开的行为。“同行是冤家”，竞争只能发生在同业经营者之间。不同行业的经营者由于其没有经济利益上的冲突，所以，根本无法产生竞争的冲动、愿望和必要。而同行则不同，他们在市场占有、客户争夺、利益分配上存在着不可协调的矛盾和冲突。这种矛盾和冲突只能通过竞争来解决。换句话来讲，只有通过竞争，经营者才能获得更高的市场占有率、更多的顾客和更大的经济利益。

同业经营者既包括提供相同产品和服务的经营者，也包括提供相似产品和服务的经营者。

2. 竞争是在外部性资源稀缺的情况下实施的行为。外部性资源稀缺是竞争展开的现实条件。如果外部性资源充盈，包括市场充盈、顾客充盈、利润充盈，则即便同行业经营者众多，竞争也不会展开，甚至可以说竞争没有必要。但是，从市场经济发展的轨迹和规律来看，外部性资源往往是稀缺的，甚至是非常稀缺的，因而，竞争往往不可避免，甚至非常激烈和残酷。可以说，竞争是一种常态的经济现象，不竞争是非常态的经济现象。

3. 竞争是通过特定手段实施的行为。竞争是通过一定手段来实施的。经营者所处的行业不同、同行业竞争的经济实力不同、竞争环境不同、消费者的购买水平不同，导致竞争的具体手段也会有所不同，进而导致竞争手段呈现出多样性、变化性的特点。但是，就竞争手段的类别来讲，我们认为，主要有主体状态、资金、技术、质量、价格、宣传、服务、信息、政策等方面的竞争。

概括而言，竞争的手段可以分为正当的竞争手段和不正当的竞争手段两大类。

4. 竞争是经营者为追求利益最大化而实施的行为。经济竞争的目的十分明显，而且非常具体，一句话，就是追求经济利益的最大化。在市场经济和市场竞争中，生产经营者除了承认竞争的权威之外，不承认其他任何权威，他们参与竞争的动机、目的均受制于经济利益，而且始终指向经济利益的最大化。

5. 竞争是一种优胜劣汰的经济行为。竞争者受利益的驱动，相互竞争，不断向社会提供物美价廉的商品，而那些质次价高的竞争者则会被淘汰出局，在现实的经济生活中演变成人们通常所说的“优胜劣汰”。优胜劣汰是竞争最明显的特征和终局性特征。不具备优胜劣汰特征的经济行为，从本质属性上来讲，根本就不是竞争行为。

重点提示：

（1）竞争与竞赛、弱肉强食、斗争有着本质的不同。竞赛只奖优，而不罚劣，故而不是竞争；弱肉强食，因其实施主体不同类，也不是竞争；斗争，因其发生于非经济领域，也不是竞争。请同学们试以此为基点比较竞争与竞赛、弱肉强食、斗争之间的异同。

(2) 有研究者指出，我国之经济竞争往往是“优不胜，劣不汰”，进而认为这是我国经济竞争特殊性的具体表现。请对此主张展开讨论和研究。

二、竞争的实现

竞争只有在市场中，充分利用市场要素，凭借市场机制才能够实现。离开市场、市场要素和市场机制，竞争就没有了依托，也失去了存在的空间。

(一) 市场与市场体系

市场是商品经济运行的载体或现实表现。它是商品交换的场所和领域，是商品生产者和商品消费者之间各种经济关系的汇合和总和。

市场是社会分工和商品经济发展的必然产物。同时，市场在其发育和壮大过程中，也推动着社会分工和商品经济的进一步发展。市场通过信息反馈，直接影响着人们生产什么、生产多少，以及上市时间、产品销售状况等；联结商品经济发展过程中产、供、销各方，为产、供、销各方提供交换场所、交换时间和其他交换条件，以此实现商品生产者、经营者和消费者各自的经济利益。

市场体系是由各类专业市场，如商品服务市场、金融市场、劳务市场、技术市场、信息市场、房地产市场、文化市场、旅游市场等组成的完整体系。同时，在市场体系中的各专业市场均有其特殊功能，它们互相依存、相互制约，共同作用于社会经济。

重点提示：

竞争在不同市场中的特点、规律、轨迹各不相同，请同学们列表揭示这些不同，并进行“类”的比较。

(二) 市场要素

市场要素由市场主体、市场客体和市场行为构成。

1. 市场主体。市场主体是指在市场上从事经济活动，享有权利和承担义务的个人和组织体。任何市场主体参与经济活动都带有明确的目的，以在满足社会需要中追求自身利益最大化为目标。

市场主体具有营利性，这是其最本质最重要的特征。市场主体还具有独立性，主要表现为产权的独立和经营权的独立。

实践证明，只有以市场主体为本位，一切为了市场主体，一切依靠市场主体，社会经济才能发展。强大的市场主体就是强大的经济和强大的国家，正是在这个意义上，美国前总统柯立芝明确提出：“美国的事业是市场主体。”[1] 对此，我们

---

〔1〕 参见［美］萨谬尔森：《经济学》（上册），高鸿业译，商务印书馆1990年版，第139页。

完全可以接着说，中国的事业也是市场主体，甚或说，一切发展社会经济的事业都是市场主体。

2. 市场客体。所谓市场客体是指用于市场交换的指向物，即用于交换的物品和服务。一种物品或劳务要成为市场交换的客体，必须具备以下特性：①它必须能够满足人的某种需要；②相交换的物品或服务必需品具有不同的使用价值，能够分别满足交换双方的需要；③能够用于交换的必须是稀缺的经济物品；④相互交换的物品和服务不仅要有不同的效用，而且还要有价值量的差别等。

市场客体的具体形式表现为物质产品、服务和生产要素等三类。其中：物质产品包括生活资料和生产资料；服务包括生活服务、生产服务、流通服务、社会服务等；生产要素包括劳动力、土地、资本、技术、信息、产权等。

3. 市场行为。企业市场行为，即企业在市场上为实现其目标（如利润最大化、更高的市场占有率）而采取的适应市场环境要求不断调整战略和策略的行动。市场行为内容十分复杂，而且不断地发生变化，但其行为都是以实现商品价值，进而实现利润最大化为目的。

重点提示：

市场行为是经营者竞争行为的外化，既有稳定的一面，又有变化的一面。同学们可以根据以下论述进行分类和归纳，并从中认识和揭示市场行为的本质。

概括来讲，市场行为可以归纳为以下几类：

（1）营销行为。商品生产经营者总是要尽快地尽量多地把商品销售出去，以补偿生产经营中的耗费并获得预期的收益。他们通过制定营销策略，采取各种促销手段，以达此目的。生产经营者的促销行为主要包括人员促销、广告促销和商标促销等形式。

（2）定价行为。在其他条件不变的情况下，价格的高低直接影响企业的盈亏。因此，企业的定价行为既要考虑本企业的盈亏，又要考虑消费者，应该对两者都有利，这样才能有利于市场经济秩序的建立和维护。

（3）合同行为。合同，是指合同双方为了各自的目的而明确相互间权利义务关系的协议。在市场经济条件下，商品生产者和经营者之间的商品交易，常以经济合同形式来实现，企业的生产和经营的目标常以经济合同来确定，这是市场经济与计划经济的区别之一。因此，在一定意义上，市场经济是一种契约经济。通过合同约束，可以规范合同双方当事人的行为，使其履行合同，使产销得到衔接，从而避免盲目的产销活动。

除上述市场行为以外，还有市场经营主体的投资行为、信用行为、质量行为、招工和用工行为等。

（三）市场机制

市场机制就是市场运行的实现机制。它作为一种经济运行机制，是指市场机制体内的供求、价格、竞争、风险等要素之间的互相联系及作用机理。市场机制有一般和特殊之分。一般市场机制是指在任何市场都存在并发生作用的市场机制，主要包括供求机制、价格机制、竞争机制和风险机制。具体市场机制是指各类市场上特定的并起独特作用的市场机制，主要包括金融市场上的利率机制、外汇市场上的汇率机制、劳动力市场上的工资机制等。

市场机制是一个有机的整体，它的构成要素主要有市场价格机制、供求机制、竞争机制和风险机制等。

（1）价格机制是指在市场竞争过程中，市场上某种商品市场价格的变动与市场上该商品供求关系变动之间的有机联系的运动。它通过市场价格信息来反映供求关系，并通过这种市场价格信息来调节生产和流通，从而进行资源配置。另外，价格机制还可以促进竞争和激励，决定和调节收入分配等。

（2）供求机制是指通过商品、劳务和各种社会资源的供给和需求的矛盾运动来影响各种生产要素组合的一种机制。它通过供给与需求之间的在不平衡状态时形成的各种商品的市场价格，并通过价格、市场供给量和需求量等市场信号来调节社会生产和需求，最终实现供求之间的基本平衡。供求机制在竞争性市场和垄断性市场中发挥作用的方式是不同的。

（3）竞争机制是指在市场经济中，各个经济行为主体之间为着自身的利益而相互展开竞争，由此形成的经济内部的必然的联系和影响。它通过价格竞争或非价格竞争，按照优胜劣汰的法则来调节市场运行。它能够形成企业的活力和发展的动力，促进生产，使消费者获得更大的实惠。

（4）风险机制是市场活动同企业盈利、亏损和破产之间相互联系和作用的机制。在产权清晰的条件下，风险机制对经济发展发挥着至关重要的作用。

重点提示：

市场、市场调节、市场机制是三个既密切联系，又相互区别的概念。市场，通常是指空间范围；市场调节，通常是指影响和作用市场经济发展的手段；市场机制，通常是指市场经济运行的模式。请同学们试比较之。

三、竞争的类型

竞争可以依据不同的标准进行划分和研究。每一种分类，对竞争的研究都有促进作用。我们认为，以下几种分类意义重大，应当予以重点研究。

（一）完全竞争和不完全竞争

在经济学中，买卖双方的数量、商品的同质性、厂商进入市场的难易程度以及信息的完全性，是决定市场竞争的四个基本因素。根据这些因素的基本差异，经济学将市场分为完全竞争市场和不完全竞争市场。

1. 完全竞争。当个别厂商在一个行业中不能确定自己产品的价格时，市场就是完全竞争。

完全竞争必须满足以下四个条件：①市场上有许多销售者和购买者；②同类商品同质无差别；③各种生产资源，如资本、劳动等可在市场中不受阻碍地自由流动；④市场信息可在市场中不受阻碍地自由流动，厂商与消费者都对有关商品的各种信息了如指掌。

总的来说，完全竞争的最大特点是市场价格完全由供求关系决定，任何个人的行为都不能影响商品价格，而只能是市场价格的接受者。在现实经济中，完全符合这些条件的市场是不存在的，只有一些市场近似地符合完全竞争市场的定义。农产品市场通常被看成是接近于完全竞争的市场，如大米、小麦、棉花等市场。大部分产品的市场与完全竞争市场的四个条件相去甚远。

2. 不完全竞争。不完全竞争是相对于理想化的完全竞争而言的一类市场结构，当个别厂商在一个行业能够控制自己产品的价格时，市场就存在不完全竞争。在现实经济生活中，由于竞争和信息的不完全性，完全竞争市场只是理想化模型，大多数市场都是不完全竞争的，因此，不完全竞争理论在理论界受到很大关注，成为市场结构理论的研究重点。

一般认为，不完全竞争的存在是由于一些进入障碍使竞争受到了限制。进入障碍主要有以下形式：

（1）政府政策。这主要包括对垄断的特许（专利）和对进入的限制（许可证）。

（2）关键生产要素的独家所有权。当一家厂商拥有一种不能被制造的投入的全部供给时，进入的可能性即被排除。

（3）不完全信息。缺乏信息会阻碍潜在竞争者进入市场；消费者对新进入者的产品质量缺乏信息，这也阻碍消费者转向消费新产品，从而限制了厂商的进入。

（4）规模经济。当平均生产成本随着生产规模的扩大而下降时，自然垄断就会出现，这时缺乏竞争是自然结果。

（5）市场策略。这些策略（如掠夺性定价、多条生产能力和限制性定价）使潜在进入者相信，若他们进入市场，便会遇到抵抗，并因此无利可图。

（6）限制性做法，包括反搭售、独家经营和价格歧视，以及其他都在阻止进入或促进勾结的做法等。

经济学家们一般把不完全竞争分为三种类型，即独占垄断、寡头垄断和垄断竞争。

（1）所谓独占垄断，是指单一厂商完全控制某一行业，该厂商是行业内的唯一生产者，同时，没有一个行业能够生产出接近的替代品。完全垄断在今天也是很少有的，这也是一种极端的市场类型，典型的例子仅仅存在于受政府保护的一些行业。

（2）所谓寡头垄断，是指市场上只有少数几个销售者。寡头可分为纯粹寡头和差别寡头两种。纯粹寡头的产品同质无差别，如生产石油、钢铁、水泥等产品的寡头。差别寡头的产品质量不同，各有特色，如生产汽车、飞机、机械等产品的寡头。在这些行业中，同种产品在规格、型号、质量和外观上是不同的。寡头市场产生的原因：一是由于市场规模较小，只能容纳几家厂商，例如，在一个小城市中，通常只有几家银行、几家电影院等；二是由于规模经济，所谓规模经济，是指在使用综合生产线和大型机械的资本密集型工业中，厂商只有达到一定规模才能达到收益最大化。在上述这些行业中，一般只有少数几家厂商才能达到使自己的平均成本下降到最低状态。因此新厂商很难进入。

（3）所谓垄断竞争，是指许多厂商在市场上销售近似但不完全相同的产品。它存在以下两个重要特征：①各厂商的产品存在一定的差别。因此，它们都处于一定的垄断地位，可对产品价格起一定的影响作用；②市场上有许多厂商。他们可以自由地进出该产业，销售近似的产品。因此，即使存在着产品差别，竞争仍然是不可避免的，厂商只能对自己出售的产品价格发挥有限的影响。

重点提示：

完全竞争是一种理想状态，不完全竞争是一种现实状态。理想状态下的完全竞争几乎是不存在的，市场经济条件下的竞争几乎都是不完全竞争。因此，我们应当把学习、探讨、研究的重点放在不完全竞争上。对不完全竞争的学习、探讨和研究，一要立足于我国社会主义市场的实际；二要坚持具体问题具体分析的基本原则。

（二）正当竞争和不正当竞争

依据法律对待竞争的态度，竞争可以分为正当竞争和不正当竞争两类。这一划分最具法律意义，是竞争法研究竞争的基点。

1. 正当竞争，是指经营者采用符合国家法律、遵守社会公认的商业道德、信守诚实信用原则的商业手段进行竞争的行为。主体合格、程序合法、手段正当是正当竞争的三个显著特点。

2. 不正当竞争，[1] 是指经营者违反法律的规定或违反诚实信用的商业道德，以不正当手段谋取竞争优势或经济利益，侵犯其他相关经营者的合法权益和消费者的合法权益，扰乱社会经济秩序的行为。不正当竞争行为从实质上来讲是违法行为，所以，各国均以法律规范的形式明令禁止。

（三）国内竞争和国际竞争。

根据竞争的范围、参与主体的不同，竞争可以分为国内竞争和国际竞争两类。

1. 国内竞争，是指具有同一国籍的经营者在该国范围内进行的竞争。国内竞争是国际竞争的基础，没有国内竞争就没有国际竞争。

2. 国际竞争，是指具有不同国籍的经营者相互之间在国际范围内进行的竞争。国际竞争是以经济和科技实力为基础的综合国力的较量，能否在科技发展上取得优势，增强以经济和科技为基础的综合国力，最终将决定本国在国际上的地位。

当今的国际竞争有三大特征：一是市场资源瓜分；二是经济资源掠夺；三是技术甚至是品牌的倾销。其本质上是以全球范围内互通有无、配置资源为外在形式，通过扩大利润分配空间瓜分利润的行为。目前，我国企业参与国际竞争的状况不够理想，主要表现在参与主体少、参与规模小、参与强度弱、参与困难多等方面。

重点提示：

当今的国内竞争与国际竞争已经从对立走向合作，从割裂走向融合，呈现出你中有我，我中有你的态势，国内竞争国际化，国际竞争国内化已成必然趋势。

四、竞争的作用

竞争的作用是双重的，是客观存在的。它既具有积极的方面，又具有消极的方面。总体而言，其积极作用占主导地位。全面认识竞争的作用，有助于我们驾驭它，既张扬其积极作用，又抑制其消极作用，有利于社会和经济的发展。

（一）竞争的积极作用

竞争的积极作用主要表现在以下四个方面：

1. 竞争有利于价值规律的实现，有利于促进社会生产的发展。商品生产者

---

[1] 这里的不正当竞争行为只是相对于正当竞争而言的一个概念，外延比较宽，与《反不正当竞争法》所规制的不正当竞争行为不同，除包括《反不正当竞争法》所规制的不正当竞争行为外，还包括垄断行为、倾销行为和补贴行为。

为了使自己在生产和销售中处于有利地位，获得更大的利益，总是设法使自己的个别劳动时间低于社会必要劳动时间，这一竞争过程，又形成新的社会必要劳动时间。长此以往，循环往复，生产力水平就会不断得到提高，社会经济也会得到长足的发展。

2. 竞争有利于新技术的生成，有利于产品质量的提高。技术，尤其是专利技术和商业秘密是经营者参与竞争，在市场中取胜的重要法宝。经营者为了提升自身竞争能力，确保竞争优势，都千方百计、想方设法改良旧技术、创新新技术，进行技术革命和技术革新，新的技术会像雨后春笋般产生。随着新技术的广泛应用，产品质量必然得到相应的提高。反过来，产品质量提高了，竞争实力增强了，产品利润增加了，经营者又会投入资金进行新技术的研制和开发，技术水平又会得到更大的提升。质量和技术就是这样相辅相成，相互促进，共同提高的。

3. 竞争可以更好地满足消费者的需要，维护消费者的合法权益。竞争规律的作用迫使生产者要千方百计地提高产品质量，降低成本和产品价格，并及时生产出适销对路、花色品种齐全的产品，提供各种优质周到的服务。所以，竞争在客观上能惠及消费者。

4. 竞争有利于资源的优化配置，有利于经济的宏观调控。要充分发挥有限资源的最佳效应，就必须优化资源配置。资源的配置程度也取决于竞争的开展程度。在市场经济条件下，市场是资源合理配置的基础。我们知道，商品的价格主要取决于商品价值量的高低和市场的供求状况。商品经营者对于市场供求状况的了解，最直接的途径是通过研究市场上商品价格的自发涨落，来判断社会需要什么，不需要什么以及需要多少。当某种商品价格上涨到它的价值以上，说明这种商品供不应求，商品经营者会将更多的生产资料和劳动力投放到这些商品的生产部门中去。正是由于竞争，资源不断流动、重组，使其配置得到优化。

（二）竞争的消极作用

竞争的消极作用主要有以下三个方面：

1. 竞争会导致垄断的出现。列宁曾经指出：竞争的发展，优胜劣汰的演变必然会引起资本的集聚和生产的集中，而这种集聚和集中发展到一定阶段就必然走向垄断。垄断一旦形成，它又反过来窒息竞争，带来一系列经济和社会的危害。一百多年来，世界经济发展中的无数事实都说明了这一点。

2. 过度竞争往往会造成浪费，造成贫富两极分化。在竞争的过程中，通常会付出一定的成本，有时这种成本还会是十分巨大的。这主要表现在两个方面：其一，由于竞争带有相当程度上的自发性和盲目性，因而在实现资源配置的过程中会付出许多社会资源浪费方面的代价，有时这种浪费是很严重的；其二，由于竞争总会导致优胜劣汰，使得一些人富裕，另一些人贫困，造成贫富悬殊，两极分化，这必然会带来许多社会问题，引发一些不安定因素。

3. 不正当竞争会对社会的伦理道德风尚带来负面影响。不正当竞争是一种损人利己的机会主义行为。为了追逐利润而实施不正当竞争的经营者不但会违背伦理道德，甚至会铤而走险，敢于践踏一切人间法律。这样一来，就会对社会良好的伦理道德风尚带来负面影响。

第二节　竞争法概述

一、竞争法的概念及调整对象

概括来讲，竞争法是指调整市场竞争关系的法律规范的总称。具体而言，竞争法是指调整市场竞争关系和竞争监管关系的法律规范的总称。

重点提示：

竞争政策和竞争法律是密切相连的。竞争政策是市场经济国家的一种经济政策，其目的是保护竞争，防止市场垄断。竞争政策的一个重要特征是，它通常以有关控制竞争的法律为基础。换句话说，有关控制市场竞争的法律本身就构成了竞争政策的基本内容。从这个意义上说，竞争法律（或竞争法）和竞争政策基本上是同义语。

竞争法调整的市场竞争关系和竞争监管关系，主要包括以下两类：

（一）国内市场中的市场竞争关系和竞争监管关系

市场竞争关系和竞争监管关系是国内市场竞争中的两大类经济关系，也是国内市场竞争中的两大支柱，相辅相成，相伴相生，不可或缺。

1. 市场竞争关系，是指经营者之间在交易过程中形成的以利害关系方为对手，相互争夺资金、技术、劳动力以及市场占有的经济关系。这是竞争法调整的最广泛的调整对象。

市场竞争关系具有以下特征：①竞争关系形成于具有利害关系的平等经营者之间。任何一个经营者多面临的是同一市场范围内并且经营方向相同的竞争对手，由于市场是一个开放的系统，只要是具备一定资格的主体都可以参与竞争，所以，市场竞争关系一般具有多个当事人。在竞争关系中某一个经营者的竞争对手有的是特定的，有时也存在众多不特定的竞争对手。②市场竞争关系以竞争为手段，以追求利益最大化为目的。这就意味着争夺统一范围的市场及资源，此消彼长，激烈而残酷，结果是优胜劣汰。

2. 竞争监管关系，是指国家经济管理机关在对维护竞争秩序过程中与经营者形成的经济关系。这种经济关系是竞争法的重要调整内容，也是不可或缺的内容。

竞争监管关系有以下特征：①竞争监管关系是监管者和被监管者之间发生的经济关系。监管者是国家授权主管竞争关系的国家机关，在我国，主要是各级工商行政管理机关，以及其他享有竞争主管职权的相关国家机关；被监管者是经营者。②引导、规范、保护、制止和协调是主要的监管手段。在市场竞争关系中，质量、技术、服务、价格、广告是其主要手段，而在竞争监管关系中，引导、规范、保护、制止和协调是主要手段。③竞争监管关系以维护公平、正义、有序的市场竞争秩序为目的。与市场竞争关系不同，竞争监管关系不以追求经济利益的最大化为目的，而是以更高层次的公平、正义、有序为目的，着眼于竞争关系的宏观发展和长期、稳定地运行。

（二）国际市场竞争中的市场竞争关系和竞争监管关系

同国内市场竞争相同，市场竞争关系和竞争监管关系也是两大支柱和两大类重要的经济关系，也是相辅相成，相伴相生，不可或缺的。

1. 市场竞争关系。国际市场竞争关系除了具有国内市场竞争关系的一般特征外，还具有一些特有特征。这些特有特征主要表现为竞争的涉外性，或者主体涉外，即竞争发生在具有不同国籍的经营者之间；或者客体涉外，即涉及到外国的产品或服务；或者范围涉外，即直接或间接、整体或部分地涉及到外国竞争市场。

2. 竞争监管关系。国际竞争监管关系除了具有国内竞争监管关系的一般特征外，还具有一些特有特征。这些特有特征主要表现为监管的国家经济安全性和国家主权性。所谓国家经济安全性是指国家服务竞争关系的目的是为了维护国家的经济安全；国家主权性是指国家服务国际竞争关系是基于国家主权的内在要求，如对外实施的反补贴和反倾销措施都是依据国家主权行使的行为。离开国家主权，反补贴和反倾销便无从谈起。

重点提示：

竞争法的调整对象是竞争法中重要的基础问题，关乎竞争法的地位、作用以及与其他相关法律部门的关系，必须予以重视。关于竞争法的调整对象，目前学术界还有不同认识，在有些方面分歧还很大。同学们可以对学术界的观点进行整理、归纳、总结。

二、竞争法的特征

竞争法的特征，是指反映竞争法本质，并且和其他法律相比较，为竞争法所显著具有的，能够作为它的特殊性的象征和标志。

（一）在内容上具有明显的经济性

竞争法的调整对象是商品交换中的竞争关系。商品交换是指商品的相互让渡和转手。商品是用来交换并能满足人们某种需要的劳动产品，具有使用价值和价值两种属性。一切商品对它们的所有者而言，是非使用价值，而对它们的非所有者而言，是使用价值。因此，商品交换是商品生产的普遍现象，也是商品生产能够维持和继续发展的基本条件。在商品交换中，商品的使用价值和价值才能得以实现，商品内部所包含的使用价值和价值的矛盾才能得以解决。

商品交换中的竞争关系，实际上就是商品交换中所反映的一种经济关系。经营者在市场上进行商品交换，彼此之间处于相互竞争的状态，使自己的商品能实现更大的价值，即经营者之间所形成的竞争关系，都是围绕经济利益展开的，都与物质利益密切联系，具有显著的经济性特点。可以说，离开了一定的经济利益，就没有竞争法。虽然从理论上讲，法律是上层建筑，是为经济基础服务的，但这种服务有的是直接的，有的是间接的，而竞争法与经济利益的联系是非常紧密和直接的。

（二）在目的上主要是为了保护经营者的合法权益

竞争是商品经营者之间争夺经济利益的斗争。在商品交换中，一些经营者为了争夺市场、原料和投资场所，实现更多的利润，无视竞争的经济规律，破坏平等竞争的正当竞争秩序，或者是限制竞争，或者是进行不正当竞争，这都会破坏市场经济的秩序，损害与该经营者处在某种竞争关系中的其他经营者的合法权益。因此，制定竞争法，不论是反垄断法、反不正当竞争法，还是反倾销、反补贴法，其立法目的都是为了保护经营者的合法权益免受非正当竞争行为的侵害。

当然，在商品交换中，除了经营者外，还有消费者。非正当竞争行为不仅侵害了经营者的合法权益，还会侵害消费者的合法权益，因此，竞争法在保护经营者合法权益的同时也保护消费者的合法权益。但是，消费者的合法权益并不受竞争法的直接保护，如果经营者因从事非正当竞争行为而给消费者的合法权益造成了损害，消费者可以依据《消费者权益保护法》和《产品质量法》的有关规定主张权利。一般说来，消费者并不得以经营者违反竞争法为由，向经营者主张权利。

（三）在适用范围上具有广泛性

竞争法的适用范围是指竞争法效力所及之地域、主体和行为。从地域上讲，竞争法不仅适用于一国国内，而且适用于国际贸易领域；从主体上讲，凡是从事商业活动的，不论以何种方式创办、控制或拥有的私营或国有的商号、合伙、有限公司、股份公司、其他社团、自然人或法人，或其分支机构、子公司、附属公司，或直接、间接受其控制的其他实体，都可能成为竞争法规制的对象；从行为及其所涉及的专门领域上讲，无论是在货物买卖合同中订有维持价格的条款，还是在包销、经销或代理协议中订有不准对方经营竞争对手的产品的条款，或在专有技术许可协议中订有限制性条款，甚至是提供劳务的行为，都可能被认定为不公平的交易行为，从而受到竞争法的制裁。

（四）在适用上存在诸多的豁免规定和较大的司法裁量权

所谓豁免规定，亦称适用除外规定，即法律明文规定不适用竞争法的情形，包括反垄断法适用除外和反不正当竞争法适用除外。

重点提示：

在学术界，有些研究者认为豁免与除外是一种等同关系，其外延和内涵具有一致性；有些研究者认为，除外是豁免的一种具体表现，其外延小于豁免。我们赞同前一种观点。同学们可以对豁免与除外二者之间的关系展开探讨和研究。

反垄断法适用除外是指国家为保护国家整体利益，在立法中规定，允许某些部门、行业或者某些企业实行垄断经营。反垄断法适用除外主要有以下内容：①自然资源行业；②涉及国计民生的特殊行业，如公用事业和农业等；③风险性极大的行业，如航空航天业；④特殊时期的特殊情况，如经济危机时期为应对危机所采取的措施；⑤国家垄断，如国家计划、国家定价等；⑥知识产权领域等。

反不正当竞争法适用除外是指对那些因符合市场经济的发展目的，虽然在形式上符合不正当竞争要件的竞争行为，但是国家也给予特殊许可和允许。

所谓较大的司法裁量权，是指法律赋予执法机构审理和裁决竞争案件以较大的自由裁量权。这主要是因为竞争法中充满着不确定的概念。

（五）与其他相关法律具有交叉性

竞争法是市场经济法律体系中的一项重要的法律，它既有自身的调整对象，即商品交换中的竞争关系，这是一个涉及面很广泛的经济关系；同时，他又与其他的与市场经济有关的经济关系有十分密切的联系。这就导致竞争法的内容既具有广泛性，又与调节市场经济有关的其他法律的内容有十分密切的联系，有时甚至互相交叉、相互渗透。因为在商品交换中，采用非正当竞争行为的表现形式很多，这些形式不仅在竞争法中作了规定，而且在一些相关的法律中也有规定，甚至有专门的规定。例如，商标是经营者为使自己的商品同其他经营者的商品相区别而使用的一种标记，也代表人们对特定经营者的商品质量的评估。“认标购货”是在市场上选购商品的普遍做法。商品质量好，商标信誉就高，商品的销路也就畅通，经济效益随之提高。在市场竞争中，有些经营者为了追求非法利润，用假冒他人的注册商标的方法作为进行不正当竞争的手段，这既是为竞争法所禁止的行为，也是为商标法所禁止的行为，这就在内容上表现出竞争法和商标法的交叉。一般说来，各国的竞争法在内容上都会表现出与民法及商标法、专利法、广告法、价格法、产品质量法、公司法、招标投标法、商业秘密保护法等一系列相关法律的交叉性。

重点提示：

如何处理好竞争法和相关法律部门之间的关系（学术界有些研究者将之归结为竞争法和相关部门的法律冲突）是一个十分重要的理论问题和实践问题，既复杂又棘手。我们认为，竞争法和众多相关法有着密切的联系，可能都对同一行为作出规制，但是，它们彼此并不存在冲突，二者解决的问题和调整的对象是完全不同的、也是清晰可辨的。主要表现在：竞争法解决的是竞争关系矫正问题，侧重于对经营者和消费者权益的保护；相关部门法解决的是竞争行政违法问题，侧重于对经营者竞争行为的行政处罚。

对于这一问题，同学们可以展开专题讨论。

三、竞争法的历史发展

竞争法律规范可以追溯到千年以前，不过，那时竞争法律规范不仅数量少，而且分散，更不成体系。直到自由竞争资本主义时期，也没有完整的竞争法。在普通法系国家，竞争规则是通过法院对契约的干预而建立的；在大陆法系国家，则运用民法中的侵权法对不正当竞争行为进行处理。

19世纪末20世纪初，自由竞争资本主义完成了向垄断资本主义的过渡，垄断成为资本主义社会经济生活的基础，垄断和限制竞争以及不正当竞争愈演愈烈。现实告诉人们，单纯依靠市场那只“看不见的手”，不但不能克服和解决竞争的负面效应，而且还会使它更为严重。因此，竞争法的产生是国家干预社会经济的必然结果。

以竞争法产生的标志——美国《谢尔曼法》为划分标准，竞争法可以划分为以下几个阶段。

（一）竞争法孕育与产生时期

在市场经济300年的历史进程中，市场经济通常可大致分为两个阶段：一是自由竞争时期，即在经济自由主义经济学理论影响下实行的完全竞争时期；二是垄断时期，即资本和生产迅速积聚和集中，社会生产达到了十分巨大的规模的时期。一般认为，英国是最早实行市场经济体制的国家。在从18世纪60年代到19世纪60年代的约100年的时间里，英国以及法、德、美等国相继完成了产业革命，使资本主义从工场手工业过渡到机器大工业，进而使资本主义生产方式在各国最终确立统治地位并取得了世界性的胜利。19世纪后期的以电力和内燃机为主体的科学技术革命，又把资本主义国家的生产力提高到了一个新的高度。在西方国家，资本和生产迅速积聚和集中，社会生产达到了十分巨大的规模，垄断成为经济生活的突出特征。可见，资本主义社会于19世纪后期完成了由自由竞争向垄断的过渡，标志着市场经济进入了垄断时期。

在自由竞争初期，竞争作为资本主义经济运行的核心机制，对经济和社会的发展起到了巨大的推动作用。在竞争机制的约束下，市场资源得到了有效的利用，社会资源得到了有效的配置，消费者的社会福利得到了最大限度的保障，但与此同时，也出现了一些零星的、手段简单的不正当竞争行为，例如，冒用他人的商号或名称推销自己的商品，以诽谤他人产品的方式推销自己的商品等行为。由于当时的经济组织（包括个体经营者、合伙组织、法人等）经济实力不强，无法形成单个主体控制市场的能力，其生产经营的主要目的是在现有的经济规模条件下推销自己的产品以获取相对较高的利润；同时也由于贯彻经济自由主义理论而倡导自由竞争，且自由竞争的后果归属于竞争者，国家只是以“仲裁人”、“守夜人”的身份裁判竞争者之间所发生的因违背私法自治原则而产生的竞争纠纷。传统的不正当竞争行为，仅仅体现的是竞争者之间个体利益的矛盾，而这些矛盾与纠纷并没有给自由竞争秩序造成本质上的影响。所以，一些国家足可以通过私法的诚实信用原则，以及基于侵权法而延伸的侵权案例来消除这些影响不广泛的不正当竞争行为。尽管这些法律规范与判例的援用属于个别的法律因素，但是，这种社会实践实际上是在呼唤着竞争法的出世。

自由竞争后期与垄断初期，在追求高额利润的前提和市场经济运行中，不仅传统的还能援用私法来处理的不正当竞争行为日趋严重，而且还出现了各种各样的新型的不正当竞争行为、限制竞争行为和垄断行为（垄断经济的特征就是限制竞争和垄断竞争）。例如，自恃经济实力强大以低于成本价格或者不合理让利方式销售自己的产品，以协议或者主体变更方式控制商品的市场价格或者市场份额或者产品的销售区域等行为。这些行为在产生积极意义的同时，也给社会带来消极的后果，即在影响竞争秩序的同时，还影响到社会利益的平衡及国家政治、经济生活的稳定，由此也就产生了竞争的双重后果的问题。

法律是调整社会关系的。当出现了或者可能出现影响竞争秩序的现象时，国家基本的任务是通过有关的法律予以调整。以主体合并行为为例，就合并主体的个体利益而言，它们自由且自愿的合并，其基本目的在于扩大合并企业的经济规模和提高生产力，以便顺应竞争规律的要求，在优胜劣汰的自由竞争中保持强势地位。这是自由竞争的必然，也是竞争者应该享有的竞争权利，企业之间的合并行为无可非议，但从法律调整角度来说，大陆法系体现个体权利本位、意思自治原则的私法，其存在的目的在于确认社会个体的权利及调整、平衡个体之间的利益矛盾（例如契约关系）。因此，当企业行使自由竞争权利及以私法为依据实施企业合并行为时，欲用私法去消除和制止对竞争秩序有害的企业合并行为，显然是不合逻辑的，在现实中也是无意义的。对于企业合并现象，判例法系国家以侵权为由去消除和制止企业合并行为也是无法解释的。因为，在自由竞争的状态下，竞争者享有自由竞争的权利，企业合并是竞争者行使竞争权利的具体体现；传统意义上的“侵权”，是一种相对人之间基于一定事实形成的权利受到侵害的现象，而企业合并行为是相对人之间的资源联合行为，对于双方而言不存在“侵权”的事实；在自由竞争的条件下，国家只是“守夜人”、“仲裁人”的角色，如以“侵权”为由去限制或制止企业合并行为，这实际上是不符合自由竞争原则的，是对竞争者的竞争权利的侵犯。可见，当时的法律制度，是很难适应消除与制止反竞争行为的客观要求的。

为了达到既要消除对其他竞争者和消费者不利的反竞争行为，又要保持较为自由的竞争状态，同时，又要通过竞争规则体现国家竞争政策即国家干预经济的现实要求，西方一些国家展开了竞争立法与竞争司法活动。1889 年，加拿大率先通过了《禁止限制性贸易合并法》，美国在 1890 年颁布了《谢尔曼法》，德国在 1896 年颁布了《反不正当竞争法》（世界上第一部反不正当竞争法），等等。至此，以规范竞争秩序为目标的竞争法，也就顺应社会经济生活的需求而产生了。

重点提示：

《谢尔曼法》是美国国会制定的第一部反托拉斯法，也是美国历史上第一个授权联邦政府控制、干预经济的法律。该法奠定了反垄断法的坚实基础，至今仍是美国反垄断法的基本准则，对后世其他国家的竞争立法产生了巨大而深远的影响。

《谢尔曼法》仅有 8 个条款，内容依次为：①任何契约、以托拉斯形式或其他形式的联合、共谋，用来限制州际间或与外国之间的贸易或商业，是非法的。任何人签订上述契约或从事上述联合或共谋，是严重犯罪。如果参与人是公司，将处以 100 万美元的罚款。如果参与人是个人，将处以不超过 100 万美元的罚款；如果参与人是个人，将处以 10 万美元以下罚款，或 3 年以下监禁。或由法院酌情并用两种处罚。②任何人垄断或企图垄断，或与他人联合、共谋垄断州际间或与外国间的商业和贸易，是严重犯罪。如果参与人是公司，将处以不超过 100 万美元的罚款；如果参与人是个人，将处以不超过 10 万美元的罚款，或 3 年以下监禁。也可由法院酌情并用两种处罚。③任何契约、以托拉斯形式或其他形式的联合、共谋、用来限制美国准州内、哥伦比亚区内，准州之间、准州与各州之间、准州与哥伦比亚区之间，哥伦比亚区同各州间，准州、州、哥伦比亚区与外国间的贸易或商业是非法的。任何人签订上述契约或从事上述联合或共谋，是严重犯罪。如果参与人是公司，将处以不超过100万美元的罚款；如果参与人是个人，将处以10万美元以下的罚款，或3年以下监禁，或由法院酌情两种处罚并用。④授权美国区法院司法管辖权，以防止、限制违反本法；各区的检察官，依司法部长的指示，在其各自区内提起衡平诉讼，以防止和限制违反本法行为。起诉可以诉状形式，要求禁止违反本法行为。当诉状已送达被起诉人时，法院要尽快予以审理和判决。在诉状审理期间和禁令发出之前，法院可随时发出在该案中公正的暂时禁止令或限制令。⑤依据本法第4条提起的诉讼尚在审理中时，若该案的公正判决需其他人出庭时，不管其他人是否居住在该法院所在区内，法院都可将其传讯。传票由法院执行官送达。⑥依据本法第1条的契约，联合、共谋所拥有的财产，若正由一州运往另一州，或运往国外时，将予以没收，收归国有，并可予以扣押及没收，其程序与没收、扣押违法运入美国财产的程序相同。⑦任何因反托拉斯法所禁止的事项而遭受财产或营业损害的人，可在被告居住的、被发现或有代理机构的区向美国区法院提起诉讼，不论损害大小，一律给予其损害额的3倍赔偿及诉讼费和合理的律师费。无论何时，美国因反托拉斯法所禁止的事项而遭受财产及事业的损害时，美国可在被告居住的、被发现的、或有其代理机构的地区，向美国区法院起诉，不论损害数额大小，一律予以赔偿其遭受的实际损失和诉讼费。⑧本法提到的“人”，包括依据美国联邦法律、州法、准州法或外国法律成立的，经上述法律授权的现存公司及联合会。

（二）竞争法发展时期（《谢尔曼法》颁布后至20世纪80年代初）

以美国《谢尔曼法》为标志的竞争法律制度的创设及其贯彻实施取得了积极社会效果，使得在寻找对付基于自由竞争而产生的反竞争行为的两侧的其他国家为之一振，随后纷纷效仿。尤其是在经历了20世纪30年代的世界经济危机后，由于经济自由主义理论和政策不能解释资本主义经济常态的失业和生产过剩问题，也就历史地产生了“只有政府干预经济才能消除失业和生产过剩”的凯恩斯主义经济理论。这一主张政府干预经济的经济学理论刚问世，就引起了西方经济学界的轰动，以此为依据制定和实施的政府干预经济的政策收到了较为明显的效果，“主张经济自由主义的传统经济学的正统地位被凯恩斯主义所取代”。由于市场竞争机制是在自由放任的状态下运行的，反竞争行为便成了市场机制运行的必然产物，成了“失业和生产过剩”的催化剂；而以竞争法去消除与禁止反竞争行为，从表面现象看，这是要求竞争者的竞争行为要符合法律规定，但从竞争立法之本意来看，从法律背后隐含的要求来看，竞争法的实质，就是国家欲通过法律干预经济，达到适度限制竞争、保持社会利益平衡的目的。可以这么说，凯恩斯主义经济理论不仅为国家干预经济奠定了理论基础，同时，也为属于经济法律制度范畴的竞争法的兴旺发达提供了经济学方面的理论基础。

第二次世界大战后，继美国、德国、日本等国颁布竞争法之后，制定和颁布竞争立法已成了世界各国经济立法的主要趋势。

在这一阶段中，希腊于1913年颁布了《反不正当竞争法》；波兰于1926年颁布了《制止不正当竞争法》；奥地利于1923年颁布了《联邦反不正当竞争法》；瑞典于1931年颁布了《正当竞争法》；菲律宾于1936年颁布了《惩罚为产品、股票、债券等作虚假广告、冒用标签和商标行为法》；英国于1948年颁布了《垄断和限制性行为（调查和管制）法》（后于1973年修改为《公平贸易法》），于1976年颁布了《限制性贸易法》，于1980年颁布了《竞争法》；印度于1969年颁布了《垄断与限制性贸易行为法》；巴基斯坦于1970年颁布了《垄断与限制性贸易惯例》；丹麦于1974年颁布了《市场行为法》；南斯拉夫于1974年颁布了《防止不正当竞争和垄断协议法》；韩国于1980年颁布了《限制垄断及公平交易法》；等等。

（三）竞争法成熟时期（20世纪80年代初至今）

这一时期，发达国家纷纷制定完善本国的竞争法制，竞争法的执行和实施都达到了较为发达的程度，在规范交易关系、维护市场秩序、保护经营者和消费者利益方面发挥了良好的效用。各国制定的竞争法有：法国于1986年制定了《关于价格和自由竞争的法令》；瑞士于1985年制定了《卡特尔和类似行为法》，并于1995年重新制定了《卡特尔与其他限制竞争法》；挪威、葡萄牙于1988年制定了《竞争法》；意大利于1990年制定了《竞争和公平交易法》；英国于1998年通过了新的《竞争法》。

鉴于世界上大多数国家都意识到了《垄断与限制性贸易行为法》所带来的经济繁荣和竞争法在推行市场经济体制中的重要作用，为适应竞争规律在国际经济社会中的延伸并保证其积极运行，联合国大会第35届会议于1980年12月通过了《控制限制性商业行为的公平原则和规则的多边协议》。该多边协议“将各国竞争法中几乎所有对限制竞争行为的规则系统化、完备化，作为对联合国各成员国普遍适用的竞争规则。”除此之外，一些国际条约中也规定了有关竞争方面的规范性条款，例如，《保护工业产权巴黎公约》（1983年3月20日修订本）第1条规定，“工业产权的保护对象有专利、实用新型、外观设计、商标、服务标记、厂商名称、货源标记、或原产地名称和制止不正当竞争”。

欧洲联盟也颁布了较为完善的竞争法律规范。第二次世界大战后，欧洲各国面临的一个重要问题是如何合作摆脱经济困境并为今后的经济发展创造一个良好的环境。为了达到这个目的，1951 年 4 月，法国等六国在巴黎签署了《欧洲煤炭与钢铁共同体条约》（又称《巴黎条约》），正式成立了欧洲煤炭共同体；1957 年 3 月，上述六国在罗马签署了《欧洲经济共同体条约》和《欧洲原子能共同体条约》（统称《罗马条约》），正式成立了欧洲经济共同体和欧洲原子能共同体。1967 年 7 月，上述三个共同体合并。1992 年 2 月，当时的法国等 12 个成员国（1995 年 1 月才扩至 15 个成员国）在荷兰的马斯特里赫特签署了《欧洲联盟条约》（又称《马斯特里赫特条约》，简称《欧盟条约》）。

除此之外，原来实行计划经济体制的国家也开始向市场经济体制转轨，并相应加强了竞争立法。例如，匈牙利于 1984 年颁布了《禁止非正当经济活动法》；波兰于 1987 年颁布了《反国民经济垄断法》；前苏联于 1990 年颁布了《苏联部长会议反经济垄断措施决定（第 825 号）》；罗马尼亚于 1991 年颁布了《制止不正当竞争法》；保加利亚于 1991 年颁布了《保护竞争法》；中国于 1993 年颁布了《反不正当竞争法》、于 2008 年颁布了《反垄断法》等。竞争立法成了实现市场经济的有效法律措施。

由此可见，在自由竞争的市场经济条件下，产生了传统法律部门无力或无法调整的反竞争行为，竞争法则以此作为自己的调整对象历史性地出现在大陆法系国家和普通法系国家。

可以看出，竞争法的历史发展过程，是一个以消除和禁止反竞争行为为外在表现形式，其实质在于运用政府的力量干预经济、规范竞争的历史演变过程。正因为如此，各国在实行市场经济体制的过程中，无一例外地都在创制符合自己国情的“经济宪法”，即竞争法律制度，用以调整市场竞争关系，规范市场竞争秩序，以实现国家的“效率与公平”的社会经济目标。

四、竞争法的功能和作用

法律的作用不同于法律的功能。法的功能是法内在和固有的功用和效能性能，具有应然性；法的作用是法的功能实践的外在表现，具有实然性。法律的作用是法律对人的行为以及最终对社会关系影响的体现，是外在的。

市场经济的本质是竞争，从这个意义上说，市场关系就是竞争关系。正如美国竞争法专家马歇尔·霍华德在其《美国反托拉斯与贸易法规》一书中所阐述的那样：“只要存在对竞争的不正当限制或者对消费中、购买中合理判断的严重障碍，那么，实际的政府干预就是必要的，这种社会的控制与其说是对自由企业体制本身进行限制，还不如说是用来扩大企业在市场上的总体自由。作为基本指南，反托拉斯法为商业的市场进入、扩展和存在提供了有效便利。"[1]在美国，有学者将竞争法视为"美国经济的基石"；在日本，有学者将竞争法称为"经济宪法"；在德国，则有人将经济法奉为"市场经济的大宪章"。

重点提示：

竞争法被誉为"经济宪法"也好，被奉为"市场经济的大宪章"也好，被视为"经济法的核心法和龙头法"[2]也好，都在于表明竞争法的地位和重要性。同学们可以据此思考竞争法在我国经济法律体系中的地位和作用。

我们认为，竞争法的功能和作用可以从以下几个方面考查：

1. 建立和维护正常的市场竞争秩序，为有效竞争创造良好的社会条件。市场秩序是各个市场主体在市场进入和退出以及市场交易过程中，依据市场规则所建立的一种市场运行状态、模式和格局。市场行为是否有秩序，是市场经济是否健康发展的重要标志。

一般说来，愈是发育成熟的市场，其市场运行就愈井然有序；反之亦然。市场秩序是在竞争过程中形成的，甚至可以说，市场秩序在某种意义上讲就是竞争秩序。因而，市场秩序的建立也有赖于竞争秩序的形成。同时，只有在正常的市场秩序中，自由、公平的竞争才能生存。竞争法的制定与实施，有利于竞争秩序的形成，促进各市场主体的正当交易和生产要素的合理流动，从而形成一个有法可依、有法必依、执法必严、违法必究的良好市场秩序，为竞争的开放、统一和有序扫清障碍；同时，建立社会保障制度为优胜劣汰机制的实现提供社会基础。

2. 有效地保护和鼓励正当竞争，使竞争机制的作用正常发挥。公平是人类永恒的话题和永久的追求，公平竞争进而也成为了竞争的永久追求。竞争实践表明，只有公平的竞争，才是合理的竞争，才能够真正促进经济的增长和社会的进步；反之，则既会浪费社会资源，又会导致经济的倒退。

在市场竞争中，市场交易的主体、手段以及对象的多样性，使得市场竞争行为也变得纷繁复杂。但是，无论规模大小、经济实力强弱，都只能在主体形态、资金、技术、价格、促销、管理水平上进行自由竞争，而不能采取诸如一些不正当的行为进行竞争。事实表明，采取损人利己的不正当的竞争方式，甚至垄断的行为，必然会破坏竞争规则，导致竞争机制的紊乱和失调，并最终造成市场混乱。现代竞争法的目的，就是通过确定公平竞争的原

---

〔1〕［美］马歇尔·霍华德：《美国反托拉斯法与贸易法规》，孙南申译，中国社会科学出版社1991年版，第33页。

〔2〕计划经济条件下，计划法是经济法的龙头法。进入市场经济以后，有学者认为竞争法是经济法的核心法和龙头法，也有研究者认为财政法是经济法的核心法和龙头法。

则和制度，为具体竞争行为提供模式、规范，引导竞争者公平竞争，鼓励公平竞争行为，保护公平竞争者的合法权益。同时，现代竞争法通过对各种垄断行为、限制竞争行为和不正当竞争行为的制止，使少数违法行为得到纠正，将破坏了的竞争规则恢复正常，最终实现市场交易有序进行。

3. 维护合理的市场结构，保障市场经济健康发展。市场经济的健康发展依赖于有效的竞争，而有效的竞争离不开合理的市场结构。合理的产业结构是国民经济健康发展的前提，不合理的企业规模和减少竞争者数量，以及对竞争企业实行控制，则干涉了企业的自由，排除了竞争，会造成市场结构的不合理。

无数事实表明，结构不合理，竞争机制就会失效，就会直接影响经济技术进步和经济效益的提高，进而破坏市场经济，损害公众利益，制约国民经济整体素质和国际竞争力的提高。竞争法通过实现国家宏观调控与市场调节的有机结合，通过对企业兼并的控制，对已经形成的垄断力量进行排除，以及防止经济过度集中等制度，达到保护企业自由，体现经济自由，维护合理的市场结构的目的。

4. 打破行政垄断，理顺政府与市场的关系，建立统一、开放、竞争有序的全国市场。在我国，行政垄断是一种近乎制度安排的人为的限制甚至取消竞争功能的现象。它扭曲市场交易，保护落后，使资源不能合理配置，不仅使生产经营者处于不公平地位，而且最终还必然损害消费者的权益，对市场有百害而无一利。

市场经济要求消除地方分割和部门及行业垄断，通过竞争使各种社会资源在全国范围内合理地流动与配置。所以，打破行政壁垒已成为建立社会主义市场经济体制的必然要求，以维护竞争为宗旨的竞争法在这方面能够有效地发挥作用。

5. 能够有效、合理地利用和配置资源。竞争是适应市场经济的运行而形成的，而竞争又是社会资源实现优化配置的基本手段。竞争总是使市场资金、技术、人才等要素呈现出正流如状态，即流向竞争成功者；强流如状态或称出现“马太效应”，即越竞争，越成功，越呈现正流如状态，出现强者愈强，弱者愈弱的情形。

竞争法通过对价格的监管、对生产经营者的监管、对资源领域的监管等制度和措施，便可以保障社会资源得到有效、合理地流动与配置，进而促进市场经济结构的有效调整。

6. 保护经营者、消费者的合法权益以及社会公众的利益。垄断行为、不正当竞争行为和限制竞争行为不仅侵犯经营者的合法权益，而且也往往损害消费者的利益和社会公众利益。现代竞争法的发展历史表明，竞争法在孕育的最初阶段，只是为了保护经营者的利益而创立的。随着二十世纪三四十年代消费者运动的兴起，各种不正当竞争行为对消费者的利益以及社会公众的利益的损害逐渐为人们所认识，于是各国竞争法当中都强调了对这两种利益的保护。可以说现代竞争法服务于三重目的：保护经营者、保护消费者、为全体公众的利益而保护竞争。

我国正在建设中国特色社会主义市场经济，有效的竞争仍处于形成过程中。但是，在社会主义市场经济中，不正当竞争、限制竞争以及垄断现象在我国已经广泛存在。这些行为，严重破坏了市场竞争秩序，损害了其他竞争者和消费者的利益，败坏了国家的声誉。社会主义市场竞争关系对法律调整的需求非常迫切。因此，借鉴世界各国建立竞争法律制度的经验，结合我国的国情，尽快完善我国的竞争法，已成为我国经济法制建设中的一项十分紧迫的任务。

五、竞争法的体系

一个法律部门的法律体系是指它所规范的内容，以及这些内容的内在联系。竞争法调整的对象从根本上决定了竞争法所包含的基本内容。我们认为，竞争法的体系可以从行为规范体系和内容结构体系两个方面来认识。

（一）竞争法的行为规范体系

从竞争法所规范的行为类型来看，竞争法包括反垄断法、反限制竞争法、反不正当竞争法、反倾销法和反补贴法等。反垄断法是指规制经营者自己或者通过企业合并的方式，形成市场独占或控制的反竞争行为的法律规范；反限制竞争法是指规制经营者滥用经济优势或若干经营者通过协议联合方式损害竞争对手合法利益的反竞争行为的法律规范；反不正当竞争法是指规制经营者采用欺骗、胁迫、利诱以及其他违背诚实信用原则和公平竞争商业惯例的手段从事市场交易行为的法律规范；反倾销法是指规制倾销行为的认定、调查、实施反倾销措施的法律规范的总称；反补贴法是指规制补贴行为的认定、调查、实施反补贴措施的法律规范的总称。

重点提示：

关于竞争法的体系，有些研究认为，由反垄断法和反不正当竞争法两部分组成；有些研究者认为由反垄断法、反不正当竞争法和反限制竞争法三部分组成；我们认为，竞争法的体系由反垄断法、反不正当竞争法、反倾销法和反补贴法四部分组成。之所以产生上述不同的认识，是因为学者们对竞争法的调整对象存在不同的认识。同学们可以以此为起点对上述三种不同观点展开讨论。

（二）竞争法的内容结构

从竞争法规范的内容属性看，竞争法包括实体性规范和程序性规范。竞争法中的实体性规范主要是指直接规定一定竞争关系中的当事人的权利、义务以及法律责任的法律规范，当然也包括一些调整竞争管理关系的实体性规范，如国家管理机关与市场主体在竞争管理活动中的权利（力）和义务。竞争法中的程序性规范是指解决竞争争议的准司法机关查处违反竞争法行为的行政管理程序规范。之所以将有关诉讼活动的司法程序排除在外，是因为各国均有专门的独立解决诉讼活动的程序规范体系，而它们一般不划入竞争法体系内。值得指出的是，集实体性规定和程序性规定于一体是竞争法的一大特色。例如，我国《反不正当竞争法》在实体性规范方面，即在总则中对不正当竞争行为的性质和特征作了基本的概括，又在第二章中列举了11种具体的不正当竞争行为；在程序性规定方面，不仅专门设置了“监督检查”一章，而且对具体的监督检查程序中主体、检查手续和行为规范、检查活动中相对人的义务等方面作了原则性规定。

重点提示：

程序性和实体性相结合是诸多部门法在内容结构上的一个共同特征。这样的立法安排，有利于节约法律资源，提高执法效率，也有利于法律的遵守、贯彻和落实。对此特点，同学们应当认真思考、深刻领会。

思考题：

1. 谈谈你对竞争的认识。
2. 简述市场经济条件下，竞争作用的具体表现。
3. 简述竞争法产生的历史必然性。
4. 试述竞争法的调整范围以及体系结构。

第二章

反垄断法（上）

内容提要：

垄断是市场经济的必然产物，它与竞争相伴而生，又与自由竞争对立存在。反垄断法是竞争法的基本法之一，也是经济法中的市场秩序规制法的重要部门法。本章是对反垄断法的基本理论知识的简要介绍，主要包括垄断行为的含义、分类及其社会评价，反垄断法的概念和特征，反垄断法律关系，反垄断法的产生与发展历史以及在当代发展的新趋势，反垄断法的立法体例，反垄断法的立法目的与基本原则，垄断行为的认定基准及其规制制度的分类等内容。

教学目的：

①理解垄断的含义及其主要分类，并认识垄断的社会作用；②了解反垄断法的概念、特征、立法目的与基本原则，以及反垄断法律关系的主体和客体；③清楚反垄断法的历史发展过程及其发展趋势；④理解相关市场的含义与分类以及反垄断规制制度的分类等问题。

第一节　垄断行为概述

市场经济发展到一定阶段，必然产生垄断。近几年，随着市场竞争的日趋激烈，各种各样的垄断行为一再成为人们关注的热点问题。从美国司法部诉微软公司捆绑销售案，欧盟委员会查处可口可乐公司垄断行为案等多个具有国际影响的案例中，我们可以看出，垄断行为已成为当今世界阻碍竞争，扰乱市场经济秩序的重点规制对象，各国纷纷重拳出击，严查垄断行为。那么，什么是垄断，如何认定垄断行为就是我们首先要掌握的问题。

一、垄断的含义

垄断一词，古已有之。亚里士多德在其《政治学》一书中，使用了“垄断”和“竞争”，并提出了优胜劣汰规律。[1] 据《辞海》解释，垄断有两层含义：一是该词的原意，即陇断、龙断，指高而不相连的土墩子。《列子·汤问》中曾曰：“自此冀之南，汉之阴，无陇断焉”；二是引申的含义，指把持或独占。《孟子·公孙丑下》曰：“有贱丈夫焉，必求龙断而登之，以左右望而罔市利。”[2] 即商人登高探望，以求易于获高利的货物进行交易。

作为现代意义上的垄断，各国竞争法一般都没有明确界定，而是以列举或描述的方式说明应加以调整的垄断性行为。这主要是由于对于什么样的垄断行为应加限制，如何限制，在不同国家，甚至同一国家的不同时期或不同形势下，人们的看法都难以统一。同时，严格定义式的规范可能会限制甚至损害立法文件的真正含义，也会妨碍执法机关或司法机关根据不断变化的经济形势来调整执法政策重点。尽管存在上述实践方面的问题和理论方面的异议，我们还是应当尝试比较深入地把握垄断这一概念。

垄断一词，其经济学上的含义和法律上的含义不同。

（一）垄断的经济学含义

对于垄断的经济学含义，不同的学者的认识不同，如美国的保罗·萨谬尔森与威廉·诺德豪斯在他们所著的《微观经济学》中将垄断看作不完全竞争的极端形式，[3] 约瑟夫·E. 斯蒂格利茨也认同这样的观点。[4] 他们将市场结构划分为完全竞争的市场与不完全竞争的市场两大类，并认为当个别出售者具有一定程度的控制某一行业的产品价格的能力时，该行业就处于不完全竞争（imperfect competition）之中。[5] 他们将不完全竞争市场分为三种类型：一是垄断（monopoly），它是不完全竞争市场中最极端的情况，即由单一出售者完全控制某一产业的情形；二是寡头（oligopoly），它是指由几个出售者控制市场，且每个出售者都可以影响市场价格的情形；三是垄断竞争（monopolistic competition），它是指一个产业中有许多出售者生产具有差别的产品。

---

〔1〕 王明湖：《反不正当竞争法概论》，中国检察出版社1994年版，第4页。

〔2〕 胡寄南：《中国经济思想史》，上海人民出版社，第244页。

〔3〕 [美] 保罗·萨谬尔森、威廉·诺德豪斯：《微观经济学》（第16版），萧琛等译，华夏出版社2001年版，第127页。

〔4〕 [美] 约瑟夫·E. 斯蒂格利茨：《经济学》（上册），中国人民大学出版社1998年版，第337~338页。

〔5〕 [美] 保罗·萨谬尔森、威廉·诺德豪斯：《微观经济学》（第16版），李小科译，华夏出版社2001年版，第126页。

重点提示：

保罗·萨谬尔森与威廉·诺德豪斯等人所称的垄断的内涵小于人们通常所认识的垄断，仅指垄断中最极端的形式，即独占垄断；寡头则是指垄断中的寡头垄断；垄断竞争则与完全竞争相似，不同之处是由于每个企业销售的产品存在微小的差别，所以价格也可以有微小的差异。

多数学者认为，垄断一般是指少数企业或企业的联合凭借其经济实力独占生产和市场，限制或扼杀竞争，破坏市场竞争秩序的行为。具体来说，从结构主义的角度出发，只要少数企业或企业的联合在市场中所占的份额超过一定的限度，即被认为存在垄断行为。从行为主义的角度出发，企业除了要在市场中占有较高的市场份额外，还须滥用其市场优势，实施了控制或操纵市场的行为，才被认为是垄断行为。现代经济学一般是从行为主义的角度出发来界定垄断的。

重点提示：

经济学上的垄断概念只是为法学上的垄断分析提供了一个基础，但它并不等同于法律上应当予以禁止或控制的垄断，这主要是由于两者定义的角度和目的不同。首先，经济学上的垄断定义的是一种客观市场状态，而法律规范的垄断是垄断主体的特定垄断行为；其次，经济学上定义垄断的目的是为了分析一定市场结构的经济效果及其优劣，法律上定义垄断则是为了明确反垄断法应予禁止的垄断行为的范围及其规制方式。同学们在学习时可从不同角度分析经济学上的垄断与法律上的垄断的区别和联系，以期对垄断的含义有更深入的理解。

（二）垄断的法律含义

在研究法律上的垄断时，不可能跨越经济学中的有关理论，更不能割裂经济学中的垄断理论与法律上的垄断理论之间的紧密联系。正是基于对经济学上的垄断的深入研究，明确了不同垄断行为的价值优劣与判定条件，才使各国对垄断的研究从经济学扩大到法学，并确立了法律法规应予规制的垄断行为的范围和方式。

一般来说，竞争法上所称的垄断可以定义如下：垄断是指依据各国法律规定，垄断主体滥用其市场优势，进行排他性经营，并在实质上限制竞争的行为。

为了深刻理解这一定义，还应当把握法律上的垄断概念的以下特征：

1. 法律上的垄断强调行为人实施了垄断行为，而不强调垄断性的市场结构。如果一些市场主体虽然在市场上占据一定的优势地位，但并未滥用其市场优势损害竞争秩序，或者其行为不为法律所明文禁止，则不构成法律意义上的垄断。但也有例外，美国20世纪初的一些判例，如标准石油公司案，就采用了结构主义的救济措施；日本《禁止私人垄断与公平交易法》（以下简称《独禁法》）中的规定也有结构主义的痕迹。但在当代，各国反垄断法所规制的垄断，几乎都是垄断行为，鲜有无行为而直接规制垄断性市场结构的。

2. 垄断的违法性。违法性是指垄断行为违反了各国国内法相关法律的明文规定，为各国法律所明确禁止。在大陆法系国家，只有制定法上明文禁止的或在判例中被确认应予规制的垄断行为方被禁止；在英美法系国家，由成文法或判例确认的垄断行为才受规制，但法官有较大的自由裁量权。因此，只有反垄断法明文禁止或限制的垄断才是法律上的垄断。

3. 垄断的限制性与危害性。限制性是指垄断是垄断行为主体实施的排除或限制竞争，操纵或独占市场的行为，是对其他竞争者的自由、公平竞争权的限制与剥夺。危害性是指垄断行为在实质上造成妨碍市场竞争，扰乱正常的竞争秩序，损害其他经营者与消费者的合法权益的事实。现代许多国家的立法，如美国和欧盟等，主要采用目的和效果两方面标准来认定经营者的行为是否违反反垄断法的规定，即以行为人是否存在图谋获取或维持垄断及操纵或独占市场的主观目的，或可能产生排除或限制竞争的客观效果为标准，来认定厂商行为是否触犯了反垄断法。

重点提示：

与经济学上的垄断相比，法律上的垄断强调垄断行为的实施以及垄断是否存在违法性、限制性和危害性。如果垄断仅属于一种市场结构状态，法律并未明文禁止，其对市场竞争也不会产生限制性或危害性的后果，则该垄断不属于法律上的垄断的范围，而只能被认为是一种经济学上的垄断。

二、垄断与不正当竞争行为的区别与联系

不正当竞争行为和垄断行为同属现代竞争法规制的范畴，在有些国家也存在合并立法的情况。这两种行为都违反了公平竞争原则，对市场竞争秩序造成不良影响；对这两种行为的法律规制的终极目的都是维护健康有序的市场竞争秩序，保护经营者以及消费者的合法权益。但是，两者也有明显的区别，主要表现在以下三个方面：

1. 实施主体不同。垄断行为的实施主体一般是在相关市场上具有一定市场优势地位的单个企业或少数企业；不正当竞争行为的实施主体则不限于单个或少数企业，凡是参与竞争的企业都可能成为行为人。

2. 行为实施的目的和方式不同。垄断的行为人是通过排除或限制竞争，操控或独占市场，以获取高额垄断利润为目的；不正当竞争行为则是通过各种不正当手段进行竞争，损害其他经营者的公平竞争权，以谋取不正当利益为目的。

3. 法律对两者的态度不同。垄断行为并不完全为法律所禁止，一些合法的垄断甚至为法律所保护；而不正当竞争行为由于其严重损害其他竞争对手的合

法权益，扰乱市场竞争秩序，因此为各国法律所明确禁止。

重点提示：

有些学者将垄断与限制竞争行为进行比较，认为两者存在一定差异，但从各国反垄断法的立法来看，目前多数国家对这两种行为并不加以区分，原因是这两种行为的外延基本重合。因此本书也不再对这两种行为进行比较，同学们可以通过查阅其他国家的立法来加深对这两种行为的认识。

三、垄断行为的分类

人们基于不同的分类方法，将垄断划分为不同的类型，其中主要的分类方法有以下几种：

（一）独占垄断、寡头垄断和联合垄断

依据垄断占有市场的情况，可将垄断分为独占垄断、寡头垄断和联合垄断。

独占垄断又称完全垄断或独占，是指一个企业对整个行业的生产、销售以及价格等进行实际上的独占性控制的情形。在独占状态下，独占企业在相关市场内没有竞争对手或在实质上没有竞争对手与之匹敌。这是典型意义上的垄断，在各国的法律中均明确予以禁止。

寡头垄断又称寡占，是指市场上只有为数不多的几个企业生产、销售某种特定产品或提供某种特定服务，从而形成由他们共分市场，共同对市场实施排他性控制的状况。当然，这些为数不多的企业之间也存在竞争，但他们排除了其他企业与寡占企业之间的竞争，从而形成了由寡占企业共同垄断市场的局面。

联合垄断是指多个相互间有一定关系的企业，通过订立协议或决定等形式，联合而成更大的市场力量，共同控制某一行业的生产、销售或价格的状况。

（二）自然垄断、市场垄断、国家垄断、行政垄断和其他形式的垄断

依据垄断产生的原因，可将垄断分为自然垄断、市场垄断、国家垄断、行政垄断和其他形式的垄断。

自然垄断是指为了避免社会资源的浪费或市场秩序的混乱，只能由一家企业独占市场，市场才能有效运作的市场状况，如公用企业大多属于自然垄断企业。

市场垄断是指市场主体依据自己在竞争过程中形成的强大的经济力量，操纵并控制市场而形成的垄断，资本主义国家的垄断大多是市场垄断。

国家垄断是指国家出于某种原因，由国家出面对某一产业的生产、销售等进行直接控制，排除其他市场主体进入该市场领域的情况。这种情况在计划经济体制的国家最为常见，我国在改革开放以前也普遍存在这种形式的垄断。

行政垄断是指基于国家行政机构设置市场进入障碍而形成的垄断，如地方

保护主义就是较为典型的行政垄断。

其他形式的垄断是指由其他因素形成的各种垄断，如知识产权领域的垄断，就是由于法律明文规定而形成的；行业协会的垄断，是由于民间行会组织设置市场进入障碍或实施垄断协议行为而形成的垄断。

重点提示：

在这些垄断中，自然垄断和国家垄断属于合法垄断，市场垄断和行政垄断属于非法垄断，知识产权领域的垄断在未滥用垄断力的情形下属于合法垄断，行业协会的垄断则一般属于非法垄断。同学们可以思考这些垄断被划分为合法垄断与非法垄断的原因。

（三）非法垄断与合法垄断

依据法律对垄断的态度，可将垄断分为非法垄断与合法垄断。

非法垄断是指一国法律中明文禁止的垄断行为。在现实生活中存在的垄断大多是非法垄断，如独占垄断、寡头垄断和联合垄断行为多为非法垄断。

合法垄断是指国家出于某种特定原因，给予某些从事特殊行业的企业在一定时期内，由法律以默许或公开的方式确定为合法的垄断行为，如国家垄断、自然垄断、知识产权领域的垄断、国际贸易中为法律认可的垄断等。

（四）卡特尔、辛迪加、托拉斯和康采恩

依据垄断组织的结合形式，可将垄断分为卡特尔、辛迪加、托拉斯和康采恩等。

卡特尔（Cartel）是指同类产品厂商之间为获利而在销售、价格、市场等方面达成协议的垄断联合。这种联合一般较为松散，是大企业的实力协定，不稳定，很少超过5年～10年，企业相互之间仍保持其独立性。卡特尔的主要类型包括价格卡特尔、质量卡特尔、区域卡特尔和份额卡特尔。

辛迪加（Syndicat）是指同一领域厂商为统一购销而订立协议所形成的垄断联合。各厂商在购销上均被融合，而作为一个统一的主体出现。这种垄断比卡特尔具有更强的稳定性，但各个厂商本身仍保有其法人地位，只是在购销领域失去独立性，由辛迪加的总办事机构统一办理。

托拉斯（Trust）是指同类厂商和有密切联系的厂商从生产到销售实行全面联合而形成的垄断。在法律上这种垄断的参加者本身已不再具有独立的法人资格，其紧密性和稳定性更强，较之辛迪加更为稳固，但在其内部，各成员间亦存在着以股权为核心的激烈斗争。

康采恩（Konzern）是指同一部门的数个大企业围绕其中实力最雄厚者组成一个垄断的联合。这种垄断形式更为高级和复杂。参加康采恩的企业不仅包括同一工业部门的企业，且涉及运输业、商业、金融业和服务业等多个行业。

重点提示：

随着国际贸易的发展，现在又出现了许多新形式的垄断，如联合制、混合联合公司、国际卡特尔、国际辛迪加、国际托拉斯等形式，这些新的垄断组织形式在二战时大多解体，战后又逐渐恢复和发展起来。从20世纪50年代起，国际垄断组织的形式开始转变为跨国公司。此外，各国政府也出面组织国际经济联盟，如欧洲煤钢联营、欧佩克等。随着新技术的不断产生，以制定新技术、新产品等行业技术标准推行市场垄断的模式也逐渐发展起来。

四、垄断的社会评价

分析垄断产生的社会经济后果，是制定垄断规制制度的基本依据。一般认为，垄断是把“双刃剑”，其对社会经济既有利又有弊，我们应该从利弊两方面认识垄断，以明确反垄断规制垄断的原因以及对某些垄断进行豁免的原因。

（一）垄断的弊端

亚当·斯密的垄断弊害论认为：垄断将导致产量减少、资源浪费、效率降低。亚当·斯密的观点成为现代经济学对垄断的基本看法，也支持着现代反垄断法对垄断的抑制态度。垄断的危害性主要有以下三个方面，这也是反垄断法规制垄断的主要理论根据。

1. 垄断妨碍自由竞争及竞争带来的社会利益。垄断是自由竞争发展到一定阶段的必然结果，同时也是其对立物。竞争可以为社会带来各种利益，如资源优化配置、科技进步、利益的合理分配、消费者权益的保护等。垄断则导致竞争缺失，并使社会无法获取因竞争带来的各种社会经济利益。

2. 垄断造成社会财富的净损失。垄断的获取和维护都需要耗费大量的社会财富，如为排挤竞争对手、保护技术秘密或维护垄断组织的运行需要耗费大量的人力、物力和财力，而这些支出均属沉没成本，垄断者所获得的垄断利润则是以给消费者和其他竞争者造成更大的经济损失为代价的。

3. 垄断阻碍技术进步和社会经济进步。在垄断的状态下，由于垄断者通过垄断已获得了高额垄断利润，而无须再通过技术创新及提高管理能力等方式谋求利润的更大化，因此垄断者丧失了创新和进取的精神动力，使科技发展停滞，导致社会经济发展迟缓。

（二）垄断的优点

国内外许多学者指出，垄断虽有弊端，但也有优点，主要表现在以下几方面：

1. 垄断可以发挥规模经济效益。基于不同行业和产品的技术要求、生产方式和市场需求量等的不同，企业的经济规模要求也有所不同，一些企业只有满足一定的规模要求才能盈利；如果没有达到最低规模要求，则企业的盈利水平将受到限制，此即规模经济效益。如航空业就要求企业规模必需足够庞大方可盈利，再如汽车行业、水电行业、造纸行业、水泥行业、纺织行业、化工行业等均要求企业具备一定的规模。而垄断特别是企业集中，是使企业实现规模经济最快捷的方式。

重点提示：

经济规模是指生产要素的集中程度。企业达到一定规模，就可能产生规模经济效益。规模经济是指通过合理的规模作业带来劳动生产率的提高，从而获取经济上利益增长的一种经济模式。当然，并非有规模就必然产生经济效益，有时也会出现规模不经济效应。望同学们注意比较规模经济与经济规模、规模经济与规模不经济的区别。

2. 垄断有利于技术创新和科技进步。在科学技术高速发展的今天，垄断组织为了维持其垄断力，不得不进行大规模的技术研发。同时，由于技术进步的速度过快，创新难度大，资金要求高，耗时长，有时只有大型的垄断组织才有实力完成技术创新，如生物工程技术、化工制药技术及电子产品的研发等。因此，垄断组织对科技的推动作用也日渐显现出来，各国也对有利于技术创新或推广的垄断行为网开一面，给予豁免。

3. 垄断有利于避免竞争的盲目性和资源浪费。竞争并不是万能的，无节制的自由竞争会导致竞争的无序性、盲目性和资源浪费。因此，基于一些垄断行为可以减少或避免无序竞争的弊端，反垄断法对这些垄断行为给予豁免，如企业间为避免经济形势恶化而采取的协同行为。

4. 垄断有利于消除外部性。外部性是指一个企业的投资会使其他企业无偿受益的情形。企业投资行为的外部性特征可能会影响企业投资的积极性。因此有些学者认为，在某些场合，垄断行为有可能消除外部效应。如专营专卖制度可以避免其他经营者免费搭车的现象，进而提高专营商与专卖商的积极性，促进产品的销售。

总之，垄断虽然有明显的弊端，但在特定情况下，也能发挥一定的积极作用，因此在严格规制垄断行为的同时，反垄断法也允许特定的垄断行为的存在。

重点提示：

同学们还可以从其他角度思考垄断的优点与缺点，并思考我国制定反垄断法的必要性和反垄断法所设置的规制范围的合理性。

第二节 反垄断法的基本理论

一、反垄断法的概念

反垄断法是现代经济法的核心内容，同时也是现代竞争法律制度体系的核心，在现今市场经济社会中发挥着重要的经济调控作用。目前世界上约有100个国家制定了反垄断法，但各国的称谓各不相同，现在很少有国家直接将其称为“反垄断法”，除历史上形成的特殊称谓外，将反垄断法称为“竞争法”已越来越成为一种国际上的趋势。而且，从各国法律所包含的内容来看，其含义也不尽相同。

作为最早出现现代反垄断立法的国家，美国称反垄断法为反托拉斯法（Anti-trust law；Anti-trust act；Anti-trust statutory）。其由多部法律构成，其中最基本的法律有三部，即1890年颁布的《谢尔曼反托拉斯法》（全称是《保护贸易与商业以免非法限制和垄断法》，以下简称《谢尔曼法》），1914年颁布的《克莱顿法》和《联邦贸易委员会法》。其所称的反托拉斯法是指“保护贸易和商业免受非法限制、价格歧视、价格固定和垄断的联邦和州的立法”。[1] 其内容不仅包括反垄断法，还包括反不正当竞争法和反限制竞争法。

欧盟则将反垄断法称为欧盟竞争法（EC Competition Law）。欧盟的竞争法不是一部独立的法典，而主要由《罗马条约》第85、86条和欧盟部长理事会4064/89号条例（合并条例）所确定的规则构成。同时，欧盟成员国也陆续按照欧盟竞争法制定或者修改了各自的反垄断立法，因此许多欧盟成员国或者欧洲经济区国家的反垄断法律也称为竞争法。如英国、法国、荷兰、比利时、意大利、爱尔兰、芬兰、瑞典、西班牙等国家的反垄断法也称为竞争法。此外，加拿大、墨西哥等一些美洲国家的反垄断法也称为竞争法。其竞争法的内容多是对反竞争行为，即垄断和限制竞争行为的专项规制。[2]

澳大利亚则将反垄断法称为“贸易行为法”。其以1974年的《贸易行为法》（Trade Practice Act 1974（Cth））为基本框架，其后又于1995年12月启动了竞争政策改革，并制定了《通用进入法》（Generic Access Law）作为《贸易行为法》的新的组成部分，以完善竞争立法。其贸易行为法的内容涵盖反垄断（包括对垄断和限制竞争行为的规制）、反不正当竞争和消费者权益保护三个方面，

---

〔1〕 Eighth Edition, Bryan A. Garner：《布莱克法律大词典》（第6版），第95页。

〔2〕 参见孔祥俊：《反垄断法原理》，中国法制出版社2001年版，第3页。

是一种典型的综合立法模式。

瑞士的反垄断法称为“卡特尔法”。其由1962年的《有关卡特尔及类似行为法》、1995年的《卡特尔和其他限制竞争法》、《技术贸易障碍法》、《国内市场法》组成，简称为卡特尔法。其只适用于卡特尔和类似贸易行为，是制止通过集体限制竞争行为制定能够影响特定的商品或服务市场的所有的合同、协议或者君子协定，尤其是规定产量、商品的销售或购买及其价格以及其他条款和条件的行为的法律。

日本的反垄断法简称《独禁法》（全称是《关于禁止私人垄断和确保公平交易的法律》），其于1947年制定，内容涉及私人垄断、卡特尔和其他不合理的贸易限制及不公平交易行为。

韩国的反垄断法称为《管制垄断和公平交易法》，内容涉及对垄断行为和不公平交易行为的规制。

综上所述，反垄断法的称谓和其在各国法律规定中涵盖的内容各不相同，立法体例也不相同。依据各国的立法，可以将反垄断法分为广义和狭义两种。广义的反垄断法不仅包括有关规制垄断行为的法律，还包括有关反限制竞争的法律；狭义的反垄断法仅指有关反垄断的法律。从各国的立法实践来看，由于垄断行为和限制竞争行为并非在任何情况下都能划分得十分清楚，导致各国在创制法律时，经常将反垄断法和反限制竞争法合并立法，在定义反垄断法的概念时，也就不可避免地在大多数情况下采用广义的反垄断法概念。

我国大多数学者也采纳了广义的反垄断法观点。有学者认为可以从不同的角度进行界定，如可以从内涵和外延的角度进行界定。从内涵上讲，反垄断法是规制行为人排除或者限制市场竞争行为的法律部门或者法律规范的总称；从外延上讲，反垄断法是禁止反竞争的购并、联合行为或者滥用市场力量行为的法律部门或者法律规范的总称。也可以从形式意义和实质意义的角度进行界定。形式意义上的反垄断法是指调整反垄断法律关系的法典；实质意义上的反垄断法是指调整反垄断法律关系的法律规范的总称。[1] 有的人认为反垄断法是通过规范垄断和限制竞争行为来调整企业和企业联合组织相互间竞争关系的法律规范的总和。[2] 但也有人认为反垄断法的概念中不应包含反限制竞争法的内容，将反垄断法定义为是调整国家在规制市场主体（企业、企业联合组织）或其他机构以控制市场为目的而实施的反竞争行为过程中所发生的社会关系的实体法

---

〔1〕 孔祥俊：《反垄断法原理》，中国法制出版社2001年版，第8页。

〔2〕 王兴运、李建民：《公平交易法教程》，陕西人民出版社1997年版，第152页。

和程序法规范的总和。[1]

那么，对反垄断法的概念具体应如何来界定呢？我们认为，界定反垄断法的概念时，一方面要考虑各国普遍采用的立法方式；另一方面要从反垄断法的根本目的出发加以考虑。从各国普遍采用的立法方式来看，多数国家将规制垄断行为和限制竞争行为的有关规定同时放置在反垄断立法当中。从各国制定反垄断法的根本目的来看，规制反竞争行为，消除竞争障碍，维护自由竞争的市场结构，是反垄断法的根本目的。由此可以看出，反垄断法应该是包含规制垄断行为和限制竞争行为两种行为的法律规范的总称。因此，我们可以给反垄断法下这样一个定义：反垄断法是调整在规制市场主体的垄断行为和限制竞争行为过程中所发生的各种社会关系的法律规范的总称。具体来说，反垄断法是用以规制独占市场、限制竞争、破坏市场竞争机制等一系列垄断行为和限制竞争行为，维护公平合理的竞争秩序的各种法律法规的总称。

重点提示：

目前有些学者质疑反垄断法的市场经济核心法的地位，有学者提出由于财税法在宏观经济调控中发挥着越来越重要的作用，因此应赋予其市场经济核心法的地位。同学们可以思考这个问题，并提出自己的观点。

二、反垄断法的特征

反垄断法同其他相关法律部门相比，具有以下几个基本特征：

（一）国家对垄断行为的干预性

反垄断法在本质上是为解决竞争缺失问题，消除排斥或限制竞争的现象，维护自由公平的竞争秩序和促进经济健康发展，由国家出面干预竞争领域而形成的法律制度。作为现代竞争法的重要组成部分，反垄断法以市场主体之间的垄断行为为调整对象，充分发挥着其维护自由竞争的功能。

（二）反垄断法内容的综合性

1. 反垄断法是以反垄断和反限制竞争为内容的法。从各国的反垄断立法来看，反垄断法的内容一般都包括反垄断和反限制竞争两个方面。

2. 反垄断法是实体法、行政法与程序法的总和。各国反垄断法中不仅有规制垄断与限制竞争的实体法规范，还包括行政法规范和程序法规范。如反垄断法对垄断行为的界定及行为主体权利与义务的规定属于实体法的内容，对反垄断法执行机构的组织关系和它们在职权行使中产生的行政管理关系的规定属于行政法规范，对反垄断诉讼的审理的规定属于程序法规范。实践证明，反垄断

[1] 李昌麒：《经济法学》，中国政法大学出版社1999年版，第340页。

综合立法有利于对垄断行为的有效规制。

（三）反垄断法内在的社会本位性

从内涵上讲，反垄断法是规制行为人排除或者限制市场竞争行为的法；从外延上讲，反垄断法是禁止反竞争的购并、联合行为或者滥用市场力量等行为的法。无论从内涵还是外延上看，反垄断法都是从规范垄断和限制竞争行为入手，规制市场主体的竞争行为的，其最终目的是保护经营者与消费者的合法权益，保护社会公共利益，维护正常的自由竞争秩序，这充分体现了其社会本位性。

（四）反垄断法的动态性与不确定性

由于各国的反垄断法经常过多地为该国的经济发展水平、发展方向及经济政策所左右，因此各国的反垄断法在不同时期的规制原则、主要规制对象、规制方法等方面都会有所差异，呈现出动态与不确定的特性。美国联邦最高法院在美国诉奈特公司案、北方证券公司诉美国案和曼德维尔岛农场诉美国冰糖公司案中完全不同的审理结果即是最好的说明。

重点提示：

学者们对反垄断法的特征的认识各不相同，本书只采纳了一些共识性的认识。同学们也可以比较不同学者的观点，各抒己见，提出自己对反垄断法的特征的理解。

三、反垄断法律关系

反垄断法律关系，是指市场主体之间因垄断与限制竞争行为而形成的权利和义务关系。反垄断法律关系可以从主体、客体和内容三个方面进行分析。

（一）反垄断法律关系的主体

反垄断法律关系的主体是指反垄断法律关系的参加者，即依据国家制定的反垄断法享有权利和承担义务的自然人和社会组织，它包括垄断行为的实施者、垄断行为的规制者和垄断行为的受害者。对于有些学者认为反垄断法律关系的主体就是反垄断法的适用对象，包括企业和企业联合组织（其中企业为从事商事活动而涉于竞争关系的组织和个人）。[1] 我们认为此观点混淆了反垄断法律关系的主体和适用对象之间的区别，不予采纳。

1. 垄断行为的实施者。垄断行为的实施者是指以控制市场和限制竞争为目的，实施或企图实施垄断行为的自然人和社会组织。从各国法律规定来看，具体包括个人、企业、企业联合组织以及行政机关等。这里的个人，是指从事商

---

〔1〕 曹士兵：《反垄断法研究》，法律出版社1996年版，第2～3页。

事活动，能够对竞争产生任何潜在影响的一切自然人。企业是指依法设立的以营利为目的的社会经济组织。企业联合组织是指由两个或两个以上的企业出于共同利益，以一定方式集合而成的结合体或联合体，至于是以何种方式集合而成以及是否以营利为目的则在所不问。例如，德国司法实践认为，企业联合组织包括以企业为成员的所有法律形式的团体或公司，如社团、合作社、合伙、股份公司、有限公司等。此外，各种工业公会、商业公会、手工业公会、医师公会、律师公会也属于企业联合组织。另外，在某些情况下，行政机关也可能成为垄断行为的实施者，在行政机关滥用行政职权实施地方保护主义或其他限制竞争行为时，行政机关就成了反垄断法规制的对象。

2. 垄断行为的规制者。垄断行为的规制者，有时被称为反垄断执法机构，是指依照法律规定，对垄断和限制竞争行为有权进行规制的国家行政机关。由于垄断行为对社会自由竞争领域的危害较大，这就使得政府不得不主动出面干预这种行为，以防止垄断行为对市场秩序的破坏。于是，许多国家都设立了专门的执法机构对垄断行为进行规制。反垄断执法机构多由反垄断法直接确立，并由具有专业水平的专家组成。

重点提示：

由于各国的经济和文化传统的差异，各国设置的反垄断执法机构在称谓、性质及职权上存在较大差异。例如，有的采取行政委员会制，如美国设联邦贸易委员会，日本设公平交易委员会，澳大利亚设竞争与消费者委员会，法国设竞争委员会，我国台湾地区设“公平交易委员会”，韩国设公平交易委员会等；有的则采取行政首长制，如美国司法部反托拉斯司，欧盟大多数成员国的竞争局或者公平交易局等。

3. 垄断行为的受害者。垄断行为的受害者是指由于垄断行为人实施垄断和限制竞争行为，而被剥夺了竞争权利或竞争受到限制，或遭受其他损失的人。垄断行为的受害者虽然不是垄断和限制竞争的直接参与者，但垄断所造成的后果却由他们承担。为了维护他们的合法权益，制约垄断行为，维护市场正常的竞争秩序，将他们作为反垄断法律关系的主体是有益的。如美国《谢尔曼法》规定：“任何因反托拉斯法禁止的事项而遭受财产或营业损害的人，可提起诉讼，不论损失大小，一律给予其损害额3倍赔偿及诉讼费和合理的律师费。”

重点提示：

学者们对反垄断法律关系的主体划分角度和主体种类的认识各不相同，同学们可以比较不同学者对反垄断法律关系主体的划分方法，并对不同的称谓有所了解。

（二）反垄断法律关系的客体

关于反垄断法律关系的客体，学术界有不同的观点。有的学者认为应该是市场秩序，集中体现在市场垄断与竞争的秩序方面，原因是“法律关注的是市场在特定经济条件下的竞争秩序，而非市场主体的行为本身。不管是垄断行为的实施者，垄断行为的规制者，还是垄断行为的受害者，他们的权利义务所指向的对象应该是国家法律极力予以维护的公平竞争的秩序。”〔1〕有的学者则认为，竞争法律关系的客体应该是竞争主体的权利义务所要达到的一种状态，而不是行为。理由是，在竞争法律关系中，行为是实现竞争权利和履行竞争义务所指向的状态的手段，行为本身并不是权利义务所要达到的目标，而只是引起法律关系产生、变更和消灭的法律事实。〔2〕也有的学者主张，反垄断法律关系的客体应该是一种行为，是企业和企业联合组织在市场中的竞争行为。因为反垄断法规范给企业和企业联合组织相互间规定了一系列的权利和义务，这些权利和义务指向企业和企业联合组织的竞争行为，法律正是通过对这些行为的谴责来维护公平竞争的秩序的。〔3〕

我们比较赞同最后一种观点。因为，反垄断法是调整在规制市场主体的垄断行为和限制竞争行为过程中所发生的各种社会关系的法律规范的总称，其调整对象是市场主体的竞争行为。从其实质上来说，反垄断法是维护自由竞争的法，是为解决竞争缺失问题而专门设立的法，目的是消除企业或企业联合组织等反垄断法主体排斥或限制竞争的行为和现象，使自由竞争得以顺利实现。无论从反垄断法的定义还是从其实质上来说，反垄断法都是规制市场主体的竞争行为的，反垄断法律关系主体的权利和义务所指向的对象也是竞争行为，具体来说是垄断和限制竞争行为。由此可以看出，反垄断法律关系的客体应该是竞争行为，而非其他。

（三）反垄断法律关系的内容

权利和义务是任何一个法律关系的核心内容，贯穿于法的运行和操作的整个过程。一般来说，经济法律关系主体的权利和义务具有一致性，即主体有多少权利，相应地，也就有多少义务。而反垄断法律关系与其他经济法律关系的特点有所不同，集中体现了权利和义务的不对等性。从不同主体的角度来分析，反垄断法对垄断行为的实施者多为禁止性或限制性的义务规定，对垄断行为的规制者大多设置了一系列的行政权力，而对垄断行为的受害者则几乎全都是救

〔1〕 李昌麒：《经济法学》，中国政法大学出版社1999年版，第348页。

〔2〕 刘剑文、崔正军：《竞争法要论》，武汉大学出版社1996年版，第60页。

〔3〕 曹士兵：《反垄断法研究》，法律出版社1996年版，第6页。

济性的权利规定。其目的就是预防和纠正市场运行中出现的市场缺陷，并通过法律规定协调反垄断法律关系主体之间的关系，从而保持市场经济竞争机制作用的正常发挥。[1]

例如，对于垄断行为的实施者，日本《不正当竞争防止法》第1条第2款规定："故意或因过失做出相当于前条第1款各项之一（各种不正当竞争行为）的行为者，对因此营业上的利益蒙受损失者，负有赔偿损失的责任"；我国台湾地区"公平交易法"第10条规定："独占之事业，不得有下列行为：①对不公平之方法，直接或间接阻碍其他事业参与竞争；②对商品价格或服务报酬，为不当之决定、维持或变更；③无正当理由，使交易相对人给予特别优惠。"对垄断行为的规制者，包括美国、德国、日本、韩国、南斯拉夫等国在内的许多国家都在其反垄断法中明确规定了行政执法机构的调查权、裁定权、处罚权或审判权。对垄断行为的受害者，美国《克莱顿法》第4条规定："任何因反托拉斯法所禁止的事项而遭受财产或营业损害的人，可在被告居住的、被发现的、或有代理机构的区向美国区法院提起诉讼，不论损害大小，一律给予损害额的3倍赔偿、诉讼费和合理的律师费"。

第三节　反垄断法的产生与发展

一、反垄断法的雏形

反垄断法的雏形最早可以追溯到古罗马时期。那个时期的一些法律中已经出现了与现代反垄断法相同或相似的规定。例如，公元前后，古罗马颁布的禁止粮行蓄意提高粮价的法律和公元482年颁布的宪法，其内容包括对提高价格在内的所有垄断行为的禁止，这与现代反垄断法规范价格垄断的法律制度几乎完全相同。[2] 直到中世纪初期，欧洲大陆国家的商业城市在反对市场上因垄断行为或图谋垄断带来的危害时，仍沿用罗马法的规定。在中国，《唐律》中也有类似反对垄断的内容。例如，《唐律·杂律》中规定："诸买卖不和而较固取者，及更出开闭其限一价，若参高而规自入者杖八十。已得赃重者，计利准盗论。"这些法律虽然以反垄断为目的，但人们对垄断的认识不深入，多是从道德、伦理角度出发对垄断所作的否定的评判。

到了近代，在一些国家的单行法规、判例或者民法典的片断中，我们也可

---

〔1〕 李昌麒：《经济法学》，中国政法大学出版社1999年版，第349页。

〔2〕 吴炯：《维护公平竞争法》，中国人事出版社1991年版，第18页。

以找到类似现代反垄断法的种种规定。如作为世界上最早直接保护竞争的国家，英国在17世纪初就在其判例法中形成了“限制贸易应受谴责”的法律原则，该原则被用来禁止对贸易实施限制的种种行为。法国大革命期间颁布的《沙彼利耶法》则以单行法的形式，规定了反对组成卡特尔和其他限制竞争措施的相关法规。而意大利、德国则在其民法典中规定了一些反垄断和反限制竞争的条款。

但是，以上这些法律和法规都不是现代意义上的反垄断法，由于他们相当零散，并未形成完整的体系，在一国的法律体系中也不占据主要地位，所以它们只能作为反垄断法的雏形而存在。

二、反垄断法的产生

19世纪中叶以后，自由资本主义逐渐向垄断资本主义过渡，卡特尔、托拉斯、康采恩、辛迪加等多种形式的垄断组织大量出现，排斥和限制竞争的行为愈演愈烈，严重破坏了市场正常的竞争秩序，给社会经济发展带来了诸多阻滞。为了消除和缓解垄断行为带来的这些危害，各国展开了大规模的、持续不断的反垄断立法工作。直到此时，现代意义上的反垄断法才真正产生。

第一部现代意义上的反垄断法是加拿大于1889年制定的《禁止限制性贸易的合并法》，但由于该法影响不大，一般将美国国会于1890年通过的《谢尔曼法》视为现代反垄断法的鼻祖。

重点提示：

对于美国为何会率先产生反垄断法，同学们可以通过分析反垄断法产生的历史进行理解。下面对美国的这段历史进行回顾，供同学们参考。

美国南北战争之后，随着工业的迅猛发展和第一次企业兼并狂潮的到来，垄断组织大量滋生，人民对此怨声载道，出现了一系列反垄断事件，其中最具影响的是格兰其运动（Granger Cases）。自1826年美国兴建第一条铁路到1850年，全美铁路总长超过9000英里。通过一系列“大鱼吃小鱼”的过程，美国铁路的经营权逐渐集中于联盟太平洋铁路公司、中太平洋公司等少数巨型企业手中。他们运用市场优势地位，固定铁路最高费率，并操纵升降机服务，使农民运送农产品的成本增加，引起了农民的极大愤慨。为抵制铁路巨头的垄断行为，以便降低农业成本，以奥利夫·凯利为首的农民组织起来，引发了格兰其运动。为了安抚农民，美国各州政府陆续出台法律限制铁路垄断，通过对穆恩诉伊利诺案及其他5个反垄断案的审理与裁判，建立了“格兰其法律”（Granger Laws）。该法律在1887年国会为确保铁路“公正合理收费”而设立“州际商务委员会”（ICC）后失效，但人民对垄断行为的仇视态度非但未消退，反而伴随着新的垄断组织形式——托拉斯的出现而愈演愈烈。

1879年，美孚石油公司成立，标志着美国第一个托拉斯组织的诞生。其后，托拉斯在诸如棉花油、亚麻子油、糖和威士忌等各种生产经营领域中蔓延开来，并且越来越不易控制。这不仅使民众感到恐慌，也使美国联邦政府不得不认真思考反垄断立法问题。

1890年7月，共和党参议员约翰·谢尔曼第3次向参议院提交了修改后的反托拉斯法草案，该草案经参议院司法委员会修改和重写后，于7月2日得以通过，这就是美国历史上第一部成文反垄断法——《谢尔曼法》，该法被法学界公认为是反垄断法的鼻祖。该法只有8条，核心是第1、2条。第1条主要规制联合垄断行为（collective action），第2条主要规制独占垄断行为（monopolistic action）。但由于该法规定得过于抽象和模糊，在司法实践中不易运用，因此在其颁布后数年并未真正起到遏制垄断的作用。直到1911年的美国诉美孚石油公司案，情况才出现了转机。为了弥补《谢尔曼法》的缺陷，美国国会于1914年通过了《联邦贸易委员会法》，首先解决了反垄断执法机构的问题；同年又通过了《克莱顿法》，明确了违法垄断的界限，并对4种一般违法行为进行了界定；1962年颁布了《反托拉斯民事诉讼法》，对反垄断的程序问题进行了解释。这些法律及其修正案与《谢尔曼法》共同组成了美国反垄断法律体系。

三、反垄断法的发展

美国反垄断法律体系的建立，不仅标志着现代反垄断法的产生，而且对世界反垄断立法产生了深远的影响，反垄断法在全世界如雨后春笋般涌现出来，世界各国以美国反垄断法及欧盟竞争法为蓝本相继制定了本国的反垄断法。

德国早在1923年魏玛共和国时期就颁布法令限制经济权限的滥用，但其内容仅涉及大量卡特尔中的极少一部分。1957年，联邦德国制定并通过了《反限制竞争法》，并先后进行了6次重大修改，现在实行的是1998年第6次修订的《反限制竞争法》。该法强化了德国市场经济秩序中的竞争规则，并在保留有效竞争规则的同时，使德国法与欧盟法相协调，从而使该法成为一部现代化和高效率的竞争法。[1]

瑞士于1962年12月20日颁布了第一部有关卡特尔及类似行为的法律，1985年制定了《卡特尔和类似行为法》，后于1995年将该法修改为《卡特尔和其他限制竞争法》，并于同年颁布了两部相关法律，即1995年10月6日的《技术贸易障碍法》和同日颁布的《国内市场法》，由此构成了该国的反垄断法律体系。

---

〔1〕孔祥俊：《反垄断法原理》，中国法制出版社2001年版，第82页。

日本是在二战后由于美国等国反垄断法的影响，制定了 1947 年的《独禁法》和《经济力量过度集中排除法》，此外，还制定了 1948 年的《财阀同族支配力量排除法》、1949 年的《中小企业协调组合法》、1952 年的《出口贸易法》等一系列旨在维护竞争和排除、限制垄断行为的法律。[1]

进入 20 世纪 60 年代以来，印度、尼日利亚、巴西、墨西哥、智利等发展中国家也纷纷制定了本国的反垄断法；东欧及俄罗斯等转型国家于 20 世纪 90 年代相继制定了反垄断法；南斯拉夫、匈牙利和波兰于 1990 年制定了反垄断法律；俄罗斯、保加利亚、捷克、塔吉克斯坦和拉托维亚于 1991 年制定了反垄断相关法律；乌克兰、摩尔多瓦、立陶宛等国于 1992 年也制定了自己的反垄断法律。到现在为止，世界上已有 100 个国家制定了反垄断法和类似法律。

我国于 1994 年正式启动反垄断立法工作，但由于涉及的经济关系比较复杂，该法草案未及时完成。经过十余年的等待，2007 年 8 月 30 日，第十届全国人民代表大会常务委员会第二十九次会议通过并颁布了《中华人民共和国反垄断法》，并于 2008 年 8 月 1 日开始正式实施。该法共 8 章 57 条，对反垄断法的立法宗旨、反垄断法的规制对象、规制方法和执法机关等作了较全面的规定，从而开辟了我国反垄断立法与执法的新篇章。

四、反垄断法的立法体例

因各国的法律文化传统、社会形态等各不相同，反垄断法的立法体例也有所不同。各种形态之间没有优劣、好坏之分，是否适应本国实际才是关键。

（一）松散型与法典型立法体例

根据反垄断法是否具有法典形式，可以将反垄断法分为松散型立法体例与法典型立法体例。

1. 松散型立法体例。松散型的反垄断法是指由一系列单行法律、法规组成的反垄断法。美国、英国和澳大利亚的反垄断法均为松散型反垄断法。

美国的反垄断法由《谢尔曼法》、《克莱顿法》、《联邦贸易委员会法》及其《鲁宾逊—帕特曼法》、《韦布—波默林法》、《凯普—伏尔斯蒂特法》、《麦克卡兰—费古森法》和《地方政府反托拉斯法》等法律组成。美国各州还制定了各自的反垄断法。此外，美国司法部所颁布的《合并准则》、《国际反托拉斯指南》等，虽然其效力在名义上低于联邦立法，但它们是审理反托拉斯案的主要指导性文件。

英国的反垄断成文法始于 1948 年的《垄断与限制竞争法》，其后又有《反

---

[1] 李昌麒：《经济法学》，中国政法大学出版社 1999 年版，第 345 页。

贸易限制法》、《垄断与合并法》、《公平贸易法》、《反限制贸易行为法》、《零售价格法》和《竞争法》等，共同组成了英国反垄断成文法体系。

澳大利亚的反垄断法则包括《澳大利亚产业保护法》、《贸易行为法》、《限制贸易行为法》、《1974 年贸易行为法及其修正案》、《1986 年贸易行为修订法及其修正案》等。

2. 法典型立法体例。法典型反垄断法是指以一部统一的反垄断基本法确立所有反垄断和反限制竞争行为制度的反垄断法，以日本和德国的反垄断法为代表。

日本于 1947 年颁布的《独禁法》是其反垄断基本法，该法共 10 章 114 条，并包含 14 个附则，是典型的法典式结构。该法经多次修改和补充，目前实施的是 1977 年修改后的法律。此外，日本还颁布了《经济力量过度集中排除法》、《财阀同族支配力量排除法》等大量配套法律、法规对《独禁法》加以补充。

德国于 1957 年制定并通过了《反限制竞争法》，该法共 6 编 131 条，也是一部典型的法典式立法。该法先后进行了 6 次重大修改，现在施行的是 1998 年第 6 次修订的《反限制竞争法》。

（二）合并立法体例和分别立法体例

根据反垄断法是否与反不正当竞争法合并立法来划分，反垄断法可以分为合并立法体例和分别立法体例。[1]

1. 合并立法体例，是指一部法律同时规制不正当竞争行为和垄断或限制竞争行为。澳大利亚、匈牙利、俄罗斯、塔吉克斯坦及我国台湾地区的反垄断法均采这种模式。

例如，我国台湾地区的“公平交易法”就是一部反不正当竞争和反垄断的合并立法。其中，限制竞争行为包括联合、限制交易相对人活动自由、联合抵制、差别待遇、拒绝入会、恐吓和利诱等；不正当竞争行为包括违背善良风俗、引人错误之广告两大类。

2. 分别立法体例。分别立法也称分立立法，即由反不正当竞争法与反垄断法分别规制不正当竞争行为与垄断或限制竞争行为的情形。德国、瑞士、日本、韩国等国家即采用此种模式。

例如，德国的竞争法由反不正当竞争法和反限制竞争法构成。德国《反不正当竞争法》于 1909 年制定，后经多次修改。该法对引人误解的广告、传销、商业贿赂、诋毁等不正当竞争行为作出了具体规定。反限制竞争法又称“卡特

---

〔1〕参见曹士兵：《反垄断法研究》，法律出版社 1997 年版，第 46～51 页；孔祥俊：《反垄断法原理》，中国法制出版社 2001 年版，第 29～43 页。

尔法”，主要规制卡特尔协议、纵向协议、滥用市场力量、抵制行为、企业合并等行为。

五、反垄断法在当代发展的新趋势

随着世界范围内的反垄断立法风起云涌，以及国际经济一体化趋势的进一步发展，反垄断法也在新的发展时期呈现出新的发展趋势，主要表现在以下几个方面：

（一）反垄断法适用范围不断扩大

反垄断法在形成和发展时期仅适用于工商业领域，到了当代，已广泛适用于体育、文化、教育、科研、旅游、医疗和社会保障等各个领域，只要存在商事活动和竞争的领域，反垄断法就涉足其中。[1] 从国际领域来看，在第二次世界大战之前，反垄断法主要是各国的国内法，国际领域的立法还很薄弱；二战以后，随着世界经济的高速发展，国际领域的反垄断立法不断加强。尤其是随着世界经济全球化的发展，全球竞争日趋激烈，跨国公司相继涌现，国际商业合并热潮一再掀起，垄断行为的国际化趋势日趋显现。由此，对垄断行为的国际立法也就提上了议事日程，反垄断法逐渐由最初的单纯国内立法走向国际化。1948 年，《哈瓦那宪章》设专章就限制性商业做法做出了专门规定。《哈瓦那宪章》虽因未获各国政府的批准而未生效，但其所确立的原则与处理问题的方法仍对以后其他国际组织签订类似条约具有指导价值。其后，欧洲经济共同体在其订立的《欧洲经济共同体条约》（又称《罗马条约》）中专门规定了对垄断行为的规制。《罗马条约》第 85、86 条以及 1990 年《合并条例》分别禁止限制性协议、滥用支配地位行为和控制合并（集中），以保护欧洲经济共同体的统一大市场。

《罗马条约》的规定直接影响了欧共体成员国的反垄断立法。近年来，德国、法国、英国、意大利、比利时、荷兰等成员国要么参照该条约修订自己的反垄断法，要么按照其规定制定自己的反垄断法，欧盟各成员国的反垄断法律规范从而逐渐趋于一致。此外，作为全球最大的国际组织，联合国第三十五届大会于 1980 年 12 月通过了《多国同意的控制限制性商业行为的公平原则和规则》，用以调节各成员国之间的经济交往，缓和他们之间因限制性商业行为导致的矛盾。

（二）对企业合并的控制从严厉走向温和

合并，即企业之间的联合，可以对参与合并的企业、他们的竞争者以及市

---

〔1〕 曹士兵：《反垄断法研究》，法律出版社 1996 年版，第 44 页。

场双方的经济主体，即参与合并企业的供应方和购买方，还有消费者和社会产生不同的后果。企业的合并一方面有一定的积极效果，如有利于节约资源，提高经济效益等，但是，合并也有其不利于竞争的一面，有时其不利影响甚至可能超过其有利的一面，而使竞争的功能不能实现，或者不能充分实现。因此，绝大多数发达国家的反垄断法都包含控制企事业合并的规则，即规定达到一定规模的合并必须进行申报，并且仅当合并会产生或者加强市场支配地位的时候，控制合并的机构才能阻止一个合并。[1]

但是，随着市场全球化趋势的发展，企业合并风起云涌，竞争执法机关对企业合并的控制正在放松，企事业合并控制已经逐渐从严厉走向温和。尽管合并须经竞争执法机关的审批，竞争执法机关通常对合并附加限制条件，禁止合并的情况较少。美国20世纪60年代运用市场结构方法规制企业合并的做法，在今天已不复存在。因为芝加哥学派理论的影响，美国最高法院在20世纪70年代就“采取了一项更加密切联系实际并以具体的市场事实为依据的结构原则”处理有关合并的案件。美国1963年“费城银行案”（Philadelphia Bank）确立的关于企业合并的“有罪推定原则”也已被司法部1984年的《合并准则》所抛弃。所谓“有罪推定原则”是指如果企业合并导致市场集中度迅速上升，那么合并就被推定为“本质上减少竞争”，应被禁止。1984年的《合并准则》要求执法机构对具体市场、市场结合及其发展深入分析，从分析中确定企业合并应否被禁止，并为这种分析提供了一系列的方法和判断标准。

（三）反垄断执法力度不断增强

首先，伴随着经济繁荣和科技的不断发展，竞争执法的力度正在加强。一方面，经济繁荣使企业之间的竞争日趋激烈，一些企业为了增强或巩固其在市场中的优势地位，采取各种各样的方式进行合并扩张和限制竞争，垄断和限制竞争行为愈演愈烈。为了遏制这一趋势，各国纷纷强化其竞争执法，通过积极实施、严格执法等方式充分发挥其执法职能。例如，美国诉微软公司捆绑式销售案，表明美国禁止滥用市场独占地位的决心，日本等国家正在减少反垄断法的豁免条款，以扩大其适用范围。另一方面，垄断和限制竞争行为的日益高科技化，对反垄断执法提出了越来越高的技术要求，反垄断执法变得越来越技术化和专业化，经济分析和经济模型的运用使其在技术程度上更加高深。

其次，随着国际卡特尔、跨国兼并和跨国性的滥用支配地位的情况的日益增多，出现了许多跨国性的反垄断法案件，从而对反垄断执法提出了新的合作

---

〔1〕 参见［美］D. 沃尔夫：“经济国际化中合并控制的主要问题”，载王晓晔编：《反垄断法与市场经济》，法律出版社1998年版。

要求。早在20世纪60年代，经合组织（OECD）就建议成员国在影响国际贸易的反竞争行为方面进行合作，该建议又于1995年进行了修改，形成了“理事会关于成员国之间在影响国际贸易的反竞争行为方面的合作的修改建议”。尽管该组织尚未形成正式的制度，但由此产生了许多双边协议，其中最重要的是美国和欧盟之间的双边协议。它规定了在影响对方的案件中进行告知、合作和协调的制度，并要求相互保密，特别是规定了积极合作和消极合作条款。这些合作制度在跨国案件，特别是合并案件中得到了广泛的运用。

第四节 反垄断法的立法目的与基本原则

一、反垄断法的立法目的

世界各国对反垄断法立法目的规定各不相同，我们可以通过比较美国反托拉斯法和欧盟竞争法中有关立法目的的规定进行分析。

在美国反托拉斯法的理论和司法实践中，反托拉斯法的立法目的一直是争论的焦点问题，在不同的经济发展和理论发展阶段，其立法目的总是在不断地进行调整。在《谢尔曼法》中，提高消费者福利被视为反托拉斯法的最终目的，最高法院的判决也充分体现了这一目的，芝加哥学派中的一些学者甚至认为提高消费者福利是反托拉斯法独一无二的目的。分散权力则被视为第二个最终目的，即控制经济权力的集中，并将经济权力分散给市场上的小竞争者是反托拉斯法的最终目标。有些法律，如《鲁宾逊—帕特曼法》，很明显以保护中小企业为其立法目的，其强调的是生产者而不是消费者的利益。此处，反托拉斯法研究国家委员会在1995年的一份报告中指出：“反托拉斯法的基本目的是促进开放市场的竞争，这一政策是私有企业的基本特征。”一些学者则主张反托拉斯法只是用来促进竞争的，经济效率是反托拉斯法的唯一的终极目的。自Brunswick案后，效率取向为法院所经常采纳，但这种模式不是绝对的，法官在有些情况下仍然采纳非效率理由。

欧盟竞争法则以提高经济效率为其主要目的，此外，它还确立了其他一些重要的立法目的，主要包括促进市场的一体化、保护中小企业、保护公平竞争、维护政治自由等。促进欧共体市场一体化被有些人认为是欧盟竞争法中最重要的立法目的，甚至超过了效率目标。如《罗马条约》第86条规定：一个或者多个在共同体或者其中的相当一部分地域内占有优势地位的企业滥用这种地位的任何行为，可能影响成员国之间贸易的，因与共同市场不相容而被禁止。此外，为保护中小企业的公平竞争权，《罗马条约》在其前言中提出“公平竞争”的要求，欧盟委员会也鼓励中小企业之间通过联合来维护自身的公平竞争权。另外，欧盟竞争政策受德国和法国竞争政策的影响，在《罗马条约》前言中体现出了另一种思想，即政治自由思想，其指出任何公民都应当有机会进入市场，而不受他人的支配与控制。

综上所述，反垄断法的立法目的具有多元化的特征。我们可以从两个层面认识反垄断法的价值：

（1）反垄断法的直接目的。反垄断法的基本目的是维护竞争自由、公平与效率。反垄断法的基本价值主要体现为保护自由竞争和维护公平的竞争秩序，保证竞争良性效果的发挥。反垄断法通过对垄断的规制，遏止垄断对自由竞争的危害，以维护正常的竞争秩序。同时，反垄断法所维护的竞争秩序以公平和效率为内容和结果，追求实质公平与社会整体效率的优化。

（2）反垄断法的终极目的。反垄断法的终极目的是维护社会公共利益。反垄断法侧重于对社会全体成员利益的保护，在立法与司法实践中注重对社会经济利益的整体性、全局性的保护，而非个体性、局部性的维护。反垄断法具有社会本位性，其以社会公共利益为出发点和根本目的，维护竞争的自由与公平。

重点提示：

由于各国经济发展要求和立法传统不同，各国有关反垄断法立法目的的规定也有所不同，学者们对反垄断法立法目的的认识也存在较大差异。同学们可以探讨我国与其他国家反垄断法立法目的的异同，分析反垄断法调控经济的意义及其调控重点，并分析反垄断法与反不正当竞争法在立法目的上的异同。

二、反垄断法的基本原则

基本原则是反垄断法的基本指导思想和行动准则，是反垄断法中一个重要而基础的问题。我们认为，反垄断法的基本原则主要有：

（一）促进有效竞争，维护平等、自由和公平竞争的原则

由于竞争行为并非都是有效率的，完全竞争有时可能导致竞争的无序性、盲目性和社会财富的浪费；而垄断也并非一无是处，合法的垄断会带来社会财富的集聚和经济效率的提升。因此，反垄断法对垄断行为的规制以垄断行为是否妨碍经济效率的提高为其考量点，既保护有效竞争，又对损害竞争效果的垄断行为加以规制。

同时，反垄断法以维护平等、自由和公平竞争的原则为其基本原则。首先，反垄断法以促进平等竞争为前提。各国反垄断法均规定，竞争者的地位平等，不享有任何特权，也不被歧视；政府为所有竞争者提供平等的竞争平台，使经营者的竞争机会平等。其次，反垄断法维护自由竞争机制。竞争者有权自由地

进出市场，有权自主选择参与竞争的方式与竞争对象。最后，该法以确保公平竞争为归宿。反垄断法的实施以社会利益分配的实质公平为其最终目的。

（二）保护中小企业和消费者利益原则

保护中小企业和消费者利益的原则一直是各国反垄断法的基本原则。如德国《反限制竞争法》第4条规定了对中小企业卡特尔给予豁免；法国《关于价格和竞争自由的法律》第10条第2款规定，一定种类的约定，特别是以改善中小企业的经营为目的的，得以经竞争审议委员会表示赞同意见的条例认可；《罗马条约》第85条第3项对能够使消费者获得相当程度的实惠的垄断协议在满足相关条件的情况下给予豁免。

重点提示：

反垄断法与反不正当竞争法虽然都是保护竞争的法，但其保护的重点和方式不同，其所适用的基本原则也有所不同，同学们要注意区分。

第五节 垄断行为的认定基准及其规制制度的分类

一、垄断行为的认定基准——相关市场的界定

相关市场是垄断行为的认定基准。我们必须对相关市场的含义、特征、种类等问题进行探讨和研究。

（一）相关市场的含义

相关市场（relevant market），又称有关市场，是指行为人开展竞争的区域或者范围。对该范围或者区域的确定即被称为相关市场的界定（relevant market definition）。在认定是否存在垄断行为时，对相关市场的界定通常是首要的，而且往往是最重要的。经合组织（OECD）对相关市场界定的表述是："市场界定有两个基本方面：①产品市场，即成为一类的产品；②地理市场，即成为一类的产品的地理区域。"市场界定考虑需求和供应两个问题。在需求方面，产品必须在买者看来是可替代的。在供应方面，销售商必须包括生产或者能够轻易地转产相关商品或者其替代品的人。销售商一般包括实际的和潜在的销售商，后者是指如果价格合适就能够迅速地改变其生产工艺以供应替代品的厂商。其合理性在于，这些厂商将会挫败或者抑制该市场上的现有厂商将价格抬高到竞争水平以上的能力。购买者和销售商所在的地区将决定地理市场是地方的、全国的或者国际的。

重点提示：

合理界定相关市场对于认定垄断行为的存在非常重要，过宽或者过窄的市

场界定都会导致低估或者高估市场集中度，使垄断的认定变得困难。如果相关市场被界定得过于狭窄，则有意义的竞争将会从分析中排除出去，企业的行为就有可能被不合理地认定为垄断；如果相关市场界定得过宽，则竞争者的数量及竞争的程度可能被夸大，本应认定的垄断行为由于在界定相关市场时不合理地加入了诸多本不应认定在同一市场上的竞争者而被忽视。

（二）相关市场的类型

相关市场主要包括产品市场（product market）和地理市场（geographic market）两个基本类型，它们也是相关市场的主要内容。此外，有些国家还将市场的时间性也确定为相关市场不可忽视的因素。

产品市场是指具有替代关系的商品或者服务市场，是确定哪些产品之间真正构成竞争的判定标准。具有替代关系的所有商品或者服务构成同一个市场。美国最高法院在1962年“布朗鞋公司案”的判决中指出：“一个产品市场的范围取决于对合理交换性的利用或者对产品本身和其替代产品之间的交叉弹性的需求。”产品的弹性可以从两方面考察：一方面是消费者需求的替代性，即消费者对两种产品就其价格、品质和用途都认为是合理的和可替代的，则该两种产品应视为同一市场。欧盟将相关产品定义为“因其性质、价格或用途，被消费者认为类似的产品。”另一方面是生产者供给的可替代性，它反映的是潜在的市场竞争。当涉案产品的价格足够高时，有可能诱发其他生产者的生产，从而使市场的供给增多，形成对产品价格的抑制。生产者供给替代性的理论基础是供给弹性理论，它是指产品价格的变动与市场上该产品的供给量之间的比例变动关系，供给弹性高，即供给数量随价格变动的增加比例较为敏感，则表示其他厂商容易转换生产，厂商抬高价格就可能不易维持。反之，若供给的弹性很低，则表示产品价格提高后，可能由于高进入障碍或高转换成本，阻碍其他厂商增加相同产品的供给量。[1]

地理市场是指厂商进行销售活动或在经济上能够进行销售活动的区域。它反映的是竞争性市场的地区范围，而不是由进行生产的工厂的位置所决定的。在“美国诉伯利恒公司案”中，有关厂商辩称：亚斯特的平板与管道工厂位于内地的正中地区，而伯利恒的几家钢铁厂则位于东部和西部地区，两者的位置并不一致。然而，分析表明，钢铁的销售是由这两处的厂商共同进行的，而销售的区域是与这些工厂所处的地点相交迭的。地理市场的范围可以是国内某些地区，也可能是整个国家范围内，甚至大于国家范围。确定产品的地理市场主要应考虑三个因素：一是产品的运输成本。如果运输成本高，产品的地理市场

〔1〕 李昌麒：《经济法学》，中国政法大学出版社1999年版，第353页。

就可能较小；反之，产品的地理市场就可能遍及全国甚至更广。二是产品的特性。一般笨重的、单位计量大的产品以及易腐烂、难保存的产品，其地理市场的范围相对较窄；而重量轻、价值高的产品的地理市场的范围较大，可以遍及全国，甚至大于国家范围。三是法律或政策障碍。如果某些行业受政府的管制，需要经过特定程序才能进入市场，或者市场主体的数量有限制性规定，则该市场就被限定在特定的区域范围之内。

市场的时间性是在确定产品市场和地理市场的范围后，确定相关市场时所应考虑的另一重要因素。所谓时间市场，是指某些产品因为季节性、时尚性或过多地为技术发展所左右，其相关市场只能在一定时期内暂时存在的情形。在欧盟委员会和欧洲法院的许多判例中，在采用较短的时间段的情况下，进入障碍是普遍存在的，这些障碍包括需要在工厂上的投资、已确立的信誉、良好的商业网络、获取技术以及许多其他资产等。

二、垄断行为法律规制制度的分类

垄断行为法律规制制度的分类，包括垄断行为规制方法的分类和垄断行为规制制度的分类两个方面的问题。

（一）垄断行为规制方法的分类

在反垄断法中，对垄断行为的法律规制方法在传统上主要被划分为两类，即结构主义的方法（The Structure Approach）和行为主义的方法（The Conduct Approach）。此外，运行的方法（The Performance Approach）也经常被使用。

1. 结构主义方法。所谓结构主义的方法，是指为了控制市场集中度而对市场集中状态进行规范的垄断规制制度。

结构主义的方法与市场结构密切相关，主要通过对市场结构的分析来判断是否存在垄断行为并加以规制。市场反映的是一国范围内特定市场中生产的集中和分散程度，以及产品差别水平和进出市场的难度。一定的市场结构决定了竞争的强度和竞争的行为方式，从而间接地决定了竞争的市场结果或者市场绩效。[1]

市场结构主要由5个要素构成：

（1）买者的规模和数量。这涉及到个别购买者是否能够影响价格的问题。在现实生活中，买者的行为或多或少地会影响到市场的价格，比如市场上虽然只有一个或少数几个购买者，但每个购买者的购买量都很大，其在市场中占据支配地位，那么这些购买者就可以通过改变其购买来影响商品的价格，这时的

---

〔1〕 李昌麒：《经济法学》，中国政法大学出版社1999年版，第353页。

市场就属于买方垄断的结构。

（2）卖者的规模和数量。如果市场中有很多卖者，但每个卖者的规模都很小，则各个卖者的产量对整个市场供应将不会有太大影响。但如果市场上的同类产品数量很少，则每个卖者所占的市场供给份额就大，单个卖者就足以影响市场价格。那么，只有一个供应商的市场结构就可以称为垄断。

（3）不同卖方的产品可替代的程度。不同产品的替代程度影响到供应者在多大程度上是价格决定者或接受者。如果产品的可替代性强，购买者在购买时就会选择质优价廉的产品，则任何试图把价格提高到一般水平之上的供应商都会面临产品的滞销。而在垄断的情况下，产品的可替代性差，市场上没有其他供应商。

（4）买者对价格和可供选择替代物的信息灵通程度。在垄断的情况下，所有的买者都知道垄断价格以及垄断产品的特色，而对其他经营者的相同或近似的产品及其价格了解不多。

（5）进入条件。在竞争市场中，新厂商进入市场不存在技术或者法律上的障碍。而在垄断的情况下，新厂商会因技术或法律上的障碍而无法进入市场。[1]

运用结构主义的方法，目的是为维护有效竞争，通过监测市场集中程度，对可能或已经产生高度集中的市场结构予以调整。其结构修正的最极端方式就是分解大公司（包括解散和分割两种制裁措施），如 1911 年美孚石油公司（Standard Oil New Jersey）被分解为今天的 Amocco、Chevron、Mobile 和其他一些公司。结构主义的方法有修正市场结构的功效，但由于其存在有时可能损害规模经济和规模效益或使经济组织的发展受限制，诸多缩小企业规模的解散法令有可能对经济生活和经济发展带来破坏性的冲击等不利后果，因此未能在反垄断法中占据主导地位，而只是在个别情况下适用。

2. 行为主义的方法。行为主义的方法，是针对竞争者的行为而不是根据企业规模的大小建立竞争规则的，只有当企业的市场行为对其他企业的自由竞争或其他利益产生或可能产生有害影响时，政府才出面干预该种行为。

行为主义的方法并不针对企业规模的大小，基于企业本身的规模而获得经济利益的大型企业不能因政府的干预而受到分裂，除非发现其市场行为应受反对。一个大型企业不必有意抑制其试图增加市场份额的行为，这本身也是一种竞争形式。同时，与此相关的大型企业必须认识到，他的行为经常处在反托拉斯机构的监督之下。行为主义的垄断规制制度不关心行业的集中程度，只关心占市场支配地位的企业是否有滥用其市场支配力的行为，其制裁措施主要是勒

---

〔1〕 孔祥俊：《反垄断法原理》，中国法制出版社 2001 年版，第 235 页。

令停止行为与损害赔偿，通常不改变企业的原有状态。

行为主义的方法纠正了结构主义方法的一些弊病，但单纯运用行为主义的方法也有其不利之处。行为主义的方法具有特殊性，对企业或者企业集团提出指控的根据是各个具体情况中的事实，这些根据中包含了被指控为违法的特殊事实。而且，虽然可以提出指控和进行诉讼，但诉讼的结果可能证实企业并非有罪。在这种情况下，诉讼也只是一种资源的浪费。[1]

3. 运行的方法。对垄断的规制有时还采用运行的方法，即政策制定者可以通过调查市场运行本身来判断政府是否有必要干预。对市场运行的调查范围包括是否存在有效生产，能否灵活反映需求变化和供应条件的价格，以及适当的价格、利润和销售成本，改进的生产过程和产品的稳定流动。运行的方法实际是市场结构和市场行为互动的方法，是结构主义方法和行为主义方法的综合。

重点提示：

同学们可以分析这三种规制方法的优劣与异同，并分析我国反垄断法采用哪种垄断行为规制方法更为合理。

（二）垄断行为规制制度的分类

在现代反垄断法和竞争政策上，行为主义方法占支配地位，结构主义方法只在个别情况下适用，运行方法也经常得到运用。

与此相适应，世界各国的反垄断法对垄断行为的规制制度主要有三大类：结构性规制制度、运行性规制制度（也有人称为准结构性规制制度）和行为性规制制度，它们分别规范的对象是垄断状态、垄断化和垄断力的滥用。

所谓垄断状态（Monopolistic Situations），是指在相关市场中因企业占据市场支配地位而致使在相当长的期间内产生市场弊害，应受反垄断法处罚的状态。如日本《禁止垄断法》、德国《反限制竞争法》和英国《公平贸易法》中规定的垄断行为即指垄断状态。其构成要件是市场规模与特点、市场结构、市场弊害。具备这三个要件，垄断状态即被证实。

垄断化（Monopolization），专指美国《谢尔曼法》第2条的规范对象，是介于垄断状态和垄断力滥用之间的反垄断法规制的垄断类型，是指企业在相关市场上故意取得和维持垄断力量，或者图谋垄断，应受反垄断法禁止的行为。《谢尔曼法》第2条所规范的“垄断化”既有结构主义的内容，又有行为主义的内容。构成垄断化要具备两个要素：一是在相关市场中拥有垄断力量；二是故意取得和维持该力量。

---

〔1〕［美］马歇尔·C. 霍华德：《美国反托拉斯法与贸易法规》，孙南申译，中国社会科学出版社1991年版，第20页。

垄断力的滥用（Abuse of Power），是指拥有市场支配地位的企业滥用其市场支配力，并在一定交易领域实质性地限制竞争，违背公共利益，应受反垄断法禁止的行为。如美国《布莱克法律大词典》中将垄断解释为“一个或几个私人或公司享有特权或市场优势，对某特定的市场或贸易实施的排他性控制，或对某一特定产品的生产、销售、供应的全部控制”，即是指滥用垄断力的行为。垄断力的滥用是大多数国家反垄断法所规范的内容，其构成要件有三个，即市场支配地位、滥用行为与损害竞争的结果。

思考题：

1. 简述垄断的含义及其主要分类。
2. 试分析垄断与不正当竞争行为的异同。
3. 简述反垄断法产生的历史必然性。
4. 试述反垄断法的立法目的及其基本原则。
5. 简述相关市场的类型及其区别。

第三章 反垄断法（中）

内容提要：

由于反垄断法律制度在建立初期受美国反托拉斯法影响较大，且近些年来反垄断法的国际化趋势日渐明显，使各国的反垄断法在规制的重点内容方面趋同。本章即是对各国反垄断法普遍规制的垄断行为的分析，以及反垄断法中所涉及的域外适用制度和反垄断执法机构问题的简单介绍。本章的内容主要包括：垄断协议规制制度、滥用市场支配地位行为规制制度、企业集中规制制度，以及反垄断执法机构、反垄断法的域外适用制度等。

教学目的：

①清楚垄断协议、滥用市场支配地位行为、企业集中的含义及其异同；②了解和掌握竞争垄断协议规制制度、滥用市场支配地位行为规制制度和企业集中规制制度的主要内容；③了解不同国家反垄断执法机构的设立方式及其性质与职权；④了解和比较反垄断法域外适用的主要原则。

第一节 垄断协议规制制度

一、垄断协议的概念与特征

垄断协议，又称限制贸易或商业行为、限制竞争协议、联合行为，是指厂商间订立趋向于取消或扼杀竞争，妨碍或阻却贸易或商业在自然经济状态下发展的协议或决议的行为或者协同行为。

这是美国《谢尔曼法》第1条所确立的内容。该条规定：任何以托拉斯或其它共谋方式限制州际或对外贸易的协议或联合，均被宣告为非法；任何订立

这类协议或进行这类被宣告为非法的联合或合谋者均被视为犯有重罪而受到惩罚。……[1]

垄断协议具有以下特征：

1. 行为主体的多元化与独立性。首先，垄断协议的行为主体必须为两个或两个以上的市场主体，每个市场主体是否具有市场优势地位则不在考虑之列。在多数情况下，行为人不是市场上具有优势地位的主体，他们之所以联合起来，就是为了通过联合而在市场上形成优势地位，进而实施限制竞争行为。其次，各个行为人都具有独立的法律人格，能够独立决策。如果两个或两个以上的市场主体在事实上不具有独立的决策能力，则不能认定其为垄断协议的行为人。如母公司与合资子公司虽然在法律上各自都为独立的法律主体，但子公司完全听命于母公司，没有独立的决策权，包括实施联合行为的决策权，此时母公司与子公司的联合行为一般不属于反垄断法禁止之列。再如，被代理人与代理人订立的限制价格协议，由于协议所反映的都是被代理人的意思，因而也不构成反垄断法所禁止的行为。[2]

2. 行为方式的共谋性。行为人之间存在共谋，是决定垄断协议是否存在的关键所在。共谋即多个行为人达成的合意。垄断协议的行为人通过订立协议、决议或者协同行为等共谋方式，共同实施对市场的操控，以达到限制竞争，谋求垄断高利的目的。共谋的方式包括明示共谋与默示共谋。明示共谋是指行为人以签订书面或口头协议、决议的方式达成意思一致。默示共谋主要指行为人的协同行为，即行为人虽然没有签订书面或口头协议、决议，但他们彼此采取了协调一致的行为，这时也被视为实施了共谋行为。默示共谋一般不易判断，但可以从其价格上涨趋势及后果等方面进行推定，确定行为人之间是否存在协同行为。

3. 行为的限制性。垄断协议在行为的目的、行为的内容以及行为的后果上均具有限制竞争性。首先，行为人实施垄断协议的目的是限制或剥夺其他竞争者的竞争权，以获得在正常竞争状态下无法获得的高额垄断利润。其次，行为的内容是行为人以订立协议、决议或者协同行为等共谋方式，签订横向协议与纵向协议，实施横向限制竞争行为与纵向限制竞争行为。最后，行为的后果是使垄断协议的参加者获益，而使垄断协议参加者以外的其他竞争者无法或很难参与市场正常的竞争活动，剥夺其在市场上的自由竞争权。

---

[1] 参见高菲：《论美国反托拉斯法及其域外适用》，中山大学出版社 1993 年版，第 37 页。

[2] 孔祥俊：《反垄断法原理》，中国法制出版社 2001 年版，第 307 页。

重点提示：

垄断协议与滥用市场支配地位在行为主体、行为方式、行为目的等方面存在诸多不同之处，请同学们注意区分。

二、垄断协议的认定原则

对于如何认定垄断协议的违法性，国际上有两个各不相同又互为相补的原则：本身违法原则和合理原则。它们分别源自美国“索科内—维科姆案”和“标准石油公司诉美国案”。

本身违法原则，又称自身违法原则，是指对于有些协议或做法，由于它们本身对竞争产生的有害结果以及缺乏任何可以补救的优点，无需对该类协议造成的确切损害做出详细调查或对其适用做出辩解，即可认定其是违法的。

合理原则是指对有些限制行为，只能通过全面调查才能确定它们是否具有反竞争的效果，否则不能认定其为违法。如垂直限制协议可以分为非价格垂直协议和价格垂直协议。

在认定协议的违法性时，对于非价格垂直协议一般适用合理原则进行分析。例如，在欧盟、加拿大和新西兰的竞争法上，只有在能够证明对竞争的不利后果时，才禁止垂直协议，并规定了对某些垂直协议的豁免制度。而英国1998年竞争法鉴于垂直协议能够促进品牌之间的竞争的原因，甚至将垂直协议从限制竞争协议的禁止性规定中剔除出来，而主要禁止水平协议。在美国，除搭售按照本身违法原则对待外，对其他垂直协议则根据其对市场竞争的影响进行判断，通过衡量其对品牌之间和品牌内部竞争的影响来定性，即适用合理原则。对于价格垂直协议，即维持转售价格协议，国际上普遍的做法是通过适用本身违法原则加以禁止。尽管一些国家规定了豁免核准制度。如英国《零售价格法》（1976年）只规范与货物有关的零售价格固定，而不涉及有关服务的零售价格固定。

三、垄断协议的主要类型

垄断协议主要包括横向垄断协议和纵向垄断协议两种类型。

（一）横向垄断协议

横向垄断协议，又称水平协议、横向限制行为或卡特尔，是指在生产或者销售同类产品或者提供同种服务过程中，处于同一阶段的企业之间，通过共谋而实施的限制竞争行为。横向限制行为通过压制企业之间的自然竞争来达到获取高额垄断利润的目的，同时损害同业竞争者的利益，破坏竞争秩序。另外，这种行为对消费者也产生直接的消极影响，即消费者可能因为企业间的这种行为而在购买商品时付出高昂的价款。因此，对横向限制行为，绝大多数国家的反垄断法都认定为本身违法行为而进行严厉地制裁，甚至对其设定了刑事责任。

横向垄断协议的一般类型有固定价格、划分市场、联合抵制、限制产量或数量、串通招投标、联营和其他横向限制竞争行为。另外，出口卡特尔、设立贸易协会、确定产品标准、限制广告行为等也属于横向垄断协议行为。

1. 固定价格，是指具有竞争关系的行为人通过协议、决议或者协同行为，控制商品或服务的价格的行为。它是横向垄断协议中最为常见的一种形式。

固定价格的方式多种多样。一种方式是操纵报价，包括相同报价与轮流报价。共谋者共同提出相同报价是最简单的操纵报价方式，但这种方式容易引起交易人和反垄断执法机构的注意。轮流报价则可以避免这种麻烦，共谋者可以通过这种方式长期平均分配利润。另一种方式是实行交货价格制，通常包括基点定价制和影子运费制。基点定价制是销售厂商在协调行动中使用的一种交货价格制。在单一基点下，每个产品销售者都用同一始点，计算出该基点或者离厂价格之上的追加运费额。当所有基点价格相等时，那么在任一位置的每个销售商的产品价格也将相同。影子运费制是指对所有买者索要同一交货价。它与基点定价制关系密切，若基点和生产位置不处于同一地点，则基点定价本身就意味着影子运费的存在。[1]

重点提示：

对横向垄断协议中的固定价格行为，一般按照本身违法原则对待，而不需对该种行为的后果进行任何调查。但现在有些国家对该种行为的态度有所放宽，如《墨西哥反垄断法》规定，只有在各方当事人均具有市场支配地位时，固定价格行为才构成违法。

2. 划分市场，是指竞争者之间分割地区、客户或者产品市场的行为。它是一种间接的固定价格行为。它通过分割市场，避免协议参与厂商之间的竞争，使厂商之间通过不竞争而在一定范围内间接控制价格。

划分市场行为可以分为划分地域、划分顾客和划分产品三种。划分地域即厂商之间根据地理区域所进行的市场划分；划分顾客即厂商根据个别顾客或者顾客的类型或者集中营业的份额来划分市场；划分产品即厂商通过生产同种类但不可替代的产品来进行市场划分。[2]

---

〔1〕 曹士兵：《反垄断法研究》，法律出版社1996年版，第214页。

〔2〕 参见［美］马歇尔·C. 霍华德：《美国反托拉斯法与贸易法规》，孙南申译，中国社会科学出版社1991年版，第74～75页。

重点提示：

对于划分市场行为，一般按照参照适用固定价格的本身违法原则，不论该行为是单独的划分行为，还是与固定价格结合在一起或者包含在固定价格协议之中的行为。

3. 联合抵制，又称集体拒绝交易，或称抵制，是指厂商之间通过协议、决议或者其他方式联合起来，不与其他竞争对手、供应商或者客户交易的行为。一般情况下，如果一些企业通过直接拒绝与竞争对手进行交易，或者迫使供应商或客户中断与这些竞争对手进行交易，就被认为是一种反竞争的联合抵制行为。

重点提示：

对于联合抵制行为，一般按照本身违法原则认定，但在认定时应注意将其与促进竞争的有益联合相区别。

4. 限制产量或数量，是指厂商之间为维持商品的价格，进而维持高额垄断利润，而采用的限制产品的生产数量或市场投放量的行为。这种行为通过控制商品的供需关系，使市场始终处于“不饱和”状态的方式，控制商品的价格，并以此来维持参与厂商的利益。参加协议的企业不得随意提高产量或压价销售。

重点提示：

限制产量或数量往往与固定价格行为相结合，其适用本身违法原则，各国反垄断法均禁止该种行为。

5. 联营，是指厂商为了特定的经济目的而联合在一起的行为。在资源开发、技术研究等投资大、风险大的行业中，联营行为较为普遍。联营按照其紧密程度，一般可以分为3种类型，即法人型联营、合伙型联营和合同型联营，又分别称为紧密型联营、半紧密型联营和松散型联营。

重点提示：

对于联营行为，反垄断法一般运用合理原则进行分析，是否予以规制主要取决于该行为促进竞争的好处与反竞争的害处之间的对比和平衡。如果好处大于害处，反垄断法不予干预；反之，则予以干预。

6. 串通招投标，这是国际贸易中一种通用的交易形式。串通招投标是指在招标投标活动中，所有投标者串通投标，共同损害招标人的利益；或投标人与招标人之间相互勾结，排挤竞争对手的行为。

串通招投标可分为串通投标行为和招标人与投标人相互勾结行为。串通投标行为指全体投标者相互串通，通过抬高标价或压低标价的方式，迫使发标方在串通联合行动的预谋范围内发标，从而获得非法利益的行为。串通投标行为是所有参加投标的投标人共同实施的行为，目的是通过避免相互间的竞争，或协议轮流在类似的项目中中标，来获得非法利益，共同损害招标人的利益。招标人与投标人相互勾结行为指在招标、投标活动中，意欲中标者与招标人相互勾结，违反竞标程序，使公开招标流于形式，共同损害其他投标人利益的行为。该行为的目的是为了排挤该投标人的竞争对手，所造成的后果是使招标流于形式，损害其他投标人的利益。

重点提示：

对串通招投标行为，反垄断法一般运用本身违法原则进行规制。

7. 其他横向限制竞争行为，这主要包括限制购买新技术、新设备或者开发新技术、新产品的协议，相互交换价格情报或其他相关信息的行为，建议行为，统一标准行为等。这些行为一般通过行业协会或非正式组织进行。

重点提示：

横向垄断协议是处于同一生产经营阶段的经营者共同实施的限制竞争行为，他们相互之间虽然仍存在竞争，但对协议以外的竞争者则采取共谋行为限制其竞争。横向垄断协议与纵向垄断协议在概念、行为人、行为方式等诸多方面存在不同，同学们应注意区分。

（二）纵向垄断协议

纵向垄断协议，又称垂直协议、垂直限制或纵向限制行为，是处于生产经营链条的不同阶段的上游企业与下游企业之间限制经营活动的行为。处于生产经营链条的不同阶段的经营者，尽管他们相互之间不是同业竞争对手，也可以通过协议方式进行彼此限制，从而形成垂直限制协议，产生危害竞争的后果。如搭售、限定价格、限定销售区域、排他性交易等行为。但是，对于纵向限制，虽说它具有限制商品内部竞争，排斥外部竞争，限制贸易自由流通等不良后果，但有时也能提高销售效率，增加品牌之间的竞争，因此与同业之间的横向限制相比，它对竞争的危害性通常不太直接或者明显。

纵向垄断协议具有下列特征：①纵向协议的当事人处于不同的市场经营阶段。即纵向垄断协议是处于生产经营链条上的不同阶段的经营者之间达成的协议，如制造商与销售商之间、批发商与零售商之间的协议，这种处于不同的市场经营阶段的企业通常被称为上游企业和下游企业，这是纵向协议的本质特征。②纵向协议既可以采用书面方式订立，也可以采用口头或默示方式订立。③纵向协议的目的是限制商品或者服务的销售。正是基于此，有些著作将其称为销售限制，即具有垂直关系的当事人之间（卖方与买方之间）的协议，即卖方对买方销售或者转售其商品进行限制。最常见的销售限制是限制转售价格，不太常见的是对地区、客户和经销店的限制。根据纵向协议的内容，可以将纵向协议分为两种类型，即纵向价格限制与非价格限制。

1. 纵向价格限制，是指固定转售价格的行为，即上游企业在向下游企业提供商品或服务时，限定下游企业向第三人转售商品或服务价格的行为。从上游企业的角度看，如果允许下游企业的价格竞争，就有可能降低他们的利润，从而降低下游企业销售产品的积极性，影响上游企业的利润；从下游企业的角度看，限定转售价格可以使自己获得较稳定的利润，但这种行为共同损害了第三人的利益。

价格限制又可分为3种，即转售价格维持协议、最高限价和建议价格。转售价格维持协议指供应商与经销商签订协议以固定商品的最低零售价格；最高限价指供应商与经销商签订协议以固定商品的最高零售价格；建议价格指生产商对其经销商就其所供商品的转售价格作出没有约束力的建议。

重点提示：

对纵向协议的违法性一般采用本身违法原则进行判定。但对建议价格，由于其对转售价格并未进行有约束性的限制，因此一般视为合法行为而不予追究。如很多生产商在其产品上标明的建议售价只是对销售商的一种价格建议，销售商可以根据自身情况自主确定产品的售价，而无须按建议售价出售商品。

2. 非价格限制，是指上游企业与下游企业在交易过程中，对除价格以外的其他条件进行限制的行为，多发生在具有产销关系或销售链的不同环节的企业之间。对于上游企业来说，为了减少由于下游企业之间的竞争给其带来的利益损失，利用其所处供货商地位的优势和与下游企业之间的依存关系，以不供货、不购买等条件作为要挟，迫使下游企业服从其交易条件。

非价格限制可分为搭售、独家交易、特许协议和附条件交易等4种行为：

（1）搭售，是指经营者在销售一种商品或提供一种服务时，要求购买者以购买另一种商品或接受另一种服务为条件。比如在销售电脑时，要求必须购买相应软件；理发店在为顾客烫发时，要求顾客只能选择其指定的烫发用品等。一般来说，专利产品、驰名商标产品及在市场上具有一定优势地位的产品最容易被利用来搭售其他商品或服务。搭售是最典型的非价格限制行为。例如，1936年，美国IBM公司拒绝放宽“使用该公司的电脑必须用该公司软件卡片”的限制，表面理由是其他不良卡片会影响其电脑总体的完善性能。但法官审理认为，该公司的搭配销售限制减低了软件高层的竞争，造成了市场的独占，给该公司带来额外利润，因此判决IBM公司的行为违法。再如1949年，美国加利福尼亚石油公司以各独立加油站只向其独家购油为条件，与加油站进行交易，并要求加油站购买其相关附属设备。法官认为，这种契约行为明显造成了实际或潜在的竞争程度下降，并限制了新加入者的竞争，因此判决该行为违法。

重点提示：

认定搭售行为必须同时满足以下要件：①行为主体具有一定经济优势或存在依附关系；②行为主观上是出于故意，目的是为了扩大其市场势力，或者维持或延伸支配企业的市场控制力；③搭售的商品独立于主商品；④搭售安排没有正当理由，且违背了消费者的意志，违反了平等、自愿、公平的竞争原则；⑤该行为在客观上损害了消费者的自由选择权和其他经营者的竞争权，对消费者和经营者造成了损害。各国一般运用本身违法原则判定搭售行为的违法性。

（2）独家交易。独家交易又称排他性交易，是指支配企业在与被支配企业进行交易时，要求被支配企业只能与其进行交易而不得与其他竞争对手交易的行为。如汽车生产商要求其4S专营店只能销售其提供的汽车及配件产品，而不得销售其他厂商提供的汽车及配件产品的行为。独家交易可分为独家购买协议和独家销售协议两种。独家购买协议是指购买人在协议中向支配企业承诺，除了支配企业或其指定的第三方企业，购买人不得从其他渠道购买协议中规定的商品的行为；独家销售协议是指商品提供者在协议中向购买人承诺，其在特定市场上只向该购买人提供商品，而不向其他经营者提供同种商品的行为。[1]

重点提示：

对独家交易行为一般运用合理原则判定其违法性，只有在该行为对竞争造成严重损害时才加以禁止。

（3）特许协议，是指一个企业允许另一个企业使用其专利、商标、商业秘密、商号及附属服务，而由另一个企业支付使用费或其他报酬的协议。该种协议由于其具有保护知识产权权利人的权益的作用，因此一般视为合法行为而被豁免。

（4）其他附条件交易行为，是指支配企业在与被支配企业进行交易时，对销售范围、销售客户等内容附加一定限制条件的行为，主要涉及划分销售地区和划分销售客户的行为。划分销售地区是指供应方在提供商品时，要求经销者只能在一定地区内销售其提供的商品的行为。这主要是为了避免同一商品在相关地理市场内的竞争。划分客户是指供应方提供产品时，要求经销者只能向某一类客户销售其提供的商品的行为。例如，有的厂家只允许经销者向小用户销售产品，而把大用户留给自己。

重点提示：

对其他附条件交易行为一般区分其类型，运用合理原则判定其违法性。

---

〔1〕 参见钟明钊主编：《竞争法》，法律出版社2005年版，第247页。

四、垄断协议豁免制度

尽管垄断协议对市场竞争具有一定的限制性，但某些垄断协议，由于其对竞争的危害明显小于其对市场的益处，如更有利于国家产业的整体发展，或消费者可以从中分享到更多的利益，反垄断法则免除对该垄断协议的制裁，此即垄断协议的豁免。

在不同的国家，基于其经济发展的需要和对垄断协议利弊分析方法与划分方法的不同，反垄断法规定的垄断协议豁免的类型也有所不同。以下简要介绍几个主要国家和地区的垄断协议豁免制度。

（一）欧盟竞争法规定的垄断协议豁免制度

欧盟竞争法上的垄断协议适用除外制度见于《罗马条约》第85条的规定，可以分为类型豁免与个案豁免两种类型。

1. 类型豁免，有些学者称之为集体豁免，是指从《罗马条约》第85条第1项有关禁止规定中豁免出去的制度。

《罗马条约》第85条第1项规定："下列事项因与共同市场不相容而被禁止：企业之间的一切协议、企业团体所作的决定和协同一致的经营行为，可能影响成员国之间贸易并且具有阻止、限制或者扭曲共同市场内的竞争的目的或者效果的；特别禁止下列事项：

（a）直接或者间接地固定购买或者销售价格或者其他任何交易条件的；

（b）限制或者控制生产、市场、技术发展或者投资的；

（c）分享市场或者货源的；

（d）在相同的交易情形下对交易对象适用不同的交易条件，因而置其于不利的竞争地位的；

（e）要求对方当事人接受与合同的主题在本质上或者商业惯例上无关联的附加义务，作为签订合同的前提条件的。"[1]

根据该项规定以及其他相关法案的规定，欧盟竞争法所规定的类型豁免涉及的主要行业领域包括农业、公路、铁路、内陆水运、海运、空中交通、保险行业，涉及的协议类型主要包括独家协议、独家购买协议、专业化协议、研究和开发协议、特许协议、保险协议、航空服务协议、海上运输协议、汽车协议以及技术转让协议等。属于类型豁免范围的垄断协议被自动免除法律责任，且无需申请欧盟委员会的核准，但如果欧盟委员会认为该协议妨碍了有效竞争，则可以撤回该豁免。

---

〔1〕 尚明：《主要国家（地区）反垄断法律汇编》，法律出版社2004年版，第670页。

2. 个案豁免，是指经认定符合《罗马条约》第85条第3项规定的条件而申请并被核准豁免的情形。

《罗马条约》第85条第3项规定："第1款的规定不适用下列情形：

——企业之间的任何协议或者任何类型的协议；

——企业团体所作的任何决定或者任何类型的决定；

——任何协同一致的经营行为或者任何类型的协同一致的经营行为，有助于改进生产或者分销产品，或者促进技术或者经济进步，同时使消费者获得相当程度的实惠；并且，

（a）除非为实现这些目标所必需者外，对有关行为人不强加限制；

（b）对于所涉及的产品的重要部分，不给予此种行为人排除竞争的可能性"。[1]

依据该项规定，个案豁免需要同时满足下列两个积极条件和两个消极条件：①积极条件：有助于改进生产或者分销产品，或者促进技术或者经济进步；使消费者获得相当程度的实惠。②消极条件：除非为实现这些目标所必需者外，对有关行为人不强加限制；对于所涉及的产品的重要部分，不给予此种行为人排除竞争的可能性。个案豁免要求协议订立者要向欧盟委员会提出申请，申请被核准后方可获得豁免，且该豁免通常要附加多个限制性条件。

（二）德国反限制竞争法中的垄断协议豁免制度

德国《反限制竞争法》在其第一编第一章中规定了垄断协议豁免制度。根据规定，在下列情况下，经营者之间签订的垄断协议可以申请豁免：

1. 条件卡特尔，即以统一适用一般交易条件、一般供应条件以及包括现金支付折扣在内的支付条件为内容的协议或决议，可被豁免。

2. 标准和型号卡特尔，即仅以统一适用标准或型号为内容的协议和决议，可被豁免，但以有关规定不涉及价格或价格要素为限。

3. 专门化卡特尔，即以通过专门化达到经济过程合理化为内容的协议和决议，可被豁免，但以限制竞争不会产生或加强支配市场的地位为限。

4. 中小企业卡特尔，即根据《反限制竞争法》第4条的规定，除专门化卡特尔以外的其他企业之间的合作为内容的协议或决议，可被豁免，但以市场上的竞争不因此遭受实质上的损害，以及协议或决议有利于改善中小企业的竞争能力为限；以共同商品或共同采购服务为内容的协议和决议可被豁免，但以不给参与企业设定超越个案的强制采购义务，并以具备前述要件为限。

5. 合理化卡特尔，主要包括两种情形：①旨在使经济过程合理化的协议和

---

〔1〕 尚明主编：《主要国家（地区）反垄断法律汇编》，法律出版社2004年版，第670～671页。

决议，可被豁免，但以该协议和决议适用于从根本上提高参与企业在技术、企业经济或组织方面的工作效率或经济效益，并因此能发送对需求的满足为限。合理化的效果应当同与之相关联的限制竞争之间保持适当的关系。限制竞争不得产生或加强支配市场的地位。②协议或决议须以价格协议或以组建共同采购机构或共同销售机构的方式达成合理化效果的，在具备第2款所称要件的情况下，可被豁免，但以该合理化宗旨无法以其他方式达成为限。

6. 结构危机卡特尔，即因销售减少致需求发生持续变化的，从事生产、制造、加工或处理的企业达成的协议或决议，可被豁免，但以该协议或决议为使生产能力有计划地适应需求所必需，并且有关规定顾及了相关行业的竞争条件为限。

7. 其他卡特尔，主要涉及两种情形：①有利于改善商品或服务的开发、生产、分配、采购、回收或处理条件，并以适当方式使消费者分享因此产生的利益的协议或决议，可被豁免；②以通过专门化或其他方式实现经济过程合理化为内容的协议或决议，以共同购买商品或共同采购服务为内容的协议或决议，或以统一使用条件为内容的协议或决议，可被豁免。

8. 部长特许卡特尔，联邦经济部长可以批准豁免不属于前述被豁免类型的协议或决议，但以在例外情况下出于整体经济和公共利益方面的重大事由必须对竞争进行限制为限。同时，某个行业的大多数企业的生存面临某种直接危险的，只有在无法或无法及时采取其他法律上的或经济政策上的措施，并且限制竞争是以消除这种危险为目的时，才能为部长批准豁免，此种豁免批准只有在特别严重的个别情况下才是合法的。

（三）日本《独禁法》规定的垄断协议豁免制度

根据日本《独禁法》第24条的规定以及其他相关法律法规的规定，垄断协议豁免主要涉及以下情形：

1. 卡特尔行为豁免，主要涉及不景气卡特尔、合理化卡特尔、中小企业卡特尔、出口卡特尔。

2. 维持再销售价格豁免，指对生产或销售公平交易委员会指定的易于识别质量相同的商品的事业者，与销售该商品的相对方事业者决定，维持该商品的再销售价格的正当行为可被豁免。但该行为不正当地损害一般消费者的利益或者违反生产该商品的事业人的意图时，则不予豁免。

3. 行业性豁免，指对一些特殊行业，如经营铁路、电气、煤气和其他在性质上当然成为垄断的行业的生产、销售或供给的行为可被豁免，中小企业合作社、健康保险、农业合作社等团体的垄断协议也被豁免。

4. 知识产权豁免，指合法行使著作权、专利权或商标权的行为可被豁免。

重点提示：

豁免制度多用于免除对垄断协议与企业集中行为的责任追究。各国规定的豁免制度由于不同的法律文化传统、经济发展水平与市场竞争需求等而有所不同。同学们可以试着分析各国垄断协议豁免制度中所普遍认同的豁免情形和各国特有的豁免制度，并了解其豁免的原因，以期对我国垄断协议豁免制度规定的豁免情形的合理性进行分析。

五、垄断协议行为的法律责任

对垄断协议行为，各国均鼓励协议成员的检举揭发行为。如美国、日本、韩国等国家利用垄断协议本身的不稳定性，鼓励协议成员背叛协议，检举揭发垄断协议行为及其他协议成员，并对举报并提供重要证据的成员予以豁免或减免处罚。同时，对垄断协议行为规定了较为严格的法律责任，主要有以下责任形式：

（一）行政责任

行政机关可以发布禁止协议、废止协议的命令，并对行为人处以罚款和课征金，或收缴违法所得。如韩国《规制垄断与公平交易法》第 22 条规定：对于实施不正当共同行为的事业者，公平交易委员会可以命令其缴纳不超过总统令规定的销售额的 5% 的课征金，无销售额的缴纳不超过 10 亿韩元的课征金。

（二）民事责任

多数国家规定因垄断协议受到损害的当事人可以提起损害赔偿诉讼，法院可以依法宣告协议无效，并要求行为人停止侵害，赔偿协议受损人的损失。如美国《谢尔曼法》第 7 条规定，任何因反托拉斯法所禁止的事项而遭受损失的人，不论损失大小，都可提起 3 倍损失赔偿诉讼；德国《反限制竞争法》第 33 条规定，违反本法规定或卡特尔当局的处分者，以该规定或该处分旨在保护他人为限，对该他人负有停止违法行为的义务；行为人有故意或过失的，还负有赔偿因该违法行为所造成的损害的义务。

（三）刑事责任

对于某些垄断协议行为，由于其对竞争市场或消费者的危害较大，因此需要对其追究刑事责任。这些垄断协议主要包括固定价格、划分市场、联合抵制等，刑事责任的形式主要是监禁和罚金。如美国法院对限制竞争行为的犯罪企业可处以 100 万美元以下的罚金，对个人可处以 10 万美元以下的罚金。

六、典型案例分析

以下是一个行业协会所实施的价格联盟案件。此类案件在目前的市场经济活动中非常普遍，对竞争秩序的破坏性很大，对消费者合法权益的侵害也很大，应当引起我们足够的注意和重视。

（一）案情介绍

2007 年 8 月，浙江金华市物价局接到群众举报，称该市金华酥饼行业协会拟对酥饼实施统一提价，将每只酥饼价格从 0.6 元提高到 0.8 元。

（二）案件处理

该市物价部门认为，企业有权自主确定市场调节价，但不得违反《价格法》的有关规定，且提价不能超过合理的限度，不得借机抬价，尤其禁止行业协会实施价格联盟。最后，该市物价局以金华酥饼行业协会串通合谋涨价，损害消费者的利益，危害行业竞争为由，禁止了金华酥饼行业协会的联合涨价行为，并要求该协会立即改正错误，撤销行业统一提价的决定。

（三）专家评析

此案的正确认定和处理应当建立在对以下问题的回答上：

（1）金华酥饼行业协会涨价行为的性质。

（2）该行为的含义、类型。

（3）该行为的法律规制。

通过对以上问题的回答，我们认为，该物价局对金华酥饼行业协会串通合谋涨价行为的处罚是正确的。同学们可以对上述问题展开讨论。

第二节　滥用市场支配地位行为规制制度

一、市场支配地位的含义及其表现形式

对市场支配地位进行界定，是分析企业是否滥用其市场支配地位实施了垄断行为的前提条件。各国及地区因其政治制度、经济制度、社会结构、文化思想传统等方面的不同，在反垄断法中对市场支配地位的表述也有所不同。如美国、日本、澳大利亚等国称为独占、垄断力，而欧盟及其成员国的竞争法称为市场支配地位、控制市场的地位、市场优势地位等。

（一）市场支配地位的含义

市场支配地位（Market Dominant Position），是指企业的一种状态，一般是指企业在特定市场上所有的某种程度的支配或者控制力量，即在相关的产品市场、地理市场和时间市场上，拥有决定产品产量、数量、价格和销售等方面的控制能力。

反垄断法所指的具有市场支配地位的企业，或称独占企业，不必是特定市

场上存在的唯一企业，但必须是能够左右市场价格或产品销售，不完全受有效竞争约束的企业。正因为独占企业在市场上不存在任何实质意义上的竞争对手，该企业才得以滥用其独占地位排斥竞争，从而导致市场对竞争调控的失灵。因此，各国反垄断法都把滥用市场支配地位行为放在反垄断法的首位加以规制。

重点提示：

拥有市场支配地位本身并不必然违法，只有当其可能或实质上危害市场，或企业滥用市场支配力对市场造成危害，或企业故意取得或维持这种独占地位时，才构成反垄断法中所禁止的垄断。企业可以通过技术革新、提高产品质量等合法方式在市场上获取独占地位，这是法律允许并且鼓励的。反垄断法只禁止非法获取或维持支配地位或者滥用支配地位的行为。

（二）市场支配地位的表现形式

根据市场支配力的大小不同，可以将市场支配地位划分为独占、准独占、绝对优势、寡头分占、法律推定的独占和寡占地位、相对市场优势地位等。

1. 独占（Monopoly），是指在相关市场上只存在一个经营者，而没有其他竞争者的状态。

2. 准独占（Quasi-Monopoly），是指在相关市场上，虽然存在其他企业，但某一企业与其他企业之间不存在实质性的竞争关系的状态。处于准独占地位的企业，可以在相当程度上自主地决定自己的经营策略和经营行为，而无需考虑其竞争对手、购买人或供应人的存在和反应。

3. 绝对优势（Sufficient Market Dominance Power），又称压倒性地位，是指企业在相关市场中虽有竞争者，或虽然有实质上的竞争，但该企业因其占有的市场份额或经济实力明显优于其他竞争者，而对市场拥有绝对控制权或可以施加绝对性影响的情形。

4. 寡头分占（Oligopoly Situation），是指为数不多的几个大企业共同控制相关市场的情形。构成寡头分占的要件有两个：一是两个或两个以上的企业之间不存在实质上的竞争；二是这些企业必须拥有市场支配地位。

5. 法律推定的独占和寡占地位，是指依据一国反垄断法，一个或几个企业被推定具有独占和寡占地位的情形。如德国《反限制竞争法》第19条第3款规定，企业在下列情形下可以推定为拥有市场支配地位：一个企业至少占有1/3的市场份额；3个或3个以下的企业共同占有50%的市场份额，或者5个或5个以下的企业共同占有2/3的市场份额。

6. 相对市场优势地位。大多数国家反垄断立法中对相对市场优势地位不作规定，但也有国家，如德国、法国的反垄断立法将其作为市场支配地位的一种特殊表现形式而进行规制。相对市场优势地位一般是指，在市场交易中，市场主体与其交易相对人相比处于优势地位，可以使该市场主体有能力选择交易对象、交易方式和交易价格，从而形成对交易相对人权利的限制。拥有相对市场力量的企业一般在绝对规模上并不占有支配地位，但由于交易相对人对其在交易上存在依赖性，使其具有了相对优势。这种情形多发生在垂直交易领域，而非水平竞争领域。

二、滥用市场支配地位行为的概念、特征及其分类

规制滥用市场支配地位行为，必须首先明白滥用市场支配地位行为的概念、特征及其分类等基础性问题。否则，就可能造成规制不能、规制遗漏甚至规制错误的后果。

（一）滥用市场支配地位行为的概念和特征

滥用市场支配地位，是指具有市场支配地位的企业运用其市场支配力，在特定市场领域内限制竞争，损害社会公共利益的行为。

滥用市场支配地位行为具有两个特征：①行为主体的特定性，即行为人是在市场上具有支配地位的经营者，否则不可能实施该种行为，且该行为一般是一个或为数不多的几个经营者实施的行为，而非多个经营者的共谋行为；②行为目的的特殊性，即经营者实施滥用市场支配地位行为的目的是为了维持或增强其市场支配地位，排除或限制竞争，从而获取高额垄断利润。

（二）滥用市场支配地位行为的分类

滥用市场支配地位行为根据行为的性质，可以分为剥削性滥用行为（Exploitative Abuse）和妨碍性滥用行为（Exclusionary Abuse）。这种划分方法主要源自欧盟竞争法的理论。

重点提示：

对滥用市场支配地位行为的分类还有其他划分方法，如根据韩国1996年《垄断规制法》的规定，滥用市场支配地位行为可分为不当定价、不当调整出库量、不当阻碍经营活动、不当限制市场进入的行为以及其他排挤竞争者的交易或显著侵害消费者利益的行为；根据行为对市场竞争的影响，可分为妨害行为、差别行为或剥削行为。[1] 同学们可以进行比较、参考。

1. 剥削性滥用行为，指拥有市场支配地位的企业凭借其市场支配力，从事价格垄断、差别待遇、拒绝交易及强制交易的行为。其主要表现为4种形式：

（1）价格垄断行为，是指具有市场支配地位的经营者凭借其市场支配力，在一定时期内以超高价格销售商品或以超低价格购买商品，以排挤其他竞争对

---

〔1〕［韩］权五乘：《韩国经济法》，崔吉子译，北京大学出版社2009年版，第102页。

手，损害消费者权益的行为。对价格垄断行为进行规制的关键是确定垄断价格是否高于正常的竞争价格或低于正常的市场售价。如欧盟竞争法规定的垄断高价的判定标准：一是产品的成本——价格分析；二是该价格与其他竞争产品价格相比较是否超高。

（2）差别待遇，也称歧视行为，是指处于市场支配地位的企业在没有正当理由的情况下，对条件相同的交易对象就商品价格或其他条件给予区别对待的行为。包括价格歧视、交易条件差别待遇及其他相关条件的差别待遇。

（3）拒绝交易，也称抵制，滥用市场支配地位行为中的拒绝交易，是指具有市场支配地位的经营者无正当理由，拒绝与交易相对人交易的行为。其主要表现形式包括拒绝提供商品或服务、拒绝提供信息、拒绝提供其他企业已经产生依赖性关系的必要配件、拒绝知识产权的许可使用等。

（4）强制交易。强制交易也称强行性交易，是指处于市场支配地位的企业采取利诱、胁迫或其他手段，迫使其他企业或个人违背自身意愿与之进行交易，或强迫其他企业进行限制竞争的行为。其主要包括强迫他人与自己交易，强迫他人与其利益相关者进行交易，强迫他人不与自己的竞争对手进行交易，强迫竞争对手放弃或回避与自己竞争等。

2. 妨碍性滥用行为，又称排斥性滥用行为，是指拥有市场支配地位的企业为了排斥竞争对手，或者为了将市场势力不合理地扩大到其他相关市场，而实施的限制竞争行为。欧盟竞争法理论将其划分为4种：

（1）掠夺性定价。掠夺性定价又称低价销售，是指处于市场支配地位的企业无正当理由，以低于成本的价格销售商品或提供服务，以排挤竞争对手的行为。该行为的目的是排挤其他竞争对手，方式是以低于成本的价格销售商品或提供服务。判定该行为时，成本的核算非常重要，在法律不认可降价理由的情形下，如果商品或服务的实际价格低于成本价格，垄断将被证实。

重点提示：

有些学者将掠夺性定价称为低价倾销行为，我们认为不应予以采纳，因为这容易导致该行为与倾销行为的混同。同学们应注意辨别两者的异同。

（2）瓶颈垄断，又称卡脖子垄断或瓶颈交易，指企业凭借其市场支配地位，利用所掌握的具有瓶颈性质的基础设施、供应网络和销售网络，遏制其他同业竞争者的经营活动的行为。

（3）独家交易，是指处于市场支配地位的企业要求交易相对人在特定的市场内只能与其交易，而不得与其他竞争对手进行交易的行为，主要表现为专营专卖和独家经销。

（4）搭售与附条件交易，是指经营者在销售商品或提供服务时，违背购买者的意愿搭售其他商品或者附加其他不合理条件的行为。

重点提示：

滥用支配地位行为中的独家交易和搭售与附条件交易与垄断协议中规定的同名行为基本相同，都是支配企业对被支配企业实施的限制竞争行为，不同之处在于垄断协议中的独家交易和搭售与附条件交易要求双方签订有书面或口头协议或决议。

三、滥用市场支配地位行为的判定标准

在判断企业的行为是否构成滥用市场支配地位时，应对以下条件加以判定：

1. 在适用法律之前，看是否有可能发生的滥用行为所存在的市场，即应首先确定是否有相关市场存在。关于相关市场，我们已经在前面讲过，在此不再赘述。

2. 必须确定一个企业或者一组企业是否具有支配地位，即该企业是否拥有市场支配地位，即企业或企业联合组织在特定市场上具有的控制价格或排除竞争的能力或优势地位。对于市场控制地位的判定，各国的标准有很大不同。美国是根据“勒氏指标”进行判断，决定独占市场力量是否产生问题，其考虑的并非是价格已被抬高以及竞争已被实际排除的事实，而是在于该势力是否具有可依其意愿抬高价格或排除竞争的力量。德国《反限制竞争法》第一编第三章第19条第2项规定：“作为特定商品或者服务的供应者或者购买者的行为人，在下列情况下具有支配地位：①没有竞争对手或者没有实质性的竞争；或者，②拥有较其竞争对手远为优越的地位，认定该优越地位特别需要考虑其市场份额、经济力量、对供应或者销售市场的进入、与其他企业的联系、其他企业进入市场的法律上的或者事实上的障碍、在本法适用范围之内或者之外的企业的实际的或者潜在的竞争、其对其他商品或者商业服务转移供应或者需求的能力，以及市场对方求助于其他企业的能力。两个或者两个以上的企业在其就特定种类的商品或者商业服务不发生实质性的竞争以及共同满足第1目的条件的限度内，具有支配地位。”

3. 确定该企业是否滥用了其市场支配地位。在对该行为的界定上存在美国和欧盟两种模式。美国反托拉斯法立足于行为排挤竞争的属性及其对消费者的最终损害，在滥用行为的认定上具有主观性；欧盟以及一些欧洲国家立足于支配企业的特殊责任，强调对中小企业的保护。在美国，滥用行为是指谋求独占化的行为，其必须是打算或者追求将其他竞争对手排挤出市场或者阻止其进入市场，并具有损害消费者的后果，只有满足上述条件，该行为才构成违法。而在欧洲，支配企业是否滥用了其市场支配地位，不需要考虑主观意图，也不需

要考虑支配地位与滥用行为之间的因果关系，而只须考虑该企业是否违反了其应该承担的特殊责任，即保护弱小竞争者的责任。基于这种责任，支配企业在实施商业行为时将受到限制，只要其行为损害了弱小竞争者，与中小企业相比具有“相对的”支配地位，即可构成滥用行为。

4. 行为具有反竞争的目的或者可能产生反竞争的效果，满足其中一项即可。限制竞争是行为人客观上追求的目标，这里并不强调行为人的主观目的性。在对客观目的进行证明时，一般无须主观心理状态方面的证据，只要行为人实施了反竞争的行为，其滥用行为就可以被证明。所谓反竞争的效果，主要强调在客观上滥用行为是否使其他经营者的自由竞争受到限制，或是否造成了市场进入障碍的提高，以及市场集中程度是否提高，其他经营者的利益和消费者的利益是否因此受损。只要反竞争的后果发生或可能发生，则该行为即应予禁止。

5. 反竞争的效果与滥用行为之间存在因果关系。即市场主体的损害结果必须是行为人的滥用行为造成的，否则不能追究行为人的法律责任。

重点提示：

在判定企业是否实施了滥用市场支配地位时，必须同时满足以上5个条件方可加以确认。

四、滥用市场支配地位行为的法律规制

滥用市场支配地位行为的规制方式各国规定有所不同，主要有两种方式，即结构主义的规制方法与行为主义的规制方法，但两种规制方式多有渗透。日本《独禁法》采用的是较典型的结构主义规制方式；欧盟竞争法主要采用行为主义规制方式；美国反托拉斯法则介于两者之间，兼具结构主义与行为主义的特点，称为准结构主义规制方式。我国《反垄断法》借鉴了国际通行做法，并不禁止市场支配地位本身，而只禁止垄断力的滥用。

滥用市场支配地位行为的法律责任主要涉及民事责任、行政责任和刑事责任。民事责任主要是要求行为人纠正违法行为，并赔偿受害人的实际损失和可预期的利益。例如，韩国《限制垄断及公平交易法》第5条规定，发生滥用市场支配地位行为时，公平交易委员会可以命令该支配市场的事业者采取降低价格、中止该行为、公布违法事实以及纠正其他违反这些规定的行为等措施。行政责任主要有罚款、处以课征金和没收违法所得等。如韩国《限制垄断及公平交易法》第6条规定，支配市场的事业者实施滥用行为时，公平交易委员会可以命令该事业者缴纳不超过总统令规定的销售额的3%的范围内的课征金。但是，对于依总统令规定的，无销售额或者销售额难以计算的情形，可以命令其缴纳不超过10亿韩元范围内的课征金。刑事责任主要是课以徒刑或罚金，如我

国台湾地区“反垄断法”规定，对独占企业滥用市场垄断力之行为者，可处行为人3年以下有期徒刑、拘役或课以新台币100万元以下罚金。

重点提示：

同学们可以对我国滥用市场支配地位行为规制制度与其他国家的相关制度进行比较，并分析他们存在的制度差异及其原因。

五、典型案例分析

微软公司垄断案全球瞩目，是滥用市场支配地位行为垄断案的典型。透过此案，我们一是要了解美国反垄断法的指导思想、基本措施、操作程序和过程；二是要从中总结和汲取可供我国借鉴的先进经验。

（一）案情简介

微软公司于1975年由盖茨和艾伦、威兰德等人创立，其后逐渐发展壮大，在计算机操作系统和应用软件等方面占据了一定的市场优势，至20世纪90年代，微软公司的Windows操作系统已占据全球90%以上的市场份额，其IE浏览器也占据了约60%以上的市场份额。这引起了美国联邦贸易委员会的关注，于1990年开始对微软垄断事件进行调查。从此微软开始官司缠身，陷入反垄断案的泥潭。

1990年，美国联邦贸易委员会就微软将MS-DOS与应用软件捆绑销售，涉嫌违反竞争的市场行为展开调查。同时，就微软与IBM关于PC操作系统的冲突对微软进行调查，指控微软非法阻碍竞争的定价政策以及其在操作系统中对竞争对手设置不兼容程序的行为。但在两次受挫后，联邦贸易委员会打消了制裁微软的念头，于1993年终止了对微软的调查，将该案移交美国司法部。

1994年7月，美国司法部向哥伦比亚联邦地区法院提起反托拉斯民事诉讼，指控微软违反了《谢尔曼法》第1、2条的规定，要求法院防止和限制微软以排他性及反竞争性的合同销售其个人电脑操作系统的行为。后微软与美国司法部达成和解，微软同意在2001年以前，其Win95使用许可证的授权不再附加其他条件，但该协议并没有阻止微软开发集成产品。

1995年，微软将Win95与IE浏览器捆绑销售（其IE浏览器为免费赠送），以争夺网景公司及其他竞争对手在浏览器市场上的份额。这一做法使网景公司的市场份额从80%降到62%，微软的份额则从零猛增至36%，从而招致网景等公司的极大不满，微软反垄断案风烟再起。1996年，网景公司向美国司法部指控微软使用不公平和非竞争的手段发展其IE浏览器，并向不安装网景软件的计算机制造商在Win95软件上提供3美元的折扣，但微软否认了这一指控。1997年10月，美国司法部针对微软违反了1995年的协议，以不正当手法垄断市场的行为向哥伦比亚联邦地区法院提起民事诉讼，要求微软停止搭售浏览器的行为，否则将处以每天 100 万美金的罚款。随后，德克萨斯等州政府也对微软提起诉讼。1997 年 12 月，联邦地方法院法官杰克逊发布一项临时命令，禁止微软将 Win95 与 IE 浏览器捆绑销售，并要求微软把 IE 从 Win95 中分离出来。

1998 年 5 月，在哥伦比亚地区联邦上诉法院判决微软发行 Win98 的计划不受正被上诉的地区法院的预先禁令之影响后，美国司法部和 19 个州以微软违反反托拉斯法为由对微软提起反垄断诉讼。当年 8 月，美国司法部正式就微软掠夺性、垄断性商业行为提出指控。指控主要包括微软利用垄断地位阻止网景公司潜在的竞争，并试图与网景瓜分浏览器市场，引诱网景不与其竞争；与 Intel 制造商和服务商签定排他性协议，排斥网景及其他竞争对手的软件；操纵其 Windows 操作系统，使之无法兼容竞争对手的操作系统；将 IE 浏览器软件与 Win95 和 Win98 捆绑销售；试图与苹果公司瓜分音频—视频市场；等等。同年 10 月，联邦地方法院正式立案并开庭审理微软涉嫌垄断案。

（二）案件处理

经过漫长的审理，2000 年 4 月 4 日，联邦地方法院正式认定微软在操作系统市场滥用自己的优势地位排挤竞争对手的行为触犯了反托拉斯法，并于 6 月 7 日判令将微软一分为二，一家公司负责操作系统业务，另一家公司负责 IE 浏览器、办公应用软件等业务。微软不服，于 6 月 13 日向美国哥伦比亚特区联邦上诉法院提出上诉。上诉法院对杰克逊法官的“事实认证”持质疑态度，于 2001 年 6 月 28 日作出裁决，驳回联邦地区法院作出的将微软一分为二的判决，微软因此躲过了被分割的命运，但上诉法院认定了联邦地区法院有关微软违反美国《反托拉斯法》的大部分事实，并要求地区法院任命一名新法官重新审理此案件。同年 11 月，微软和美国司法部达成和解，并得到纽约州等 9 个州的认可。2002 年 11 月，美国华盛顿地区法院做出裁决，批准了微软与美国司法部 2001 年达成的和解协议中的大部分条款，同时驳回了其他州试图对微软进行更严厉处罚的要求。至此，旷日持久的微软垄断案终于告一段落。

（三）专家评析

本案是一起著名而典型的因滥用市场支配地位而引发的反垄断案。从美国处理微软垄断案时，其规制态度的变化，我们可以看出美国滥用市场支配地位规制制度的发展趋势。同学们可以对这一著名而典型的案例做进一步地探讨和研究。

第三节 企业集中规制制度

一、企业集中的概念及其价值评价

在近现代，世界各国的反垄断法均对企业集中行为进行反垄断法规制。但是，对企业集中的含义及其基本表现的认识和规定却不尽一致，有广义和狭义之分。

（一）企业集中的概念

企业集中，又称经营者集中或者并购，或企业结合、企业联合，它是市场经济力量集中的主要方式，指企业通过合并、收购或者联营等方式达到垄断市场的目的的行为。从我国当前不同学者以及各个不同的法律、法规中所界定的企业集中来看，其可作狭义和广义两种理解。

"狭义的企业集中"（Merger），是指两个或两个以上的企业依照法律规定和合同约定而归并为一个企业的行为。我国民法、企业法中规定的企业合并即是"狭义的企业集中"。根据我国企业法的规定，企业合并的方式主要有两种：一种是新设合并，即两个或两个以上的企业合并设立一个新企业，原企业法人的主体资格归于消灭，其原企业的权利和义务由合并后的新企业法人承担的一种合并方式；另一种是吸收合并，又称企业兼并，即一个企业法人被合并到另一个企业法人中，被合并的企业法人资格消灭，另一个存续的企业法人主体资格仍然存在的一种合并方式。

"广义的企业集中"（Concentration），即企业结合，也有的学者称之为企业联合、企业聚中等，它们的含义都基本相同，即指两个或两个以上的企业间基于某种经济目的，通过合并、收购或者联营等方式形成的资金、经营活动、组织机构或人事等方面的融合。可以说"广义的企业集中"不仅包括"狭义的企业集中"，而且包括部分资产转移而实际发生控制权转移的营业、人事控制性结合形式等各种形式的联合。具体来说，其包括狭义的企业合并，持有其他公司的股份，取得其他公司的资产，受让或者承租其他企业全部或者主要竞争的营业或财产，与其他企业共同经营或者受其他企业委托经营，干部兼任、直接或者间接地控制其他企业的人事任免等各种形式。反垄断法规制的企业集中是广义的集中，其内涵和外延均大于民法和企业法中所涉及的企业合并。

（二）企业集中价值评析

在市场经济条件下，竞争是推动经济发展的重要力量。随着市场竞争的日益加剧，作为市场上最主要主体的企业为了在竞争中立于不败之地，必然会采取各种方式进行经济集中，以获得竞争优势。经济集中的方式有两个：一个是企业通过积累实现内部经济增长；另一个是企业的外部扩大，即企业通过企业集中的方式，扩大生产和经营的规模。企业集中对国家的经济发展有着重要的意义，它们可以优化企业的组织结构，实现规模经济，改善企业的经济效益，提高企业在市场上的竞争力。在现代化的生产和技术条件下，随着世界经济国际化和全球化发展，企业集中在市场经济国家更是一股方兴未艾的潮流。然而，事物总是有其两面性，对企业合并而言，企业集中对经济的发展和竞争的开展既有有利的一面，也有不利的一面，我们应该对其进行全面地分析。

一方面，企业集中可以发挥规模经济优势，优化产业结构。首先，企业集中可以促进规模经济的形成。企业的规模大小是与产品成本升降和劳动生产率高低相适应的，一个企业要取得最佳经济效益，就需要有合理的企业规模经济。但企业的适度规模不是一成不变的，而是要随着经济的发展而不断变化。企业要实现最佳的经济效益，就需要顺应经济的发展，以多种手段适时调整企业规模，其中近年来最常使用的方式就是企业合并。通过企业集中，可以组成更大规模的企业组织，产生规模效益。其次，通过企业集中可以优化产业结构。随着科学技术的发展，社会分工日趋细化，生产社会化程度日渐提高，同时，各部门和各行业彼此之间的联系也日益紧密，互为渗透，形成一系列的新兴产业和边缘产业，使产业结构日趋合理和完善。在这一过程中，企业集中充当了十分重要的角色，它不仅使多个同类经营者联合在一起，实现了优势互补，并且使数个不同类型的经营者联合起来，共同开拓新的科学技术领域和新的生产经营管理模式，优化并扩展了产业结构领域。

另一方面，企业集中又容易形成垄断，阻碍经济发展。企业进行集中，扩大生产经营规模，其主要目的就在于扩展竞争实力，加强垄断势力，以获取竞争优势。据西方经济学家的研究资料显示，企业市场垄断程度的提高，主要是企业的兼并行为形成的。企业的垄断势力增强，实力迅速膨胀，资本越来越集中在少数企业手中，必将对整个经济发展产生一系列重大影响，尤其会产生诸多负面影响，如垄断企业操纵市场价格，阻碍商品和资金的正常流动，减少劳动就业等，进而导致某些部门由于生产过度集中而加速了生产的增长，以致超出了有支付能力需求的界限，造成有效需求不足的现象，加剧了通货膨胀的风险。同时，由于垄断的影响，使资本在各个部门间的良性循环不再完全受价值规律的支配，而由垄断组织恣意妄为，人为地改变资金的流向，在创造了大量财富的同时，又造成了资源的浪费，阻碍了正常的经济发展。另外，企业合并势必会对竞争造成或大或小的影响，尤其是随着垄断势力的形成，市场竞争逐渐受到限制甚至被消除，使竞争对市场的优化作用被破坏，造成经济的停滞不前。

重点提示：

由于企业集中对市场经济及市场竞争既有利又有弊，因此，对不同的企业集中行为要区别对待。一方面，我们要鼓励企业集中在合法范围内的适度发展；另一方面，也要认识到它不利于经济发展和竞争开展的作用，运用法律手段进行适度规制，从而避免或消除可能造成的负面影响。

二、企业集中的分类

企业集中包括合并型集中和控制型集中两种基本类型。

（一）合并型集中

合并型集中是指民法与企业法所称的企业合并。反垄断法按照合并当事人是否处于相同或不同的生产经营阶段，将企业合并分为3个基本类型：横向合并（Horizontal Mergers）、纵向合并（Vertical Mergers）和混合合并（Conglomerate Mergers），有些学者称其为水平合并、垂直合并和混合合并。[1] 对这三种合并的规制，也由于其各自不同的特点而有所区别。

1. 横向合并，是指处于相同市场层面，生产或销售同一类产品或者提供同种服务的企业之间的合并。横向合并能够扩大企业规模，调整企业内部结构，使企业生产进一步社会化，并可使企业在扩大生产规模的基础上，提高劳动生产率，降低生产成本，从而推动经济的发展。但是，由于参与横向合并的企业相互是竞争者，通过合并将会直接导致市场竞争者数量的减少，使市场竞争被实质性地削弱，进而阻碍生产力的进一步发展，所以横向合并向来是各国反垄断法规制的主要对象，在规制时主要对企业的规模加以控制。

2. 纵向合并，是指处于不同生产经营阶段的企业之间的合并，其实质是将市场供销关系等同于企业的内部关系，即以企业的管理代替市场交易。纵向合并可减少企业生产经营过程中的中间环节，有利于组织生产，优化企业经营管理，提高经济效益，增强企业的竞争力，因此，在20世纪20年代第二次企业兼并高潮期间，纵向兼并成为企业合并的主角。

3. 混合合并，是指处于不同市场领域、不同行业的企业之间的合并，即所经营的领域相互独立且无关联的企业之间组成一个多部门企业混合体的合并形式。这种合并是二战后出现的一种新型合并方式，尤其在20世纪70年代达到了巅峰，成为第三次企业合并浪潮的主力军，使大型企业的生产经营多样化程度极速提高。据统计，在美国1950年至1978年对其最大的200家公司所拥有部门

〔1〕 参见孔祥俊：《反垄断法原理》，中国法制出版社2001年版。

数的调查中，这200家公司所拥有的部门数平均达到10.89个，其中最大的40家公司拥有部门数高达12.95个。[1] 根据日本1980年的统计，在日本最大的100家公司中，单一产品占统治地位的公司为37家，其余63家均为混合联合公司，其中生产与本公司原来部门相关产品的为59家，生产与本公司原来部门无关产品的为6家。[2]

根据合并的性质，可以将混合合并分为产品扩张型合并、市场扩张型合并和纯粹混合合并。产品扩张型合并是指一家企业对其相关产品生产或销售企业进行的合并；市场扩张型合并是指一个企业为扩张市场控制范围而对其尚未进入的地区的生产同类产品的企业进行的合并；纯粹混合合并是指一家企业同生产和经营与其毫不相干的产品或者服务的若干企业之间的合并。对前两种混合合并形式，由于其均表现为一方当事人具有进入另一方所在的相关市场的可能性，因此在实际规制中，一般是将其视为近似于横向合并的一种形式，即准横向合并来对待，对其等同适用横向合并的规制标准。但对纯粹混合合并，由于其反竞争的特点不突出，合并过程又难有规律可循，因此，对这种合并的规制要适用一种完全不同的规制方式和规制标准，这在各国的司法实践中有不同的规定。

（二）控制型集中

控制型集中现今越来越成为企业集中的一种重要方式。其具体形态主要有3种，即全面控制型、部分控制型和人事控制型。

全面控制型是企业集中的主要类型，是指一个企业在生产、销售、分配等各个阶段均受到另一企业的全面控制的企业控制类型。如股份保有、协议组成康采恩企业、受让或承租他人企业的全部营业等行为。

部分控制型，是指一个企业对其他企业的控制只涉及该企业活动的一部分，只要这部分被控制的企业活动属于企业经营独立的必要组成，也构成企业控制。如受让、租赁其他企业的部分营业，将其他企业全部或部分利润上缴给本企业，企业间订立长期依赖性经营合作合同等形式。

人事控制型，是指一个企业通过对其他企业的干部兼任和干部任免干涉来控制其他企业。对于干部兼任，按照德国《反限制竞争法》第23条的规定，企业监事会、董事会或其他被委任执行事务的机构至少有一半的成员同时是另一个企业各该部的成员时，即被视为合并。干部任免干涉是企业通过不公正的交易方法，强制与自己有竞争关系的企业承认自己兼任该企业干部的职务。日本

［1］ 龚维敬：《企业兼并论》，复旦大学出版社1996年版，第192页。
［2］ 龚维敬：《企业兼并论》，复旦大学出版社1996年版，第198页。

《关于禁止垄断和确保公平交易的法律》第13条第2款所规范的正是此种情形。

重点提示：

在这一部分，同学们应注意掌握不同合并类型的含义，并比较它们的异同之处。

三、企业集中行为的认定条件

企业集中在一般情况下被认为是一种竞争方式，其并不必然损害竞争，因此竞争执法机构在规制企业集中行为时，也并非限制所有形式和方式的企业集中，只有在该合并会对竞争产生损害时，才对其进行控制。同时，通过考察各国的反垄断立法中对企业集中控制的有关规定，可以看出，在判断是否应对企业集中加以控制时，一般都要求对以下要件进行分析和认定：

（一）相关市场

在分析合并是否应予规制时，首先要对相关市场进行界定。相关市场的界定方法，前面已介绍过，在此不再赘述。

（二）参与相关市场的企业

在确定了相关市场的范围之后，需要认定的内容就是参与相关市场的企业的范围。

根据美国1992年《横向合并指南》的规定，参与相关市场的企业分为当前的生产者或销售者，通过供给反应参加相关市场的企业，生产替代产品或扩大生产的企业，以及为生产或者销售相关产品取得新资产的企业4种类型。所谓当前的生产者或销售者，是指当前在相关市场上生产或销售某种产品的所有企业。通过供给反应参加相关市场的企业，是指如果将当前不在相关地域生产或销售相关产品的其他企业作为相关市场的参与者能更精确地反映可能的供给反应，则由有关机构算作是参与者的企业。这种企业被称为“不受约束的进入者”。生产替代产品或扩大生产的企业，是指如果作为对相关产品的一个“数目不大但有意义且为期不短的”涨价的反应，一个企业可能在1年内将现有资产转向或者扩大生产和销售相关产品，且不花费进入和退出市场的重大沉没成本，执法机构就应将其视为市场的参与者的企业。为生产或者销售相关产品取得新资产的企业，是指一个企业即使完全是新建的，或者其产品或生产资料与相关市场没有密切关系，作为对相关产品的一个“数目不大但有意义且为期不短的”涨价的反应，这个企业也可能在1年内进入相关市场进行生产或销售，且无需为进入和退出市场花费重大的沉没成本的企业。

（三）市场集中度

市场集中度是市场上的企业数目和它们各自市场份额的函数，它是用来分析合并对竞争是否会产生影响的出发点。在非集中的市场中的合并或者并不大量增加集中度的合并，一般不会损害竞争，因此也不会受到反垄断执法机构的关注，只有达到一个有可能损害竞争的市场集中度界限时，合并行为才有可能被控制。各国确定市场集中度的方式以及市场集中的分类各有不同，但无论哪一个国家的反垄断法在规制企业合并行为时，均将市场集中度作为一个重要的参考指数。

如美国使用赫芬达尔指数（Herfindahl-Hirachman Index，简称 HHI）说明市场的集中。该指数是将市场所有参与者的市场份额平方后再相加来计算的。此外，美国通过赫芬达尔指数的测量，将市场集中大致分为 3 种状况，即没有集中的市场（赫芬达尔指数低于 1000），中度集中的市场（赫芬达尔指数处于 1000 ~ 1800 之间）和高度集中的市场（赫芬达尔指数超过 1800），并对其区别对待。

而德国《反限制竞争法》规定的集中有两种情况：一种是需要控制的集中；另一种是不需要控制的集中。在集中之前最后一个经营年度的营业额符合下列情况时，就属于需要控制的集中：①所有参与企业在全世界的营业总额超过 10 亿德国马克；②至少一个参与者国内的营业额超过 5000 万德国马克。在下列情况下属于不需要控制的集中：集中对该法第 130 条第 2 项规定情况下的国内市场没有影响；或者，未达到上列控制集中的营业额；符合该法第 35 条第 2 项的意义不大的情况。

（四）竞争弊害分析

这一点旨在认定合并行为是否会产生潜在的反竞争效果。对不同的合并形式，其是否会产生潜在的反竞争效果的认定方式各不相同。

对横向合并，虽然其能快速实现规模经济，但这种合并往往会产生直接减少甚至消灭市场上的竞争者的不利情况，当市场上的竞争者由于数目过少而使该市场高度集中时，就会使市场上的有效竞争受到威胁。因此，几乎所有市场经济国家的反垄断法都规定要对横向合并进行严格监控。如美国 1992 年《横向合并指南》指出，一个企业取得另一企业或者两个企业间进行合并，这本身并不构成限制竞争的行为。但是，在一定的市场条件下，一个合并可能会通过几种效果损害竞争，所以应尽可能恰当地分析合并的潜在反竞争效果。根据该指南的规定，横向合并可能带来的反竞争效果主要表现在两个方面：一是过度的合并将引起市场集中，使合并企业通过协调性的相互作用减少竞争，即合并可使相关市场上的销售企业更可能、更成功或者更全面地进行危害消费者的相互协调行为，从而减少竞争。在分析特定的合并对相互协调的影响时，通常是通过考查市场条件是否有利于达成协调性条款，并有利于发现和惩罚对条款的背叛两个方面来进行的。二是过度的合并将可能导致企业的单方面行为，从而减少有效竞争。在某些情况下，一个合并即便没能成功地提高相互协调的可能性，它也可能会减少竞争，因为合并企业可能认为，单方面涨价和减少产量是有利可图的。

对纵向合并，其有利之处在于它可以减少企业生产经营过程中的中间环节，有利于提高经济效益。但是，如果该合并覆盖市场的范围过大，从维护竞争性的市场结构看，它对竞争也能产生不利的影响：①合并可能会使未参与合并的企业处于不利的竞争状态之中，使它们因未参与合并而被排斥在参与合并的企业所涉及的市场之外；②合并可能会提高市场进入障碍，因为在纵向合并发生后，欲进入该市场的其他企业投入更多的成本才能跻身其中，这无疑增加了进入市场的难度；③纵向合并必然会导致价格歧视，因为垂直合并的企业一方面是作为生产方决定生产费用，另一方面是作为另一个生产阶段的竞争者，决定销售价格，由此，一个企业的市场势力就通过杠杆的作用转移到了另一个市场上。这就可能使合并企业在与未参与合并的企业进行交易时添加歧视性的价格条件。但各国对纵向合并的规制并不像横向合并那样严格，因为它不像横向合并那样可能会立即消灭其竞争者，所以对竞争的影响也不像横向合并那样大。

对混合合并，由于混合合并对竞争没有直接意义上的限制性影响，一般不会对市场结构产生重大影响，在多数情况下，它还有利于企业的多样化生产和减少市场风险，因此，许多国家对其并不加以规制。但事实表明，混合合并虽然不能直接提高一个行业部门的市场集中度，但也能使经济集中和市场支配势力得以增长。当这种合并有可能产生或者加强市场集中度时，就可能受到反垄断法的规制。其最主要的反竞争效果的认定依据是看该合并是否会产生支配企业，加强市场集中度，从而在实质上减少竞争。基于此，在规制混合合并行为的过程中，各国根据判例和相关法条，确立了一系列有关规制混合合并的理论，主要有互惠交易理论、构筑防御设施理论和潜在竞争理论。

（五）市场进入障碍

与其他合并控制的适用条件一样，进入市场分析对于企业合并行为的调查结果也是至关重要的。所谓市场进入障碍，或说“受约束的市场进入”，是指作为新的竞争在进入和退出市场时需要花费巨大的沉没成本。

根据美国1992年《横向合并指南》的规定，如果进入市场很容易，以至合并的参与市场的企业不可能通过集体或单方行为有利可图地维持一个高于合并前水平的价格，合并就不可能产生，或者加强市场势力，或者推动行使市场势力。这种进入可能会将一个反竞争的合并遏制在萌芽状态，或者能够阻止或抵销其反竞争的效果。如果市场进入在其重要性、特点和范围上是及时地、可能地和充分地阻止或者抵销合并的反竞争效果，该市场进入就是容易的。在易于进入的市场上（即市场进入符合及时性、可能性和充分性的标准），合并不会产生反垄断问题，所以一般无需进一步分析。在这里，“及时性”是指潜在的竞争者能够及时进入市场；“可能性”是指进入市场的企业可获得适当销售机会；“充分性”指进入者要具备足够的生产技术和财力，能充分实现销售机会，这才可能有足够的力量阻止或抵销并购的反竞争效果。

根据美国《反托拉斯法》的规定，执法机构运用3个步骤来评价“受约束的市场进入”是否具有阻止或抵销合并的反竞争效果：第一步，评价市场进入能否在一个适当的时期内对市场发生重大影响。如果进入需经相当长时间才能对市场发生重大影响，它就不能阻止或抵销合并的反竞争效果。第二步，评价受约束的市场进入是否可获得盈利，并是否由此可对具有反竞争效果的合并作出反应。那些需支付重大沉没成本的正在考虑进入市场的企业必须从长期参与市场的观点估价进入市场的盈利性。因为它们向市场投入的基础资产在经济上要被贬值。能充分抵销合并反竞争效果的进入将使产品价格降至合并前的水平或者更低。因此，必须根据合并前的市场价格确定受约束的市场进入的盈利性。具有反竞争效果的合并可能吸引受约束的进入，这些进入以合并前的价格进入市场即能盈利，但在合并前它们以相同价格却不能进入市场。随着合并带来了限制产量和提高价格的反竞争效果，进入者可以不必将价格降至低于合并前的水平。在引起减少产出和提高价格的合并发生后，因为合并引起产量减少，进入者以合并前价格进入销售的机会比合并前增大了。如果进入者以合并前的价格而不必超过可能的销售机会（这个机会包括以前存在的有关因素以及合并引起的减少产量）就能获得盈利，这个进入就是对合并的反应。第三步，评价这个及时的和可能的进入是否可充分地使市场价格回落到合并前的水平。这一过程可通过多个或规模足够大的单个进入来完成。有些进入即便是及时的和可能的，但因某些限制得不到足够的基本资金，使得进入不可能达到必需的销售水平，这样的进入就是不充分的。也就是说，对排除了不同产品销售者之间的直接竞争而出现的受局限的销售机会，进入者产品的特性和规模不能作出充分的反应。在评价进入是否及时、可能和充分的时候，执法机构认为，人们难以或者不可能获得准确和详细的信息。这种情况下，执法机构应依靠获得的所有证据考虑进入是否满足及时性、可能性和充分性的条件。

四、企业集中的法律规制

对企业集中的法律规制，在早期一般采用“事后审查制度”，即在企业结合以后，由反垄断机构或私人受害者对集中的企业提起控诉，司法机关才予以审查。但由于这种做法的成本较高，目前许多国家和地区趋于采用“事先审查制度”，或采取把“事后审查”与“事先审查”结合起来的做法，以提前消除该行为可能造成的不必要的损害后果。[1] 对企业集中的规制一般按照达线申报、官方审查、批准或禁止和违法制裁4个程序进行。

同时，由于不同的企业集中对市场竞争的影响不同，各国反垄断法对其的规制也有所不同：

1. 对横向合并的规制。在规制横向合并时，主要是审查市场集中度和参与合并企业的市场份额，以确定该合并行为是否造成对竞争的妨碍，并通过对企业的规模加以控制或禁止合并等方式来加以规制。如在1958年美国诉贝斯莱亨钢铁公司案的判决中，美国最高法院认为市场的集中度和合并企业的市场份额是决定性的因素。当时，美国的钢铁业已经高度集中，4家最大钢铁公司所生产的铸铁已经占到全国铸铁生产量的60%，该案中美国最高法院担心第二大钢铁公司与第六大钢铁公司的合并将会带来连锁反应，引起其他一系列的合并，使钢铁行业的生产过度集中，因此禁止了这个合并。[2] 但是，并非所有的横向合并都将被禁止，根据美国法院的判例和《合并指南》所确立的“破产公司原则”（Failing Company Doctrine），如果合并企业能够证明参与合并的一方企业即将破产，合并可不受干预。依据这个理论，美国司法部和联邦贸易委员会在1954年分别批准了史特德贝克公司与帕卡得公司合并为史特德贝克—帕卡得公司，胡德森汽车公司与纳什—凯尔维纳特公司合并为美国汽车公司，虽然这两个合并事件使美国轿车市场上的竞争者由7个减少到5个。[3]

2. 对纵向合并的规制。纵向合并对竞争秩序的影响不如横向合并大，但其往往会给同合并企业有竞争关系的其他企业带来不利影响，使未参与或者未完全参与合并的企业处于不利的竞争地位，损害他们与第三方企业开展的竞争，因此这种合并在一定程度上也是反垄断法必须规范的对象。如美国1968年的《合并指南》根据“布朗鞋公司”案确立的规则规定：如果一个或者一系列垂直合并对市场上的生产商或者销售商可能会构成进入市场的障碍，从而使未参与或者未完全参与联合的企业处于不利的竞争地位，且这种做法又不利于提高企业的经济效益，合并就得被视为是严重损害竞争。[4] 在规制纵向合并时，主要是通过审查合并企业的市场份额和同行业中是否明显存在生产商和销售商联手

---

〔1〕 李昌麒：《经济法学》，中国政法大学出版社1999年版，第361页。

〔2〕 M. C. Howard, op. cit. p. 111.

〔3〕 ［美］马歇尔·C. 霍华德：《美国反托拉斯法与贸易法规》，孙南申译，中国社会科学出版社1991年版，第151页。

〔4〕 1968年美国司法部《合并指南》第11条。

的趋势来认定合并行为的违法性的。

3. 对混合合并的规制。混合合并中合并与被合并企业分别处于不同的产业部门或市场之上，且这些产业部门之间一般没有特别的生产技术联系，因此，这种合并一般不会影响市场集中度，对市场竞争不产生直接的消极影响，因而不是反垄断法规制的重点。但随着混合合并行为日趋活跃，当其成为经济力量集中的一种主要途径时，其影响竞争的潜在威胁也就不容忽视，主要表现为减少竞争、易于促成垄断、引致不正当商业行为等影响，因此需要根据其体现的不同特点对其采取有区别的规制措施。

重点提示：

目前，各国均在放松对企业集中行为的管制，但这并不意味着反垄断法就放弃了对企业集中的规制，这种放松只是各国基于增强企业国际竞争力，提升本国企业的整体水平而采取的一种措施。由于企业集中仍有可能危害市场竞争秩序，因此规制企业集中仍是各国反垄断法的重点内容。

五、典型案例分析

通过股票置换的方式收购合并企业在目前已经成为一种十分重要的企业集中形式，其最大的特点就是实施股权控制。以下案例可以说是此类案件的代表。

（一）案情简介

1892 年，美国糖业公司（E. C. Knight Co.）（以下简称奈特公司）通过股票置换的方式收购了费城 4 家糖业加工厂，从而控制了美国 90% 以上的精糖生产。美国司法部指控奈特公司与 4 家糖业加工厂所签订的合并协议属于行业限制性合并，违反了美国《谢尔曼法》第 2 条的规定，构成限制州际商业和国际贸易的兼并与合谋行为，因此对其提起诉讼，要求其撤销股票转让协议、将股票退还各出让方，并要求禁止今后进一步履行上述各项协议，禁止进一步违反上述法律。

（二）案件处理

巡回法院在听取各方的陈述意见并考察了各方提供的证据资料之后，拒绝支持控方的诉求，并撤销了指控。控方遂上诉至巡回上诉法院，巡回上诉法院认为该判决无误，并维持原判。后此案上诉至联邦最高法院，以富勒为首的 8 名大法官表述了联邦最高法院的多数意见，认为《谢尔曼法》所禁止的垄断和限制性行为是指州际和国际贸易中的垄断与限制性行为，而从本案记录中推断的结论是，涉案交易导致了一生产产业的垄断。他们认为国会规制州际商务的权力不溯及生产产业，《谢尔曼法》并不调整生产产业的垄断问题，即使这个产业生产的是一项生活必需品。本案的证据并未表明被上诉人（美洲糖业加工公司）有任何设置行业限制或商务限制的意图，因而不应对其合并予以限制。只有哈兰大法官认为，州际商务并不仅限于物品的运输和买卖，也应将生产活动纳入其中，对生产产业的垄断限制了州内竞争，也必然会直接影响并限制州际商务，国会应该对跨州的生产企业垄断加以规制。最后，最高法院作出了审慎的判决：在宾夕法尼亚州内进行的糖业托拉斯的合并并没有直接涉及州际商务，因此不属于联邦政府管辖范围。至于这家控制全国90%以上精糖产生的糖业托拉斯是否只在宾夕法尼亚销售它的产品则不关最高法院的事，从而维持了原判。这一判决使《反托拉斯法》成为一纸空文。

在其后的北方证券公司诉美国案（1904年）中，最高法院修正了它在奈特案中的立场，指出《反托拉斯法》适用于任何一种联合或联合企图，因为它们会消除从事州际商务、有竞争关系的铁路间的竞争，结果导致对此类贸易和商务的限制，北方证券公司必须解散。随着美国反垄断法执法的深入，美国诉奈特案的裁决最终也在曼德维尔岛农场诉美国冰糖公司案（1948年）中被美国联邦最高法院推翻。

（三）专家评析

这同样是一起著名而典型的反垄断案。从此案中，我们可以看出美国在规制企业集中行为政策上的变化。同学们可以对这一案例展开进一步地探讨和研究。

第四节 反垄断法的执法机构

一、反垄断执法机构的概念与特征

反垄断执法机构从广义上说涉及多个主体，主要包括反垄断法专门执行机构、反垄断行政监管机构、相关行政机关、法院、检察院以及顾问咨询机构。我们所指的反垄断执法机构，仅指享有反垄断执法权，并经法律明确授权的反垄断专门执行机构，如美国联邦贸易委员会、德国联邦卡特尔局、英国公平贸易局、日本的公平交易委员会、韩国公平交易委员会和公平交易调解院、我国台湾地区的“公平交易局”等。这些专门机构拥有较为广泛的权力，可以调查垄断及其他各种限制竞争行为，可以搜查、扣押文件资料等证物，有的还可以直接对违法者进行制裁，如罚款、禁止实施限制性协议和进行其他限制性行为等。[1]

---

〔1〕 李国海：《反垄断法实施机制研究》，中国方正出版社2006年版，第40页。

重点提示：

国内学者对反垄断执法机构有多种称谓，有的称其为反垄断执法机关[1]，有的称其为反垄断法的执行者[2]，有的称其为反垄断法的执行机构[3]，有的称其为反垄断主管机关[4]等。这些称谓，有的仅指专门的反垄断执行机关，有的则属于广义的理解。同学们在学习时应注意区分。

从各国情况来看，各个有反垄断立法的国家均依据其法律传统设置了反垄断执法机构，虽然这些机构的称呼以及性质有所不同，但他们也存在一些共同的特点，主要表现在以下方面：

1. 法定性。大多数国家的反垄断执法机构都是依据该国反垄断法的规定直接创设形成的，并在反垄断法中明确规定反垄断执法机构的法律地位、法律性质、人员组成、职权和职责、执法程序、执法方式等内容。例如，美国《联邦贸易委员会法》创立了联邦贸易委员会作为反垄断执法机构，并授权联邦贸易委员会阻止个人、合伙人、公司实施该法第5条第1项规定的违法行为和违反商业惯例的行为；德国《反限制竞争法》在其第48条第1项中明确规定卡特尔当局是反垄断执法机构，其由联邦卡特尔局、联邦经济部以及依州法享有管辖权的州最高机关组成。

2. 权威性。各国反垄断法均赋予反垄断执法机构以较高的权威性，因为只有这样，才能确保反垄断执法机构能够有效执法。例如，德国《反限制竞争法》规定，联邦卡特尔局是一个独立的联邦高级机关，所在地是波恩，它属于联邦经济部长的业务范围；日本《独禁法》规定，公平交易委员会属内阁总理大臣管辖。同时，各国均赋予反垄断执法机构以垄断案件的调查权和裁决权。

3. 专业性。由于竞争的复杂性和多变性，查处竞争问题必须依靠具有高度专业水平的人员和机构来完成。因此，大多数国家都要求反垄断执法人员具有法学或经济学专业技术水平和丰富的执法经验，并规定了严格的任免条件和程序。如韩国《规制垄断及公平交易法》第37条规定，公平交易委员会由包括1名副委员长在内的9名委员组成，其中4名为非常任委员。公平交易委员会的常任委员，为符合以下各项规定之一的人员。其中，委员长和副委员长由国务总理提请总统任命，其他委员由委员长提请总统任命：①具有规制垄断与公平交易方面的经验的，曾任二级以上公务员的人员；②曾任法官、检察官或者律师15年以上的人员；③大学专业为法学、经济学或者经营学，曾任大学或者公认

---

〔1〕 孔祥俊：《反垄断法原理》，中国法制出版社2001年版，第707页。

〔2〕 曹士兵：《反垄断法研究》，法律出版社1996年版，第59页。

〔3〕 王晓晔："我国反垄断立法框架"，载《法学研究》1996年第4期。

〔4〕 吴振国：《〈中华人民共和国反垄断法〉解读》，人民法院出版社2007年版，第128页。

的研究机构的副教授以上或者从事类似职业15年以上的人员；④从事企业经营或者消费者保护活动15年以上的人员。

4. 独立性。一般来说，反垄断执法机构是一个独立的执法机构，其执法行为不受其他行政机关和司法机关的不法干预，甚至有些国家的反垄断执法机构享有行政权、准司法权和准立法权，如美国联邦贸易委员会就是一个对垄断与不正当竞争行为享有独立管辖权的机构。日本《独禁法》也规定，公平交易委员的委员长独立行使职权。确立反垄断执法机构的独立性是保证其执法的公正性、独立性和垄断政策的连续性的基础。

二、反垄断执法机构的分类

各国反垄断执法机构在机构设置、人员结构、权力范围、法律性质等方面各不相同。根据反垄断执法机构的性质，可以将其分为两类，即准司法机构和纯行政性执法机构。

准司法机构，是指本质上属于行政机关，但却具有某些司法机关特征的反垄断执法机构。如美国的联邦贸易委员会虽在性质上属于行政机关，但它不仅拥有行政权，还享有准立法权和准司法权。其独立于一般行政机关，有权独立查处垄断行为，并有权依照准司法程序审理反垄断案件。日本的公平交易委员会也是典型的准司法机构。

纯行政性执法机构，是指不具有准司法权，仅享有反垄断行政执法权的纯粹的行政机关。德国联邦卡特尔局即属此类，根据德国《反限制竞争法》第50条第2项的规定，联邦卡特尔局可以制止被禁止的协议、决议和联合一致的行为，制止被禁止的利用支配性地位的行为，发布豁免令；此外，联邦卡特尔局可以进行必要的调查，即使在联邦卡特尔局参与欧洲共同体委员会的程序时亦可。

重点提示：

对反垄断执法机构的划分还有其他方式，如根据其内部组织方式，可以分为行政委员会制执法机构和行政首长制执法机构。[1]

三、国外主要反垄断执法体系简介

美国的反垄断执法体系和德国的反垄断执法体系都很有特色，也很有借鉴价值和意义，现分述之。

---

〔1〕 孔祥俊：《反垄断法原理》，中国法制出版社2001年版，第712页。

（一）美国反垄断执法体系

美国的反托拉斯法主要由《谢尔曼法》、《克莱顿法》和《联邦贸易委员会法》组成，其中《谢尔曼法》主要规制垄断协议和独占行为，《克莱顿法》主要规制企业集中，《联邦贸易委员会法》主要规制企业在商业活动中的不正当竞争行为和损害消费者权益的行为；同时，美国的反托拉斯法还包括大量的判例及州一级的立法。与此相适应，美国的反垄断执法体系由司法部反托拉斯司、联邦贸易委员会、各州政府和民间主体构成。在规制垄断行为时，司法部反托拉斯司有权提起民事诉讼和刑事诉讼，联邦贸易委员有权提起民事诉讼和对案件进行直接裁决，州总检察长主要执行州反托拉斯法，民间主体有权提起民事诉讼和要求民事赔偿。

重点提示：

美国的司法部反托拉斯司和联邦贸易委员会是美国最主要的反垄断执法机构，因此有些学者将美国的反垄断执法体系称为双重执法体系。

1. 司法部反托拉斯司。美国司法部反托拉斯司于1933年成立，共设有3个职能部门：华盛顿的审判处，分布在全国各地的10个地方办事处和设在华盛顿总部的专家办公室。美国司法部反托拉斯司隶属于联邦司法部，受司法部长管辖，属于受司法部长监督的行政机关，但其人事任免和执法活动却独立于司法部，享有自己独立的执法权与管理权。

反托拉斯司的主要职责是根据《谢尔曼法》第1、2条和《克莱顿法》有关企业合并的规定，在普通法院依法提起反托拉斯民事诉讼或刑事诉讼。反托拉斯司的执法权力主要包括调查权和起诉权，它可以自由选择所要调查和起诉的案件，但没有裁决的职能，无权作出具体的处罚决定。这类似于我国的检察机关。

2. 联邦贸易委员会。联邦贸易委员会是为了克服《谢尔曼法》和《克莱顿法》的局限性，根据1914年的《联邦贸易委员会法》而创立的一个独立的行政执法机构，享有准司法权和准立法权。联邦贸易委员会对整个反垄断政策享有主管权，其执法范围包括《谢尔曼法》、《克莱顿法》和《联邦贸易委员会法》。联邦贸易委员会的行政权包括发布禁令、传唤当事人、发出民事调查令、行政指导及向国会提出报告等。准立法权是指其享有国会授权制定与法律具有同等效力的行政规则和命令的权利。准司法权是指其有权向有管辖权的法院提起民事诉讼；也可以审理具体案件，并有权作出裁决，若当事人对裁决不服，可以请求联邦上诉法院进行司法审查，直至最高法院。

联邦贸易委员会实行委员会会议制，由4名委员和1位主席组成，委员经参议院推荐和批准，由总统任命，同一政党的委员不能超过3名，每一委员的任期由总统指定，其继任者的任职期限为7年。除雇佣的秘书、律师、专家、检验者、委员的职员外，委员会的所有雇员都是行政部门的一部分，要依据委员会规章或行政委员会制定的规则，履行职责。

另外，联邦贸易委员会有两个充分显示其功能的基本部门：竞争局和经济局。竞争局通过收集情报进而对被指控的反竞争行为采取行动，并负责监管反托拉斯法的遵守情况，其组成人员大部分是律师。经济局的主要职责是通过调查，为执行机构提供经济上和统计上的分析报告，其组成人员大部分是经济学家。竞争局的律师和经济局的经济学家之间在查处案件时存在相互制约关系。

3. 联邦州政府。美国联邦州政府的总检察长也享有反垄断执法权。联邦州政府的执法权与司法部反托拉斯司的执法权基本一致，拥有调查权和起诉权，只是执法范围有所区别。州总检察长可以执行州反托拉斯法，对违反本州反托拉斯法的行为或在本州范围造成损害后果的垄断行为行使调查权和起诉权。此外，他还可以根据联邦反托拉斯法提起对继续违法发布禁令和损害赔偿的民事诉讼。

4. 民间主体。通过民间主体提起民间诉讼是美国独有的程序。民间诉讼是美国反托拉斯法赋予私人的权利，私人主体包括私人企业、消费者及其他民间组织或机构。当私人的合法权益受到垄断行为的侵害时，可以向的联邦法院起诉，请求法院发布禁止令制止垄断行为人继续实施垄断行为，并可请求3倍损害赔偿金。

（二）德国反垄断执法体系

德国反垄断执法体系由联邦经济部、联邦卡特尔局、依州法享有管辖权的州最高机关和垄断委员会组成。其中，联邦经济部具有立法权和已被禁止的卡特尔或企业合并的批准权，联邦卡特尔局具有垄断案件的调查权和裁决权，州最高机关享有州内垄断案件的调查与处置权，垄断委员会享有批评、建议权。

重点提示：

由于德国设有垄断委员会作为反垄断顾问咨询机构，因此有学者将德国的反垄断执法机构体系称为顾问机构参与的执行机构体系。[1]

1. 联邦经济部。联邦经济部是联邦政府中负责宏观经济调控的部门，其具有制定包括反垄断政策在内的竞争政策的职权，并可依法对联邦卡特尔局的工作提出一般性指示，经济部长还可以根据当事人的申请批准已经被禁止的卡特尔或企业合并。

2. 联邦卡特尔局。联邦卡特尔局是德国最主要的反垄断执法机构，它是一

---

〔1〕 李国海：《反垄断法实施机制研究》，中国方正出版社2006年版，第64页。

个独立的联邦高级机构，对联邦经济部负责，属于联邦经济部长的业务范围。联邦卡特尔局在本质上是一个行政机关，其决定由联邦经济部的规定而设立的各个决议处作出。决议处以1名主席和2名委员的名义作出决定。决议处可以独立裁定具体案件，联邦经济部长和联邦卡特尔局局长都不得对其具体裁定活动施加影响。联邦卡特尔局的业务分工和业务程序由联邦卡特尔局局长颁布工作条例进行规定，工作条例须经联邦经济部确认。

联邦卡特尔局享有不属于反限制竞争法规定的特定卡特尔当局和依州法享有管辖权的州最高机关管辖范围的垄断案件的调查、裁决权，包括影响市场的效果、限制竞争行为或歧视性行为，或竞争规则的效果超越一个州的范围的垄断案件。联邦卡特尔局可以制止被禁止的协议、决议和联合一致的行为，制止被禁止的利用支配性地位的行为，发布豁免令；此外，联邦卡特尔局可以进行必要的调查，即使在联邦卡特尔局参与欧洲共同体委员会的程序时亦可。

3. 州最高机关，即州卡特尔局，其隶属于州政府，负责除联邦卡特尔局和特定卡特尔当局管辖范围以外的垄断案件的调查与处置。

4. 垄断委员会由5名具备国民经济学、企业管理学、社会政策学、技术工艺学或经济法学方面的特别知识和经验的成员组成，并从其成员中选择1名主席。委员会成员由联邦政府提议，联邦总统任命，任期4年，他们既不得任职于政府机构或联邦或立法机构，也不得担任联邦、州或其他公司法人的公职，但担任高校教师或科研机构研究人员的不在此限。此外，他们也不得担任经济协会、雇主组织或雇员组织的代表，或与这些组织发生长期的雇佣关系或事务处理关系。

垄断委员会仅仅受基于反限制竞争法所产生的委托的约束，其活动是独立的。垄断委员会每两年制作1份鉴定书，对德意志联邦共和国企业集中化的现状和预期发展作出评估，对有关合并监控的法律规定的适用作出评价，并对其他竞争政策方面的现实问题发表意见。联邦政府可以委托垄断委员会撰写额外的鉴定书。此外，垄断委员会可以根据自己的裁量制作鉴定书。垄断委员会制作的鉴定书常常能够深刻影响德国反限制竞争法的具体执行，甚至还能影响联邦经济部的决策。垄断委员会的报告或建议对竞争主管机关不具有约束力，它只是对决策机关建议的咨询机构，其本身没有反垄断的执法权。

重点提示：

反垄断执法体系是由对垄断行为享有管辖权的所有反垄断执法主体组成的体系。反垄断执法机构是其组成部分，属于反垄断专业执法机构。同学们在学习时应注意不要混淆这两个概念。

第五节 反垄断法的域外适用制度

一、反垄断法域外适用制度概述

反垄断法的域外适用，是指一国反垄断法在特定条件下适用于该国主权范围之处的外国垄断者的情形。

反垄断法作为一国的国内法，一般只在本国范围内适用，即适用于一个主权国家管辖的全部领土、领水、领空及拟制领土的范围内发生的有害于公平竞争的行为。但随着经济全球化的发展，各国之间的经济交往激增，国家对经济的调节突破了以往的界限，甚至延伸到了国际领域，这使一国的国内法，特别是国际经贸方面的立法也具有了国际性。近年来，跨国贸易突飞猛进，大型跨国公司不断涌现，跨国性限制竞争行为频发，为保证本国的经济安全和经济利益，保护本国公民和经营者的合法权益，减少跨国公司的垄断行为，各国均赋予本国反垄断法以域外适用效力，对给本国国内市场造成不利影响的外国垄断者的行为行使域外管辖权。这也使反垄断法越来越趋于国际化，在国际舞台上越来越突出和引人注目。

美国是最早制定反垄断法域外适用制度的国家，其后，欧盟也效仿了美国的域外适用制度。该制度在很长一段时间里曾遭到其他国家的严厉批评与强烈抵制，但随着国际垄断行为日益突出和严重化，越来越多的国家开始仿效美国和欧盟的做法，赋予本国反垄断法以域外效力。迄今为止，已有五十多个国家在其反垄断法中规定了反垄断法的域外适用制度。我国也在《反垄断法》中规定了这一制度。

二、美国反托拉斯法的域外适用制度

美国《谢尔曼法》第 2 条明文规定，该法适用于外国间的商业和贸易。随着国际形势以及美国政治、经济地位的变化，美国反托拉斯法的域外适用原则也在不断地进行调整。

美国反托拉斯法早期规定的域外适用原则为属地原则。属地原则是指一国的司法管辖权以该国的主权范围为限，对该国领域外的案件不享有管辖权。该原则体现在 1909 年美国香蕉公司诉联合果品公司案中。在该案中，原告美国香蕉公司在哥斯达黎加有香蕉种植园，被告联合果品公司煽动哥斯达黎加的军政府将其没收，此后被告买下该种植园，垄断了对美国香蕉的出口。美国香蕉公司依《谢尔曼法》第 1、2 条的规定，要求联合果品公司给予 3 倍赔偿。最后美

国最高法院以无权管辖为由驳回了美国香蕉公司的诉讼请求，其理由是：①一般的、几乎被普遍接受的规则是：一项行为的合法与否必须由行为发生地国家的法律来决定；②即使被告煽动，也不能认为其应对外国政府行为负责。该案是美国反托拉斯法适用于对外贸易领域的第一案。虽然美国法院最后依严格的属地管辖原则而未对美国主权范围以外的外国公司垄断案给予制裁，但该案引发了人们对发生在国外而对国内竞争市场产生影响的案件是否有管辖权的问题的思考，因此该案具有里程碑式的意义。

其后，在1945年美国诉美国铝业公司案中，反托拉斯法开始适用效果原则，即对于发生在美国境外的与美国反托拉斯法相抵触的行为，不论行为者国籍如何，只要在美国境内产生反竞争性后果，美国法院就有权管辖。在美国诉美国铝业公司案中，美国司法部指控美国铝业公司的加拿大子公司——“铝业有限公司”及其他一些子公司参与了一项铝锭国际卡特尔，限制美国铝产品的生产和出口。Hand法官提出“故意—效果”原则，认为“任何国家均可就发生在境外但又在其境内产生影响的行为，甚至不对其负有忠诚义务的人行使管辖权。”该案完全背离了美国香蕉公司诉联合果品公司案中严格的属地原则的做法，而适用了一种新的管辖原则——效果原则，从而扩大了美国反托拉斯法的适用范围。

在1976年蒂姆伯伦木材公司诉美洲银行案中，美国反托拉斯法又开始适用“利益平衡原则”。在该案中，原告蒂姆伯伦木材公司指控被告美洲银行及洪都拉斯的其他人共谋阻止原告及其子公司在洪都拉斯加工木料及向美国出口木材，其目的是为了把洪都拉斯的木材出口业务控制在被告和其资助人手中。美国法院在一审中采纳了“外国国家行为学说”，以对美国外贸缺乏“直接和实质性效果”为理由，驳回了原告的诉讼请求。但联邦巡回法院推翻了一审的判决，Choy法官批评一审法院未考虑其他国家的利益，亦未考虑其他所有涉外因素，他认为应考虑利益平衡因素，具体应考虑以下因素：美国反托拉斯法与外国法律或政策的冲突程度以及双方国家执行判决的妥协程度，当事人的国籍或效忠的公司的所在地或主要营业场所的所在地，垄断行为对美国的影响及对其他国家的影响的轻重程度，危害或影响美国商业及贸易的目的明显程度，此种影响的可预见性及对美国境内被指控的违法行为与国外行为相比侵害程度的轻重。利益平衡原则的确立成为美国反托拉斯法域外适用制度的重要转折点。该原则是美国基于效果原则在执行过程中屡次受挫后的一种政策调整，以缓和反垄断法的国际冲突和保护本国经营者和公民的利益为目的，是目前美国采用的主要域外适用原则。

三、欧盟竞争法的域外适用制度

欧盟在批评与抵制美国反垄断法域外效力的同时，也将其竞争法适用于共同体市场以外发生的影响成员国贸易的垄断行为。《罗马条约》并未明确规定竞争法的域外效力，但在竞争法的执行过程中，通过欧盟委员会的决定以及欧洲法院的判例确立了域外适用制度。欧盟竞争法的域外适用原则包括履行地原则、单一经济实体原则和效果原则。

履行地原则是欧洲法院通过1971年别格林案确立的，是指虽然限制竞争协议的签订地或形成地在欧盟以外，但只要其履行地在欧盟领域内，就可以适用欧盟竞争法。法院在该案的判决中指出："一个协议必须具有影响各成员之间贸易的后果，并且以阻碍共同体市场内的竞争为目的或者效果，才与共同体市场不相容，并为《罗马条约》第85条所禁止。"而对于别格林案来说，"虽然协议的一方当事人是居住在第三国的一家企业，但并不能阻却《罗马条约》第85条的适用，因为这个协议是在共同体市场领域内履行的。"该原则在认定协议的实际履行地时较为灵活，这在一定程度上扩大了欧盟竞争法的域外适用范围。

单一经济实体原则是专门针对跨国公司垄断行为的规制原则，其适用范围相对较小。该原则将跨国公司中位于不同国家的关联公司视为一个经济实体，当欧盟领域内的某一公司实施了垄断行为时，欧盟竞争法同时适用于该公司和欧盟境外的其他关联公司。这一原则是欧洲法院在1972年染料案中首次确立的。在该案中，ICI等3家在欧盟境外的染料制剂公司，通过他们所控制的位于欧盟领域内的分支机构，就欧盟内的产品销售价格达成一致协议。欧盟委员会对这3家母公司及其位于欧盟境内的子公司分别作了罚款处罚。欧洲法院维持了欧盟委员会的处罚决定，理由是3家外国母公司与其在欧盟境内的子公司实际上是一个经济实体，应受欧盟竞争法的约束。

欧盟竞争法中的效果原则借鉴了美国反托拉斯法和德国反限制竞争法的做法，将欧盟领域外的垄断行为也纳入了欧盟竞争法的适用范围，条件是该垄断行为在欧盟领域内发生了可能影响其成员国贸易的后果。1988年造纸材料案体现了效果原则。在该案中，涉案的41家欧盟以外的纸浆制造公司达成了一个关于在欧盟境内限定产品销售价格并交换有关信息情报的协议。欧盟委员会认为该协议对欧盟领域内的相关产品的价格及收费产生了直接影响，且行为人的行为具有明显的目的性，因此对行为人按照《罗马条约》第85条的规定进行了罚款。欧洲法院也认为，因该行为的履行地在欧盟境内，且产生了明显的限制竞争，所以根据属地原则认定欧盟竞争法对该案有适用效力。

在欧盟竞争法中，履行地原则、单一经济实体原则和效果原则根据不同情形同时运用于域外适用制度之中。在这 3 项管辖原则当中，欧盟委员会倾向于采用效果原则，欧盟第 4064/89 号规则规定，“只要共同体市场外所为的行为对共同体成员国之间的贸易产生影响，就可以适用欧盟反垄断法”，这是对效果原则的明确规定。欧洲法院则倾向于采用履行地原则和单一经济实体原则，对效果原则的适用持谨慎态度。

重点提示：

1. 欧盟竞争法与美国反托拉斯法在域外适用制度的基本原则上有所不同，但两者都采用了效果原则。

2. 在原则的适用方式上，欧盟与美国的做法不同，欧盟竞争法中的履行地原则、单一经济实体原则和效果原则被同时运用于域外适用制度中，而美国反托拉斯法中的属地原则、效果原则和利益平衡原则是美国在不同历史时期适用的原则。

同学们在学习时要注意区分两者的异同。

思考题：

1. 简述垄断协议的主要类型及其规制方式。
2. 简述市场支配地位的认定标准及滥用市场支配地位行为的主要表现形式。
3. 简述企业集中的方式及反垄断法的规制方式。
4. 试对美国与德国的反垄断执法体系进行比较。
5. 试分析反垄断法域外适用制度的合理性与必要性，并对美国与欧盟的反垄断法域外适用制度进行比较。

第四章 反垄断法（下）

内容提要：

市场经济体制改革与加入WTO使我国的经济迅猛发展，也为垄断行为的滋生提供了土壤，这也促成了我国反垄断法律制度的建立与发展。本章是对我国反垄断法律制度所做的介绍与分析。主要内容包括：我国反垄断法产生的原因、立法进程与立法目的的介绍，我国反垄断法的特点及其存在的主要问题的分析，我国反垄断法的调整对象和适用范围的说明，我国反垄断法的主要内容以及对我国反垄断执法机构的分析等。

教学目的：

①了解我国反垄断法产生的原因、立法进程、立法目的及其特点和存在的主要问题；②清楚我国反垄断法的调整对象和适用范围；③了解我国反垄断执法机构的构成、职权及其执法程序；④熟悉我国反垄断法规制的垄断协议、滥用市场支配地位、经营者集中和行政垄断的主要内容、规制方法和制裁措施。

第一节 我国反垄断法概述

一、我国反垄断法产生的原因

我国反垄断法的制定和实施同其他市场经济法律规范一样，是历史的必然，也是市场经济健康发展的当然要求。

（一）市场经济的建立是反垄断法产生的前提条件

我国的反垄断立法始于1980年，但直到2007年才出台《反垄断法》，历时27年。《反垄断法》立法时间长的原因很多，其中一个主要原因可以引用中国政法大学时建中教授的一句话："计划经济不需要反垄断法，市场经济离不开反垄断法。"在 20 世纪 90 年代以前，我国的经济体制以计划经济为主，直到 1993 年，我们才确立了市场经济改革目标，而存在于市场经济之中的反垄断法只有在这时才有制定的必要性。1993 年颁布的《反不正当竞争法》中规制了 4 种垄断行为，随着我国市场化改革的不断深入，《反不正当竞争法》中的规定已不能满足有效规制垄断行为的需要，这直接导致了《反垄断法》的出台。

（二）加入 WTO 促成了我国反垄断法的制定

我国加入 WTO 之前，市场化程度不高，加入 WTO 之后，随着我国国门的开放，迎来了市场经济高速发展的新时期。迫于加入 WTO 的需要，我国开始逐步完善市场经济体制，健全市场经济法制体系，反垄断法的制定也就被提上了议事日程。因为反垄断法作为"经济宪法"，是保障市场经济秩序健康运转的基础性法律。

（三）大量滋生的垄断行为迫使我国加快制定反垄断法

自我国实行改革开放政策以来，经济有了长足发展。但同时，由于没有《反垄断法》的规制，各种各样的垄断行为在我国泛滥成灾，尤其是行政垄断与公用企业的垄断对市场竞争环境的巨大影响，严重阻碍了我国社会主义市场经济的健康发展。同时，加入 WTO 后，大量跨国公司在我国落地生根，他们在我国市场上肆意实施排斥和限制竞争的行为，使市场竞争环境不断恶化。为了建立一个开放、竞争和全国统一的大市场，给企业创造公平、自由、平等的竞争环境，并有效保护经营者和消费者的合法权益，我国反垄断法的制定被提上了议事日程。

二、我国反垄断法的立法过程

我国的反垄断法的立法始于 1980 年。1980 年 10 月，国务院发布的《关于开展和保护社会主义竞争的暂行规定》，首次提出了反垄断特别是反行政垄断的任务。该规定指出："在经济生活中，除国家指定由有关部门和单位专门经营的产品外，其余的不得进行垄断，搞独家经营"；"开展竞争必须打破地区封锁和部门分割，任何地区和部门都不准封锁市场，不得禁止外地商品在本地区、本部门销售。"此后，1987 年 9 月国务院发布的《价格管理条例》第 29 条第 9 款和第 30 条规定禁止企业间或者行业组织的商业垄断行为，1988 年 1 月国务院发布的《重要生产资料和交通运输价格管理暂行规定》第 13 条规定禁止企业、行业垄断市场价格的行为，1989 年国家体改委、国家计委等联合发布的《关于企业兼并的暂行办法》对企业兼并加以规制。这些有关反垄断的规定散见于各个条例、暂行规定以及反不正当竞争法中，没有形成一个完整的法律体系，且大多为国家行政法规，权威性不够。[1]

1987年8月，国务院法制局成立了反垄断法起草小组，并于1988年起草了《反对垄断和不正当竞争暂行条例（草案）》，该草案由于种种原因未能通过。1991年，全国人大常委会强调要加快经济立法步伐，以适应改革开放的需要，《反不正当竞争法》和《反垄断法》的制定被提上了议事日程。在制定过程中，就如何处理反垄断问题和反不正当竞争问题曾有3种不同方案：①仅就反不正当竞争问题作出规定，而不规定反垄断问题，后者留待在将来的《反垄断法》中进行规定；②在规定反不正当竞争问题的同时，也对反垄断问题做出全面规定，将来不再另行制定《反垄断法》；③在《反不正当竞争法》中对部分垄断行为视同不正当竞争行为进行规定，以解燃眉之急，将来制定《反垄断法》时再对其他垄断问题做出规定，也可以将《反不正当竞争法》中规定的垄断行为作立法技术上的处理，并入《反垄断法》。[2] 最后，立法机关采纳了第三种方案，认为当时中国还处于市场经济发展初期，制定《反垄断法》可能影响企业规模效益的发挥，因此1993年9月第八届全国人大常委会第三次会议只通过并颁布了《反不正当竞争法》，《反垄断法》没有同期出台，对于在我国已经出现的4种垄断行为，在《反不正当竞争法》中予以规定，它们分别是《反不正当竞争法》第6条规定的公用企业及其他依法具有独占地位的经营者的限制竞争行为；《反不正当竞争法》第7条规定的政府及其所属部门滥用行政权力限制竞争行为；《反不正当竞争法》第12条规定的搭售及附条件交易行为和《反不正当竞争法》第15条规定的串通招投标行为。

近年来，随着市场经济的发展，各种各样的垄断行为大行其道，行政垄断、公用企业垄断、跨国公司垄断、行业协会垄断等垄断模式不断对市场竞争造成不良影响，对竞争秩序造成严重破坏。为了遏制垄断行为的进一步蔓延，国家又在一些法律、法规中对一些垄断行为作了规定，如《价格法》、《招标投标法》、《技术合同法》、《投机倒把行政处罚暂行条例》等，同时还颁布了一系列《反不正当竞争法》的配套法规，以弥补垄断规制的不足。但由于这些法律法规对垄断的规定较为杂乱和零散，而且存在分别立法和多头立法的现象，立法技术也不成熟，直接导致垄断规制无法有效进行。

1994年，我国正式启动《反垄断法》立法工作，《反垄断法》被列入第八届全国人大常委会的立法规划，并由国家经济贸易委员会和国家工商行政管理

---

〔1〕 王晓晔："中国反垄断立法的作用、现状和问题"，载王晓晔主编：《反垄断法与市场经济》，法律出版社1998年版。

〔2〕 王学政："中国反垄断立法应注意的几个问题"，载王晓晔主编：《反垄断法与市场经济》，法律出版社1998年版。

局组织起草。但由于该法涉及经济关系比较复杂，其草案未及时完成。1998年，《反垄断法》立法再次被列入第九届全国人大常委会立法规划。2003年12月，全国人大常委会又将该法列入十届全国人大立法规划。经过十余年的等待，2007年8月30日，第十届全国人民代表大会常务委员会第二十九次会议通过并颁布了《中华人民共和国反垄断法》，并于2008年8月1起正式实施。该法共8章57条，对《反垄断法》的立法宗旨、《反垄断法》的规制对象、规制方法和执法机关等作了较全面地规定，至此，我国终于实现了反垄断立法的历史性突破，开辟了我国反垄断立法与执法的新篇章。

重点提示：

我国是否应制定《反垄断法》这一问题一直备受争议，直到现在，还有一些学者认为我国不应制定《反垄断法》，他们认为我国制定《反垄断法》的时机还不成熟，且适用反垄断法会影响我国规模经济的发展。同学们可以对这一问题进行分析，提出自己的观点。

三、我国反垄断法的立法目的

《反垄断法》第1条明确规定了我国《反垄断法》的立法目的，即预防和制止垄断行为，保护市场公平竞争，提高经济运行效率，维护消费者利益和社会公共利益，促进社会主义市场经济健康发展。其中，制止垄断、保护竞争是《反垄断法》最直接的立法宗旨，而其终极目标是保护消费者利益和社会公共利益。

首先，《反垄断法》是一部制止垄断、保护公平竞争的法律。它通过规制四种垄断行为，对垄断主体的妨碍与阻止竞争的行为进行制约与制裁，维护公平、自由的竞争秩序，促进社会主义市场经济健康发展。其次，《反垄断法》是一部维护消费者权益和社会公共利益的法律。《反垄断法》的终极目标是提高消费者福利和社会公共福利。《反垄断法》禁止妨害消费者利益的垄断行为，并通过确保公平和自由竞争保护消费者的利益和社会公共利益得以实现。但这并不是说《反垄断法》就不保护经营者利益，《反垄断法》通过对垄断行为的规制，促进公平竞争，赋予经营者公平的竞争地位，并对合法的经营者的权益给予保护。

四、我国反垄断法的适用范围

根据《反垄断法》的规定，我国《反垄断法》适用于以下领域：

（一）主体适用范围

反垄断法的主体包括垄断实施主体、垄断规制主体和垄断受害者。

1. 垄断实施主体的范围。我国《反垄断法》规制的垄断实施主体包括相关市场上的经营者、行业协会、行政机关和法律、法规授权的具有管理公共事务职能的组织。

根据《反垄断法》第12条的规定，反垄断法平等地适用于相关市场上的各类经营者。经营者不仅包括在我国境内的经营者，也包括在我国境外实施垄断行为并对境内市场竞争产生排除、限制影响的经营者；不仅包括中国经营者，也包括外国经营者；不仅包括从事商品生产、经营或者提供服务的法人和其他组织，也包括从事商品生产、经营或者提供服务的自然人。

此外，行业协会也是我国《反垄断法》规定的垄断实施主体。行业协会是为实现本行业共同利益，由单一行业的经营者依法自愿设立的非营利社团法人和自律性组织。根据《反垄断法》第11、16、46条的规定，行业协会应当加强行业自律，引导本行业的经营者依法竞争，维护市场竞争秩序；行业协会不得组织本行业的经营者从事垄断协议行为。同时，行业协会违反本法规定，组织本行业的经营者达成垄断协议的，反垄断执法机构可以处50万元以下的罚款；情节严重的，社会团体登记管理机关可以依法撤销登记。

另外，根据《反垄断法》第五章——滥用行政权力排除、限制竞争的规定，行政机关和法律、法规授权的具有管理公共事务职能的组织也是我国反垄断法规制的垄断主体。行政机关和法律、法规授权的具有管理公共事务职能的组织不得滥用行政权力，限定或者变相限定单位或者个人经营、购买、使用其指定的经营者提供的商品。

2. 垄断规制主体的范围。根据《反垄断法》第10条的规定，国务院规定的承担反垄断执法职责的机构是垄断规制主体，依法负责反垄断执法工作。国务院反垄断执法机构根据工作需要，可以授权省、自治区、直辖市人民政府相应的机构，依照本法规定负责有关反垄断执法工作。反垄断执法机构依法对涉嫌垄断行为进行调查。反垄断执法机构对涉嫌垄断行为调查核实后，认为构成垄断行为的，应当依法作出处理决定，并可以向社会公布。目前，我国已确定由国家发改委、商务部和国家工商总局共同负责反垄断执法工作。

3. 垄断受害者的范围。凡在我国境内遭受垄断行为侵害而受到损失的人均是垄断受害人。垄断受害者可以要求垄断实施主体对其进行民事赔偿，也可以向反垄断执法机构举报垄断行为。

（二）地域适用范围

根据《反垄断法》第2条的规定，在中华人民共和国境内经济活动中的垄断行为，适用本法；中华人民共和国境外的垄断行为，对境内市场竞争产生排除、限制影响的，适用本法。由此可以看出，我国的《反垄断法》既适用于中国境内发生的一切垄断行为，也适用于在中国境外发生的对中国国内市场竞争产生排除、限制影响的垄断行为，这是反垄断法域外效力的表现，同时说明关于域外适用我国也采用了目前国际上普遍适用的效果原则。

（三）规制行为范围

我国《反垄断法》规制的垄断行为包括垄断协议、滥用市场支配地位、经营者集中和行政垄断行为。此外，《反垄断法》第55条规定：经营者依照有关知识产权的法律、行政法规规定行使知识产权的行为，不适用本法；但是，经营者滥用知识产权，排除、限制竞争的行为，适用本法。明确了《反垄断法》对知识产权滥用行为的规制效力。这也是国际上的通行做法。

但对有些特定行业及特定行为，如国有经济占控制地位的关系国民经济命脉和国家安全的行业以及依法实行专营专卖的行业，经营者依照有关知识产权的法律、行政法规规定行使知识产权的行为，农业生产者及农村经济组织在农产品生产、加工、销售、运输、储存等经营活动中实施的联合或者协同行为，不适用《反垄断法》。

重点提示：

反垄断法的适用范围是同学们应重点掌握的内容之一，尤其应注意理解和掌握垄断实施主体、垄断规制主体的范围和反垄断法的地域适用范围及规制行为范围。

五、我国《反垄断法》的特点

我国《反垄断法》立足中国社会主义市场经济实际，反映中国经济现实，具有明显的中国特色。

（一）《反垄断法》的简洁化与原则化

我国的《反垄断法》只有8章57条，可以称之为世界上最短的反垄断法，而且对垄断行为大多只进行了原则性地规定，很多内容要留待以后细化。这主要是基于反垄断执法方面的考虑，由于我国没有《反垄断法》的执法传统，且执法经验不足，尚处在摸着石头过河的阶段，如果一开始就把《反垄断法》规定得过于具体，恐怕较难适应其灵活适用的需要，而且各国的反垄断法本身就具有较强的变动性和不确定性，因此只能先用较原则的、简洁的方式加以规定。

（二）我国《反垄断法》是我国国情与国际经验的结合

我国《反垄断法》既尊重了中国国情，又借鉴了国际先进立法经验。我国《反垄断法》第五章专门针对行政垄断进行规定，体现了对我国国情的尊重。此外，在反垄断执法机构的设立、反垄断案件的调查程序、垄断行为的法律责任等诸多方面也体现了对我国现阶段国情的把握。同时，我们借鉴了很多先进的立法经验，例如在规制内容上规定了各国反垄断法都涉及的垄断协议、滥用市场优势地位和企业集中等反垄断法的主要内容，并规定了宽恕制度、和解制度、经营者集中的强制事先申报制度等先进制度和域外适用制度。

（三）立法目的的明确性

我国《反垄断法》的立法目的是，制止垄断、保护公平竞争，维护消费者权益和社会公共利益，促进社会主义市场经济健康发展。这与目前大多数国家确立的反垄断法的立法目的基本相同。如《加拿大竞争法》确立的立法目的是保护和鼓励在加拿大的竞争，以提高加拿大经济的效益和适应能力，增加加拿大对世界市场的参与机会，同时确认其他国家在加拿大参与竞争，保障中小企业有参与加拿大经济发展的公平机会，使消费者能够享受价廉物美的服务。

第二节 我国《反垄断法》的主要内容

一、垄断协议规制制度

我国《反垄断法》第二章对垄断协议作出了禁止性规定，并在第七章规定了垄断协议行为的法律责任，主要涉及的内容包括垄断协议的类型、垄断协议的豁免和垄断协议行为的法律责任问题。

（一）我国《反垄断法》规制的垄断协议的类型

借鉴美国反托拉斯法、欧盟竞争法和德国反限制竞争法的经验，我国《反垄断法》中的垄断协议也分为横向协议和纵向协议。

1. 横向垄断协议。我国《反垄断法》规定的横向垄断协议包括具有竞争关系的经营者之间通过共谋，以书面或口头方式签订，排除或限制竞争的协议、决议或协同行为；还包括企业集团或者行业协会制定的具有排除、限制竞争影响的决定。

我国《反垄断法》第13条规定，具有竞争关系的经营者不得达成下列垄断协议：①固定或者变更商品价格；②限制商品的生产数量或者销售数量；③分割销售市场或者原材料采购市场；④限制购买新技术、新设备或者限制开发新技术、新产品；⑤联合抵制交易；⑥国务院反垄断执法机构认定的其他垄断协议。根据该条规定，我国《反垄断法》禁止的具有竞争关系的经营者之间的垄断协议涉及固定价格、限制产量或数量、划分市场、限制新技术和新产品的开发与购置、联合抵制和国务院反垄断执法机构认定的其他垄断协议。其中第6项的规定明显是一个兜底条款，目的是使反垄断执法机构有一定的自由裁量权，有权制止一些尚未列举但具有严重限制竞争影响的协议。

此外，由于行业协会和企业集团的垄断行为目前愈演愈烈，这也成为反垄断法规制的重点。如2007年7月~8月间，全国十多家品牌的方便面统一提价，涨幅达20%~40%。经了解，超市表示方便面统一涨价是方便面企业的要求，而方便面企业则表示这是世界方便面协会中国分会的“指示”。这种行为，不仅损害了其他经营者的公平竞争权，扰乱了正常的市场竞争秩序，也损害了广大消费者的合法利益。鉴于行业协会以及企业集团在市场竞争中可能发挥的负面影响，行业协会组织本行业的经营者达成的垄断协议以及企业集团达成的垄断协议也属于横向垄断协议，应当受到反垄断法的规制。

2. 纵向垄断协议。我国《反垄断法》第14条规定，禁止经营者与交易相对人达成下列垄断协议：①固定向第三人转售商品的价格；②限定向第三人转售商品的最低价格；③国务院反垄断执法机构认定的其他垄断协议。根据该条规定，我国《反垄断法》规制的纵向垄断协议只涉及固定转售价格和限制最低转售价格协议，第14条第3项同样是一个兜底条款，以规制法律未列举但应予以规制的其他纵向垄断行为。

该条规定说明与横向垄断协议相比，我国《反垄断法》对纵向垄断协议采取了较为宽容的态度。究其原因，是因为横向垄断协议与纵向垄断协议的目的及其对市场竞争的危害性不同。横向协议是同业竞争者之间的协议，其目的是通过共谋实现协议内部成员利益的平衡，排除和限制其他竞争者的竞争，其对市场竞争的危害相对较强。纵向垄断协议不是竞争者之间的协议，而是处于生产经营的不同阶段的企业之间签订的协议，旨在限制同品牌的不同分销商或零售商之间的竞争，其对市场竞争的危害相对较小。《反垄断法》仅对固定转售价格和限制最低转售价格的协议加以禁止，主要是因为这些协议最终会抬高商品的价格而使消费者受损。

重点提示：

1. 同学们对这一部分的学习可以参照本书第3章的内容进行，并可比较国外规制的垄断协议的内容与我国《反垄断法》的规定的区别和联系。

2. 我国《反垄断法》未规定但应属于垄断协议内容之一的垄断串通招投标行为，对该行为的规制，仍应按照《反不正当竞争法》中的相关规定进行，望同学们注意。根据《反不正当竞争法》第15、27条的规定：投标者不得串通投标，抬高标价或者压低标价；投标者和招标者不得相互勾结，以排挤竞争对手的公平竞争，否则中标无效。监督检查部门可以根据情节处以1万元以上20万元以下的罚款。另外，行为人的民事责任规定在《反不正当竞争法》第20条中，根据该条规定，经营者违反本法规定，给被侵害的经营者造成损害的，应当承担损害赔偿责任，被侵害的经营者的损失难以计算的，赔偿额为侵权期间因侵权所获得的利润；并应当承担被侵害的经营者因调查该经营者侵害其合法权益的不正当竞争行为所支付的合理费用。被侵害的经营者的合法权益受到不正当竞争行为损害的，可以向人民法院提起诉讼。该条是《反不正当竞争法》中有关民事责任的概括性规定，适用于所有《反不正当竞争法》中所规定的不正当竞争行为和垄断行为。

（二）垄断协议的豁免

竞争虽然是配置资源的最佳方式，但在某些市场条件下，资源的优化配置只有在限制竞争的条件下才可能实现。因此，我国《反垄断法》第15条规定，经营者达成的协议属于下列情形的，可从第13、14条的禁止性规定中得到豁免：①为改进技术、研究开发新产品的；②为提高产品质量、降低成本、增进效率，统一产品规格、标准或者实行专业化分工的；③为提高中小经营者经营效率，增强中小经营者竞争力的；④为实现节约能源、保护环境、救灾救助等社会公共利益的；⑤因经济不景气，为缓解销售量严重下降或者生产明显过剩的；⑥为保障对外贸易和对外经济合作中的正当利益的；⑦法律和国务院规定的其他情形。对上述1~5项，经营者应当证明所达成的协议不会严重限制相关市场的竞争，并且能够使消费者分享由此产生的利益。

《反垄断法》之所以豁免这些协议，主要是基于这些协议大多有利于提高企业的经济效率，有利于保护中小企业的竞争利益，或避免经济萧条现象的出现，或能够保障我国的对外贸易。例如竞争者之间在研发新产品或改进技术方面开展的合作不仅可以减少重复性投资和节约成本，而且可以为研发和改进工作提供充足的资金、经验及技术保障，有利于产品的更新换代和技术革新。统一产品规格和标准可以提高产品的品质和产品的供给弹性；企业之间的专业化分工合作为企业实现专业化大生产提供了保障。而对中小企业间旨在提高经营效率，增强竞争力签订的协议进行豁免体现了《反垄断法》对中小企业的保护，这也是大多数国家普遍的做法。

重点提示：

在这些可被豁免的垄断协议中，争议较大的是因经济不景气和为缓解销售量严重下降或者生产明显过剩而订立的垄断协议，以及为保障对外贸易和对外经济合作中的正当利益而订立的垄断协议，其主要指不景气卡特尔和出口卡特尔。同学们可以就这两种协议是否应予豁免提出自己的看法。

（三）垄断协议行为的法律责任

根据《反垄断法》的规定，对垄断协议行为可以追究民事责任和行政责任。

《反垄断法》在第50条规定，经营者实施垄断行为，给他人造成损失的，依法承担民事责任。这是一个对各种垄断行为普遍适用的民事责任条款。但该条没有说明民事责任的承担方式和追究程序，需要立法机关在今后的相关立法中加以明确。

《反垄断法》第46条规定了经营者和行业协会垄断协议行为的行政责任。根据该条规定以及《反垄断法》第47、48条的规定，经营者违反《反垄断法》规定，达成并实施垄断协议的，由反垄断执法机构责令停止违法行为，没收违法所得，并处上一年度销售额1%以上10%以下的罚款；尚未实施所达成的垄断协议的，可以处50万元以下的罚款。反垄断执法机构确定具体罚款数额时，应当考虑违法行为的性质、程度和持续的时间等因素。经营者主动向反垄断执法机构报告达成垄断协议的有关情况并提供重要证据的，反垄断执法机构可以酌情减轻或者免除对该经营者的处罚。行业协会违反本法规定，组织本行业的经营者达成垄断协议的，反垄断执法机构可以处50万元以下的罚款；情节严重的，社会团体登记管理机关可以依法撤销登记。

二、滥用市场支配地位行为规制制度

我国《反垄断法》第三章对滥用市场支配地位行为作出了禁止性规定，并在第七章规定了滥用市场支配地位行为的法律责任，主要涉及相关市场的界定，市场支配地位的认定标准，滥用市场支配地位行为的表现形式及其法律责任。

（一）相关市场的界定

我国《反垄断法》第12条第2款规定，相关市场是指经营者在一定时期内就特定商品或者服务进行竞争的商品范围和地域范围。这说明，我国《反垄断法》确定的相关市场的类型与国际上的认识相一致，也包括产品市场、地理市场和时间市场。界定相关市场，是认定经营者是否具有市场支配地位以及是否滥用了市场支配地位的前提。关于相关市场的界定，已在第二章中进行了讲解，在此不再赘述。

（二）市场支配地位的认定标准

我国《反垄断法》中“市场支配地位”的概念主要借鉴了德国《反限制竞争法》和《欧盟竞争法》的称谓。我国《反垄断法》所称的市场支配地位，是指经营者在相关市场上能够控制产品的价格、数量或者其他交易条件，或者能够阻碍、影响其他经营者进入市场的一种能力。

在考虑如何认定经营者具有市场支配地位时，《反垄断法》规定应依据以下因素认定：①经营者的市场份额和相关市场竞争状况；②经营者控制市场的能力；③经营者的财力和技术条件；④其他经营者对该经营者在交易上的依赖性；⑤其他经营者进入相关市场的难易程度；⑥与认定市场支配地位相关的其他因素。此外，在下列情形下，可以推定经营者具有市场支配地位：①1个经营者在相关市场的市场份额达到1/2的；②2个经营者在相关市场的市场份额合计达到

2/3 的；③3 个经营者在相关市场的市场份额合计达到 3/4 的。但有前款第 2、3 项规定的情形，而其中有的经营者市场份额不足 1/10 的，不应当推定该经营者具有市场支配地位。此外，被推定具有市场支配地位的经营者，有证据证明不具有市场支配地位的，不应当认定其具有市场支配地位。

重点提示：

我国《反垄断法》确定的市场支配地位的认定标准与其他国家有所不同，这主要是在考虑我国基本国情的基础上提出的认定标准。同学们可以比较第三章的相关内容进行学习。

（三）滥用市场支配地位的表现形式

根据《反垄断法》第 17 条的规定，滥用市场支配地位的行为主要包括以下行为：①以不公平的高价销售商品或者以不公平的低价购买商品；②没有正当理由，以低于成本的价格销售商品；③没有正当理由，拒绝与交易相对人进行交易；④没有正当理由，限定交易相对人只能与其进行交易或者只能与其指定的经营者进行交易；⑤没有正当理由搭售商品，或者在交易时附加其他不合理的条件；⑥没有正当理由，对条件相同的交易相对人在交易价格等交易条件上实行差别待遇；⑦国务院反垄断执法机构认定的其他滥用市场支配地位的行为。

这些滥用市场支配地位的行为可归为两类，一类是剥削性滥用行为，包括垄断高价与垄断低价行为、拒绝交易行为、强制交易行为和差别待遇行为；另一类是妨碍性滥用行为，包括掠夺性定价和搭售及附条件交易行为。此外，《反垄断法》还规定了弹性条款规制其他法律没有列举的滥用市场支配地位行为。

此外，知识产权滥用也是一种利用技术优势实施的滥用市场支配地位行为。我国《反垄断法》禁止经营者滥用知识产权，排除、限制竞争的行为。这说明，在我国《反垄断法》中，知识产权和一般财产权一样，不能得到《反垄断法》的豁免，《反垄断法》也适用于对知识产权滥用行为的规制。由于我国目前多项高新技术产品的知识产权都为外国经营者所拥有，外国经营者经常运用知识产权对我国经营者和用户进行盘剥，知识产权滥用行为时有发生。如 DVD 核心技术的专利权由日立、东芝、松下、三菱电机、时代华纳、JVC 六大技术开发商（简称 6C）共同拥有，我国 DVD 生产企业每年要向 6C 缴纳高额的专利使用费；再如我国 80% 以上的手机嵌入汉字输入技术使用的是国外技术和专利，几乎每个手机用户都必须给国外公司交纳汉字输入法技术使用费。因此，通过法律手段防止和制裁知识产权滥用行为，打破技术壁垒，对维护我国企业与消费者的利益，促进我国经济发展具有重要意义。

（四）滥用市场支配地位行为的法律责任

根据《反垄断法》第 47、50 条的规定，滥用市场支配地位的行为人需承担民事责任和行政责任。《反垄断法》对民事责任只进行了概括性规定。关于行政责任，《反垄断法》规定，经营者违反本法规定，滥用市场支配地位的，由反垄断执法机构责令停止违法行为，没收违法所得，并处上一年度销售额1%以上10%以下的罚款。

重点提示：

1. 我国《反垄断法》对掠夺性定价规定得较为简单，对该行为的规制，可参照适用《反不正当竞争法》第11条的规定。在追究法律责任时，适用《反垄断法》第50、47条的规定，规定不明确的，参照适用《反不正当竞争法》第20条、《价格法》第40条第1款、《价格违法行为处罚规定》第4条的规定。《反不正当竞争法》第11条规定，经营者不得以排挤对手为目的，以低于成本的价格销售商品。同时，下列行为属于合理降价：①销售鲜活商品；②处理有效期限即将到期的商品或者其他积压的商品；③季节性降价；④因清偿债务、转产、歇业降价销售商品。《反不正当竞争法》第20条是有关责任的概括性规定。《价格法》第40条第1款和《价格违法行为处罚规定》第4条规定，有掠夺性定价行为的，有关主管部门可责令改正，没收违法所得，可并处违法所得5倍以下的罚款；没有违法所得的，予以警告，可并处3万元以下罚款；情节严重的，责令停业整顿，或由工商行政管理机关吊销营业执照。

2. 我国《反垄断法》对搭售及附条件交易行为也规定得较为简单，对该行为的规制，可参照适用《反不正当竞争法》第12条的规定。该条规定，经营者销售商品，不得违背购买者的意愿搭售商品或者附加其他不合理的条件。在追究法律责任时，适用《反垄断法》第50、47条的规定，参照适用《反不正当竞争法》第20条的规定。

三、经营者集中规制制度

我国《反垄断法》中的“经营者集中”，是借鉴《欧盟竞争法》中的“Concentration between Undertakings”的概念。《反垄断法》第四章专章规定了企业集中规制制度，并在第七章规定了经营者集中的法律责任。另外，2008年8月1日国务院第20次常务会议通过，并于2008年8月3日公布了《经营者集中申报标准的规定》（该规定自公布之日起施行）；2009年7月15日商务部第26次部务会议审议通过并于2009年11月21日公布了《经营者集中申报办法》（该办法于2010年1月1日起施行）。这两部法规对经营者集中申报的程序和标准进行了补充说明，增强了规制经营者集中行为的可操作性。

我国《反垄断法》规定的经营者集中规制制度主要涉及经营者集中的认定标准、经营者集中申报制度、经营者集中豁免制度和经营者集中的法律责任等4

项内容。

（一）经营者集中的认定标准

根据《反垄断法》第20条和《国务院关于经营者集中申报标准的规定》第2条的规定，经营者集中是指以下影响市场竞争结构的活动：①经营者合并；②经营者通过取得股权或者资产取得对其他经营者的控制权；③经营者通过合同等方式取得对其他经营者的控制权或者能够对其他经营者施加决定性影响。这说明，我国《反垄断法》所规定的经营者集中包括合并型集中和控制型集中。其中，合并型集中包括新设合并与吸收合并；控制型集中包括通过取得股权或者资产取得对其他经营者的控制权的集中，以及合同控制型集中与人事控制型集中。

（二）经营者集中申报制度

我国《反垄断法》借鉴国外相关立法，并结合我国实际情况，确立了经营者集中事前申报制度。根据《反垄断法》规定，经营者集中达到国务院规定的申报标准的，经营者应当事先向国务院反垄断执法机构申报，未申报的不得实施集中。同时，对经营者集中审查执法机关、申报义务人、申报程序、申报标准、申报文件以及结果公示制度进行了详细规定。此外，《反垄断法》在第48条中对事后审查也进行了规定。

1. 经营者集中审查执法机关。经营者集中审查执法机关是指有权受理和审查经营者集中，并对经营者集中享有处置权的国家机关。根据《经营者集中申报办法》的规定，商务部是我国的经营者集中审查执法机关。

2. 申报义务人。申报义务人是指拟进行经营者集中，并达到国务院规定的申报标准，应向反垄断执法机构申报集中事项的义务人。

《经营者集中申报办法》对申报义务人进行了规定。按照该办法的规定，通过合并方式实施的经营者集中，申报义务人为参与合并的各方经营者；其他方式的经营者集中，申报义务人为取得控制权或能够施加决定性影响的经营者申报，其他经营者予以配合。申报义务人未进行集中申报的，其他参与集中的经营者可以提出申报。申报义务人可以自行申报，也可以依法委托他人代理申报。

根据《国务院关于经营者集中申报标准的规定》，经营者集中达到下列标准之一的，经营者应当事先向国务院商务主管部门申报，未申报的不得实施集中：①参与集中的所有经营者上一会计年度在全球范围内的营业额合计超过100亿元人民币，并且其中至少两个经营者上一会计年度在中国境内的营业额均超过4亿元人民币；②参与集中的所有经营者上一会计年度在中国境内的营业额合计超过20亿元人民币，并且其中至少两个经营者上一会计年度在中国境内的营业额均超过4亿元人民币。营业额的计算，应当考虑银行、保险、证券、期货等特殊行业、领域的实际情况，具体办法由国务院商务主管部门会同国务院有关部门制定。对于未达标企业之间的集中，由于其不会对市场集中度和竞争环境产生重大影响，因此无须进行申报。

另外，对于一些经营者集中，由于参与集中的企业本身就是关联企业，他们的集中也不会影响市场集中度，因此免除了其申报义务。主要涉及以下两种情形：①参与集中的一个经营者拥有其他每个经营者50%以上有表决权的股份或者资产的；②参与集中的每个经营者50%以上有表决权的股份或者资产被同一个未参与集中的经营者拥有的。

3. 申报材料。申报人应当提交完备的文件、资料，商务部应对申报人提交的文件、资料进行核查。商务部发现申报的文件、资料不完备的，可以要求申报人在规定期限内补交。申报人逾期未补交的，视为未申报。申报文件、材料应当包括如下内容：

（1）申报书。申报书应当载明参与集中的经营者的名称、住所、经营范围、预定实施集中的日期。申报人的身份证明或注册登记证明，境外申报人还须提交当地公证机关的公证文件和相关的认证文件。委托代理人申报的，应当提交经申报人签字的授权委托书。

（2）集中对相关市场竞争状况影响的说明。具体包括：集中交易概况；相关市场界定；参与集中的经营者在相关市场的市场份额及其对市场的控制力；主要竞争者及其市场份额；市场集中度；市场进入；行业发展现状；集中对市场竞争结构、行业发展、技术进步、国民经济发展、消费者以及其他经营者的影响；集中对相关市场竞争影响的效果评估及依据。

（3）集中协议及相关文件。具体包括：各种形式的集中协议文件，如协议书、合同以及相应的补充文件等。

（4）参与集中的经营者经会计师事务所审计的上一会计年度财务会计报告。

（5）商务部要求提交的其他文件、资料。

4. 审查程序。

（1）初步审查。国务院反垄断执法机构自收到经营者提交的符合规定的文件、资料之日起30日内，对申报的经营者集中进行初步审查，作出是否实施进一步审查的决定，并书面通知经营者。国务院反垄断执法机构作出决定前，经营者不得实施集中。国务院反垄断执法机构作出不实施进一步审查的决定或者逾期未作出决定的，经营者可以实施集中。

（2）实质审查。国务院反垄断执法机构决定实施进一步审查的，应当自决定之日起90日内审查完毕，作出是否禁止经营者集中的决定，并书面通知经营者。作出禁止经营者集中的决定，应当说明理由。审查期间，经营者不得实施集中。

根据《反垄断法》第27条的规定，实质审查的标准是：①参与集中的经营者在相关市场的市场份额及其对市场的控制力；②相关市场的市场集中度；③经营者集中对市场进入、技术进步的影响；④经营者集中对消费者和其他有关经营者的影响；⑤经营者集中对国民经济发展的影响；⑥国务院反垄断执法机构认为应当考虑的影响市场竞争的其他因素。另外，对外资并购境内企业或者以其他方式参与经营者集中，涉及国家安全的，除了要依法进行实质审查外，还应当按照国家有关规定进行国家安全审查。

经实质审查，如果经营者集中具有或者可能具有排除、限制竞争效果的，国务院反垄断执法机构应当作出禁止经营者集中的决定。对不予禁止的经营者集中，国务院反垄断执法机构可以决定附加减少集中对竞争产生不利影响的限制性条件。申报人故意隐瞒重要情况或者提供虚假信息的，国务院反垄断执法机构不予立案。

（3）延期审查。根据《反垄断法》的规定，有下列情形之一的，国务院反垄断执法机构经书面通知经营者，可以延长前款规定的审查期限，但最长不得超过60日：①经营者同意延长审查期限的；②经营者提交的文件、资料不准确，需要进一步核实的；③经营者申报后有关情况发生重大变化的。国务院反垄断执法机构逾期未作出决定的，经营者可以实施集中。

（4）审查结果的公布。审查结束后，国务院反垄断执法机构应当将禁止经营者集中的决定或者对经营者集中附加限制性条件的决定，及时向社会公布。

（三）经营者集中豁免制度

《反垄断法》第28条规定：经营者能够证明该集中对竞争产生的有利影响明显大于不利影响，或者符合社会公共利益的，国务院反垄断执法机构可以作出对经营者集中不予禁止的决定。这说明，我国《反垄断法》在两种情形下豁免经营者集中行为：①该集中对竞争产生的有利影响明显大于不利影响；②该集中符合社会公共利益。

（1）豁免对竞争产生的有利影响明显大于不利影响的经营者集中的做法，显然是借鉴了德国《反对限制竞争法》的经验。这里所说“对竞争产生的有利影响”是指该集中有利于改善相关市场的竞争结构与竞争环境，而非提高参与集中的经营者的竞争优势。只有当经营者的集中对市场竞争所带来的利益明显大于其可能产生的不利影响时，集中才可能被豁免。

（2）符合社会公共利益的经营者集中可以被豁免。这里所说的“社会公共利益”是指各法律主体所共同享有的公共利益。关于什么是社会公共利益，学术界有着不同的看法和认识。有的学者认为“社会公共利益是指广大公民的利益”。[1] 有的学者认为，“社会公共利益就是那些广泛地被分享的利益。”[2] 我们认为，社会公共利益是指各法律主体所共同享有的利益。公共利益的范围十分广泛，包括环境保护、可持续发展、国家经济安全、公害防治、产品安全、公平竞争和善良风俗维护等内容。在反垄断审查中，经营者提出的符合社会公共利益的事由一般要求是对国民经济发展产生积极影响的事由。但是，我们也要看到，社会公共利益是一个模糊而复杂的概念，反垄断执法机构在使用这个概念豁免经营者集中时应持谨慎态度。

（四）经营者集中的法律责任

《反垄断法》规定了经营者集中的民事责任和行政责任。民事责任为《反垄断法》第50条的概括性规定。行政责任包括两方面内容：

1. 经申请未予批准的集中的行为人的行政责任。如果经营者集中具有或者可能具有排除、限制竞争效果的，国务院反垄断执法机构应当作出禁止经营者集中的决定。

2. 违法集中的行为人的行政责任。经营者违反《反垄断法》规定实施集中的，由国务院反垄断执法机构责令停止实施集中、限期处分股份或者资产、限期转让营业以及采取其他必要措施恢复到集中前的状态，可以处50万元以下的罚款。

重点提示：

在学习我国反垄断法中的经营者集中规制制度时，同学们应着重掌握经营者集中的认定标准、经营者集中审查执法机关、申报义务人、经营者集中申报的实质审查等内容，并结合本书第三章的相关内容进行学习。

四、行政垄断规制制度

国家对经济生活的干预有时也会出现“国家失灵”的现象，国家机关基于维护其自身利益的需要而实施的不当甚至是违法干预行为，有时会损害社会其他利益群体的合法权益。行政垄断即是最典型的国家不当干预与违法行为。

（一）行政垄断的含义与特征

传统的反垄断法一般只规定禁止经营者的垄断。这是因为垄断多是在竞争的过程中逐渐形成的，市场主体可能通过多种方式实现垄断经营。为了避免市场主体的垄断行为给社会经济带来的弊端，国家需要出面禁止垄断，以保护经

---

〔1〕 李昌麒：《经济法学》，中国政法大学出版社1999年版，第78～88页。

〔2〕 王保树：“论经济法的法益目标”，载《清华大学学报（哲学社会科学版）》2001年第5期。

营者和消费者的利益，维护公平、自由的竞争秩序。

行政垄断，也称行政性限制竞争行为，是指行政机关滥用行政权力排除或限制竞争，妨碍正常的市场竞争秩序的行为。行政垄断不仅妨碍公平、有序、自由、开放的竞争市场的建立，阻碍经营者的自由竞争与公平竞争，损害消费者的合法权益，对行政机关及其利益相关者而言，行政垄断容易滋生腐败，并易使其利益相关者因已在垄断中获益而丧失通过竞争提升企业实力的积极性。尤其在我国，由于我国正处于建立市场经济的初期阶段，国家适度干预市场经济运行的“度”不好把握，加之政治体制改革和法制建设的滞后现象以及地区间发展不平衡的现象，导致地区封锁、行业壁垒等行政垄断行为时有发生。“铁老大”、“电老虎”、“水老虎”等垄断企业依然我行我素，电信、金融、铁路等行业的霸王行为、霸王条款依然横行于世，这些企业的行为严重损害了消费者的合法权益，也阻碍了市场经济条件下竞争性市场结构的顺利发展，人们对行政垄断深恶痛绝。2008 年 8 月 1 日《反垄断法》实施的第一天，北京 4 家防伪企业就将国家质检总局诉至北京市第一中级人民法院，成就了我国反垄断法第一案。行政垄断问题成为人们关注的焦点，也成为我国反垄断法规制的重点内容，《反垄断法》第五章对行政垄断进行了专章规定。

行政垄断与其他垄断不同，其主要特点有三个方面：

1. 行政垄断的实施主体是特定的国家行政机关。行政垄断的实施主体不是一般的市场主体，而是特定的国家行政机关。我国《反垄断法》中规定的行政垄断实施主体包括行政机关和法律、法规授权的具有管理公共事务职能的组织。其中，行政机关是指除国务院以外的各级人民政府、中央机构的有关职能部门、地方各级政府的职能部门。具有管理公共事务职能的组织是指虽不是行政机关，但具有行政职权的组织。

2. 行政垄断是对行政权力的滥用。行政垄断是借助行政机关特有的行政权力实施的，是对行政权力的滥用。行政垄断之所以被视为滥用权力，是因为这些行为既不属于政府为维护社会经济秩序而进行的经济管理，也不属于政府为宏观调控而采取的产业政策、财政政策等经济政策，而是对法律赋予其行政权力的滥用。

3. 行政垄断的限制性与形式的多样化。行政垄断可以分为地区垄断和行政机关的其他限制竞争行为。无论哪种行为，均是对自由、公平竞争的一种限制。

（二）行政垄断的表现形式

依据行政垄断的目的和效果划分，行政垄断主要有两种表现形式：

1. 地区封锁。地区封锁是指行政机关和具有管理公共事务职能的组织滥用行政权力，妨碍商品在地区之间的自由流通的行为，排斥或限制外地企业参与本地市场竞争或本地企业参与外地市场竞争的行为。根据《反垄断法》的规定，地区封锁主要包括限制商品自由流通、限制招投标和限制投资与设立分支机构三种行为。

限制商品自由流通，是指根据《反垄断法》第33条的规定，行政机关和依法具有管理公共事务职能的组织滥用行政权力，妨碍商品在地区之间的自由流通的下列行为：①对外地商品设定歧视性收费项目、实行歧视性收费标准，或者规定歧视性价格；②对外地商品规定与本地同类商品不同的技术要求、检验标准，或者对外地商品采取重复检验、重复认证等歧视性技术措施，限制外地商品进入本地市场；③采取专门针对外地商品的行政许可，限制外地商品进入本地市场；④设置关卡或者采取其他手段，阻碍外地商品进入或者本地商品运出；⑤妨碍商品在地区之间自由流通的其他行为。由此可以看出，限制商品自由流通行为主要涉及价格歧视、差别待遇、限制外地商品流入与本地商品流出行为。

限制招投标，是指行政机关和依法具有管理公共事务职能的组织滥用行政权力，以设定歧视性资质要求、评审标准或者不依法发布信息等方式，排斥或者限制外地经营者参加本地的招标投标活动的行为。

限制投资与设立分支机构，是指行政机关和依法具有管理公共事务职能的组织滥用行政权力，采取与本地经营者不平等待遇的方式，排斥或者限制外地经营者在本地投资或者设立分支机构的行为。

2. 行政机关的其他限制竞争行为。行政机关的其他限制竞争行为是指除地区封锁以外的其他行政垄断行为，主要包括限制交易和强制交易行为。

限制交易，是指行政机关和依法具有管理公共事务职能的组织滥用行政权力，限定或者变相限定单位或者个人经营、购买、使用其指定的经营者提供的商品，或制定含有排除、限制竞争内容的规定的行为。

强制交易，是指行政机关和依法具有管理公共事务职能的组织滥用行政权力，强制经营者从事《反垄断法》规定的垄断行为。

（三）行政垄断的法律责任

依据《反垄断法》第50、51条的规定，行政垄断的行为人依法应承担民事责任和行政责任，并规定由其上级机关对行政垄断进行规制，而仅赋予反垄断执法机构以向有关上级机关提出依法处理的建议权。我们认为，这一规定不利于行政垄断的有效规制，应将规制行政垄断的执法权赋予反垄断执法机构，当然，前提是反垄断执法机构具有独立性，否则行政垄断将不可能被彻底根除。

关于行政垄断的民事责任仍适用《反垄断法》第50条的概括性规定。有关行政垄断的行政责任有以下两类：一是对行政机关和法律、法规授权的具有管理公共事务职能的组织，由其上级机关责令改正；二是对直接负责的主管人员和其他直接责任人员依法给予处分。另外，法律、行政法规对行政机关和法律、法规授权的具有管理公共事务职能的组织滥用行政权力实施排除、限制竞争行为的处理另有规定的，依照其规定。

重点提示：

我国《反不正当竞争法》中也有行政垄断的规定。依据该法第7、30条的规定，政府及其所属部门不得滥用行政权力，限定他人购买其指定的经营者的商品，限制其他经营者正当的经营活动；或限制外地商品进入本地市场，或者本地商品流向外地市场。政府及其所属部门实施了行政垄断行为的，由上级机关责令其改正；情节严重的，由同级或者上级机关对直接责任人员给予行政处分。被指定的经营者借此销售质次价高商品或者滥收费用的，监督检查部门应当没收违法所得，可以根据情节处以违法所得1倍以上3倍以下的罚款。同学们在学习中可以比较两部法律在规制行政垄断行为时的异同。

五、典型案例分析

本案为一典型的经营者集中案。也是我国《反垄断法》正式实施后经营者集中第一案。审查者为商务部，集中者为美国可口可乐公司（以下简称可口可乐公司）与中国汇源果汁集团有限公司（以下简称中国汇源公司）。该案反映了我国对经营者集中的审慎态度。

（一）案情简介[1]

2008年9月3日，可口可乐公司宣布计划以现金收购中国汇源公司，并已取得拥有汇源66%股份的三个股东签署的接受要约的不可撤销承诺，收购价为每股12.20港元，并等价收购已发行的可换股债券及期权。2008年9月18日，可口可乐公司向商务部递交了经营者集中申报材料，并于9月25日、10月9日、10月16日和11月19日根据商务部的要求对申报材料进行了补充。11月20日，商务部认为可口可乐公司提交的申报材料达到了《反垄断法》第23条规定的标准，决定对此项申报进行立案审查，并通知了可口可乐公司。2008年12

---

〔1〕 参见中华人民共和国商务部2009年第22号公告——《关于禁止可口可乐公司收购中国汇源公司审查决定的公告》，载商务部网站 http：//sousuo. mofcom. gov. cn，访问日期：2009年3月18日；王姗姗、梁冬梅："可口可乐收购汇源面临反垄断审查"，载财经网 http：//www. caijing. com. cn，访问日期：2008年9月3日；谢登科、刘浦泉、季明："新闻回顾：可口可乐收购汇源案的台前幕后"，载人民网 http：//sh. people. com. cn；王璇："从可口可乐收购汇源遭拒的原因浅析中国反垄断法"，载《法制与社会》2009年第11期；"商务部新闻发言人姚坚就可口可乐公司收购汇源公司反垄断审查决定答记者问" 载商务部网站 http：//sousuo. mofcom. gov. cn，访问日期：2009年3月25日。

月 20 日，经初步阶段审查，商务部决定进行实质审查，并书面通知了可口可乐公司。在进一步审查的过程中，商务部对集中造成的各种影响进行了评估，并于 2009 年 3 月 20 日前完成了审查工作。

（二）案件处理

在实质审查阶段，商务部对可口可乐公司提交的申报材料进行了认真核实及深入分析和调查。审查工作结束后，商务部依法对此项集中进行了全面地评估，确认集中将产生如下不利影响：

1. 集中完成后，可口可乐公司有能力将其在碳酸软饮料市场上的支配地位传导到果汁饮料市场，对现有果汁饮料企业产生排除、限制竞争效果，进而损害饮料消费者的合法权益。

2. 品牌是影响饮料市场有效竞争的关键因素，集中完成后，可口可乐公司通过控制“美汁源”和“汇源”两个知名果汁品牌，对果汁市场的控制力将明显增强，加之其在碳酸饮料市场已有的支配地位以及相应的传导效应，集中将使潜在竞争对手进入果汁饮料市场的障碍明显提高。

3. 集中挤压了国内中小型果汁企业的生存空间，抑制了国内企业在果汁饮料市场参与竞争和自主创新的能力，将给中国果汁饮料市场的有效竞争格局造成不良影响，不利于中国果汁行业的持续健康发展。

4. 附加限制性条件的商谈。为了减少审查中发现的不利影响，商务部与可口可乐公司就附加限制性条件进行了商谈。商谈中，商务部就审查中发现的问题，要求可口可乐公司提出可行解决方案。可口可乐公司提出了初步解决方案及其修改方案。但经过评估，可口可乐公司的救济方案，仍不能有效减少此项集中产生的不利影响。

鉴于上述原因，根据《反垄断法》第 28、29 条的规定，商务部认为，此项经营者集中具有排除、限制竞争效果，将对中国果汁饮料市场的有效竞争和果汁产业的健康发展产生不利影响。同时，在规定时间内，可口可乐公司也没有提出可行的减少不利影响的解决方案，因此商务部决定禁止此项经营者集中。

（三）专家评析

本案由于是《反垄断法》实施后的第一件经营者集中案，因此引起了广泛关注，关注的焦点主要集中在以下几方面：

1. 相关市场的界定。相关市场的界定是对竞争行为进行分析的前提，是反垄断执法工作的重要步骤。科学界定相关市场，对识别竞争者和潜在竞争者、判定经营者市场份额和市场集中度、认定经营者的市场地位、分析经营者的行为对市场竞争的影响、判断经营者行为的违法性以及需承担的法律责任等关键问题，具有重要的作用。

我国《反垄断法》第12条第2款明确规定，相关市场是指经营者在一定时期内就特定商品或者服务进行竞争的商品范围和地域范围。相关市场包括产品市场、地理市场和时间市场。界定相关市场通常采用需求替代和供给替代两种方式，前者要求从需求者一方来看，商品之间的替代程度越高，其属于同一相关市场的可能性就越大。后者要求从供给者的角度来看，沉没成本[1]越低，企业可以在短期内转产以提供具有市场竞争力的其他替代商品的可能性就越大，处于同一相关市场上的企业的数量就越多，市场竞争性越强；反之则市场被垄断的可能性加大。

本案中所涉及的相关产品主要包括无酒精饮料中的两大类，即果汁类饮料和碳酸软饮料。根据商务部在审查中掌握的信息，两家公司在果汁类饮料产品类别中存在重叠，而碳酸软饮料产品只有可口可乐公司生产，汇源公司并不生产碳酸软饮料。在界定相关市场的过程中，商务部对果汁类饮料和碳酸类饮料的可替代性以及3种不同浓度果汁饮料之间的可替代性进行了深入分析。根据市场调查和搜集的证据，商务部将此案相关市场界定为果汁类饮料市场，其中包括100%纯果汁，浓度为26%～99%的混合果汁，以及浓度在25%以下的果汁饮料，理由是果汁类饮料和碳酸类饮料之间替代性较低，且3种不同浓度果汁饮料之间存在很高的需求替代性和供给替代性。

同时，根据《反垄断法》第20条的规定，经营者集中包括3种情形：经营者合并；经营者通过取得股权或者资产的方式取得对其他经营者的控制权；经营者通过合同等方式取得对其他经营者的控制权或者能够对其他经营者施加决定性影响。在本案中，由于交易后可口可乐公司将取得汇源公司绝大部分股权，甚至是100%的股权，从而取得了汇源公司的决定控制权，因此本案的集中属于合并型集中。同时，由于可口可乐公司与汇源公司同是处于果汁市场中的生产者，属于同一产品市场，且两方均为果汁类饮料的生产企业，处于生产经营的同一阶段，为同业竞争者，因此两者的合并属于横向合并。

此并购案的合并即为合并型集中中的横向合并。

2. 经营者集中的审查标准。根据《国务院关于经营者集中申报标准的规定》第3条第2款的规定，参与集中的所有经营者上一会计年度在中国境内的营业额合计超过20亿元人民币，并且其中至少两个经营者上一会计年度在中国境内的营业额均超过4亿元人民币，即应以集中进行申报，并接受调查。在本案中，可口可乐公司和汇源公司2007年在中国境内的营业额分别为12亿美元

〔1〕 该处所说沉没成本，也称沉淀成本核算，指已经付出且不可收回的成本。此为经济学上的用语，本人用在这里是为了说明由于投入成本多少所带来的市场进入障碍的大小。

（约合91.2亿元人民币）和3.4亿美元（约合25.9亿元人民币），分别超过了4亿元人民币，已达到并超过了《国务院关于经营者集中申报标准的规定》中要求的申报标准，因此本案必须接受相关地审查。

3. 禁止集中的理由分析。商务部禁止集中的理由主要有3个：

（1）集中会导致传导性后果。集中完成后，可口可乐公司有能力将其在碳酸软饮料市场上的支配地位传导到果汁饮料市场，从而加强其对果汁饮料市场的控制力。根据中国饮料工业协会提供的数据，可口可乐公司占全国碳酸饮料市场份额为60.60%。商务部认定可口可乐公司在碳酸软饮料市场占有市场支配地位。同时碳酸饮料和果汁饮料尽管彼此间替代性不强，但却同属非酒精饮料，彼此属于紧密相邻的两个市场。如果收购实现，可口可乐公司在碳酸饮料已有支配地位的基础上，将进一步增强其在果汁类饮料市场的竞争优势和影响力，产生强强联合的叠加效应。为谋求其自身的利润最大化，可口可乐公司有能力在并购后利用其在碳酸软饮料市场上的支配地位，将果汁饮料与碳酸饮料搭售、捆绑销售或附加排他性交易条件，将其在碳酸饮料市场上的支配地位传导至果汁饮料市场，这将严重削弱甚至剥夺其他果汁类饮料生产商与其形成竞争的能力，从而对果汁饮料市场的竞争造成损害，最终使消费者被迫接受更高价格、更少种类的产品。

（2）集中影响果汁饮料市场的市场集中度。根据AC尼尔森的调查数据，2007年，汇源在国内100%果汁及中浓度果汁市场的占有率分别达42.6%和39.6%，明显处于领先地位。而据研究机构Euromonitor的统计数据，2007年可口可乐在中国果蔬汁市场的占有率为9.7%。集中完成后，可口可乐公司将控制“美汁源”和“汇源”两个知名果汁品牌，进而使汇源果汁退市。至此，可口可乐公司在果汁市场上的占有率将明显提高，市场集中度升高，并将因市场上竞争者的数量减少而加强其对市场的控制力，这对市场的健康发展将带来诸多不利影响。

（3）集中挤压了国内中小型果汁企业的生存空间，不利于中国果汁行业的持续健康发展。据北京一家咨询公司东方艾格的测算，在中国134家上规模饮料企业中，汇源果汁产销量在中国国内市场居第一位。如果允许本次合并，对其他饮料企业而言，其生存环境将进一步恶化，这将不利于该行业的健康发展。基于保护中小企业利益的需要，不宜允许本次合并。

可口可乐收购汇源案作为我国《反垄断法》颁布后第一个未通过审查的案件，其本身具有很强的示范性作用。商务部的决定不仅从相关市场、市场集中度的角度对本案进行了调查，同时考虑了合并对市场竞争的影响以及对中小企业以及消费者的影响，并以此作出了禁止合并的决定。这一方面表明我国对经营者集中的规制标准和规制原则符合国际通行作法，同时也说明了我国对经营者集中审查的审慎态度。

第三节 我国反垄断执法机构

一、我国反垄断执法机构的设立

我国从维护全国统一市场出发，借鉴国外通常做法，将执法权集中于中央，并授权各级政府主管部门以执法权，同时还设置了反垄断咨询机构。

根据《反垄断法》第10条的规定，我国反垄断执法机构从执法权限范围上划分为国务院反垄断执法机构和地方反垄断执法机构。国务院反垄断执法机构即国务院规定的承担反垄断执法职责的机构，依法负责反垄断执法工作。地方反垄断执法机构，国务院反垄断执法机构根据工作需要授权的省、自治区、直辖市人民政府的相应机构。同时，国务院设立反垄断委员会，作为反垄断咨询机构，负责组织、协调、指导反垄断工作。

重点提示：

我国反垄断法执法体系的设置模式与德国十分类似，既有专门的反垄断执法机构，又有咨询机构。同学们在学习时可对比德国的反垄断执法体系模式进行分析，并思考这种模式是否能够满足我国现阶段反垄断执法的需要。

二、反垄断执法机构的职权

我国反垄断执法机构的职权应如何划分，一直是人们关注的焦点。我国《反垄断法》第六、七章对反垄断执法机构的职权并未明确划定，并采取授权国务院另行规定的办法。根据相关法律法规的规定，我国反垄断执法机构享有反垄断立法权、审批权、调查权、审查权、裁决权、制裁权和强制执行权等职权。

目前，反垄断法的具体的执法机构已基本确定为国家发改委、商务部和国家工商总局三家。其中，商务部负责经营者集中的审查与处理；国家发改委负责价格垄断行为的审查与处理；国家工商总局负责垄断协议、滥用市场支配地位、滥用行政权力排除限制竞争方面的反垄断执法工作。三部委不会采用联合执法或者部级会商的机制，而是由经营者向三部门负责的机构分别递交材料，然后由三部委各自做出批复。目前这种三足鼎立的局面是在反垄断执法过渡阶段的一种无奈选择。随着我国反垄断和经济发展态势的变化，统一的反垄断执法机构必将设立。另外，对行政垄断执法，我国《反垄断法》规定由其上级主管部门负责执法，这一做法引起了人们的较大争议。

同时，根据《反垄断法》第 9 条的规定，国务院反垄断委员会负责组织、协调、指导反垄断工作，并履行下列职责：①研究拟订有关竞争政策；②组织调查、评估市场总体竞争状况，发布评估报告；③制定、发布反垄断指南；④协调反垄断行政执法工作；⑤国务院规定的其他职责。

三、反垄断调查机制

（一）反垄断调查程序

根据《反垄断法》第 38 条的规定，反垄断执法机构依法对涉嫌垄断的行为进行调查。调查应遵循以下程序：

1. 调查的启动。首先，反垄断执法机构可以依职权主动发起对涉嫌垄断行为的调查。其次，对涉嫌垄断行为，任何单位和个人都有权向反垄断执法机构举报。举报采用书面形式并提供相关事实和证据的，反垄断执法机构应当进行必要的调查。

2. 调查措施。反垄断执法机构调查涉嫌垄断行为，可以采取下列措施：①进入被调查的经营者的营业场所或者其他有关场所进行检查；②询问被调查的经营者、利害关系人或者其他有关单位或者个人，要求其说明有关情况；③查阅、复制被调查的经营者、利害关系人或者其他有关单位或者个人的有关单证、协议、会计账簿、业务函电、电子数据等文件、资料；④查封、扣押相关证据；⑤查询经营者的银行账户。采取前款规定的措施，应当向反垄断执法机构主要负责人书面报告，并经批准。反垄断执法机构调查涉嫌垄断行为，执法人员不得少于 2 人，并应当出示执法证件。执法人员进行询问和调查，应当制作笔录，并由被询问人或者被调查人签字。

3. 调查的中止、终止和恢复。对反垄断执法机构调查的涉嫌垄断行为，被调查的经营者承诺在反垄断执法机构认可的期限内采取具体措施消除该行为后果的，反垄断执法机构可以决定中止调查。中止调查的决定应当载明被调查的经营者承诺的具体内容。

反垄断执法机构决定中止调查的，应当对经营者履行承诺的情况进行监督。经营者履行承诺的，反垄断执法机构可以决定终止调查。有下列情形之一的，反垄断执法机构应当恢复调查：经营者未履行承诺的；作出中止调查决定所依据的事实发生重大变化的；中止调查的决定是基于经营者提供的不完整或者不真实的信息作出的。

4. 调查结果的公布。在调查结束时，反垄断执法机构对涉嫌垄断行为经调查核实，认为构成垄断行为的，应当依法作出处理决定，并可以向社会公布。

（二）调查人与被调查人的义务

1. 调查人的义务。反垄断执法机构及其工作人员作为调查人，负有以下义务：①保密义务。反垄断执法机构及其工作人员对执法过程中知悉的商业秘密负有保密义务。②依法核实义务。反垄断执法机构应当对被调查的经营者、利害关系人提出的事实、理由和证据进行核实。③结果公开义务。反垄断执法机构对涉嫌垄断行为调查核实后，认为构成垄断行为的，应当依法作出处理决定，并可以向社会公布。

2. 被调查人的义务。被调查的经营者、利害关系人或者其他有关单位或者个人应当配合反垄断执法机构依法履行职责，不得拒绝、阻碍反垄断执法机构的调查。

四、反垄断执法中的法律责任

反垄断执法中的法律责任分为反垄断执法机构及其工作人员的法律责任和经营者拒绝配合调查时的法律责任。

根据《反垄断法》的规定，反垄断执法机构工作人员滥用职权、玩忽职守、徇私舞弊或者泄露执法过程中知悉的商业秘密，尚不构成犯罪的，依法给予处分；构成犯罪的，依法追究刑事责任。对反垄断执法机构依法实施的审查和调查，拒绝提供有关材料、信息，或者提供虚假材料、信息，或者隐匿、销毁、转移证据，或者有其他拒绝、阻碍调查行为的，由反垄断执法机构责令改正，对个人可以处2万元以下的罚款，对单位可以处20万元以下的罚款；情节严重的，对个人处2万元以上10万元以下的罚款，对单位处20万元以上100万元以下的罚款；构成犯罪的，依法追究刑事责任。

思考题：

1. 试述我国制定《反垄断法》的重要性和必要性。

2. 简述我国《反垄断法》规制垄断协议行为的主要内容。

3. 简述我国《反垄断法》对市场支配地位的认定标准，并简述滥用市场支配地位行为的主要表现形式。

4. 简述我国经营者集中规制的主要内容。

5. 简述我国的反垄断执法机构，对其进行合理性分析，并提出自己的意见和建议。

第五章
反不正当竞争法（上）

内容提要：

本章的基本内容是《反不正当竞争法》的基本理论问题、原则性问题。其主要内容有：反不正当竞争法的概念及其调整对象；我国《反不正当竞争法》的法律适用；我国《反不正当竞争法》产生的历史发展；我国《反不正当竞争法》的框架结构与基本特点；我国《反不正当竞争法》的立法目的和基本原则；我国《反不正当竞争法》的地位和作用；我国《反不正当竞争法》的修改与完善。

教学目的：

①了解我国反不正当竞争法的概念和调整对象；②明白我国制定《反不正当竞争法》的必要性；③领会我国《反不正当竞争法》的立法目的和基本原则；④学会正确适用《反不正当竞争法》。

第一节 反不正当竞争法的概念与调整对象

一、反不正当竞争法的概念

反不正当竞争法是调整国家在制止经营者不正当竞争行为过程中发生的经济关系的法律规范的总称。

反不正当竞争法有广义和狭义之分。狭义上的反不正当竞争法仅指1993年9月2日第八届全国人大第三次会议审议并通过、颁布的，共5章33条的《中华人民共和国反不正当竞争法》。广义上的反不正当竞争法，除了包括狭义上的《中华人民共和国反不正当竞争法》之外，还包括国务院、国务院各部委所颁布的一系列规范和调整不正当竞争关系的行政法规，地方各级人民代表大会以及地方各级人民政府制定和颁布的一系列规范和调整不正当竞争关系的地方性法规，最高人民法院的司法解释等。

反不正当竞争法作为重要的经济法部门和竞争法的重要支柱，具有以下几个明显的特征：

（一）国家主导性

国家主导性是指国家是反不正当竞争的主导性力量，起主导性作用。这种主导性作用，既包括立法上的主导性作用，也包括执法和司法上的主导作用。离开国家的反不正当竞争立法和反不正当竞争执法，反不正当竞争就只能是空谈。

1. 国家在反不正当立法中起主导性作用。不正当竞争行为是竞争的异化，也是市场竞争的固有缺陷，对市场秩序的破坏是巨大的，甚至是毁灭性的。如何克服缺陷，防止异化，维护秩序，无数市场实践证明，仅仅靠经营者的自觉，行业的自律，社会的监督是远远不够的。最为有效的，也是唯一有效的办法就是通过国家立法的方式，对不正当竞争行为进行法律上的“制止”。“制止”的含义深刻而广泛，既有“禁止”、“反对”的意思，也有“打击”、“制裁”的意思。

目前世界各国在反不正当竞争中，首先加强的就是反不正当竞争立法工作，多数国家都颁布了《反不正当竞争法》或《反限制竞争法》或《公平交易法》等专门性法律。这些法律的制定，使反不正当竞争活动有法可依，对促进反不正当竞争工作的开展发挥了巨大的作用。

2. 国家在反不正当执法和司法中起主导性作用。有法必依，执法必严，违法必究，是我国社会主义法制原则的重要内容，是有法可依的自然延续和当然推导，是社会主义法制系统工程的重要组成部分，同有法可依一样重要和必须。

法律靠国家的强制力得以贯彻、落实和实施。离开了国家的强制力，任何法律都只能是一张白纸。因此，各个国家都在《反不正当竞争法》或《反限制竞争法》或《公平交易法》等专门性法律中对反不正当竞争国家执法机关（包括行政执法机关和司法执法机关）的设置、地位、职权、执法程序、执法范围、执法措施、法律责任等进行了专门、具体、细致地规定。所有这些规定，是反不正当竞争法实施力的重要体现，对于充分发挥反不正当竞争法的作用，切实、有效地制止不正当竞争行为有着重要的意义。

（二）竞争规范性

反不正当竞争法从实质和本源意义上来讲，是对竞争行为进行法律规范的法律，属行为法的范畴。反不正当竞争法对竞争行为的规范具有以下两个特点：

1. 以对经营者的竞争行为进行法律规范为主线。经营者是竞争行为的实施者，竞争离开经营者就无从谈起，无法展开。我们完全可以说，无经营者就无竞争。

经营者的竞争，在很多情况下离不开政府的促进和推动，离不开消费者的支持和参与，甚至在有些情况下政府和消费者也参与竞争，但是，所有这些都只是市场竞争展开的外因。外因只有通过内因才能发挥作用，政府和消费者的努力，只有和经营者的行为结合起来，竞争才能真正的展开，也才会对市场、对经济产生积极的影响。正是基于此，反不正当竞争才以对经营者的竞争行为进行法律规范为主线进行立法。

2. 以从反面对经营者的竞争行为进行法律规范为模式。正当竞争和不正当竞争是一个问题的两个方面，而不正当竞争是问题的主要方面。如何对这一问题进行法律规范？一种做法是，同时对两个方面进行法律规范。我们认为，这种均力的规范做法，没有抓住问题的主要方面，既浪费法律资源，也会导致规范的重复和重叠，因而不可取；另一种做法是，抓主要方面，仅对不正当竞争行为进行规制。我国目前的《反不正当竞争法》就采取了这种规范模式。我们认为，这种“破”“立”相间的模式，将立法者的态度表现得十分明了和清楚，既克服了第一种做法的缺陷，协调了规范与原则的关系，又保证了调控的前瞻性和引导性，值得提倡和发扬。

（三）消费介入性

消费决定经营，经营离不开消费。在反不正当竞争关系中消费者扮演着十分重要的介入性角色。这种介入，主要表现为：

1. 判断性介入。在不正当竞争行为的认定过程中，有些必须有消费者的介入才能够加以认定。比如，在引人误解的虚假宣传行为的认定中，“引人误解”中的“人”就是指消费者。只有引起了消费者的误解，该不正当竞争行为才能够构成，否则不能认定该行为构成不正当竞争行为。这种判断性介入是反不正当竞争法的重要识别模式之一，很有特色，希望引起大家足够的注意和重视。

2. 后果性介入。多数不正当竞争行为都在侵犯经营者的合法权益，给经营者造成损害的同时，也侵犯了消费者的合法权益，给消费者造成了损害。如假冒仿冒行为中，假冒商品给消费者造成的人身和财产损害，再如违反法律规定的有奖销售行为，质次价高商品给消费者造成的人身损害和财产损害等。因此，反不正当竞争法执法部门（无论是行政执法部门还是司法执法部门）在对不正当竞争行为实施者进行处罚时，都应一并考虑消费者的损害。这种后果性介入是反不正当竞争法的一大特点，大家也应当予以注意和重视。

重点提示：

反不正当竞争法保护经营者的合法权益，同时也保护消费者的合法权益，试析二者在保护上有何不同？同时，谈谈消费者介入的法律意义。

二、我国《反不正当竞争法》的调整对象

关于反不正当竞争法调整对象的性质、范围和构成，目前学术界还有不同的认识。我们认为，我国《反不正当竞争法》的调整对象是竞争经济关系。这种竞争经济关系可分为以下3类：

（一）经营者与经营者之间的不正当竞争关系

经营者是最为主要的竞争实施者，也是竞争关系的最主要参与者，离开经营者，竞争就无法进行和展开。因此，反不正当竞争法调整的市场竞争关系首先应当是经营者与经营者之间的市场竞争关系。在反不正当竞争法中，经营者与经营者之间的市场竞争关系主要表现为不正当竞争关系。这种不正当竞争关系是反不正当竞争法调整的竞争经济关系之一，也是最为基础的一种竞争经济关系。

一般而言，经营者之间的不正当竞争经济关系可以基于多种原因形成，基于各种不正当竞争行为而形成。每一种具体的不正当竞争行为都会产生一种具体的不正当竞争经济关系。

经营者之间的不正当竞争经济关系，究其实质是一种竞争侵权关系。它是一种新型的竞争经济关系，由竞争人身侵权关系、竞争财产侵权关系和竞争机会侵权关系组成。

（二）国家机关与经营者之间的不正当竞争监管关系

国家在反不正当竞争活动中，居于主导地位，起主导作用。国家在对不正当竞争行为实施监管——监督、管理、检查、处罚——过程中与经营者形成的竞争经济关系，我们称之为不正当竞争监管关系。

不正当竞争监管关系基于国家机关实施的监督、管理、检查、处罚行为而形成，具有很强的行政性、命令性，与经营者和经营者之间的不正当竞争经济关系有很大的不同。概括来讲，竞争监管关系由竞争监督关系、竞争检查关系和竞争处罚关系组成。

重点提示：

关于反不正当竞争法的调整对象，我国学术界还有不同的认识。但大多数学者认为，反不正当竞争法既调整经营者与经营者之间的竞争经济关系，也调整国家经济管理机关与经营者之间的关系；也有一部分研究者认为，反不正当竞争法除调整上述两种不同性质的竞争经济关系之外，还调整经营者与消费者之间的非竞争经济关系。对此，同学们可以展开讨论，发表自己的看法。

第二节　反不正当竞争法的法律适用

反不正当竞争法的法律适用解决的是反不正当竞争法对人、对事的法律效力问题，是反不正当竞争法法律实施的重要问题之一。关于反不正当竞争法的法律适用，我们认为，主要可以从适用主体和适用客体两个方面去理解和把握。

一、反不正当竞争法的主体适用

根据《反不正当竞争法》第2~4条的规定，反不正当竞争法的主体适用范围很广，包括经营者、各级人民政府、国家机关工作人员、社会组织以及公民个人等众多法律主体。其中，经营者、各级人民政府、国家机关工作人员是反不正当竞争法的主要适用主体。

（一）经营者

经营者是竞争活动的实施者，是竞争法律关系不可或缺的主体，也是最为重要的反不正当竞争法的适用主体。离开经营者，竞争无法展开，竞争法律关系无法建立，反不正当竞争法也将失去其存在的法律意义。

关于经营者的含义，学术界还有不同的认识。我国《反不正当竞争法》第2条第3款规定，经营者是指从事商品经营或者营利性服务的法人、社会组织和个人。这一规定，为经营者的含义做出了法律的界定。

所谓商品经营，指以营利为目的的商品交换活动；而营利性服务则是指以营利为目的，以提供劳务为特征的经营活动。依照国家有关法律、法规的规定，这里的法人包括企业法人和实行企业化经营管理，依法具有从事经营活动资格的事业单位法人，以及从事营利性活动并依法取得经营资格的社会团体法人。其他经济组织则是指不具备法人资格，但依法可以从事营利性活动和商品经营活动的社会组织。个人主要是指依法能够从事商品经营或营利性服务的自然人和个体工商户。

重点提示：

根据《反不正当竞争法》的规定，经营者是指从事商品经营或营利性服务的法人、其他经济组织和个人。请同学们以此规定为基点，回答：①经营者和企业之间的关系；②营利性在经营者界定中的价值和意义；③教育机构、医疗单位是否属于经营者的范畴问题；④如何看待教育领域和医疗领域的竞争问题；⑤如何看待立法中关于经营者的界定；⑥你对经营者的界定有何不同的见解；⑦简述我国经营者立法的历史沿革等问题。

（二）各级人民政府

各级人民政府作为反不正当竞争法的调整主体主要在以下两个方面与其他主体形成特定的法律关系。

1. 各级人民政府应制止不正当竞争行为，为公平竞争创造良好的环境和条件承担相应义务。各级人民政府在这方面承担的义务主要表现在：①依照《反不正当竞争法》第30条的规定，制止下级人民政府或所属部门违反《反不正当竞争法》第7条的行为；②支持县级以上人民政府工商行政管理部门对不正当竞争行为的监督检查工作以及其他部门依照法律、行政性法规所作的监督检查工作；③采取行政的、经济的办法，预防或消除不正当竞争行为的发生及危害后果。特别是要注意用行政的、经济的手段创造公平交易、正当竞争的条件，形成良好、健康、秩序井然的交易和竞争环境。

2. 县级以上人民政府是《反不正当竞争法》的主管机关，承担反不正当竞争的主要职能。工商行政管理部门是县级以上各级人民政府的重要职能部门，属于经济监督部门，也是行政执法机关。依据法律、行政法规的规定以及国务院确定的职责分工和范围，工商行政管理机关承担着确认市场主体资格，监督市场行为，对经济违法行为实施行政处罚，维护市场秩序，保障社会主义市场经济健康发展的职责。确定由工商行政管理机关负责对不正当竞争行为进行监督查处，合乎其职能，也符合执法的实际需要。

工商行政管理机关分中央和地方两个层次。中央层次的工商行政管理机关是国家工商行政管理局，为国务院直属机构；地方层次的工商行政管理机关是省、自治区、直辖市工商行政管理局，省辖市（地）工商行政管理局、县（含县级市）工商行政管理局。县（含县级市）的工商行政管理局，是对不正当竞争行为进行查处的最基层的机关。其职能部门和下属部门，如工商所，必须以工商行政管理局的名义从事查处活动，否则无效。

（三）国家机关工作人员

国家机关工作人员主要是指在政府及工商行政管理机关工作的人员，他们往往是不正当竞争行为的监督检查者。他们的身份有一定的特殊性，不同于一般公民。其主要职责是：依照法律、法规的规定，认真监督、检查、处理不正当竞争行为，不得支持、包庇不正当竞争行为。否则，依照《反不正当竞争法》第31、32条的规定追究其法律责任。

（四）社会组织和公民个人

社会组织和公民个人也是《反不正当竞争法》调整的主体范围，其主要权利是对不正当竞争行为进行社会监督。这反映了我国《反不正当竞争法》主体的广泛性。

社会组织和公民个人成为主体之一是因为不正当竞争行为直接产生于社会经济生活的各个方面，它严重破坏了社会正常的竞争秩序，制约了经济的发展，因此必须动员广泛的社会力量，发挥各方面的积极作用，才能形成对不正当竞争行为全面监督的社会机制，使这种违法行为受到严厉地法律制裁。

二、反不正当竞争法的客体适用

反不正当竞争法的客体适用就是不正当竞争行为。不正当竞争行为是指违反法律、法规的规定，损害其他经营者的合法权益，扰乱社会经济秩序的行为。

依照《反不正当竞争法》的规定，反不正当竞争法所规范的不正当竞争行为共有11种，分别是：①欺骗性市场交易（假冒仿冒）行为；②商业贿赂行为；③引人误解的虚假宣传行为；④侵犯商业秘密行为；⑤为排挤竞争对手，以低于成本的价格销售商品的行为；⑥搭售或附加不合理条件的行为；⑦法律禁止的有奖销售行为；⑧商业诽谤行为；⑨违反法律规定的招标投标行为；⑩公用企业及其他依法具有独占地位的经营者实施的限制竞争行为；⑪政府机关滥用行政权力限制正常市场竞争的行为。

重点提示：

对于上述11种不正当竞争行为，有些学者进行了再划分，即将之划分为不正当竞争行为和限制竞争行为两类。有些学者将第1~5、7、8种归为一类，称之为不正当竞争行为，将第6、9~11种归为一类，称为限制竞争行为；有些学者将第1~9种归为一类，称为不正当竞争行为，将第10、11种归为一类，称为限制竞争行为。同学们可对上述划分的理由、根据、必要性展开讨论。

经营者在市场竞争和交易中，在提供商品和服务时，如有上述不正当竞争行为，便和其他主体结成为反不正当竞争法所调整的社会关系。在这种关系中，国家机关及国家机关工作人员负责对该行为的查处、认定和处罚，社会组织和公民个人可以行使监督权，行为人（经营者）必须接受法律的制裁。

第三节　我国《反不正当竞争法》的历史发展

一、我国《反不正当竞争法》产生的历史必然性

《反不正当竞争法》是市场经济条件下的一部重要基本法，它是经济法的核心。它对规范市场经济行为、确立竞争和交易规则、保障市场机制的正常运转意义重大。1993年9月2日第八届全国人大第三次会议审议并通过、颁布了《中华人民共和国反不正当竞争法》。该法共分5章33条。我国《反不正当竞争

法》的颁布和实施不是偶然的因素所致，也不是权宜之计，而是社会主义市场经济建设的实际需要，是历史的必然。

（一）制定《反不正当竞争法》是市场经济的客观需要

竞争是市场经济最基本的运行机制。在竞争过程中会出现正当的竞争行为和不正当的竞争行为，各种不正当竞争行为往往会对公平竞争秩序造成严重地破坏并导致资源的严重浪费，影响市场经济的健康发展。因此，大凡是实行市场经济和商品经济的国家，无论政治制度、社会制度如何，都把反不正当竞争的法律作为规范市场经济关系的基本经济法律之一。

据统计资料显示，迄今为止，世界上已有几十个国家制定了反不正当竞争法，只不过名称或形式以及规范的内容略有不同而已。有些国家制定了专门的反不正当竞争法，如德国和日本；有些国家不制定专门的反不正当竞争法，而是在综合性的竞争法律群体中规定反不正当竞争的内容，如美国和英国；有些国家则用一部法典统一规定垄断、限制竞争行为和不正当竞争行为，如匈牙利；还有些国家在民法典中以若干条（项、款）规定来规范不正当竞争行为，如法国。在德国、日本这样的制定了专门反不正当竞争法的国家，他们还根据经济的发展和实际需要，制定了若干配套立法。更值得注意和一提的是，国际领域的反不正当竞争法律制度也得到了不断地完善。如在《保护工业产权巴黎公约》、《关税与贸易总协定》、《欧洲共同体条约》等公约和条约中都有反不正当竞争行为的法律规定。

总而言之，在过去的一个多世纪里，特别是二战结束后的几十年里，世界各国反不正当竞争法律制度得到了很大的发展和完善。反不正当竞争法对世界各国维护本国的市场关系秩序，制止不正当竞争，保护正当竞争，正在发挥着越来越重要、不可忽视的重要作用。

（二）制定《反不正当竞争法》是我国社会主义市场经济发展的客观需要

竞争促进了经济的发展和繁荣。同时，经济的发展和繁荣也加剧了竞争的深度和广度。竞争和不正当竞争是一个问题的两个方面，是一对矛盾的两个方面。有竞争，有正当竞争也就必然会产生它的对立面——不正当竞争，这是不可避免的现象，也是市场经济发展的一般规律。对于这种现象，我们既要正视它，还要防止它。

从我国目前出现的不正当竞争行为和现象的现状来看，我国的不正当竞争行为具有以下特点：

1. 地域广。目前，在我国，不正当竞争行为遍及全国各地，从南向北，由东至西，自沿海到内地，都不同程度地存在着不正当竞争，在有些地区还相当严重，而且还有愈演愈烈之势。

2. 行业多。不正当竞争行为在遍及全国的同时，也蔓延至各行各业。工商业、农业、服务业、建筑业、金融保险业、交通运输业、邮电通讯业等行为均存在着不正当竞争行为，尤其是商业领域表现得更为明显。不仅如此，不正当竞争行为还向一些新的领域，如教育、医疗等领域渗透，我们甚至可以说，目前，不正当竞争已经遍布所有行业，无处不在。

3. 主体众。早期不正当竞争行为的实施主体多为个体工商户和一些小型企业。但如今，很多大型企业、国有企业也都加入到了不正当竞争的行列，主体众多，几无良者。

4. 危害大。目前已经泛滥的不正当竞争行为所造成的危害是巨大和严重的：其一，受到损害的是处于弱势地位的广大消费者，他们往往被不正当竞争行为伤害得伤痕累累，苦不堪言；其二，受到损害的是同处一个行业的众多经营者，他们或被不正当竞争行为排挤，或被不正当竞争行为所摧毁；其三，受到损害的就是整个行业和整个的国民经济。

可以说，不正当竞争行业在我国可以说是已经泛滥成灾，愈演愈烈，尤其是在商品销售、虚假宣传、有奖销售、招标投标等领域则更为严重。这些行为涉及面广、发案数量多、持续时间长、危害严重。它们不仅直接损害了广大经营者和消费者的合法权益，而且也严重影响了工农业生产和整个社会的经济秩序。有些假冒商品甚至流到国外，不仅损害了国家形象，而且影响了外贸出口。

所有这些都说明，不正当竞争行为已在相当程度上破坏了正常的商品交易秩序，妨碍了国民经济的健康发展。如果不对这些行为进行严厉地制裁，则势必影响到社会主义市场经济的健康发展和繁荣。

（三）《反不正当竞争法》在维护社会主义市场经济体制方面具有重要作用

《反不正当竞争法》是维护市场经济的基本法律，对于维护社会主义市场经济体制具有相当重要的作用。这些作用表现在：

1. 规范市场竞争行为，维护市场竞争秩序。在市场竞争活动中，市场交易的主体、对象、手段是多种多样的，因此，市场主休只有遵守共同交易规则，才能达到预期的目的。《反不止当竞争法》通过规定什么是不正当竞争行为及不正当竞争行为的表现形式，为市场主体确定了衡量其市场竞争行为的共同标准。交易者可以依据这些标准来判定自己的竞争行为。并且，如果大多数竞争者能遵守这些规则，那么，市场竞争就可以在比较有秩序的状态下进行。市场竞争行为是否有序，是市场经济是否健康运转的重要标志。

2. 保护公平竞争，保障竞争机制的正常运转。只有公平的竞争，才是合理的竞争。生产经营者无论规模大小、经济实力强弱，都应当凭产品或服务的质量、价格等来进行公平地竞争。采取损人利己的不正当竞争行为，则会破坏竞争规则，导致竞争机制的紊乱和失调，最终会造成市场的混乱。实际上，《反不正当竞争法》的目的，就是通过制止假冒、虚假广告、诋毁他人信誉等不正当竞争行为，将破坏了的竞争规则恢复正常，从而保护公平竞争，保障竞争机制的正常运转。

3. 保护生产经营者和消费者的合法权益。不正当竞争行为对经营者权益的侵犯是显而易见的。例如，擅自使用知名商品特有的名称、包装、装潢，就是窃取他人的竞争优势，将别人应得的利益据为己有；而且这种假冒行为降低了知名产品的信誉，给知名产品的经营者带来的损失往往也是不可估量的。

一般而言，任何不正当竞争行为都直接表现为对竞争对手的损害行为，同时，也往往会损害消费者的权益。因此，《反不正当竞争法》通过禁止和制裁不正当竞争行为，不仅保护了经营者的合法权益，而且保护了消费者的合法权益。

正是基于以上原因，我国政府才根据我国市场经济的实际需要、市场竞争的基本状况，在借鉴外国先进经验的基础上，制定了我国统一的《反不正当竞争法》。

二、我国《反不正当竞争法》的制定过程

建国以后，我国曾经在一个相当长的时期内实行中央高度集权的计划经济体制，社会生产、交换、分配和消费均由国家实行计划管理，社会经济生活中基本上不存在竞争。当时现代商品经济意义上的竞争几乎不存在，因此也就不可能产生反不正当竞争法。

随着经济的发展，国家高度计划管理的弊端便日益显露出来，成为阻碍经济发展的一个重要原因。党的十一届三中全会以后，我国开始纠正排斥市场机制和市场竞争的错误经济政策，决定对旧的经济体制进行改革，实行“对外开放，对内搞活”的经济政策，引进竞争机制，培育社会主义的市场体系，由此基本上形成了初步的竞争政策。

1980 年 10 月 17 日，国务院发布了《关于开展和保护社会主义竞争的暂行规定》。该暂行规定肯定了竞争对于现代化建设的重要作用，正式提出了反对垄断和不正当竞争。明确规定：经济活动中，除国家指定由有关部门和单位专营的产品外，一律不准进行垄断，不准搞地区封锁和部门分割。要严格遵守法律和法规，采取合法的手段进行竞争。该暂行规定要求工业、交通、财贸等有关部门修订现行的规章制度；取消其中妨碍竞争的规定，并授权各地区、各部门根据暂行规定的精神，制定实施办法，保护竞争的顺利进行。

我国在行政法规中使用不正当竞争的概念，最早见于 1982 年国务院颁布的《广告管理暂行条例》，该条例第 8 条规定：“禁止广告的垄断和不正当竞争”。

1983 年颁布的《国营工业企业暂行规定》第 10 条又明确指出："国家禁止企业采用不正当竞争手段进行竞争"。这一时期我国尚无专门法律对不正当竞争行为进行规范，只在一些地方搞了试行办法，如《武汉市制止不正当竞争行为试行办法》（1985 年 11 月 29 日由武汉市人民政府批准）、《上海市制止不正当竞争暂行规定》（1987 年 10 月 15 日由上海市人民政府发布）。

此后，国家又陆续颁布了若干行政法规，如 1987 年 9 月 11 日颁布的《价格管理条例》、1987 年 10 月 20 日颁布的《广告管理条例》、1988 年 10 月 3 日颁布的《关于清理整顿公司的决定》等，都包含有禁止垄断和反对不正当竞争的规定。但从整体上来看，这些规定还很不系统，还存在很多漏洞，对法律责任的规定也很不完备，处罚普遍偏轻，无法确立公正、自由的竞争秩序，现实生活中严重存在的大量不正当竞争行为，未能得到有效制止。因此，迫切需要制定专门的竞争法律。

1987 年 8 月，按照国务院的指示，国务院法制局和国家工商行政管理局等 7 个有关部门组成了联合小组，负责起草制订反不正当竞争方面的法规。这一阶段是将垄断问题和不正当竞争行为问题结合在一起考虑的，起草的是《禁止垄断和不正当竞争暂行条例》，先后四易其稿。

重点提示：

20 世纪 80 年代，我国曾一度考虑《反不正当竞争法》与《反垄断法》合并立法，但最终又分别立法。其中的原因很多，请同学们认真思考、总结并展开讨论。

后来由于指导思想发生变化，1989 年草拟的第五稿仅规定了不正当竞争，题目也改为《禁止不正当竞争暂行条例》。但是由于参加起草的同志意见分歧较大，有些问题缺乏经验，以及其他一些客观条件的限制，最后未能完稿上报。此后一段时间，立法工作陷于停顿和半停顿状态。直至 1991 年春，由于经济的蓬勃发展和改革开放的进一步深入，全国人大常委会重新强调要加快经济立法，于是反不正当竞争法的立法问题才又重新提上议事日程。1992 年初，根据全国人大的立法规划，国家工商行政管理局独立承担《反不正当竞争法》的起草任务。为此，国家工商行政管理局成立了专门的起草小组，在原有工作的基础上，收集和研究国内外的有关法律资料，进行调查研究，分析国内外的大量案例，并派人赴国外考察，起草了《反不正当竞争法（征求意见稿）》。经与有关部门的专家、学者共同讨论，又作了进一步修改。1993 年，国务院向全国人大常委会提交审议《中华人民共和国反不正当竞争法（草案）》的议案。经过审议，1993 年 9 月 2 日，第八届全国人大常务委员会第三次会议正式通过了《中华人民共和国反不正当竞争法》。

总的来看，在前一阶段，由于受一些客观条件影响，立法层次较低，立法进程缓慢。在邓小平同志南巡讲话以后，我国加快了改革开放的步伐，尤其是在党的十四大明确提出发展社会主义市场经济以后，仅仅停留在制定行政法规的层次就远远不能适应形势发展的要求了。因此，全国人大常委会根据形势的变化，及时作出指示，决定把《反不正当竞争法》作为一项重要法律来制定，这样做就增加了《反不正当竞争法》的法律层级性，从而增强了法律规范的效力。

《反不正当竞争法》颁布后，自1993年12月1日起施行，留了3个月的准备时间。3个月以后，各方面的准备工作陆续就续，该法开始实施，使我国反不正当竞争法制建设进入了一个新阶段。这一阶段的任务比起第一阶段的制定工作更加繁重、艰巨。

第四节 《反不正当竞争法》的框架结构与基本特点

一、《反不正当竞争法》的框架结构

我国《反不正当竞争法》，从结构上来讲，秉承了专门性法律的结构模式，[1] 由总则、不正当竞争行为、监督检查、法律责任、附则等5部分组成，简明扼要，主线清晰，逻辑严密，实体与程序相结合，呈现出比较合理的法律结构。

（一）总则

该部分共4个条文，起总括的作用，规定该法最基本的问题，是该法的灵魂，不可或缺。在总则部分，规定了立法宗旨、市场交易的原则、重要词语解释、政府的职责、监督检查部门等内容。

（二）不正当竞争行为

该部分共11条，是《反不正当竞争法》的核心内容，也是该法的实体部分，反映出了该法的客体适用。在不正当竞争行为部分，第5～15条，每一条都规范一种具体的不正当竞争行为，针对性很强。

（三）监督检查

该部分共4条，是该法的程序部分。在该4条中，分别对不正当竞争行为的

---

〔1〕从一般角度来讲，实践性可以分为整体性法律和专门性法律，前者解决普遍性问题，后者解决具体性问题。目前，我国解决具体性问题的法律（法规）为数众多，《反不正当竞争法》、《反垄断法》、《消费者权益保护法》、《广告法》、《产品质量法》等市场竞争类法律均属于专门性法律，他们在结构上具有很多共同性。

国家监督检查和社会监督做出了规定。明确规定了不正当竞争行为的监督检查机关、监督检查机关的职责权限、监督检查机关查处不正当竞争的前提、条件和程序问题，同时也对不正当竞争的社会监督问题进行了相应的规定。

（四）法律责任

该部分共13条，是对不正当竞争行为进行法律处罚的部分。该部分规定了各种不正当竞争行为应当承担的法律责任，包括民事责任、行政责任、刑事责任，尤其对行政责任作了更为详细地规定；同时还对行政复议、行政诉讼、国家机关工作人员违反本法的法律责任进行了规定。

（五）附则

该部分仅1条，是《反不正当竞争法》的实施时间条款。该条规定了《反不正当竞争法》的生效日期为1993年12月1日。

二、《反不正当竞争法》的基本特点

我国《反不正当竞争法》吸收了国外相关法律的优点，从我国现阶段的国情出发，总结了当前规范市场经济运行需要的法律，具有较强的实用性和可操作性，特点鲜明。

（一）实体性与程序性相结合

我国《反不正当竞争法》是集实体性规定与程序性规定为一体的法律。在实体性规定中，不仅具体列举了11种不正当竞争行为，而且在总则中对不正当竞争行为的性质和特征作了最基本地概括，这样就增强了法律的灵活性，使本法不完全局限于调整所列举的各类不正当竞争行为，能够根据不同的原因和变化的情况，适用于法律没有穷尽的和将来可能出现的各种不正当竞争行为，具有一定的前瞻性。在程序性规定中，除了规定具体执法机关的监督检查权以及监督检查权的行使程序外，还有国家鼓励、支持和保护对不正当竞争行为进行社会监督的条款。这种实体性和程序性相结合的立法模式，有利于具体问题的解决，有利于节约法律成本，有利于提高法律实施的效率。

（二）国际立法的经验与中国的实际情况相结合

借鉴国际立法的先进经验，并将这些先进经验与中国的具体情况相结合是我国经济立法的指导思想和基本原则。作为经济法律重要组成部分的反不正当竞争法当然要贯彻这一基本原则，并将这一基本原则具体化。

目前，世界上多数国家都制定和颁布了反不正当竞争法。从规范的对象上来看，多数已经具有世界性，如多数国家的反不正当竞争法都普遍规范和打击假冒和仿冒行为、商业贿赂行为、侵犯商业秘密行为、低于成本价格销售商品或提供服务的行为、违反法律规定的招标投标行为等，因而也积累了不少的经验和共识。对于这些共识，同样适用于中国和中国的市场经济，我们直接拿来就行。但是，这种拿来不能是机械地、原封不动地，必须和中国的特色社会主义相结合。只有普遍规律和具体实际相结合，反不正当竞争法才能发挥积极的作用。否则，只能是东施效颦，适得其反。

（三）侧重于通过行政手段对不正当竞争行为进行主动干预

不正当竞争具有侵害诚实竞争者利益、侵害弱势消费者权益和危害社会经济秩序的多重性质，具有极大的社会危害性。因此，《反不正当竞争法》在赋予不正当竞争受害人（竞争者和消费者）个体司法救济权利的同时，更侧重于通过公权力的行使——使用行政手段对不正当竞争行为进行主动地国家干预，以维护社会公共利益和正常的社会经济秩序和竞争秩序。

在西方国家，因为强调立法、行政、司法三权分立，所以人们较习惯于利用司法救济来保护自己的利益。而我国地域广阔，国情复杂，市场经济又刚刚起步，人们的法制观念有待于进一步加强。加之长期以来我国有运用司法救济与行政救济结合起来处理纠纷的传统，而且与司法救济相比，行政救济还有快捷、简便、节省成本的优点，所以，这种司法救济和行政救济并用的做法是符合我国实际情况的。

（四）确定工商行政管理机关为不正当竞争行为的监督检查机关

关于反不正当竞争法的执法主体，各国通行的做法是创设一个新的机构，专门履行反不正当竞争的职责。在我国，精简机构是政治改革的重要内容之一。因此，从我国的实际情况来看，在现有国家机关中确定一个具有相应职能的综合的经济监督部门担任反不正当竞争法的执法工作更为可行。最终，我国《反不正当竞争法》确定该法的执法工作由工商行政管理部门承担。

重点提示：

工商行政管理部门是我国重要的市场监督管理部门，历史最为悠久，除文革期间外，一直处于市场的最前沿（尽管当时的市场非常微弱），为改革开放、经济发展、竞争秩序维护作出了巨大的贡献。请同学们查找资料，从历史的角度解析工商行政管理部门。

反不正当竞争法的执法工作之所以由工商行政管理部门来担当，主要是因为：①建国以后，新中国的工商行政管理制度就已建立，除了在“文化大革命”时期中断了若干年外，工商行政部门一直是行政执法机关，而且一直在根据国家有关法律、法规行使着查处不正当竞争行为的职能；②工商行政管理机关具有比较健全的市场监控系统，具有丰富的市场管理监督经验。因而综合来看，工商行政管理机关较之其他行政管理机关更适合作为《反不正当竞争法》的行政主管机关，进而确定工商行政管理机关为不正当竞争行为的监督检查机关，也成为我国《反不正当竞争法》的重要特色之一。

（五）加大了法律责任的力度

法律责任是重要的法律要素之一，也是法律强制力的表现和法律实现的根本保障。从反不正当竞争法的角度来看，法律责任是不正当竞争行为能否行得以制止的保障。离开了法律责任，或者对法律责任规定偏轻，就不可能起到制止不正当竞争、维护竞争秩序的作用。

为了使法律责任真正起到遏制和打击不正当竞争行为的效果，充分发挥法律责任的功用，实现法律责任的价值。我国《反不正当竞争法》一改过去经济立法的弊病，加大了法律责任的力度，尤其是加强了行政处罚的力度。条文中多处规定了1 万元以上 10 万元以下的幅度，《反不正当竞争法》第 23 条甚至规定了 5 万元以上 20 万元以下的幅度，幅度之大，数额之高，几为近几年我国经济立法中所仅见。

第五节 《反不正当竞争法》的立法目的与基本原则

一、《反不正当竞争法》的立法目的

《反不正当竞争法》开宗明义，明确确定了立法目的，即为保障社会主义市场经济健康发展，鼓励和保护公平竞争，制止不正当竞争行为，保护经营者和消费者的合法权益。这样确立《反不正当竞争法》的立法目的是因为：

（一）不正当竞争行为妨碍了经营者的公平竞争

1. 不正当竞争行为采取投机取巧手段，花极少的代价获取其他经营者历尽艰辛取得的市场，因而打击相关的经营者，使之处于不平等的竞争地位，进而会妨碍相关经营者的公平竞争。

2. 不正当竞争行为采用欺骗消费者的手段，公然违背公认的商业道德，拉拢顾客、争夺顾客，使那些遵守诚实信用原则的经营者在防不胜防的情况下处于极其被动的竞争地位，因而也将妨碍到相关经营者的公平竞争。

3. 不正当竞争行为采用盗窃等手段获取他人的商业秘密，或者披露、使用这种商业秘密，这是对其他经营者的智力劳动成果的严重侵犯，从而将其他经营者置于极其不利的竞争地位，这也必将妨碍相关经营者的公平竞争。

所有这些行为都妨碍了其他经营者的公平竞争权，都会使相关经营者处于极其不利的地位，必须进行反不正当竞争法的规制。

（二）不正当竞争行为侵害了经营者的合法权益

在社会主义市场经济的大环境中，一切经营者都有权依法从事商品经营或

者营利性服务，在平等的条件下参与市场竞争，并享有合法权益不受侵害的权利。这些合法权利，无论是人身方面的，还是财产方面的，都受法律之保护。

然而，不正当竞争行为所采取的各种不正当的竞争手段，其目的都是损人利己，其直接侵害的对象是作为竞争对手的其他经营者，最终会侵犯相关经营者的商誉权、财产权，给相关经营者造成一定的经济损失，因而也必须进行反不正当竞争法的规制。

（三）不正当竞争行为也侵害了消费者的合法权益

不正当竞争行为在现实经济生活中所侵害的对象是复杂的，有些不正当竞争行为在直接侵害竞争对手利益的同时，也侵害了消费者的合法权益。例如假冒他人的注册商标，擅自使用知名商品特有的名称、包装、装潢的行为；违背消费者的意愿搭售商品或附加其他不合理的条件；虚假广告等行为都会导致消费者的误认、误购，都会给消费者造成损失。因此，从保护消费者合法权益的角度出发，也应当对不正当竞争行为进行规制。

（四）不正当竞争行为破坏社会主义市场经济秩序，严重危害社会主义市场经济的健康发展

社会主义市场经济必然是一种规范化、制度化、法制化的经济，竞争规则是所有参与市场经济的经营者必须遵守的共同行为准则。不正当竞争行为违反了这些共同的准则，用投机性、掠夺性、欺诈性的行为“损人”，从“损人”中而不是通过提高质量、提升技术、降低成本、降低价格等正当途径达到“利已”的目的。这些行为使经济秩序受到严重地破坏，如果任其发展，使竞争行成为无约束、无节制的混战，最终会破坏整个经济的健康发展，因此，必须予以反不正当竞争法的规制。

二、《反不正当竞争法》的基本原则

反不正当竞争法的基本原则是一个重要的、独立的法学范畴，有其特定的含义。我们认为，《反不正当竞争法》的基本原则是指在制定、执行和遵守《反不正当竞争法》时都必须遵循的基本准则和指导思想。它是反不正当竞争法本质属性的集中体现，是反不正当竞争法立法的基础。

（一）自由竞争原则

自主竞争原则是指商品生产者和经营者在是否参加竞争，是否退出竞争以及在法律规定的范围内如何进行竞争等方面享有充分的自由，不受任何外来干涉。它是经营者自主经营权的当然要求和反映。

竞争是商品经济内在规律的反映，是生产者和经营者自由意志的外在表现，因此，竞争应当遵循自由竞争的原则。要实现自主竞争应当做到：①排斥行政

对竞争的不当干预；②尊重竞争者的财产所有权或经营管理权；③竞争者有维护自己合法权益的权利。

（二）公平竞争原则

公平竞争的原则是指商品生产者和经营者在竞争中所处的法律地位是平等的，即在竞争活动中，不论是法人还是公民，不论其所有制性质如何、隶属关系怎样，也不论其规模大小、实力强弱，其法律地位一律平等。它是市场经济最本质的要求，也是法律面前人人平等基本原则的当然要求。

公平竞争的主要内容可以表述为：①竞争对手的机会均等，无正当理由不得排斥其他经营者，不得实行差别待遇；②经营者在享受权利和承担义务上一律平等，不能显失公平；③经营者承担民事责任应当合理，即适用过错责任原则，责任与过错的程度应当相适应，双方均无过错的，应合理分担责任。

要实现公平竞争，就必须用法律手段禁止各种人为的不平等以及各种歧视性待遇和限制性规定；就必须采用法律措施保障各竞争主体的地位平等、机会均等和权利义务对等。

重点提示：

公平和平等是既有密切联系，又有明显区别的两个概念，不能混淆。同学们可以试列二者的相同点和不同点，并指出区别二者的法律意义和现实意义。

（三）诚实信用原则

诚实信用原则是指生产者和经营者在竞争中真诚相待，讲究信用，以正当手段获取合法利润。

诚实信用原则是市场经济，也是一切经济活动的基本准则。它包括两个方面的内容：①主体要诚实，不欺瞒，不哄骗；②责任者要守信用，要有能力承担一定的法律责任。二者不可或缺。

重点提示：

诚实信用是市场经济，也是一切经济活动的基本准则。我们认为，诚实信用是“诚实”和“信用”的结合。请同学们对此观点展开讨论。

要实现诚实信用的竞争原则，就要求竞争者在进行经济活动时，不仅要求自身利益的平衡，同时，还要求自身利益与国家利益、社会利益和消费者利益的平衡。因此，在竞争活动中首先要有实事求是的心理状态，不弄虚作假；应当恪守诺言，全面履行义务。同时要求在进行竞争活动时不仅不得损害国家利益、社会公共利益和消费者利益，还要为国家利益和社会利益作出贡献，勇于承担社会责任，为消费者提供物美价廉的商品和服务，不断满足消费者日益增长的物质和文化需求。

（四）合法竞争原则

合法竞争原则是指市场主体应当按照国家法律和法规的规定，在法律规定的范围内，按照法律规定的要求进行竞争。

市场经济是法制经济。因此，在市场竞争中，一切竞争活动都应当是合法进行的。这种合法，既包括符合法律法规的明确规定，也包括符合法律法规的精神实质。这一原则包含以下三方面的含义：①竞争的主体要合法；②竞争的内容要合法；③竞争的手段要合法。只有合法的竞争才能取得国家的鼓励、支持和保护，对于不正当竞争行为必须予以取缔并给予制裁。

第六节 反不正当竞争法的地位和作用

一、反不正当竞争法的地位

反不正当竞争法的地位是指反不正当竞争法在经济法律规范体系中所处的位置，以及其与相关法律规范的关系。反不正当竞争法的地位与其作用的发挥有着十分密切的关系，是反不正当竞争法研究中的一个基础而重要的问题。

（一）反不正当竞争法是经济法律体系的重要组成部分

经济法律体系是指调整一定范围内的经济关系的法律规范总称。根据各种经济关系的特殊性，经济法律体系分为不同的部门，各个部门法共同形成一个完整的体系。经济法律体系主要由主体组织法、宏观调控法、市场竞争法组成。

主体组织法是确定经济主体（包括经济管理主体和经济活动主体两类）的组织形式及法律资格的法律规范，解决经济主体的产生及其如何取得合法的主体资格的问题等。公司法、企业法、行业协会法等都是重要的主体组织法；宏观调控法是国家对经济实行宏观调控方面的法律规范，调整的是国家与经济主体之间的特殊的经济关系，解决的是国家如何从宏观上管理市场经济的问题，比如计划法、税法、金融法、会计法、审计法、产业政策法、价格法、固定资产管理法等。市场竞争法〔1〕主要是指市场经济行为法，确定的是市场交易规则。市场交易规则分为一般规则和特殊规则。一般性规则即市场交易的普遍规则，是各类市场主体从事市场交易活动所必须遵循的行为准则。它集中体现了市场规律，如价值规律、供求规律、竞争规律的要求，是市场经济行为法的基础。

---

〔1〕 市场竞争法是本书使用的一个固定术语，指对市场竞争关系进行专门性调整的法律规范。目前，学术界一般将这部分内容称为市场秩序法、市场秩序调控法或市场秩序规制法。相关论证参见：王兴运：“市场竞争关系的法律调整”，载《经济法学家》2007 年卷。

比如合同法和竞争法同属于一般性规则，分别反映着市场公平交易和公平竞争的原则。特殊性规则调整的是特殊领域内的市场交易行为，如证券法、房地产交易法、拍卖法、广告法等。市场竞争法解决的是如何规范市场交易行为，建立和维护平等交易和公平竞争的市场秩序的问题。反不正当竞争法、反垄断法、反补贴法、反倾销法等都是重要的市场竞争法律制度。

由此可以看出，市场竞争法是经济法律体系不可缺少的组成部分。竞争法是构成经济法律体系的重要组成部分。竞争法，或曰公平交易法一般由反垄断法和反不正当竞争法组成。因此，反不正当竞争法是经济法律体系中不可缺少的重要组成部分。

（二）反不正当竞争法是市场竞争法中的基本法

市场经济的根本规律是价值规律。价值规律正是通过竞争机制来发挥作用的，竞争机制是市场最基本的运行机制。竞争法所调整的竞争关系，几乎涉及所有的经济领域和经济活动。竞争法从根本上维持了整个国家的市场结构和市场秩序，使部分机制的作用得到正常发挥，保障经营者的正当竞争行为，保护消费者的合法权益，维护技术的进步和生产力的发展，并为调整市场经济的某一领域或方面的其他经济法律制度的建立提供依据，又以自己的一些原则规定弥补了各部门或各方面经济法律制度可能存在的不足。因此，凡是实行市场经济的国家，无论政治与社会制度如何，都把包括反不正当竞争法在内的竞争法律制度当作市场经济法律体系中的基本法律制度之一，素有“经济小宪法”之称。

重点提示：

基本法是相对于专门法而言的。我们认为，反不正当竞争法是竞争法的基本法。同时，反垄断法也是竞争法的基本法。同学们对此观点可以展开讨论。

（三）反不正当竞争法与相邻法律部门的关系

与我国《反不正当竞争法》相关的主要法律有：《民法通则》、《刑法》、《产品质量法》、《消费者权益保护法》、《商标法》、《专利法》、《著作权法》、《食品卫生法》、《药品管理法》、《广告法》等，现简而述之。

1.《反不正当竞争法》和《民法通则》的关系。《民法通则》规定了在我国从事民事活动的最基本的原则，是任何从事民事活动的主体所必须遵从的基本法规。《反不正当竞争法》所调整的市场行为属民事活动的一部分，因而自然不能偏离《民法通则》规定的基本原则。《反不正当竞争法》第2条第1款明确规定：“经营者在市场交易中，应当遵循自愿、平等、公平、诚实信用的原则，遵守公认的商业道德。”例如，该法所禁止的政府或公用企业限定他人购买指定的商品的行为，经营者搭售商品的行为等都违背了自愿原则；而各种类型的假冒、仿冒、诋毁他人商业信誉、商品信誉等行为则是违背了公平和诚实信用原则等。相对于《反不正当竞争法》来讲，《民法通则》是普通法、基本法。

同时，正因为《民法通则》适用于所有的民事活动，具有较多的原则性，所以对于某一类的具体行为来讲，其缺乏具体性和可操作性，需要由调整该类行为的专门性法律来补足。《民法通则》没有明确指出哪些具体行为属于不正当竞争行为，因而对于利用法律手段制止不正当竞争行为，维护公平竞争是不利的。而《反不正当竞争法》则用明确、具体的禁止性条款，规定了各类不正当竞争行为及相应的法律责任，不仅有利于维护市场秩序，而且也使《民法通则》的各项原则落到了实处，从而增强了《民法通则》的权威性。因此，《反不正当竞争法》弥补了《民法通则》调整竞争关系的不足。

既然《民法通则》是普通法，《反不正当竞争法》是特别法，那么，当发生适用法律上的冲突时，应当按照特别法优于普通法的原则，适用《反不正当竞争法》。

2.《反不正当竞争法》与《刑法》的关系。不正当竞争行为，不仅对竞争对手的利益造成损害，而且会对广大消费者的利益造成损失；某些恶性的不正当竞争行为，不仅对现实的、局部的竞争秩序造成混乱，而且会影响将来的、全局性的竞争秩序。所以，对于那些危害公共利益、影响整体竞争秩序的行为，仅凭民事制裁手段是不足以遏制其产生、消除其危害的。因此，我国的《反不正当竞争法》除规定了民事制裁手段、行政制裁手段外，更规定了刑事制裁手段。不过，《反不正当竞争法》对不正当竞争行为的刑事责任的规定，采用了概括的方法，即只有原则规定，具体适用则要根据《刑法》。《反不正当竞争法》进一步丰富了刑法体系的内容。

3.《反不正当竞争法》与《产品质量法》的关系。《反不正当竞争法》与《产品质量法》同属经济法学领域中两个独立的法律部门，均是对特定的市场经济关系进行法律调整。但二者存在着以下几点不同：

（1）调整主体的侧重点不同。《反不正当竞争法》调整的主体重点是经营者。《反不正当竞争法》第2条明确规定："经营者在市场交易中，应当遵循自愿、平等、公平、诚实信用的原则，遵守公认的商业道德。"《产品质量法》调整的主体重点是生产者。《产品质量法》第41条第1款明确规定："因产品存在缺陷造成人身、缺陷产品以外的其他财产损害的，生产者应当承担赔偿责任。"而且，从该条的规定来看，承担的是无过错责任。《产品质量法》同时也规范另一主体—销售者的行为，在这里可以理解为经营者。但与生产者相比较，它并不是《产品质量法》的调整重点，这从《产品质量法》第42条规定销售者仅在有过错的情况下承担法律责任中可以看出。换句话来讲，基本上可以说，《反不正当竞争法》是经营者承担责任的法律规范；《产品质量法》是生产者承担责任的法律规范。

（2）调整客体的重点不同。《反不正当竞争法》调整的客体是不正当竞争行为。根据《反不正当竞争法》的规定，这种不正当竞争行为可分为11类。《产品质量法》调整的客体是产品。《产品质量法》第2条明确规定："中华人民共和国境内从事产品生产、销售活动，必须遵守本法。"可以这样讲，《反不正当竞争法》属于行为法的范畴，《产品质量法》属于客体法的范畴。

（3）保护利益的侧重点不同。《反不正当竞争法》保护利益的侧重点是其他经营者的合法权益，兼顾消费者的利益。这从《反不正当竞争法》第1条"为保障社会主义市场经济健康发展，鼓励和保护公平竞争，制止不正当竞争行为，保护经营者和消费者的合法权益"的规定中可以看出。而《产品质量法》保护利益的侧重点是用户、消费者的合法权益，兼顾生产者、销售者的合法权益。这从《产品质量法》第1条"为了加强对产品质量的监督管理，明确产品质量责任，保护用户、消费者的合法权益，维护社会经济秩序"的规定中可以看出。换句话讲，《反不正当竞争法》的重点保护对象是经营者的合法权益，《产品质量法》的重点保护对象是用户、消费者的合法权益。

（4）归责原则不同。《反不正当竞争法》的归责原则适用过错责任原则，这从《反不正当竞争法》第2章的各条规定中均可看出，无过错就不承担责任。《产品质量法》的归责原则不能一概而论。生产者承担产品质量责任的归责原则是无过错责任原则，而且是一种特殊的无过错责任原则。这种特殊性在于法律对生产者的抗辩事由作了明确的限定；而销售者承担产品质量责任的归责原则是过错责任原则。

4.《反不正当竞争法》与《消费者权益保护法》的关系。反不正当竞争法与消费者权益保护法是两个紧密相连的法律部门，都把保护消费者的合法权益作为基本的任务。但是，二者之间也存在着明显的不同。这些不同，主要表现在：

（1）立法侧重点不同。《反不正当竞争法》的立法侧重点是规范各种不正当竞争行为。《消费者权益保护法》的立法侧重点是规定消费者的各种权利，如在第2章中明确规定了消费者的9项权利。对于消费者的各项权利，《消费者权益保护法》的态度、目的和宗旨是给予保障。二者相较，《反不正当竞争法》属于行为法的范畴，《消费者权益保护法》属于权利法的范畴。

（2）保护的利益不同。《反不正当竞争法》保护的是其他经营者的合法权益。《消费者权益保护法》保护的是消费者的合法权益。关于这一点，从法规的名称中便可略知一二，在此不再赘述。

（3）规范的主体的重点不同。《反不正当竞争法》规范的主体重点是经营者。而《消费者权益保护法》规范的主体重点是消费者。关于此点，前已有述，于此不再重复。

5.《反不正当竞争法》与其他法律部门的关系。《反不正当竞争法》与《商标法》、《专利法》、《广告法》、《食品安全法》、《著作权法》、《药品管理法》的关系，它们是原则性规定与具体性规定的关系。这种关系反映在：

（1）欺骗性市场交易行为的有关具体问题依照《商标法》的有关规定处理。

（2）引人误解的虚假宣传行为的有关具体问题依照《广告法》的有关规定处理。

（3）侵犯商业秘密的行为的有关问题依照《专利法》的有关规定或依《著作权法》的有关规定处理。

（4）以排挤竞争对手为目的，以低于成本的价格销售商品的部分行为之处理依照《食品安全法》或《药品管理法》的有关规定进行处理。

二、《反不正当竞争法》的作用

《反不正当竞争法》作为重要的竞争法律，在促进、保护正当竞争，打击和规范不正当竞争，保护相关经营者和消费者的合法权益，维护社会主义市场经济秩序等方面发挥着重要的作用。

（一）规范市场行为，维护市场秩序

竞争机制是市场经济条件下占主导地位的经济运行机制。有竞争，就必须有规则。商品生产者、经营者只有在同等的条件下，遵循统一的规则而展开的竞争，才是合理的竞争，才能起到活跃市场，推动经济向前发展的作用。为了维护市场秩序的健康发展，国家通过法律手段对市场活动实行必要的干预。其主要表现形式就是通过立法，确立竞争规则，旨在保护和促进正当的竞争。竞争法是以市场行为作为调整对象的，可以说，它是商品经济发展的客观要求。从世界范围来看，在商品经济发展到一定程度时，一些国家的法律或判例中便已经出现了关于竞争的规定或规则。反不正当竞争法就是调整经济竞争规则的重要法律之一。反不正当竞争法规定了什么是公平竞争，什么是不正当竞争行为，这样就为经营者的市场活动设立了行为标准，使经营者明确市场交易应遵循什么样的原则。《反不正当竞争法》对于合法的竞争予以保护和鼓励，对于不正当竞争行为予以制止和惩罚，从而起到规范市场行为，维护市场秩序的作用。

（二）保护公平竞争，制止不正当竞争

目前，市场经济已经成为竞争经济。没有竞争，就没有市场经济。竞争可以优化资源配置，使商品的价值和使用价值迅速得以实现，可以促使经营者不断地改进技术、降低成本、提高质量。正因为竞争有着这样积极的作用，保护

公平竞争才成为《反不正当竞争法》义不容辞的使命。

但是，在我国经济领域内，不正当竞争行为已相当普遍，这不仅严重地破坏了正常的市场竞争秩序，削弱了竞争对经济发展的促进作用，而且还损害了其他合法经营者和消费者的利益，成为阻碍经济发展的绊脚石。这些消极作用是竞争机制自身无法克服的，竞争本身并不能自然而然地形成一种良好的秩序，这要靠外界的力量。没有规矩，不成方圆，所以就要求国家以强制力对竞争秩序进行必要地干预，以排除妨害竞争的各种不正当行为，保证竞争机制作用的正常发挥。反不正当竞争法正是在促进和保障竞争的积极作用的同时，起到了抑制竞争中产生的消极影响的作用。

（三）保护消费者和相关经营者的合法权益

不正当竞争行为的表现形式，可谓是形形色色。有的是以欺诈手段从事市场交易的行为，有的是以不正当手段妨碍竞争对手正常经营的行为。不管何种表现形式，其实质都直接侵犯了其他合法经营者的利益。部分经营者不注重提高自己在质量、价格、服务等方面的竞争能力，而是采取不正当的手段排挤竞争对手；以低于成本的价格倾销商品，或捏造、散布虚假事实，诋毁竞争对手的商业信誉或商品信誉；违背自愿、平等、公平、诚实信用的原则，在市场交易中，弄虚作假、缺斤少两，所有这些，都会使竞争对手处于极其不利的地位，因而丧失市场，失去竞争能力，这都将严重地破坏正常的竞争秩序，损害其他经营者的合法权益。反不正当竞争法就是要制止不正当竞争行为，保护经营者的合法权益。

重点提示：

《反不正当竞争法》具有保护相关经营者和消费者合法权益的功能。请同学们结合《消费者权益保护法》、《产品质量法》、《广告法》等相关法律法规思考并回答，这种保护是同等的，还是有侧重的？

不正当竞争行为侵害的客体具有双重性或多重性。它不仅侵犯了其他经营者的合法权益，同时也侵犯了消费者的合法权益。反不正当竞争法通过对不正当竞争行为的制止和惩罚，不仅起到了保护其他经营者合法权益的作用，也起到了保护消费者合法权益的作用。

第七节 《反不正当竞争法》的修改与完善

一、《反不正当竞争法》修改与完善的必要性

从古到今，亘古不变的法律是没有的。法律必须随着经济关系、社会现实

的变化而变化。僵死的法律终将成为经济发展和社会进步的绊脚石和拦路虎。这一点，我们必须十分清楚。

《反不正当竞争法》颁布于我国社会主义市场经济初建之时，其内容也多反映当时市场经济的需要并为之提供法律保障，进而也决定了这部《反不正当竞争法》只能是粗线条的、原则性的。经过十几年的实施，《反不正当竞争法》在打击和制裁不正当竞争行为、保护相关经营者和消费者的合法权益、维护良好的市场经济秩序方面发挥了应有的作用，功不可没。但是，随着我国社会主义市场经济的不断发展和繁荣，《反不正当竞争法》的不适应性也日渐显现。于是，《反不正当竞争法》的修改和完善工作也逐步地提上了议事日程。

（一）社会主义市场经济的不断发展客观上需要修改与完善《反不正当竞争法》

市场经济是法制经济，只有在法律的保障之下才能够健康地发展。但是，20世纪90年代具有中国特色的社会主义市场经济才刚刚起步，很多市场经济、市场竞争、竞争法、不正当竞争、垄断等问题对我们来讲都是陌生的，都是从来没有碰到过的新问题，更谈不上法律的实践和经验的积累了。怎么办？切实可行的办法就是向其他国家学习，尤其是向发达、比较发达的市场（商品）经济国家学习，学习他们的立法经验，借鉴他们的立法体系、模式、制度、规则等为我所用。我国的《反不正当竞争法》就是在这种特殊的历史背景下颁布实施的，也进而决定了它的历史局限性。

如今，我国经济发生了翻天覆地的变化，取得了举世瞩目的成绩，经济话语权不断提高。作为重要市场经济法律的反不正当竞争法理应反映这种变化，并与变化了的经济关系保持一致。只有这样，其法律的反作用力才能够充分发挥。否则，只能被新的经济发展形势所抛弃。

（二）不正当竞争行为的新变化客观上要求尽快修改和完善《反不正当竞争法》

在我国社会主义市场经济发生巨大变化的同时，我国经济领域的竞争问题也发生了很大的变化。比如，在不正当竞争领域，有些不正当竞争行为有减弱和消亡的迹象，如违背购买者的意志搭售和附加不合理条件的行为；有些不正当竞争行为则已呈加剧的态势，如公用企业利用经济优势限制竞争行为；有些不正当竞争行为则利用法律的空白区域为所欲为，如网络领域的竞争、医疗领域的竞争、教育领域的竞争问题等。所有这些，都要求必须及时修改和完善现行的《反不正当竞争法》，以保证反不正当竞争法律规范的及时、整体、有效的调控性。

（三）社会主义经济法律体系的同步性和协调性要求尽快修改和完善《反不正当竞争法》

社会主义经济法律体系是一个有机的统一整体，相互配合、相互协调、密切合作，共同服务于社会主义市场经济，服务于和谐社会。任何的不统一、不协调都不利于市场经济的发展与和谐社会的构建。

随着社会主义市场经济的发展与和谐社会的构建，我国适时地修改了一系列社会主义市场经济法律，具有代表性的如《公司法》、《产品质量法》、《证券法》等；一些市场经济法律的修改和完善也已经提上议事日程，具有代表性的如《消费者权益保护法》和《广告法》等；更为重要的是，为了适应经济飞速发展的实际需要，我国还加大了立法进度，适时颁布了众多的市场经济法律，具有代表性的如《反垄断法》、《农产品质量安全法》、《食品安全法》等；这些法律法规的修订、颁布和实施，丰富了我国社会主义经济法律体系的内容，也使我国社会主义经济法律体系内在的结构更加科学化、合理化。面对新形势下的社会主义经济法律体系，《反不正当竞争法》应当努力适应之，应当努力地、尽可能好地与相关法律部门，尤其是与有密切联系的相关法律部门保持一致。只有这样，《反不正当竞争法》的作用才可能更好地发挥，其法律地位才可能更加巩固。而要达此目的，修改和完善是最佳途径。

二、《反不正当竞争法》修改与完善的基本建议

《反不正当竞争法》的颁布是我国社会主义市场经济的需要，是社会主义经济建设的需要。由于历史的原因，我们认为，直至今日，内容充实、体系完备的《反不正当竞争法》的法律体系也还未真正形成。为此，我们必须加快加强这方面的工作。关于这方面的工作，我们认为应当重点抓好以下几个方面：

（一）以《反不正当竞争法》为基础、为核心建立反不正当竞争法的法律体系

我国颁布的《反不正当竞争法》尽管是粗线条的，但是，关于反不正当竞争行为的概念、特征、监督检查、法律责任以及关于《反不正当竞争法》的立法目的、基本原则等基本问题均已作了明确规定，解决了不少反不正当竞争法的基本问题。因此，以《反不正当竞争法》为基础、为核心建立反不正当竞争法的法律体系是现实的，也是可取的。

（二）进一步充实《反不正当竞争法》的内容，使其具体规定合理化

完善《反不正当竞争法》首先应当对现行立法中缺少的内容进行补充，其次是使已有条款进一步合理化，在此基础上提升《反不正当竞争法》的科学性和法律性。

为此，我们认为应当作好以下工作：

（1）确立一个规范不正当竞争行为的“一般条款”或者称“兜底条款”。目前，我国《反不正当竞争法》对不正当竞争行为的界定，在定义之后又直接

列举了11种应当规范、打击和制裁的不正当竞争行为。这样的方式，无法将新出现的不正当竞争行为列入禁止之列，进而也就限制了《反不正当竞争法》法律效力的发挥。因此，为弥补《反不正当竞争法》的这一不足，我们建议，《反不正当竞争法》应当设立一般条款，使《反不正当竞争法》的规范和调整呈动态性。

（2）使相应的条款规定趋于立法完整。法律责任是法律规范的必有内容。但是，我国在现行《反不正当竞争法》中，对低于成本价销售商品、商业诽谤等行为的规范却缺少“法律责任”的内容。这样的缺失不利于对该行为的规范，因而应当弥补。

（3）对新的不正当竞争行为应当尽快予以法律规制。现行的《反不正当竞争法》制定于市场经济之初，反映了当时的市场实际和不正当竞争行为的实际。但是，十几年来，我国经济发生了翻天覆地的变化，与之相适应，不正当竞争行为也发生了很大的变化，尤其是出现了一些新的不正当竞争行为。对于这些内容，《反不正当竞争法》都应当进行尽快地反映。

（4）强化行政执法。现行的《反不正当竞争法》赋予行政执法机关的行政强制手段严重不足和滞后，严重地影响了执法的力度和效果。因此，《反不正当竞争法》应当强化行政执法的力度，赋予行政执法机关更多、更强的强制措施。

重点提示：

目前，我国《反不正当竞争法》的修改已经提上议事日程。学术界对《反不正当竞争法》的修改存在不同的看法，有些研究者认为应当“大改”，包括立法目的、经营者的定义、不正当竞争行为的规范模式、不正当竞争行为的表现形式、监督检查机关的职权以及监督检查的程序、法律责任等方面都应当进行修改；有些研究者认为，现行的《反不正当竞争法》从大的方面来讲是不错和可行的，应当肯定现行法的功劳和成绩，修改应当“小修”。同学们可以对《反不正当竞争法》的修改问题展开讨论和研究。

（三）详细制定与《反不正当竞争法》相配套的行政法规

《反不正当竞争法》的原则也决定了必须依据该法的基本精神，制定与之相配套的行政法规，使其形成一个严谨、科学、完整的法律体系。这样一来，既使立法得到了完善，又为执法提供了良好的基础。实际上，这方面的工作，立法部门和行政管理部门已经开始。比如，国家工商局已陆续制定了诸如《关于禁止公用企业限制竞争行为的若干规定》（国家工商行政管理局1993年12月24日发布）、《关于禁止有奖销售活动中不正当竞争行为的若干规定》（国家工商行政管理局1993年12月24日发布）、《关于禁止仿冒知名商品特有的名称、包装、装潢的不正当竞争行为的若干规定》（国家工商行政管理局1995年7月6

日发布）、《关于禁止侵犯商业秘密行为的若干规定》（国家工商行政管理局1995年11月23日发布，1998年12月3日修订）、《关于禁止商业贿赂行为的暂行规定》（国家工商行政管理局2000年10月18日发布）、《驰名商标认定和保护规定》（国家工商行政管理总局2003年4月17日发布）等行政法规。可以这样说，以后的工作还很多，还很繁重，必须对每一种不正当竞争行为都制定出具体的行政规章，使原则问题具体化。

（四）加强法律的解释工作

立法解释是反不正当竞争法制建设的重要组成部分，非常重要。同时，还要加强其他有权解释部门的工作，如司法解释。就目前的情况来看，《反不正当竞争法》的法律解释工作包括以下两方面的内容：

1. 对法律部门之间关系的解释。《反不正当竞争法》与众多的法律部门均有直接或间接的关系，如何妥善处理它们之间的关系，做到既分工，又合作，必须加强法律的解释工作。在解释时，应主要解决法律的适用问题，即是适用《反不正当竞争法》，还是适用其他法律、法规的规定。二者一旦出现矛盾、歧义，应如何解决，如何协调。

2. 对法律用语含义的释义。对法律用语的含义缺乏释义，造成司法、遵守上的困惑是法律解释工作存在的主要问题。

重点提示：

目前在《反不正当竞争法》的实施过程中，有相当多的专门术语的含义都需要专门的解释，否则，很难具体适用。请同学们结合现有的法律法规，尝试罗列需要解释的专门术语。

目前，法律解释机关，无论是立法机关，还是司法机关，对《反不正当竞争法》的诸多用语的含义均缺乏具体解释。今后应当加强这方面的工作。

思考题：

1. 简述我国反不正当竞争法的概念和调整对象。
2. 简述市场经济条件下，反不正当竞争法的功能与作用。
3. 谈谈你对不正当竞争行为分类研究的认识。
4. 在WTO情形下，我国反不正当竞争法应当做哪些拓展。

第六章 反不正当竞争法（中）

内容提要：

在本章中，我们重点研究《反不正当竞争法》规定的11种不正当竞争行为的一般性问题和具体性问题。不正当竞争行为的一般性研究包括：不正当竞争行为的含义、特征、危害、分类及渊源等问题。不正当竞争行为的具体性研究则是对欺骗性市场交易行为；商业贿赂行为；引人误解的虚假宣传行为；侵犯商业秘密的行为；为排挤竞争对手，以低于成本的价格销售商品的行为；搭售或附加不合理条件的行为；法律禁止的有奖销售行为；商业诽谤行为；违反法律规定的招标投标行为；公用企业及其他依法具有独占地位的经营者实施的限制竞争行为；政府机关滥用行政权力限制正常市场竞争行为等做分别的、细致的、个性的研究。

教学目的：

通过对本章的学习，使同学们：①从整体上认识不正当竞争行为，并对其概念、特征等问题有一个正确的认识；②具体掌握每一种具体的不正当竞争行为的概念、特征和具体表现，学会对具体行为进行认定。

第一节 不正当竞争行为概述

一、不正当竞争行为的概念及其特征

不正当竞争的概念，最早是西方工业发达国家在19世纪提出来的。但早期的不正当竞争概念非常含糊。较为明确的不正当竞争的概念最早见于1883年的《保护工业产权巴黎公约》，该公约第10条之二规定：“凡在工商业事务中违反

诚实的习惯做法的竞争行为即构成不正当竞争的行为。”并列举了“特别禁止”的不正当竞争行为：“①具用不择手段地对竞争者的营业所、商品或工商业活动造成混乱性质的一切行为；②在经营商业中，具有损害竞争者的营业所、商品或工商业活动商誉性质的虚伪说法；③在经营商业中使用会使公众对商品的性质、制造方法、特点、用途或数量易于产生误解的表示或说法。”之后，日本、葡萄牙、南斯拉夫、土耳其、英国等许多国家在其有关立法中，采用概括或列举的方式对不正当竞争作了不同的定义和说明。我国在法规中使用不正当竞争的概念，最早见于1982年国务院颁布的《广告管理暂行条例》。

反不正当竞争法是我国第一部对不正当竞争行为的含义作出明确规定的法律规范。根据《反不正当竞争法》第2条的规定，不正当竞争行为是指违反国家法律、法规的规定，损害其他经营者的合法权益，扰乱社会经济秩序的行为。

与其他行为相比，不正当竞争行为具有以下法律特征：

（1）它是经营者实施的一种违反法律法规规定的行为。经营者在法律、政策规定的范围内进行的竞争是符合商业道德的合法行为。这种合法的行为有利于资源的有效配置，有利于技术进步和劳动生产率的提高。而不正当竞争行为却违反了国家的法律、法规，以损害其他经营者或消费者的利益为前提，来争得有利于自己的经营条件。

从主体形态上来讲，经营者既包括法人组织，也包括非法人组织和公民个人；从主体类别上来讲，经营者既包括生产商、销售商，也包括运输者、仓储保管者、服务提供者；从入市资格上来讲，经营者既包括合法的经营者，也包括不合法的经营者。

重点提示：

不正当竞争行为的实施主体是经营者。但是，应当注意的是，不正当竞争行为有些是经营者单独实施，有些是经营者联合实施的，有些则是与对方经营者的雇员勾结或串通实施的。对于这些，同学们可以试着进行总结和归纳，并用实例加以说明和分析。

（2）它是行为人采取不正当的手段和方式进行的。手段的不正当性是不正当竞争行为的一个显著特征。手段的不正当性表现为违反性，既可能是违反法律的规定，也可能是违反诚实信用的商业道德或公认的商业惯例和公序良俗。

具体来讲，盗窃、欺骗、胁迫、利诱以及用合法形式掩盖违法行为等是典型的不正当手段。这些手段，有些经营者是单独使用，有些经营者则是合并使用。

重点提示：

学术界多数学者认为，手段的不正当性即违法性。我们认为，这种观点无法涵盖所有的不正当竞争行为，也与反不正当竞争法的规定不符，因而很值得商榷。同学们可以展开探讨。

同时，我们希望同学们对商业道德、公序良俗、商业惯例等重要的术语进行深入研究，寻找它们的共同点和不同点。

(3) 它是一种损害其他经营者的合法权益的行为。实施不正当竞争行为的结果，首先是损害相关竞争对手的合法权益；其次是损害或可能损害消费者的合法权益；再次还会侵犯国家和社会的公共利益。正是因为不正当竞争行为具有如此巨大的危害性，我国反不正当竞争法才对这种行为进行坚决的打击和严厉的制裁。

不正当竞争行为对其他主体合法利益的损害，既可能是现实性的，也可能是可能性的。我国立法规定，对于不正当竞争行为的认定只要具有可能损害性即可。

重点提示：

合法权益的被侵害是判断和识别不正当竞争行为的基点。如果合法利益根本不存在，既谈不上不正当竞争的侵害问题，也不存在经济索赔、权利救济和权利维护问题。对此，同学们一定要予以注意。

(4) 它是一种扰乱社会经济秩序的行为。不正当竞争行为侵害经济领域的正常竞争关系，其社会危害性远远超过违约行为和一般侵权行为。从危害涉及的范围来看，不正当竞争的受害者不仅是与其有竞争关系的相关经营者，还可能是与其没有竞争关系的一般经营者、普通消费者乃至整个社会的公共利益。从危害的程度来看，不正当竞争轻则会使受害企业信誉扫地，给消费者造成经济损失；重则可能导致受害经营者破产，甚至损害整个竞争机制，使市场经济秩序遭到破坏。正由于不正当竞争行为具有不同于一般民事侵权的社会危害性，才产生了通过专门的法律对其调整的需要。

重点提示：

不正当竞争行为具有多重危害性。同学们一定要深刻认识不正当竞争行为的危害性，并从中认识反不正当竞争法强化反不正当竞争法律责任的必要性。

二、不正当竞争行为的表现

我国《反不正当竞争法》所规范的不正当竞争行为的表现形式共有11种。具体有：①欺骗性市场交易行为；②商业贿赂行为；③引人误解的虚假宣传行为；④侵犯商业秘密的行为；⑤为排挤竞争对手，以低于成本的价格销售商品的行为；⑥搭售或附加不合理条件的行为；⑦法律禁止的有奖销售行为；⑧商业诽谤行为；⑨违反法律规定的招标投标行为；⑩公用企业及其他依法具有独占地位的经营者实施的限制竞争行为；⑪政府机关滥用行政权力限制正常市场竞争行为。

在我国学术界，有些研究者将上述11种不正当竞争行为又分为两大类：①不正当竞争行为；②限制竞争行为。上述11种行为中，前9种属不正当竞争行为，后两种属限制竞争行为；有些研究者则将搭售或附加不合理条件的行为、违反法律规定的招投标行为划入限制竞争行为。

我们认为，鉴于我国《反不正当竞争法》对不正当竞争行为的调整还是粗线条的，所以，上述11种行为也可以笼统的称为不正当竞争行为。当然，随着第10、11项所列行为为我国《反垄断法》所规范，我们也赞成对上述行为进行重新归类的观点。

第二节　欺骗性市场交易行为

一、欺骗性市场交易行为的含义

欺骗性市场交易行为，又称假冒仿冒行为，是指经营者违背诚实信用的商业道德，采用下列不正当手段从事市场交易，损害竞争对手的行为。

《反不正当竞争法》第5条对这些不正当手段作了概括和揭示，其表现为：

（1）假冒他人的注册商标。

（2）擅自使用知名商品特有的名称、包装、装潢，或者使用与知名商品近似的名称、包装、装潢，造成和他人的知名商品相混淆，使购买者误认为是该知名商品。

（3）擅自使用他人的企业名称或者姓名，使人误认为是他人的商品。

（4）在商品上伪造或者冒用认证标志、名优标志等质量标志，伪造产地，对商品质量作引人误解的虚假宣传。

对上述表现形式加以归纳，其中，第1项可以称为假冒他人的注册商标的行为；第2、3、4项可以称为仿冒他人商品的名称、包装、装潢、标志及产地的行为。

我国《反不正当竞争法》把上述四种行为统称为欺骗性市场交易行为并首先加以规范，是因为这类不正当竞争行为是我国市场经济生活中、市场竞争中最常见最普遍存在着的经营者的不正当竞争行为。这类行为严重破坏了我国社会主义市场经济秩序，妨碍了公平竞争，侵害了其他相关经营者和广大消费者的合法权益。如果对这类不正当竞争行为不首先予以严厉打击，我国正常的社会主义市场竞争秩序就难以得到维护，社会主义市场经济就难以得到健康的发展。

经营者采用上述假冒、仿冒等手段参与市场竞争，应该说实施的都是一种欺诈行为，他们通过“盗窃”其他经营者的“经济优势”，将他人通过诚实劳动和正常合法经营获得的“劳动成果”直接据为己有并擅自使用，目的都是企图以次充好、以假乱真、假借他人的良好声誉来谋取非法利益。这类企业生产的产品往往质量次、价格高、销路差，在激烈的竞争中缺乏市场和顾客。就目前的情况来看，上述四种行为愈演愈烈，在我国经济活动中造成了严重的不良后果，有的甚至激起民愤，所以必须及时采取措施严厉打击这种违法行为。只有这样才能促进生产力的发展，保障社会主义市场经济的健康发展，保护经营者和消费者的合法权益。

二、假冒他人注册商标的行为

假冒他人注册商标既是违反我国《商标法》的行为，也是违反《反不正当竞争法》的不正当竞争行为，是一种典型的欺骗性市场交易行为，是我国反不正当竞争法首先予以规制和打击的行为。

（一）假冒他人注册商标的含义

商标是区别商品来源的标志，经商标注册机关核准注册的商标是注册商标。根据《商标法》及其实施细则的规定，可以向商标注册机关申请注册取得专用权的商标有商品商标、服务商标和证明商标。

商品商标和证明商标的适用范围比较清楚，但对于服务商标的适用范围学术界还有不同的认识。关于服务商标的适用范围和分类，本书以世界知识产权组织拟订的《商标注册用商品和服务国际分类》为标准。根据此标准，服务商标可分为以下几类：

（1）使信息移动的服务，如广告业、通信业、商业信息代理。

（2）使货币移动的服务，如金融业、保险业、邮电系统的汇款业务。

（3）以物的租赁为内容的业务，如租赁业、信托业、典当经纪。

（4）使物品移动的服务，如搬运业、邮电系统的包裹业等。

（5）使物移动的服务，如铁路、航空、旅行社对旅游安排的业务等。

（6）提供教育、娱乐的服务，如学校、影剧院等。

（7）提供智力的服务，如律师业务、会计师业务、工程制图业务等。

（8）提供其他业务的服务，如理发业、美容业、酒店业、修理业等。

根据我国《商标法》的规定，商标专用权人对注册商标享有专用权，未经商标专用权人的明示许可，任何人都不得擅自使用该注册商标。假冒商标行为，就是擅自使用他人注册商标的行为。

假冒他人注册商标的行为，从行为实质上来讲是侵犯他人商标专用权的行为；从行为对象上来讲，针对的是他人的注册商标；从行为表现上来讲，表现为擅自使用，即未经注册商标专用权人的明示同意；从行为后果上来讲，导致了消费者的误认误购，最终又导致了竞争的失衡和秩序的混乱。

（二）假冒他人注册商标的主要表现

假冒他人的注册商标，既是违反我国《商标法》的行为，也是违反《反不正当竞争法》的不正当竞争行为。正是基于这一原因，商标法成为了判断和认定假冒他人注册商标行为的主要法律依据。

重点提示：

在不正当竞争行为的判断和认定中，商标法、专利法、产品质量法、农产品质量安全法、食品安全法、广告法、价格法、消费者权益保护法等众多法律法规都充当了判断法的角色。这种现象，同学们一定要注意总结和领会，并要学会灵活运用。

一般而言，凡是《商标法》第52条所规范的行为均属假冒他人的注册商标的行为。这些行为包括以下几种：

（1）未经注册商标所有人的许可，在同一种商品或者类似商品上使用与其注册商标相同或者近似的商标的行为。

（2）销售明知是假冒注册商标的商品的行为。

（3）伪造、擅自使用（制造）他人注册商标标识或者销售伪造、擅自制造的注册商标标识的行为。

（4）给他人的注册商标专用权造成其他损害的行为。

同时，《商标法实施条例》第50条又对给他人的注册商标专用权造成其他损害的行为作了具体释义，包括以下三种行为：

（1）经销明知或者应知是侵犯他人注册商标专用权商品的。

（2）在同一种或者类似商品上，将与他人注册商标相同或者近似的文字、图形作为商品名称或者商品装潢使用，并足以造成误认的。

（3）故意为侵犯他人注册商标专用权行为提供仓储、运输、邮寄、隐匿等便利条件的。

在假冒他人的注册商标行为中，目前存在的争议是对驰名商标应否采取特殊保护。

在我国，有不少同志在《商标法》修改时主张增加保护驰名商标的规定，有的则主张在《反不正当竞争法》中作出规定，遗憾的是这些建议并没有被接受。我们认为，对于驰名商标应予以特别保护，凡是在商品上使用与他人驰名商标相同或近似的商标的，都应视为不正当竞争行为并予以禁止，有以下几种情况：

（1）与他人驰名商标相同或近似的商标，如属在同一种或类似商品上使用，构成不正当竞争行为殆无疑义。这种行为欺骗了消费者，损害了驰名商标使用人靠诚实的经营所取得的利益、商誉等。

（2）与他人驰名商标相同或者近似的商标，如属在不同类别的商品上使用，足以使消费者误认其为驰名商标使用人的新产品。由于极可能引起消费者的误解，因此也应认为是不正当竞争行为。

（3）与他人驰名商标相同或近似的商标，如属使用在不同种类商品上，即使不会使消费者引起误解，也会冲淡驰名商标的吸引力，久而久之，使驰名商标失去显著性，损害其应有的价值，所以，也应当认为是不正当竞争行为。

不管将与他人驰名商标相同或近似的商标用于何种商品，都是一种利用他人劳动成果，坐享其成，不劳而获的不道德行为，与诚实经营、公平竞争的精神相背离，都会对经营者及消费者造成相应的损害，所以，都应当加以反对。

重点提示：

特别保护和特殊保护是有本质区别的。在驰名商标的保护中，我们强调特别保护而不是特殊保护。同学们可以对特别保护和特殊保护的不同展开讨论。

（三）假冒他人的注册商标的认定

某一行为是否构成假冒他人的注册商标，我们认为，可以从以下几个方面去考察：

（1）看其使用他人的注册商标是否获得了商标专用权的明示许可，是否和商标专用权人签订了商标使用许可协议。如果有明示、有协议，使用人只是未按照明示和约定使用该注册商标，则属违约行为，可按合同法的规定加以处理。

（2）看其主观上有无故意“搭车”牟利的意图。如最高人民法院公报公布的首例不正当竞争案件，山东莒县酒厂诉文登酿酒厂仿冒瓶贴装潢案，被告故意以“喜风”攀附“喜凰”，“风”字繁体字为古“鸟”字，与“凰”相似；故意将注册商标“天福山牌”缩小为整个瓶贴的1.6%，其故意引人误认误购的意图是非常明显的。

（3）正确判断商标、标识、装潢是否近似。假冒商标与原注册是否相同或者近似是判断是否构成假冒他人注册商标行为的关键。商标、标识、装潢近似的情况一般有三种情形：其一，完全雷同；其二，部分相同；其三，故意近似。三者只要有其一，就可以认定为近似。

（4）看是否引起了消费者的误认误购。假冒他人注册商标的行为在行为后果上必须是引起了消费者的误认误购。如果没有引起消费者的误认误购，则只能以一般的商标侵权论。

（四）司法实践中的几个界限问题

假冒他人的注册商标的行为在现实生活中的表现千变万化，五花八门，给审判实践带来了相当大的麻烦和不利。为正确审理这类案件，应注意区别以下几个界限问题。

1. 区分通用名称和特定名称。在许多名称近似的商品名称不正当竞争中，区别通用名称和专有名称成了判断是否侵权的重要标志。通用名称是大家可以共用的，专用名称则是独家拥有的。名称是否为通用名称，一般首先可以看其是否进行了商标注册，对未注册的，可以将是否通用放到次要位置；其次看是谁创造了这个名称商品的市场信誉。

2. 区分商标转让合同纠纷和不正当竞争的界限。有些商标的共同使用，是由于联营、转让、许可造成的。有的合同事宜尚未了结，互相之间就发生了纠纷。这类案件不一定都可以作为不正当竞争案件来审理。如果双方有合同事宜未了，就是商标许可合同纠纷，应按《商标法》和《合同法》进行处理。如果双方合同关系已终止，某一方再行利用原先的基础使用他人的注册商标，则可以不正当竞争案件来审理。

3. 区分一般商标侵权和假冒伪劣犯罪的界限。假冒商标侵权和假冒商标罪都是属于侵犯商标专用权的行为，攀附商标标识和假冒伪劣犯罪也有相似之处。二者的区别在于情节、程度、后果的不同，应注意区分。因此，在审理时，我们应当首先清楚罪与非罪的区别。

三、仿冒他人商品的名称、包装、装潢、标志及产地的行为

仿冒行为是又一类典型的欺骗性市场交易行为。我国《反不正当竞争法》第5条第2～4款规定的行为通属仿冒行为。这种行为与假冒行为一样，既是违反《商标法》的行为，也是违反《反不正当竞争法》的行为，应当受到严厉的打击和制裁。

（一）仿冒知名商品特有的名称、包装、装潢的行为

商品的名称、包装、装潢是商品的外表特征，它们既是区别不同商品的特征，也在一定程度上反映经营者的商业信誉和商品信誉。商品的名称、包装、装潢往往又创造商品形象，也是开拓市场的重要战略手段。一般而言，知名度较高的商品的名称、包装、装潢本身已经成为高声誉商品的象征。因此，仿冒他人知名商品特有的名称、包装、装潢，在市场上产生混淆，造成误认、误购的，均属不正当竞争行为。

1. 知名商品的含义。仿冒知名商品特有的名称、包装、装潢的行为侵犯的对象是知名商品。因此，判断和界定该不正当竞争行为必须首先界定何谓知名

商品。我们认为，知名商品应当是指具有独创性名称的商品：①这种名称对商品的质量、原料、功能、用途等特点有一定的叙述性，但不具有商品可注册性特点，也不能作为商品注册而受法律保护，同时该商品名称又不能视为商品的通用名称，也不是约定俗成的商品名称；②知名商品还应该由于其具有某种特性，特殊功能和用途，经过长期的销售，在消费者中有较高的信誉，消费者不看任何标志，就是冲商品名称购买，如“云南白药”等。综合上述两种标准可以看出：知名商品就是指在市场上深受消费者欢迎，在同行业、广大用户或消费者中具有信誉的商品，而这种信誉已经达到公众知晓、众所周知的程度。正是基于上述认识，国家工商行政管理局《关于禁止仿冒知名商品特有的名称、包装、装潢的不正当竞争行为的若干规定》将知名商品界定为：是指在市场上具有一定知名度，为相关公众所知悉的商品。

重点提示：

知名商品和驰名商标是两个既有明显区别，又有密切联系的两个概念。同学们可试着区分之。

2. “特有”的含义。知名商品特有的名称、包装、装潢中的“特有”一词是指商品名称、包装、装潢非为相关商品所通用，并具有显著性的区别特征。其中，特有的名称是指知名商品独有的与通用名称有显著区别的商品名称，但该名称已经作为商标注册的除外；特有的包装是指为识别商品以及方便携带、储运而使用在商品上的辅助物和容器；特有的装潢是指为识别与美化商品而在商品或者其包装上附加的文字、图案、色彩及其排列组合。

（二）仿冒质量标志的行为

质量标志是证明产品符合政府规定的质量标准的一种标志，其标志能证明产品符合规定或潜在需要的特征和特性的总和。当前我国质量标志有认证标志和名优标志。

认证标志是指产品的提供者将自己的产品提供给权威职能部门，通过一定的法律程序对当事人提供的产品进行检测、评定，证明产品工艺、服务完全符合规定标准或技术规范，并利用证书或标志予以证明。名优标志是证明其产品符合政府规定标准的一种标志。我国的名优标志有两种：一种是五角星内带国徽的标志，另一种是齿轮内带优字的标志。我国实行对优质产品颁发优质产品标志制度。其标志也分两种，一级是国家金银奖荣誉标志，另一级是产品质量符合优质产品评选条件，但没有评上国家质量奖的，授予的“优”字样的质量标志。

重点提示：

名优标志和认证标志是性质完全不同的两种标志。二者的授予主体、授予程序、授予条件、基本含义、使用范围都有很大的不同，绝不能混同。请同学们根据上述提示比较认证标志和名优标志的异同。

仿冒名优标志，伪造产地，对商品质量作引人误解的虚假表示的行为主要有：①生产、销售隐匿厂名、厂址的产品；②生产、销售掺杂、掺假、冒充名牌或者伪造、仿造认证标志、名优标志，以劣质产品冒充优质产品，以不合格产品冒充合格产品；③产品中不放合格证书、说明书，不以中文说明产品质量。

（三）仿冒产地行为

商品的产地是指商品的加工、制造地或商品生产者的所在地。商品的品质常常与其产地的地理气候特点、技术优势、地区信誉等联系在一起。有的地区出产的商品有较好的或特殊的品质、性能；有的地区普遍技术较好；有的地区有普遍较好的商业信誉。因而有的经营者为提高其商品信誉，隐匿其商品真实的产地，在商品上标注为信誉、技术较好的产地。这种在商品上不标明真实产地，而标注虚假产地的行为，极易误导消费者，侵犯原产地经营者的合法权益，因而是一种不正当竞争行为。

四、欺骗性市场交易行为的法律责任

经营者违反《反不正当竞争法》的规定，采用欺骗性手段从事市场交易所应承担的法律责任，《反不正当竞争法》第21条作了具体规定。

（一）经营者假冒他人的注册商标的，依照《商标法》的规定处罚

《商标法》是市场经济机制的固有原则或特殊规则，它也服务于维护公平竞争的目标，并且处于《反不正当竞争法》的特别法的地位，它的规定应优先适用。依据《商标法》及其实施细则的规定，侵犯商标权未构成犯罪的，工商行政管理机关可以根据情节处以非法经营额50%以下或者侵权所获利润五倍以下罚款；对侵犯注册商标专用权的单位的直接责任人员，可以根据情节处以1万元以下的罚款。对侵犯注册商标专用权的，工商行政管理机关可以采取责令立即停止销售，收缴并销毁侵权商标标识，消除现存商品上的侵权商标，收缴直接专门用于商标侵权的模具、印板和其他作案工具等措施制止侵权行为；采取上述措施不足以制止侵权行为的，或者侵权商标与商品难以分离的，可以责令并监督销毁侵权物品。假冒他人的注册商标构成犯罪的，由司法机关依照《商标法》和《刑法》的相关规定追究其刑事责任。

（二）仿冒知名商品特有的名称、包装、装潢的法律责任

《反不正当竞争法》第21条第2款对这一行为的处罚规定了三种不同的责任：

（1）经营者采用这种不正当竞争行为从事市场交易的，由监督检查部门责

令停止违法行为，没收违法所得，可以根据情节处以违法所得1倍以下3倍以上的罚款。

（2）情节严重的，除给予上述处罚外还可以吊销营业执照。

（3）构成犯罪的，由司法机关依照全国人民代表大会常务委员会《关于惩治生产、销售伪劣商品犯罪的决定》追究刑事责任。

（三）仿冒质量标志、产地的法律责任

实施这一不正当竞争行为的，依照《产品质量法》第40条的规定，责令其公开更正，没收违法所得，可以并处罚款。

五、典型案例分析[1]

本节推荐的不正当竞争典型案例是贵阳南明老干妈风味食品有限公司诉湖南华越食品有限公司、北京燕莎望京购物中心仿冒知名商品特有的名称案。

（一）案情简介

原告：贵阳南明老干妈风味食品有限公司（以下简称老干妈食品公司）

被告：湖南华越食品有限公司（以下简称华越公司）

被告：北京燕莎望京购物中心（以下简称望京购物中心）

原告老干妈食品公司与被告华越公司均为生产系列风味调味品的企业，均以“老干妈”为各自生产的风味豆豉辣酱的商品名称。原告老干妈食品公司的前身是贵阳南明实惠饭店，成立于1994年1月，创始人为陶华碧女士，该店以特产风味豆豉辣酱著称。

1994年11月，该饭店变更为贵阳南明陶氏风味食品店，推出了以“老干妈”为产品名称的风味食品，尤以“老干妈”风味豆豉辣酱备受消费者欢迎。1996年8月，该店生产销售的“老干妈”风味豆豉辣酱使用了由该店经理李贵山设计的包装瓶瓶贴。贵阳南明陶氏风味食品店更名为贵阳南明陶氏风味食品厂。1997年11月，贵阳南明陶氏风味食品店最后更名为现在的老干妈食品公司。

1997年12月27日，李贵山就其设计的“老干妈”风味豆豉瓶贴向国家专利局申请了外观设计专利，并于1998年8月22日获得国家知识产权局的授权。1997年12月30日，李贵山在贵州省版权局又将该瓶贴进行了产品设计图纸的版权登记。1998年，贵阳市人民政府将“老干妈”风味豆豉列为贵阳市名牌产品，1999年1月，贵州省经济贸易委员会和贵州省技术监督局确认陶华碧牌

---

〔1〕根据高雪丹：“对‘老干妈’案一审判决的认识”一文整理。原文载企博网 http：//www.bokee.net/company/weblog-viewEntry/2781911.html，访问日期：2009年3月24日。

“老干妈”风味豆豉为贵州省名牌产品，1999年11月28日，中国食品工业协会颁发给老干妈食品公司先进企业证书。

1999年，原告生产的“老干妈”风味豆豉辣酱完成了1.3亿元的销售额，该产品已销往全国各地，该企业为国家纳税1500万元。被告华越公司成立于1997年9月15日。1997年11月，华越公司与贵阳南明唐蒙食品厂签订了《关于联合生产“老干妈”系列调味品合同》，合同规定，由华越公司与贵阳南明唐蒙食品厂联合生产“老干妈”系列调味品，由贵阳南明唐蒙食品厂提供技术，华越公司提供生产所需的设备、设施及场地。

1997年11月，华越公司与贵阳南明唐蒙食品厂联合生产的“老干妈”风味豆豉辣酱开始上市，该产品所使用的包装瓶瓶贴与原告老干妈食品公司生产的“老干妈”风味豆豉辣酱所使用的包装瓶瓶贴相比，除陶华碧女士肖像换成了刘湘球女士肖像及产品批号、执行标准、生产厂家、厂址电话、邮编的文字不同外，其余图案的色彩、图形、文字排列等均相同。

1998年1月20日，华越公司以其法定代表人易长庚设计的“老干妈”风味豆豉辣酱的瓶贴向国家知识产权局申请了外观设计专利，该瓶贴图案与该公司以前所使用的瓶贴图案相比，除黄色椭圆形图案变成黄色菱形图案外，其余均未有实质性变化。

国家知识产权局经初步审查，于1998年10月10日向华越公司颁发了该瓶贴的外观设计专利证书。1998年初，华越公司与贵阳南明唐蒙食品厂对其联合生产的风味豆豉辣酱瓶贴按照其申请外观设计专利后的图案进行了改版，改版后的瓶贴中仍使用了与原告产品瓶贴中字形相同的“老干妈”三字。1998年4月20日，华越公司与贵阳南明唐蒙食品厂签订《合同终止协议书》，解除了双方的联营关系后，华越公司单独生产风味豆豉等系列调味品，仍以“老干妈”为风味豆豉辣酱的商品名称，并继续使用其取得外观设计专利权的瓶贴进行包装。

1998年12月，湖南省经济贸易委员会与湖南省技术监督局向华越公司颁发了其生产的“老干妈”风味豆豉获得1998年度湖南名牌产品称号的证书，1999年5月，湖南省统计信息中心向华越公司颁发了其生产的“华越老干妈”在“1999年度湖南市场品牌调查活动”中荣获“1999湖南市场占有率最高品牌”荣誉证书。华越公司为宣传其生产的“老干妈”风味豆豉辣酱花费了一定数量的广告费。

1999年5月，被告望京购物中心开始为北京市兴蜀蓉府南食品有限公司代销华越公司生产的“老干妈”风味系列调味品，望京购物中心审查了由北京市兴蜀蓉府南食品有限公司提供的华越公司企业法人营业执照、卫生许可证、进京食品、食用产品卫生质量认可证、外观设计专利证书、税务登记书及购销合同等相关文件。望京购物中心销售的华越公司生产的“老干妈”风味豆豉辣酱的包装瓶上使用的是华越公司取得外观设计专利的瓶贴。原告老干妈食品公司分别于1996年8月、1996年12月、1997年5月、1998年4月四次向国家工商行政管理局商标局申请注册“老干妈”商标，但被国家商标局以“老干妈”为普通人称称谓为由驳回两次。

1998年6月21日，国家商标局核准了“陶华碧及肖像”商标注册申请。1998年12月1日，被告华越公司向国家商标局申请注册“老干妈”商标，国家商标局对“刘湘球肖像”及“老干妈”文字商标进行了公告。目前，国家商标局初步审定对“陶华碧老干妈及图”和“刘湘球老干妈及图”商标分别予以核准注册。1998年5月至1999年1月，各地工商管理部门分别对贵阳市、长沙市、四川省郫县、遵义市、兰州市等地出现的假冒原告“老干妈”风味豆豉辣酱产品等多个厂家进行了查处。

针对上述事实，原告老干妈食品公司认为，被告华越公司未经原告公司许可，在其生产的风味豆豉产品上，盗用原告公司的企业字号及产品的特有名称，并仿冒原告公司产品瓶贴外观设计，在消费者中造成混淆、误认，严重侵犯了原告公司的合法权益。被告望京购物中心违法销售被告华越公司生产的仿冒“老干妈”产品，亦侵犯了原告公司的合法权益，应当承担侵权责任。故诉至北京市第二中级人民法院，请求：

（1）要求被告华越公司立即停止使用与原告公司“老干妈”风味豆豉产品瓶贴相近似的包装装潢。

（2）要求被告华越公司在其全部产品上停止使用原告公司企业字号及原告公司产品特有的名称“老干妈”。

（3）责令被告华越公司销毁其现存全部侵权产品的标识、瓶贴。

（4）责令被告望京购物中心立即停止销售侵权产品。

（5）责令被告华越公司公开赔礼道歉、消除影响。

（6）责令被告华越公司赔偿原告经济损失40万元。

（7）本案诉讼费用由二被告共同承担。

被告华越公司辩称，首先，原告的产品不是知名商品，判定一个商品的知名度，要依据主张者提供的商品广告、销售历史、销售数量和市场占有率等方面的证据进行综合性判断。虽原告产品被评为贵州省名牌产品，但该评比结果并不意味着其产品在贵州省以外的市场上也有知名度。相反，本公司生产的“老干妈”风味豆豉比原告生产的“老干妈”风味豆豉在一定地区的市场上更具有知名度，因为本公司所作的商品宣传广告覆盖面比较大，仅在1998年到1999

年间，本公司为宣传自己生产的“老干妈”风味豆豉就支出广告费二百七十余万元。从产品的销售量和市场占有率方面看，本公司产品已从湖南省走向全国，从地方品牌转变成全国性品牌。从市场评价方面看，本公司产品不但被湖南省工商局认定为湖南省知名商品，还在1997年中国国际食品博览会上获国际名牌食品奖。

其次，本案诉争的“老干妈”风味豆豉的商品名称、包装、装潢并不为原告所特有，相反，本公司对所诉争的商品的包装、装潢享有外观设计专利权。原告商品名称是“‘陶华碧’老干妈风味豆豉”，本公司商品名称是“老干妈风味豆豉”，尽管双方均在商品名称上使用了“老干妈”，但“老干妈”是一个通俗的称谓，不能为任何人所特有和独占。在包装、装潢方面，本公司产品的包装、装潢设计是自己独创性的作品，并已取得外观设计专利。

最后，事实上，双方商品的包装、装潢不能造成消费者误认的结果。原告使用“陶华碧牌”界定自己的商品足以使消费者将不同地方风味的食品区别开来认购，虽然双方产品均系以大豆和辣椒为原料的调味品，但一个产地在贵州，一个产地在湖南，不同的味道、不同的厂家、不同的产地、不同的品牌、不同乡情的相关消费者不会把两种产品相混淆。综上，本公司的行为不构成不正当竞争，故请求法院驳回原告的诉讼请求。

被告望京购物中心辩称，本购物中心销售华越公司的产品是通过合法的渠道进货，并进行了必要的审查，已经履行了一个销售者能够履行的职责。原告未对“老干妈”进行注册，因此不享有商标专用权，其对标有“老干妈”字样的食品包装图样不享有专用权或其他特别的权利。原告未有证据证明其产品属知名商品，故本购物中心销售华越公司生产的标有“老干妈”字样的调味品属合法行为，请求法院驳回原告的诉讼请求。

（二）案件审理

一审法院经审理认为，法律保护经营者的合法权利，经营者在市场交易中，应当遵循自愿、平等、公平、诚实信用的原则。原告老干妈食品公司生产的“老干妈”风味豆豉辣酱具有一定的历史过程，从老干妈食品公司的历史沿革不难看出，“老干妈”作为对该公司创始人陶华碧女士的尊称并作为该公司生产的风味豆豉辣酱的商品名称已得到特定地区广大消费者的认同和特定理解。正是由于其独特的历史背景及独到的品味，老干妈食品公司生产的“老干妈”风味豆豉辣酱赢得了良好的声誉，“老干妈”作为商品名称，已与该企业及其生产的风味豆豉辣酱密切相关，成为一体。

作为一种风味小食品，从其在全国销售的巨大数额看，原告的产品在同类商品领域内是具有较高的市场占有率的，而较高的市场占有率即意味着该产品深受消费者的喜爱并在一定范围内享有较高的知名度。近一两年，全国各地，特别是在喜食辣椒居民聚集的省份，出现了众多制造、销售假冒、仿冒原告“老干妈”风味豆豉的厂家，从市场经济角度分析看，假冒、仿冒者之所以不遗余力实施侵权行为，均看中的是被假冒、仿冒产品的市场价值及良好的市场声誉，能为其带来极大的经济利益，故从大量的假冒、仿冒者的出现，能够判断一个产品所享有的知名度和所具有的经济价值。

综上，原告老干妈食品公司生产的“老干妈”风味豆豉辣酱产品，深受广大消费者的喜爱，法律应对原告老干妈食品公司的合法权益给予保护。原告老干妈食品公司所使用的“老干妈”风味豆豉包装瓶瓶贴设计具有一定的独创性，亦应予以保护。被告华越公司生产、销售与原告老干妈食品公司相同的商品——风味豆豉辣酱，其使用“老干妈”作为其生产的包括风味豆豉辣酱在内的系列调味品的商品名称，因其最初使用该商品名称之时，原告生产的“老干妈”风味豆豉已在一定的范围内享有较高的知名度，且被告对使用该商品名称的历史渊源，缺乏合理的依据，故该种使用方式有明显的“搭车”故意。

被告华越公司与贵阳南明唐蒙食品厂在1997年11月至1998年初生产的“老干妈”风味豆豉辣酱包装瓶上所使用的瓶贴，在图案设计、色彩、内容文字等方面，与原告老干妈食品公司生产的“老干妈”风味豆豉包装瓶上所使用的瓶贴极为相似，甚至连原告老干妈食品公司由专人设计书写的“老干妈”三字的独特字体也是相同的，被告华越公司的此种使用方式极易使消费者产生混淆，造成误认。故被告华越公司的上述行为构成了不正当竞争，被告华越公司对此应承担相应的法律责任。

被告华越公司除继续使用获得外观设计专利的“老干妈”风味豆豉包装瓶瓶贴外，不得再使用与原告老干妈食品公司相近似的“老干妈”风味豆豉包装瓶瓶贴。原告老干妈食品公司要求经济赔偿的数额偏高，本院将综合本案的实际情况酌情确定。鉴于国家商标局已初步审定被告的“刘湘球老干妈及图”商标予以核准注册，故原告老干妈食品公司请求被告华越公司在其全部产品上停止使用“老干妈”的商品名称及要求公开赔礼道歉的请求，本院不予支持。被告望京购物中心销售的华越公司生产的“老干妈”风味豆豉辣酱，所使用的包装瓶瓶贴已取得外观设计专利，被告望京购物中心的销售行为未侵犯原告老干妈食品公司的合法权益，故原告老干妈食品公司对被告望京购物中心的诉讼请求，亦不予支持。

综上，依据《反不正当竞争法》第2条第1款、第5条第2项的规定，一审法院作出判决：

（1）被告华越食品公司停止使用并销毁其在未获得外观设计专利之前与原

告老干妈食品公司“老干妈”风味豆豉辣酱瓶贴相近似的瓶贴。

（2）被告华越食品公司赔偿原告老干妈食品公司经济损失15万元人民币。

（3）驳回原告老干妈食品公司其他诉讼请求。

原告老干妈食品公司与被告华越食品公司不服一审判决，提出上诉。二审审理确认由于本案案由为不正当竞争纠纷，权利人请求保护的是其知名商品特有的名称、包装、装潢的权利，它与专利权属于两种类型的知识产权权利。不同类型的知识产权权利发生冲突，人民法院应当按照《民法通则》规定的诚实信用原则和保护公民、法人的合法的民事权益。因此，华越食品公司以其享有外观设计专利权为由，主张不构成对老干妈食品公司侵权的抗辩理由不能成立。老干妈食品公司、华越食品公司分别申请注册的商标，均在国家商标评审委员会审理中，均未获得商标权。

由于老干妈食品公司在风味豆豉产品上使用的“老干妈”特有名称及其包装、装潢的行为先于华越食品公司，故华越食品公司使用其瓶贴用作产品包装、装潢，并使用“老干妈”作为商品名称，已经给消费者造成混淆，其行为属于不正当竞争，构成对老干妈食品公司的侵权。由于老干妈食品公司没有提供其因侵权所获得的利润，故法院按照实际情况予以酌定。华越食品公司在1998～1999年为此产品支出广告费用近160万元，按照商业惯例，经营者所获利润通常要高于广告投入，故老干妈食品公司要求华越食品公司赔偿40万元人民币的诉讼请求应予支持。燕莎购物中心销售了华越食品公司生产的侵权产品，老干妈食品公司要求其停止继续销售侵权产品的行为，理由正当，法院予以支持。

故二审法院依照《反不正当竞争法》第2条第1款、第5条第2项、《民事诉讼法》第153条第3项之规定，作出判决：

（1）撤销一审法院判决。

（2）华越食品公司停止在风味豆豉产品上使用“老干妈”商品名称。

（3）华越食品公司停止使用与老干妈食品公司生产的“老干妈”风味豆豉瓶贴相近似的瓶贴。

（4）华越食品公司赔偿老干妈食品公司经济损失40万元。

（5）燕莎购物中心停止销售华越食品公司生产的“老干妈”风味豆豉。

（6）华越食品公司在一家全国发行的报纸上向老干妈食品公司致歉。

（三）专家评析

我们认为，本案是一个非常典型的、具有特殊性的不正当竞争案件。本案的审理应当围绕以下三个问题展开：

1. 案件性质的确定问题。本案是一起不正当竞争纠纷应属无疑。但是，本案不同于一般不正当竞争案件，它涉及受反不正当竞争法保护的知名商品特有的名称、包装、装潢在先权利与受专利法保护的外观设计专利权和受商标法保护的商标权发生冲突的问题。因此，法院在进行审理时肯定会对所涉及的外观设计专利权和商标权的权利状态、权利客体及是否形成法律冲突等事实进行审查和判断，如果形成权利冲突，法院不会也无权对所涉及的权利是否应当予以维持有效进行审查和判断，而应依据我国专利法和商标法相应的规定，先由在后权利的授权机关解决该冲突，再由法院做出是否侵权的判断。如果未形成权利冲突，也就是说，被告所主张的享有合法授权的事实根本不成立，或被告享有合法权利的客体与本案没有关联，那么，法院就可以直接针对原告主张的不正当竞争的有关事实进行审查并做出是否侵权的判断。

所以，不能简单说“老干妈”案的案由是不正当竞争纠纷，案件审理就不涉及有关专利权及由于国家商标局的行政行为所引发的商标权的事实问题，原因是产生了在先权利与专利权冲突和可能产生法院做出的侵权判定与行政授权行为的冲突。至于如何解决权利冲突的问题及如何适用保护在先权利的原则，只能依据法律相应的规定。

2. 知名商品是否形成问题。本案一审法院审理确认的一个基础事实是：“老干妈”风味豆豉辣酱在一定范围内已属于知名商品，“老干妈”已成为该知名商品特有的商品名称，“老干妈”特有的书写字体与老妇人肖像及红底黄字的瓶贴也已成为该商品特有的包装、装潢。但是，享有上述知名商品特有的名称、包装、装潢的权利主体应该是谁呢？对此，本案原被告存有争议。

从目前现状看，原告老干妈食品公司与被告华越食品公司生产的主要产品均为“老干妈”风味豆豉辣酱等系列产品，双方均使用相同的商品名称及相似的包装瓶贴，并在特定的范围内享有一定的知名度，两企业也成为各自地方的支柱企业。这种两个“老干妈”同时存在的竞争状态的形成，尤其是广大消费者对两个“老干妈”分辨不清，产生误解，以为“老干妈”分属两家，两企业有所关联等，致使原告老干妈食品公司为维护自身利益提起诉讼，寻求司法救济。

根据法院查明的事实，原告老干妈食品公司生产的“老干妈”风味豆豉辣酱具有一定的历史过程，“老干妈”作为对该公司创始人陶华碧女士的尊称并作为该公司生产的风味豆豉辣酱的商品名称已得到特定地区广大消费者的认同和特定理解。正是由于其独特的历史背景及独到的品味，老干妈食品公司生产的“老干妈”风味豆豉辣酱为该企业赢得了良好的声誉，“老干妈”作为商品名称，已与该企业及其生产的风味豆豉辣酱密切相关，成为一体。而被告华越公司使用“老干妈”作为其生产的包括风味豆豉辣酱在内的系列调味品的商品名称，因其最初使用该商品名称之时，原告生产的“老干妈”风味豆豉已在一定的范围内享有较高的知名度，且被告对使用该商品名称的历史渊源，缺乏合理的依据。由此可见，原告老干妈食品公司应为“老干妈”风味豆豉辣酱知名商品特有名称的权利人。

尽管被告华越食品公司为其生产、销售的“老干妈”风味豆豉辣酱系列产品进行了大量的市场宣传，投入了巨额资金，并在相关地域内的消费者中享有一定声誉，但，因其最初使用“老干妈”名称和风味豆豉辣酱瓶贴时，原告老干妈食品公司生产的“老干妈”风味豆豉辣酱已为众多消费者所接受，具有一定的知名度，被告华越食品公司的使用行为存在“搭便车”的主观故意，使得华越食品公司后来的生产经营“老干妈”风味豆豉辣酱系列产品的行为都缺乏一个合法的基础。因此，被告华越食品公司不享有也不能与原告老干妈食品公司共同享有“老干妈”知名商品特有的名称权。被告华越食品公司应对其擅自使用他人知名商品特有的名称和使用与该商品相近似包装、装潢的“搭便车”不正当竞争行为承担相应的法律责任。

3. 特有名称是否形成问题。对知名商品特有名称来说：①国家工商行政管理局《关于禁止仿冒知名商品特有的名称、包装、装潢的不正当竞争行为的若干规定》第3条规定，特有是指“商品名称、包装、装潢非为相关商品所通用，并具有显著的区别性特征”。知名商品特有的名称是指“知名商品独有的与通用名称有显著区别的商品名称”。该规定主要是说知名商品与该名称之间存在特定的关联，足以使消费者能够认知并将该知名商品与相关商品区别开来。②知名商品特有名称的取得，无需申请注册和授予，而是法院根据相关消费者对该商品的认知度、该商品在相关领域的市场份额、该商品的广告投入等事实状态做出认定，其中，起决定的因素是消费者的认知，往往是消费者将一个普通名称逐渐地与某一特定的商品联系起来。

“老干妈”案中，“老干妈”虽在与风味豆豉辣酱相关联之前，并不特指某个人。但原告老干妈食品公司最早因陶华碧老人制作的豆豉辣酱独具特色，深受品尝过该辣酱的人们的欢迎而使用能够表明产品制作人身份并具有亲近感的“老干妈”称谓，渐渐地消费者将“老干妈”与风味豆豉辣酱及该企业联系起来，“老干妈”对相关消费者而言是具有特定含义的，因此，对知名商品特有名称的保护应考虑该名称是否在消费者的眼中具有代表该商品的并不同于相关商品的特定含义。

对注册商标来说：①我国《商标法》第9条第1款规定：“申请注册的商标应当有显著特征，便于识别，并不得与他人在先取得的合法权利相冲突。”据此我们认为，对注册商标的审查无需考虑消费者的认知度及是否该注册商标已在消费者当中形成特定的含义，也就是说，就区别性而言，注册商标主要是从该商标本身来确定是否具有与其他商标相区别的显著特征，而知名商品特有的名称则主要是从消费者在实际消费中已认同该名称具有特定含义并与相关商品名称相区别的角度来判断。因此，知名商品特有名称对显著区别性的要求是宽于注册商标的。②法律授权国家商标局对注册商标进行审查，并由国家商标局颁发商标证书，授予注册商标申请人商标专用权。国家商标局对受理的商标注册申请，依照商标法进行审查，凡符合商标法有关规定并具有显著性的商标，予以初步审定，并予以公告。

对国家商标局初步审定、予以公告的商标提出异议的，国家商标局应在调查核实后，做出裁定，对该裁定不服，由商标评审委员会做出终局裁定。法院无权授予和撤销商标权，也不宜对国家商标局已做出初步审定尚在进行复审并未做出终局裁定的商标是否核准注册的事实做出判定。鉴于此，“老干妈”案中，虽依据案件事实可认定“老干妈”是知名商品特有的名称，但商标局从“老干妈”是带有地方风俗习惯的普通人称称谓，本身不具有显著特征的角度，审定不予核准注册。

此时，一审法院对被告华越食品公司在其生产的辣酱瓶贴上使用“老干妈”文字是否构成侵权并不难判定，国家商标局随后做出对“陶华碧肖像及老干妈文字”和“刘湘球肖像及老干妈文字”予以核准注册的初步审定，对此，考虑到国家商标局已将其初步审查决定告知法院，司法权毕竟不能代替行政权，如法院判定被告华越食品公司不得在其产品上使用“老干妈”名称，而法律没有规定国家商标局须依据法院的判决来决定商标是否予以注册，一旦商标局终局裁定对“刘湘球肖像及老干妈文字”予以核准注册的话，将使法院的判决处于十分尴尬的处境。故一审法院没有支持原告老干妈食品公司要求被告华越食品公司不得在其豆豉辣酱上使用“老干妈”名称及与其相近似的瓶贴的诉讼请求。

第三节　商业贿赂行为

一、商业贿赂的定义及特征

商业贿赂是指在商品交易（或服务）活动中，经营者为获取交易机会，特别是获取相对于竞争对手的竞争优势，通过不正当手段收买客户的雇员或代理人，以及政府有关部门工作人员的行为。

商业贿赂行为具有以下特征：

（1）从主体上来看，商业贿赂的主体包括行贿主体和受贿主体两类。商业贿赂的主体是从事商品交易的经营者。他们处于某一特定的、具有竞争关系的法律关系之中，既可以是卖方，也可以是买方，甚至可能出现买卖双方同时进行商业贿赂的情况。

商业贿赂的受贿主体，又称贿赂对象，是指交易项目的成交人。如购买其商品、确定其项目中标等交易活动具有决定性影响的个人。贿赂的对象通常为交易相对人的经理、采购人员、代理人或者其他雇佣人员等，也包括与其经营活动有关的政府官员。这些人与经营者之间是一种劳动关系，处于不独立的地位。如果这些人处于独立的地位，则不构成商业贿赂。

（2）从主观上来看，商业贿赂是经营者主观上出自故意和自愿而为的行为。过失行为，如计算错误，不可能构成商业贿赂；受到恐吓或胁迫，如敲诈勒索，也不构成商业贿赂。故意和自愿时常结合在一起。

（3）从目的上来看，商业贿赂的目的是希望通过行贿这种手段对交易行为施加不正当影响，以便促成交易或使其在交易中挤掉同行业竞争对手，取得优势。

（4）从表现手段上来看，商业贿赂均是通过秘密的方式进行的。秘密性，从一般意义上来看，表现为经营者以外的第三人不知情；从反不正当竞争法的角度来看，表现为不入账或不如实入账。经营者向有关人员支付款项或者提供优惠，既不向有关人员的雇主或其他相关人报告，又要通过伪造财务会计账册等形式进行掩盖，具有很大的隐蔽性。

应予注意的是，此处的账是指会计法意义上的账，较为正规、正式。非此种意义上的账均不能作为入账的依据和凭证，更不能作为抗辩和免责的依据。

（5）从内容上来看，商业贿赂除了最常见的金钱和财物外，还有提供免费度假、国内外旅游、房屋装修、高档宴席、赠送昂贵礼品，以及解决子女或亲属入学、就业等。

随着市场经济的深入和发展，商业贿赂的内容更加庞杂，甚至可以说是千姿百态，花样日新月异。大致而言，我们将其归为金钱贿赂、财物贿赂、利益（主要为经济利益，也可能为其他利益）贿赂、性贿赂和精神贿赂[1]等五类。

（6）从违反性上来讲，商业贿赂向有关人员支付款项或者提供的优惠违反了国家有关财务、会计及廉政等方面的法律、法规的规定，超出了一般性商业惯例中提供的优惠内容或者优惠幅度。

重点提示：

目前，医疗卫生行业中的不正之风非常严重。医疗红包就是一种典型的医

---

〔1〕精神贿赂是我们对贿赂形式的一种新揭示，主要指近些年出现的一种新的贿赂方式，多出现于著述领域，典型的表现为代写文章、论文、著作等。

疗不正之风。但是，何谓医疗红包，无论是在学术界，还是在司法实践界，专家和学者的认识都不尽相同。请同学们根据商业贿赂的基本特征对医疗红包进行：① 特征总结；② 内涵揭示；③ 表现列举。

二、规范商业贿赂的原因

商业贿赂是伴随着商品经济的发展而产生的社会现象。初始，商业贿赂表现为商业优惠，对商品的流通、项目的成交起了积极的推动作用。随着商品经济的发展和市场竞争的激烈，商业优惠被一些经营者恶意利用，改头换面，遂发展成为商业贿赂，走到了事物的反面。商业贿赂的出现，既侵害了相关经营者的合法权益，也侵犯了消费者的合法权益，同时也破坏了经济秩序，因而各个国家和地区都严厉制裁和打击商业贿赂行为。

在市场经济发达的国家，商业贿赂现象是大量存在的，大量被揭露出来的政治丑闻往往与商业贿赂有关。在拉美与东南亚等经济发展中国家，商业贿赂现象也比较严重，如在秘鲁、菲律宾等国家它甚至蔓延成为商业活动中的普遍现象，酿成腐败的商风。

我国经济领域中的商业贿赂现象出现于20世纪80年代。20世纪80年代之前，我国实行计划经济体制，企业实际上是行政附属物，不存在独立的经济利益和自主权，企业的产、供、销，人、财、物等方面和各环节皆由国家计划来调整，加上国家对企业与市场进行严格的行政管理，所以，在计划经济体制下，我国不存在实质意义上的市场竞争，因而，也就极少发生大规模的商业贿赂现象。

改革开放以来，随着具有独立经济利益的企业与社会经济组织体主体地位的逐步确立，多种经济成分的并存与发展，市场竞争的日渐激烈，各类企业，特别是乡镇企业、私营企业，需要广泛通过市场从事经营活动。在这种情况下，由于市场法规滞后，市场规则不健全，管理漏洞多，缺乏高效能的代理商或经纪人，于是，一些企业便开始祭起回扣、让利等“利器”。于是，在20世纪60、70年代几乎绝迹的回扣等商业贿赂行为又重新出现和泛滥起来，而且大有愈演愈烈之势。任其下去，经济秩序将会混乱。因此，很有必要以法律的形式对商业贿赂加以规范。正是基于这样的考虑，我国《反不正当竞争法》才将商业贿赂行为纳入到了法律的规范视野。

三、商业贿赂的表现形式

在我国当前的经济生活中，商业贿赂的表现形式主要是回扣。

关于“回扣”一词，在理论上至今没有一个统一的、明确的解释，更没有法律意义上的界定。在现实经济生活中，“回扣”一词用得越来越滥，涵盖的范围越来越广。有人不仅把回扣与佣金、折扣、手续费等混为一谈，甚至把好处费、邀请费、交际费、提成费等都纳入回扣这个大口袋之中。对于回扣，有以下三种观点：

（1）有研究者认为，从严格意义上讲，回扣是指商品交易中，卖方在收取的货款内扣除的一部分回送给买方或其委托代理人的钱财。也就是说，回扣只能出现在卖方市场，属于推销产品的费用。

（2）有研究者认为，除了上述狭义的回扣之外，在现实生活中，我国目前还是缺短市场，许多商品或原料，特别是一些紧俏商品或原料供不应求，买方因急需，在应付的价款之外往往还要另付费用，虽然它不是“扣”而是“加”，但也应列入回扣的范围。

（3）在人们日常生活的理解中，回扣的范围就更加广泛。回扣包括了佣金、信息费、劳务费、酬谢费、咨询费、手续费、奖励费，等等。

我们认为，回扣是指经营者为了不正当地获取利益、优惠条件而直接或间接地向缔约方或有关方面及其工作人员暗中提供的金钱或有价证券。

回扣具有以下几个特征：

（1）回扣发生在商品流通过程中的买卖双方或者服务活动的当事人之间。

（2）回扣在形式上可以由卖方支付，用以酬谢买方或其委托代理人，也可以由买方支付，用以酬谢卖方及其委托代理人。但是，回扣绝不是付给处于独立中间人地位的其他人。

（3）回扣是一笔金钱或有价证券，是买方支付的货款中的部分返回或者买方因急需商品而在应付的价款之外附加的费用。

（4）回扣的支付方和收受方均不入账或不如实入账。

（5）客观上损害了被代理人或其单位的利益或者增加了被代理人或其单位的费用。

回扣的问题很复杂，既有在国际经济长期交往中形成的一些国际惯例，也有国内经济发展过程中由于体制不顺、价格不合理而出现的一些弊端。有客观的原因，也有主观的原因；有促销的原因，也有随大流的原因。回扣主要表现在以下几个方面：①为取得银行贷款而向信贷人员、银行经理支付定额回扣；②为获取项目工程承包权而向发包方的负责人支付回扣；③为推销滞销、质次价高商品或者由于竞争激烈造成积压商品而给有关人员支付回扣。

回扣作为一种经营竞争的手段，是商品经济发展到一定历史阶段的产物。早在 19 世纪中叶，资本主义国家的铁路交通运输系统为了增加货运量而使用了回扣，以后商业活动中普遍出现了回扣。但随着资本主义的发展，这种手段被认为是不正当竞争行为而受到限制或禁止。我国处于市场经济的初级阶段，生产力发展水平不平衡，多种所有制形式和多种经济成份并存。曾一度，回扣作为一种润滑剂，对促进乡镇集体企业和私营经济的发展起到了一定的积极作用。但是，回扣更主要是一种腐蚀剂，它违背了经济活动中的诚实信用原则，促使假冒商品泛滥成灾，严重损害了国家、集体及广大消费者的利益，败坏了社会风气。利弊相比较，弊远远大于利，故我国《反不正当竞争法》也把回扣作为一种不正当竞争行为加以规范和打击。

四、回扣与折扣、佣金之比较

折扣、佣金与回扣是相近而又易混同的概念，司法实践中更是如此。因此，我们一定要通过比较划清三者的界限。

（一）回扣与折扣的异同

在商业贿赂的学习、探讨和研究中，许多人往往将回扣与折扣相混淆，把折扣作为回扣的一种具体表现。我们认为，这种观点是错误的。从本质上来讲，回扣具有非法性，而折扣则是一种合法行为。

折扣即价格折扣，也称让利。它是指在商品购销活动中卖方在所成交的价款上给买方以一定比例的减让而返还给对方的一种交易上的优惠。简言之，折扣是卖方以明示方式给买方进行的让利，是“明扣”而不是“暗扣”。

折扣与回扣比较起来，最大的区别在：

（1）是公开合法的，还是秘密给付的。如果属于前者，则为折扣；如果属于后者，则为回扣。

（2）是否只能由卖方支付。回扣既可以由卖方支付，也可以由买方支付；折扣则只能由卖方支付。

（3）是否写进合同、记入账内。折扣，双方均写入合同，记入账内；回扣，双方均未写入合同，均不入账或不如实入账。

（4）是否损害了被代理人的利益。折扣，不损害被代理人的利益，而且有益于被代理人；回扣，则必然损害被代理人的利益。

在国外，折扣属于商业惯例中的一种手段，并有相应的法律规范进行调整。如德国《折扣法》（1830 年）中就允许在正常交易时给予顾客不超过交易总额 3% 的折扣。如超过该比例给付的，则属违法。我国法规中对折扣作出了明确的规定。财政部 2006 年 12 月 4 日颁布的《企业财务通则》第 40 条第 1 款规定：“企业发生销售折扣、折让以及支付必要的佣金、回扣、手续费、劳务费、提成、返利、进场费、业务奖励等支出的，应当签订相关合同，履行内部审批手续。”所以，正常的商业折扣在我国属于合法行为，应得到法律的保护。

（二）回扣与佣金的异同

佣金是商业活动中的一种劳务报酬，是具有独立地位的中间人、掮客、经纪人、代理商等在商业活动中为他人提供服务，介绍、撮合交易或代买、代卖商品所得的报酬。它可以是买方给的，也可以是卖方给的，也可以是买卖双方给的。佣金通常是事先通过协议按照成交额的百分比计算。也有事先无协商，按照商业惯例办理的。许多国家在商法典或民法中规定，独立的中间人赚取佣金是法律允许的。当然，佣金必须入账。但是，公务人员、企业的雇员、企业的业务代理人，以及其他不是处于独立的中间人地位的人员不能收受佣金。在我国商品经济的发展中，对经纪人等中间人以及佣金的看法也一直存在争议。我国《反不正当竞争法》第 8 条的规定，第一次从法律上明确了中间人取得佣金的合法性。

由此可见，佣金是一种合法的报酬，而回扣则是一种非法的报酬。二者的最大区别在于：佣金公开进行，一般均写进合同、记入账内，而回扣则是秘密进行的，不入账或不如实入账；佣金是支付给具有独立地位的中间人的，而回扣则是支付给处于非独立地位的经办人、雇员或政府官员。

重点提示：

提成是近年来在商业流通领域出现的一个专门术语，主要用于对经营者雇佣人员的销售奖励，是一种合法的销售支出，与折扣、佣金在性质上是相同的。但是，三者之间也有很大的不同，请同学们试归纳之。

五、司法实践中的几个界限

在司法实践中，既有把小额附赠认定成商业贿赂的情况，也有把一般商业贿赂认定成商业贿赂犯罪的情况。前者混淆了合法与违法的界限，后者混淆了罪与非罪的界限，都是错误的。对此，我们必须保持清醒的认识。

（一）小额附赠与商业贿赂的异同

现在一般商业企业单位为了扩大社会影响，树立企业形象，在商品经营中采取一些附赠小礼品的促销行为，这种带有广告宣传和联络客户感情的行为不能认定为商业贿赂。

一般来讲，小额附赠（或称馈赠）与商业贿赂之间存在着如下差异：

1. 目的不同。行贿人采用财物或者其他手段进行贿赂，其目的是为了达到销售商品或购买商品的目的，而这种购买活动区别于通常购销活动的重要之处在于它谋取了非法利益。而馈赠则是朋友、亲友、同学之间基于亲情或友谊，以及互不相识的人之间基于敬慕或关怀的感情表露。

2. 性质不同。行贿的性质是严重危害国家机关、集体经济组织的正常组织管理的违法行为。馈赠是个人或单位之间的民事往来行为，既可以是相互间的，也可以是单方面的。

3. 方式不同。行贿人与受贿人之间的互相利用是见不得人的，数额大、方式隐蔽，或者假借馈赠的方式，实质上是行贿。馈赠行为是公开的，数额一般较小，不避讳他人是否知悉。

（二）商业贿赂犯罪与一般商业贿赂行为的异同

一般认为，商业贿赂只有数额达到一般贿赂罪所要求的标准时才能依法追究刑事责任。有时商业贿赂的数额尚不足以定罪，但若行为的动机、目的、手段、对象、危害后果和退赃、悔罪等具体情节较严重，也可定罪量刑。如果受贿数额较小，情节显著轻微的，应作为一般商业贿赂，按照《反不正当竞争法》，由县级以上工商行政管理部门“根据情节处以1万元以上20万元以下的罚款，有违法所的，予以没收”。对于以回扣构成商业贿赂犯罪的行为人应比照《关于惩治贪污罪贿赂罪补充规定》对普通贿赂罪的法定刑施以刑罚处罚。

六、典型案例分析

旅游市场导游收受贿赂的现象已经成为公开的秘密。这种现象的产生和蔓延严重地破坏了正常的旅游竞争秩序，侵犯了广大游客的合法权益，阻碍了旅游市场的健康发展，必须坚决制止和严厉打击。本节选评的就是一例非常典型的导游受贿案。

（一）案情简介

原告某商厦物业管理有限公司（以下简称物业公司）经营的某商厦系向个体经营户出租经营摊位的商场。原告在经营期间，为促使导游引导外地来此游客到其商厦购物，规定凡导游带领游客到商厦购物的，按游客人数给付导游和司机一定金额的“导购费”。被告工商行政管理局查明后，认为原告物业公司为促进其商场商品销售，用现金贿赂旅行社导游及司机，让导游及司机带游客到商厦购物，原告物业公司的行为已构成商业贿赂，根据《反不正当竞争法》第22条的规定，工商局于2002年11月22日对原告物业公司作出行政处罚决定，要求物业公司立即停止商业贿赂行为，并处以罚款3万元。物业公司对该处罚不服，于2002年12月5日向法院起诉，要求撤销处罚决定书。

（二）案件审理

法院受理此案后，依法进行了审理。审理中：

原告辩称，导游和司机并不是商品购买者，只是中间人；而且向商场各经营户收取的用来支付导游、司机的“导购费”，原告都如实记账，因此，原告向导游、司机支付的“导购费”应定性为佣金，而非回扣。故请求撤销工商部门的处罚决定。

被告工商行政管理部门则认为原告的行为违反《反不正当竞争法》的规定，已经构成商业贿赂，行政处罚符合法律规定，请求法院驳回原告诉讼请求，维持工商部门作出的对原告的处罚。

经过审理，一审法院认为，被告作为工商行政管理机关，有权对构成商业贿赂的行为进行处罚。同时认为，被告所作的处罚决定，认定事实清楚，适用法律正确，程序合法，遂判决维持被告工商局作出的对原告的处罚。

一审法院宣判后，原告不服，提起上诉。

二审法院受理此案后依法进行了审理。审理期间原告撤回上诉。

（三）专家评析

在本案中，争议的焦点主要集中在以下两点上：

1. 导游、司机能否成为商业贿赂的主体。审理中，很多同志认为，商业贿赂的主体必须是经营者，非经营者不能成为商业贿赂的主体。我们认为，这种认识是错误的。商业贿赂的行贿主体是经营者，而且只能是经营者，而受贿主体则多为处于劳动关系之中的、不具有独立地位的个人。导游和司机正是处于这种关系之中，因此，其成为商业贿赂的主体是没有任何法律障碍的。

我们的这种认识既有理论的依据，也有法律的支撑。国家工商局在1999年给福建省工商行政管理局关于旅行社或导游人员接受商场支付的“人头费”、“停车费”等费用定性处理问题的答复（工商公字〔1999〕第170号）中涉及了这一问题。该答复肯定了接受贿赂方并不仅限于交易相对人：“经营者无论将这种利诱给予交易对方单位或个人，还是给予与交易行为密切相关的其他人，也不论给予或收受这种利益是否入账，只要这种利诱行为以争取交易为目的，且影响了其他竞争者开展质量、价格、服务等方面的公平竞争，就构成反不正当竞争法第8条禁止的商业贿赂。”

2. 原告向导游、司机支付“导购费”会不会导致不正当竞争，损害其他经营者的合法权益。原告向导游、司机支付“导购费”的目的即是为了引诱交易，促使游客在其商场购物。虽然游客购买的商品并非原告的，但商场顾客的多少和交易量的多少直接影响着原告的利益。商场顾客越多，交易的可能性就越大，商品就可能卖得多、卖得快，摊位就相对容易出租，租金也相对较高，也能收取较多的管理费，即原告物业公司经营效益就得以提高。而且，诱使游客到其经营的商场购物，游客不再到其他经营同类商品的商场购物，就使其他商场处于不公平的竞争地位。因而，可以肯定地说，原告向导游、司机支付“导购费”会导致不正当竞争，损害其他经营者的合法权益。

基于以上分析，我们认为，工商行政管理部门以及人民法院对本案的处理是正确的，符合《反不正当竞争法》规定。

第四节 引人误解的虚假宣传行为

一、商品宣传的基本形式

对商品的质量、制作成分、性能、用途、生产者、有效期限、产地等作真实、全面、适当的宣传既是经营者的需要，也是消费者的基本要求。要产生良好的经济效益，就必须加强对商品和服务的宣传。从某种意义上来讲，宣传比经营更重要。就目前的市场状况和经营情况来看，商品宣传的基本形式有广告、产品使用说明书、包装、标签等几种。

（一）广告

广告是指广告主通过一定的媒介或形式，向广大公众传递某种信息，希望引起注意，并对此作出预期反应的宣传形式。广告的媒体是多种多样的，主要有广播、电视、印刷品、音响、实物、路牌、橱窗、霓虹灯、礼品等形式。通过广告对商品进行宣传，可以传播商业信息，沟通产销渠道，促进产品销售；可以指导消费者进行消费；可以鼓励竞争，促使企业改善经营管理，降低成本，提高产品质量和服务质量；树立企业形象，提高企业声誉，创立名牌；加速产品更新换代，促进科学技术进步；可以传播新知识、新技术。

重点提示：

广告作为一种宣传方式，可以根据不同的标准进行划分，比如按其目的不同，广告可以分为公益广告和商业广告。同学们试以不同的标准对广告进行划分。

根据《广告法》的规定，经营者在对产品的质量、制作成分、性能、用途、生产者、有效期限、产地等进行宣传时，应符合法律之规定。其主要内容有：

（1）广告的内容应当有利于人民的身心健康，促进商品和服务质量的提高，保护消费者的合法权益，遵守社会公德和职业道德，维护国家的尊严和利益。

（2）不得使用中华人民共和国国旗、国徽、国歌；不得使用国家机关和国家机关工作人员的名义；不得使用国家级、最高级、最佳等用语；不得妨碍社会安定和危害人身、财产安全，损害社会公共利益；不得妨碍社会公共秩序和违背社会良好风尚；不得含有淫秽、迷信、恐怖、暴力、丑恶的内容；不得含有民族、种族、宗教、性别歧视的内容；不得妨碍环境和自然资源的保护。

（3）不得侵犯未成年人和残疾人的身心健康。

（4）广告对商品的性能、产地、用途、质量、价格、生产者、有效期限允许或对服务的内容、形式、质量、价格允诺有表示的，应当清楚、明白。广告中表示推销商品、提供服务附带赠送礼品的，应当标明赠送的品种和数量。

（二）产品使用说明书

产品使用说明书也是一种重要的商品宣传形式，比起广告来更直接、更具体。产品使用说明书应向使用者提供足够的信息资料，以使其能够安全地装配、安置、测试和使用产品。根据我国《产品质量法》以及相关法律法规的规定，以下内容均应反映在使用说明书中：

（1）产品的主要性能及技术规格、基本的操作规程。

（2）所需零部件、附属件的名称，以及如何装配和安置产品的具体指导说明。

（3）为使产品保持有效的安全工作效能所应进行保养的方法以及定期检查的事项。

（4）明确列出需经常保养的范围和容易出问题的部件部分，并说明如何检修和排除故障。

（5）使用寿命或运转周期，以及由于腐蚀或侵蚀所造成的材料损失程度。

（6）向用户、消费者说明产品的用途、使用限度以及潜在的风险，还应说明错误使用或未按照本说明使用产品的后果。

（三）包装

经营者所需宣传的内容还可能反映在包装上。这种宣传形式简单明了，表现力强，最容易引起用户、消费者的注意和重视。

在包装上宣传的内容主要有：产品的名称、规格、型号、重量、体积、生产厂家、生产厂址、生产日期及储运、使用时的注意事项。

（四）标签

标签是经营者进行宣传的一种最为简单、最为快捷的一种方法，比起包装宣传来，它更直接、更具告知力。标签所载明的主要内容有产品的名称、产地、生产厂家、质量等级和价格等。

二、引人误解的虚假宣传的含义

引人误解的虚假宣传，包括两种行为：①虚假宣传；②引人误解的宣传。虚假宣传是指商品宣传的内容与商品的客观事实不符。如将非获奖产品宣传为获奖产品，将国产商品宣传为进口商品等等就属于虚假宣传。而引人误解的宣传则是指可能使宣传对象或受宣传影响的人对商品的真实情况产生错误的联想，从而影响其购买决策的商品宣传。前者主要以客观事实为认定的标准，后者以广大的普通消费者、用户的主观认识为判断的依据。通常情况下，虚假宣传必然导致误解，但引人误解的宣传并不一定都是虚假宣传。在某些情况下，即使宣传内容是真实的，也可能产生引人误解的后果。

在现代商品经济社会，广告及其他商品宣传形式，既是商品经营者进行商品促销的重要手段，也是广大消费者、用户进行商品选择所凭借的重要依据。因此，任何对商品的质量、性能、作用、生产者或产地等作虚假或引人误解的宣传，无疑将造成消费者及用户不能够正确地选择所需商品。不仅如此，某些经营者通过引人误解的虚假宣传吸引消费者，必然会造成其他诚实的经营者失去客户，市场的透明度将变得暗淡，竞争的公平性无法保障，因此，对引人误解的虚假宣传行为必须加以禁止。

正是基于此，我国《反不正当竞争法》第24条明确规定：经营者利用广告或者其他方法，对商品作虚假宣传，监督检查部门应当责令其停止违法行为，消除影响，可以处1万元以上20万元以下的罚款。在这里，监督检查部门“可以根据情节处以1万元以上20万元以下的罚款”包含了两层含义：①监督检查部门有权根据情节决定是否给予违法行为人罚款处罚。换言之，如果监督检查部门认为情节轻微，不需要罚款，对于违法行为则不发生罚款的行政责任；②对于监督检查部门认为需要罚款的，其具体的罚款数额由监督检查部门根据情节在1万元以上20万元以下的幅度内确定。这里的情节是指监督检查部门决定处以罚款和确定罚款轻重所依据的各种情况。一般包括违法行为的目的、主观过错的性质、虚假宣传的对象、虚假宣传所造成的危害后果等。

三、引人误解的虚假宣传的形式和内容

引人误解的虚假宣传行为可以从两方面去理解。从形式来讲，经营者不得利用广告或者其他方法作引人误解的虚假宣传。这里的广告和其他方法实际已涵盖了所有能够使社会公众知悉的各种宣传形式。就宣传的内容而言，经营者不得就商品的质量、性能、用途、生产者、有效期限、产地等作引人误解的虚假宣传。换言之，经营者利用广告或者其他方法对商品的上述任何一方面作引人误解的虚假宣传均构成不正当竞争行为。

现实生活中，具体常见的虚假宣传有：

（1）在宣传中（主要是在广告中，下同）对未达到国家质量标准的商品谎称已达到国家质量标准。

（2）在宣传中对未获奖或未达到某种奖级别的商品谎称获奖或夸大获奖级别。

（3）在宣传中对未获政府颁发的优质产品证书的商品谎称获得优质产品证书。

（4）在宣传中对未申请专利或未获得专利证书的商品谎称获得专利申请号或专利证书。

（5）在宣传中对使用劣原材料制成的商品谎称使用某种优质材料制成。

（6）在宣传中对性能低下产品谎称性能优良。

（7）在宣传中对单一用途的产品谎称具有多种用途。

（8）在宣传中对未获国家生产许可证或不属于国家定点厂家生产的产品谎称已获生产许可证或属于国家定点厂家生产。

（9）在宣传中对已失效的商品谎称刚刚出厂。

（10）在宣传中对并非出产于某一名、优、特产品产地的商品谎称出于该产地。

（11）在宣传中对国产或国内组装的商品谎称是进口商品。

（12）在宣传中对并非使用某种先进设备或先进技术生产的商品谎称使用某种先进设备或先进技术生产。

（13）在宣传中对价格并非低于同类产品或并非大幅度降价的商品谎称低于同类产品的“大酬宾”、“大拍卖”等。

（14）在宣传中对其他重要交易资料弄虚作假，欺骗用户和消费者。

重点提示：

虚假宣传的形式多种多样，以上数种表现只是虚假宣传的典型表现。同学们还可以进行更细致的归纳和总结。

四、广告经营者对引人误解的虚假宣传应承担的责任

广告经营者是指从事广告经营业务的单位或个体工商户。根据国家有关法律之规定，包括经营广告业务的企业、兼营广告业务的事业单位、经营广告业务的个体工商户，以及举办临时性广告经营活动的单位。广告经营者在明知或应知的情况下，代理、设计、制作、发布虚假广告，应承担相应的法律责任。

所谓“明知”的情况，是指广告经营者主观上实际已经认识到所代理、设计、制作、发布的广告是虚假广告。在此情况下，广告经营者则不得实施上述广告经营活动；所谓“应知”的情况，是指广告经营者客观上应当知道所代理、设计、制作、发布的广告是虚假广告。在此情况下，如果广告经营者因为疏忽大意而没有认识到，或者主观上认为不致发生引人误解的宣传效果，而实施了上述广告经营活动，应承担法律责任。

广告经营者所应承担的法律责任包括责令停止违法行为、没收非法所得、依法处以罚款等三种行政处罚措施。广告经营者承担行政责任均以主观过错为条件，包括故意和过失两种情况。也就是说，只有在广告经营者明知所代理、

设计、制作、发布的广告是虚假广告或者客观上应当知道是虚假广告，而由于疏忽大意不知道或主观上认为不致发生引人误解的宣传效果，而代理、设计、制作、发布虚假广告，才应被追究行政责任。

行政责任的具体形式有：

（1）责令停止违法行为。这一责任形式是指禁止广告经营者继续实施代理、设计、制作、发布虚假广告。

（2）没收违法所得。没收违法所得是指没收广告经营者通过代理、设计、制作、发布虚假广告所获得的利益。违法所得应当全部没收，在这点上监督检查部门没有自由裁量权。

（3）依法处以罚款。依法处以罚款是监督检查部门给予违法的广告经营者最严厉的行政制裁。在《反不正当竞争法》中未对广告经营者的罚款责任规定具体的发生条件和具体罚款数额或幅度，而是要求监督检查部门在采取责令停止违法行为，没收违法所得的行为处罚的同时，依法并处罚款。

五、典型案例分析〔1〕

本案是因权益受损的消费者举报而被查处的不正当竞争行为。期间既涉及了工商行政管理机关的行政处罚，也涉及了人民法院的审理，是一个非常完整的反不正当竞争案件。

（一）案情简介

2005年3月9日，D局某工商所接到群众举报，D市佰川科技发展有限公司（以下简称佰川公司）安排业务人员陈思等人，在姚宏社区宣传佰川公司经销的“佰川清软胶囊”产品，在现场，业务人员有的为他人测量血压，有的向他人询问身体机能，讲解一些保健常识，并向围观群众散发“佰川清软胶囊”宣传材料。佰川公司在产品使用说明书及印刷品广告宣传材料中，清楚的标明：“佰川清软胶囊是中国中医研究院集十几位专家院士，针对国内外几十年不饱和脂肪酸的发展史，经过总结国内外α—亚麻酸的临床资料，经过四年的潜心研究，终于在原来的研究成果的基础上开发出适合我国人群的高科技、高纯度、高精度的α—亚麻酸产品，并以科学的酸比添加适量的亚油酸、角鲨烯及足够的DPA，填补了中国药典唯一可以药食同源的新产品”。“……日本等国已将其扩展到作为治疗低血压、贫血、糖尿病、肝硬化、癌症……的内服药剂”，“人体一旦缺乏便会导致脂代谢紊乱、糖尿病、脑功能障碍、智力和视力下降、高血

〔1〕根据“关于D市佰川科技发展有限公司引人误解的虚假宣传行为的案例分析”一文整理，原文载 http://blog.sina.com.cn/s/blog-6480d9860100iifm.html，访问日期：2008年5月24日。

压及各种心脑血管疾病等严重后果”。佰川公司在产品使用书的正下方用黑体字，在印刷品广告宣传单的右上方用红体字，选取醒目位置标明“本产品是中国老年学会心脑血管病专业委员会特别推荐”，“由中国中医研究院医药保健品中心研发”。某工商所经立案调查属实后，认为佰川公司的上述行为属于对商品质量、性能、成分等作引人误解的虚假宣传行为，并依照《反不正当竞争法》第9条和第24条的规定，责令佰川公司停止上述违法行为，消除影响，并处10万元的罚款。

佰川公司不服工商行政部门的处罚，提出行政复议。复议机关维持了原处罚决定。佰川公司不服复议决定，遂向人民法院提起行政诉讼，请求撤销工商行政管理机关的处罚。

（二）案件审理

在一审、二审中，原告佰川公司的主要观点是：“佰川清软胶囊”是佰川公司委托圣中集团大兴安岭圣中制药厂生产的，其批准文号为：大卫食准字（2004）第017号。首先，佰川公司承认自己在利用印刷品广告宣传所经销的产品时，用语有不当之处，但其认为自己不是在“推销产品”，而只是在“宣传产品”；其次，佰川公司认为对该公司的处罚应适用《广告法》第2条和第17条及《印刷品广告管理办法》第2条的相关规定，而不应适用《反不正当竞争法》第9条和第24条处罚。因为前者是特殊法，而后者是普通法。前者分别发布于1994年和2004年，而后者发布于1993年，后法应当优于前法。被告工商行政管理局则辩称：佰川公司于2005年3月9日，在姚宏社区推销宣传该公司经销的产品“佰川清软胶囊”，并现场为他人测量血压，讲解保健知识，询问咨询者身体机能，散发“佰川清软胶囊”的宣传材料。在宣传材料及产品使用说明书中，含有绝对化用语，含有夸大宣传“佰川清软胶囊”产品的保健功能及医疗药效功能的用语。其实，“佰川清软胶囊”是一种食品，而不是药品。佰川公司对“佰川清软胶囊”的外包装表现形式和宣传用语，以及现场业务人员的演示的行为，足以使消费者产生误解，误认为“佰川清软胶囊”是药品，并因此做出错误的选择。所以认为，该机关根据《反不正当竞争法》作出的处罚决定是正确的。

审理中，被告工商局向法庭提交了如下几组证据：

证据1，证人李金生证明：佰川公司为了宣传和销售“佰川清软胶囊”，正在现场进行演示和说明。

证据2，上诉人佰川公司业务员陈思证言：2005年3月9日到“姚家社区”主要宣传和销售佰川公司经销的“佰川清软胶囊”。

证据3，上诉人佰川公司法定代表人李光证言：佰川公司通过现场咨询和对顾客身体机能的检查，发现问题，进而宣传“佰川清软胶囊”产品的保健功能、推销产品。现场演示是佰川公司推销“佰川清软胶囊”产品的一种方式。

证据4，上诉人佰川公司用于“佰川清软胶囊”的宣传材料以及产品使用说明书，证明其宣传的内容会导致消费者误认为是药品。

证据5，“佰川清软胶囊”的外包装，模仿了药品的包装方法，并设定了近似药品的价钱（一盒75元），证明使消费者误认为是药品（卷宗有样式）。

证据6，“佰川清软胶囊”是佰川公司委托大兴安岭圣中制药有限公司生产的。《卫生许可证》批准文号为：大卫食准字（2004）第017号。证明“佰川清软胶囊”是属于食品类，而不是药品。

经过审理，一审、二审均维持了工商部门的处罚决定。

（三）专家评析

本案是因生产企业为宣传、销售商品引发的案件。案件的焦点主要表现在法律的适用上，即是适用广告法，还是适用反不正当竞争法的问题。有些研究者认为，此案是一种纯粹的商业广告行为。因而对该行为的规制和处理应当适用广告法的有关规定；有些研究者则认为，本案是一种以虚假宣传方式进行的不正当竞争行为。我们赞同后者。这主要是因为：

1.《广告法》和《反不正当竞争法》规范的主体不同。《广告法》规范的主体是广告主、广告经营者和广告发布者；《反不正当竞争法》规范的主体是商品的经营者和服务的提供者。佰川公司虽说是广告主，但更准确的说应是商品的经营者，故应适用反不正当竞争法。

2.《广告法》和《反不正当竞争法》调整的客体不同。《广告法》调整的客体是广告行为，广告是指商品经营者或者服务提供者承担费用，通过一定的媒介和形式直接或间接地介绍自己所推销的商品或者所提供的服务的商业广告。《反不正当竞争法》调整的客体是宣传行为，宣传行为不单纯指发布商业广告的行为，涵盖更多的行为，包括展销会形式、推介会形式、现场演示行为及产品说明，等等。故佰川公司的行为应该是一种现场演示行为及产品说明，应适用反不正当竞争法的规定。

3.《广告法》和《反不正当竞争法》的表现形式不同。虚假广告行为是指经营者采取广告的宣传方法对商品或服务作引人误解的虚假宣传。广告的主要特点是利用了宣传媒介，既包括大众传播媒介，如报纸、杂志、电视、广播等，也包括委托他人代办的媒介，如广告牌、霓虹灯、票证、宣传画册等。而虚假宣传行为却涵盖了包括引人误解的虚假宣传广告行为在内的所有的宣传行为。分两类：①虚假宣传，指商品或服务的宣传内容与商品或服务的客观情况不符；②指，可能使宣传对象或受宣传影响的人对商品或服务的真实情况产生错误的联想，从而影响其购买决定的宣传。佰川公司的虚假宣传行为，是通过对商品所含成分的夸大宣传，使消费者误认为其所宣传的食品的有“药效”，导致消费者误解为药品，从而产生错误的行动，故应当适用反不正当竞争法。

4.《广告法》和《反不正当竞争法》的认定标准不一样。《广告法》的认定标准是广告法等法律法规中所禁止的宣传内容，重点在于广告内容。而《反不正当竞争法》以客观事实为判断标准，以消费者、用户的主观判断为标准，重点在于宣传后果，即使宣传是真实的，但却产生了引人误解的后果，仍然是违法的。本案是消费者投诉案件，消费者的证言中指出受到佰川公司的虚假宣传所误导而购买了其商品，故应适用反不正当竞争法的规定。

综上所述，我们认为佰川公司的行为是一种典型的虚假宣传行为，并不是简单的广告宣传行为，它损害了其他经营者的合法权益，扰乱社会经济秩序，理应承担相应的法律责任，复议机关、一审、二审法院的处罚和判决都是正确的，符合法律规定。

第五节　侵犯商业秘密的行为

一、商业秘密的由来

商业秘密是私有制和市场经济的必然产物。在私有制和市场经济条件下，人们一旦掌握了某种特定的技术或经营之道，并据此以取得他人所没有或很少有的经济效益，就会本能地产生保密意识，以便长期垄断这一技术或经营信息，取得长远独占的经济利益。因此，保护商业秘密是私有制和市场经济条件下人类生存竞争的必然结果。

早在古代社会，商业秘密就以“祖传秘方”、“家传绝技”、“绝活”、“拿手好戏”等形式存在了。在欧洲中世纪，商业秘密则是泛指手工作坊中师傅向徒弟传授的特别技艺。但当时尚没有从法律上赋予其财产权的性质。真正现代意义上的商业秘密，是随着市场经济的发展，作为对专利制度的补充而出现的。商业秘密第一次作为法律用语使用是在 1883 年 7 月 14 日美国的《纽约》杂志上。第一个商业秘密的案子发生在 1817 年的英国，即“Newbery V. James 案”，该案是关于一个治疗痛风的秘密配方的纠纷。

从商业秘密的发展过程来看，大致经历了三个阶段：

（一）静态阶段

在这一阶段，商业秘密一般只允许掌握该秘密的人或圈内知道和使用，只传给自己的晚辈和徒弟，甚至出现只传男不传女的情况，并以此为谋生的手段。

这一阶段，商业秘密主要表现为技术诀窍。

（二）动态阶段

在此阶段，商业秘密不仅自己使用，而且有时也在有限的范围内有条件地传给圈外人使用，被传授者须支付一定的报酬。从那时起，商业秘密即开始步入商品经济的轨道。

（三）与专利制度互为补充的阶段

此阶段主要形成于近代和现代社会。由于社会化大生产及国际经济技术贸易的空前发展，高新技术的大量涌现，“技术是商品”、“知识是财富”、“信息是资源”等观念的形成，商业秘密的范围无限扩大，法律对商业秘密的保护也日益加强和完善。

二、商业秘密的含义和特征

对于什么是商业秘密，目前，各国及国际组织尚未取得统一认识，甚至共识性的内容都不多。

我国《反不正当竞争法》所规范的商业秘密是指不为公众所知悉、能为权利人带来经济利益，具有实用性并经权利人采取了保密措施的技术信息和经营信息。它不仅包括那些凭技能或经验产生的，在实际中尤其是在工业生产中适用的技术信息（如化学配方、工艺流程、技术秘密、设计图纸等），而且包括那些具有秘密性质的经营管理方法及与经营管理方法密切相关的经营信息（如管理方法、产销策略、客户名单、货源情报等）。但并不是所有的技术信息和经营信息都是商业秘密。只有同时符合下面四个条件的技术信息和商业信息，才是商业秘密。

（一）秘密性

所谓秘密性，是指不为公众所知悉，即不是已经公开的或普遍为公众所知晓的信息、资料、方法。例如，在公开发行物上介绍的某项化学配方，尽管注有“祖传秘方”字样，但已不再是商业秘密，因为公众都有知晓的可能性。

值得注意的是，不为公众所知悉中的“公众”是指权利主体以外的任何人，而且没有人数多少的限制，只要商业秘密权利主体之外的其他主体知悉该商业秘密，该商业秘密就不能再称为商业秘密；“知悉”是指了解该商业秘密的核心性、实质性内容，简单、外部的、非核心性、非实质性的了解均不能视为知悉。

（二）实用性

所谓实用性，是指该商业秘密能够为权利人带来实际的或潜在的经济利益和竞争优势。例如，某项技术革新不但没有提高劳动生产率，降低生产成本，相反，却降低了劳动生产率，增加了生产成本，也就不是商业秘密，因为它没有经济价值。

（三）保密性

所谓保密性是指权利人已经采取了保密措施。例如，经营者将有关信息资料放在保险柜中，保密室内，并设专人保管，即为严格保密。如果相反，尽管这些信息经济价值很高，也不是商业秘密。

（四）信息性

所谓信息性是指该商业秘密的内容必须是一种可以保存、复制、压缩、传递的信息。这种信息，可以是技术信息，也可以是经营信息。不具备信息性的内容不能够形成商业秘密。

上述四个条件，可以说是构成商业秘密的四个必要要件，缺一不可。

三、商业秘密的性质

商业秘密的性质即商业秘密是否是一种财产权。关于这一问题，学术界一直存在着争论，至今未有一个统一的认识和看法。

一种观点认为，商业秘密不是一种财产权。如果承认它是一种财产权，就意味着商业秘密的所有人可以对不特定的人主张这种权利。然而，由于商业秘密完全处于秘密状态，不特定的他人不可能知道其所指的范围是什么，对这种既看不见又摸不着的东西，他人难以承担义务。从法理上讲，财产所有权是直接对物行使的，而商业秘密是具有发明性的思想活动的产物，很难想象发明的思想可以作为物权的标的物。

另一种观点认为商业秘密是一种财产权。坚持商业秘密是一种财产权的观点中又有两种不同的认识。一种认识是，应将商业秘密作为一种“相对财产权”，这种相对财产权虽然是不对不特定的人主张权利，但这种不特定人范围应限于主观上出于故意、客观上实施或利用不正当手段侵害他人商业秘密的人。另一种认识是，商业秘密具有无形财产性质，即商业秘密权人应享有完整的权利，包括占有、使用、收益、处分权。它具有无形资产的共有属性，而又不完全具备传统知识产权的全部特征，并有自己独特的属性。

我们认为，以上两种观点均失之偏颇。商业秘密对于权利人来讲之所以需要和有意义，就是因为它可以给权利人带来经济利益或竞争优势。同时，这种经济效益或竞争优势是对商业秘密加以利用和运用得来的。否则，商业秘密对权利来讲也就不需要，法律也不会加以保护。由此，我们认为，商业秘密本身不是一种财产权，也不具有独立地位，只是获取财产权的一种手段。

四、商业秘密的内容

商业秘密范围的宽窄，决定了法律保护范围的宽窄，也决定了商业秘密权人权利享有范围的宽窄，是一个非常重要的问题。过宽，既不利于保护，也会使商业秘密流于形式；过窄，则会将本应保护的内容拒之门外，也会影响商业秘密权利人的积极性。因此，我们必须科学合理地确定商业秘密的范围。

我国《反不正当竞争法》将商业秘密的范围限定在技术信息和经营信息的范围内，或者说我国《反不正当竞争法》中的商业秘密仅指技术信息和经营信息。

（一）技术信息的范围

（1）技术水平。

（2）技术潜力。

（3）新技术前景预测。

（4）替代技术的预测。

（5）专利动向。

（6）新技术影响的预测等。

（二）经营信息的范围

（1）新产品的市场占有情况及如何开拓新市场。

（2）产品的社会购买力情况。

（3）产品的区域性分布情况。

（4）产品长期的、中期的、短期的发展方向和趋势。

（5）经营战略。

（6）流通渠道。

（7）经营机构和技巧。

五、商业秘密与国家秘密之异同

商业秘密与国家秘密同属秘密的范畴，二者有许多相似之处。但就《反不正当竞争法》和《保守国家秘密法》的规定来看，二者又有以下几点不同：

（一）权利主体不同

商业秘密的权利主体是商事主体，即一切经营者，包括从事商品经营或者营利性服务的法人、其他经济组织和个人；国家秘密的主体是国家及国家机关。

（二）内容不同

商业秘密的内容广泛，泛指不为公众所知悉、能为权利人带来经济利益，具有实用性并经权利人采取保密措施的技术信息和经营信息；而国家秘密则是指关系国家的安全和利益，依照法定程序确定，在一定时间内只限一定范围的人员知悉的事项。具体有：

（1）国家事务中的重大决策中的秘密事项。

（2）国防建设中和武装力量活动中的秘密事项。

（3）外交和外事活动中秘密事项以及对外承担保密义务的事项。

（4）国民经济和社会发展中的秘密事项。

（5）维护国家安全活动和追查刑事犯罪中的秘密事项。

（6）其他经国家保密工作部门确定应当保守的国家秘密事项。

（三）保密措施不同

经营者在保护商业秘密时，大多是根据自身的实际情况和市场的客观需要，采取制定内部保密规章制度，与有关人员订立保密合同，加强对某些特定区域的护卫管理工作等措施对商业秘密进行保护；而国家在保护国家秘密方面，则是制定专门的法律确定秘密的范围、等级保密制度等内容，以此对国家秘密进行法律的保护。

重点提示：

商业秘密不仅与国家秘密不同，也与个人隐私不同。同学们试根据有关法律规定和法律理论，揭示和总结商业秘密与个人隐私的异同。

六、商业秘密的保护

保护商业秘密既是法律的要求，也是企业的希冀。从1991年4月9日《民事诉讼法》第一次使用商业秘密一词以来，保护商业秘密的法律、法规便日益增多，体系也日臻完善，加之企业的自身保护，商业秘密发挥了应有的作用，已经进入了一个良性循环时期。但距国际社会对商业秘密进行保护的整体水平还有一定差距。

从立法上看：①对商业秘密进行保护的法律体系过于分散，对商业秘密的定义很不统一。其中，《反不正当竞争法》对商业秘密的规定较明确，但缺乏操作性。其他的法律、法规只是涉及了商业秘密的内容。②现有法律、法规对商业秘密的保护很不充分。商业秘密有其自身的特点，现有法律、法规既未明确商业秘密的基本问题，如保护范围、刑事制裁、财产性质等，更未明确商业秘密保护的手段和内容。因此，一旦发生侵权，无论是在认定上还是具体处理上，都没有确切的法律依据。③现有法律、法规对商业秘密保护缺乏程序性的规定，使商业秘密纠纷在诉讼程序上无法律依据，作出举证时更为困难。

从企业的自身保护来看：①重视程度不够，防范措施与机构设置比较薄弱；②就商业秘密的认定范围来看，有些引起企业的加密范围过宽，甚至包括一些非法经营诀窍，而有些企业的加密范围则过窄；③就保护方式而言，目前主要采取经济手段和内部保密制度来消极预防，法律手段尚未得到充分运用，总的看，企业为保护商业秘密，投入的成本在不断上升，但保护的效果并未因此得到改善；④就商业秘密的泄露渠道和种类来看，目前就有以下几种：①因为科技人员调动或业余兼职而泄露；②技术转让过程中，受让方不遵守保密义务而泄密；③外部人员窃密。泄露最突出的是技术秘密，其中涉及计算机软件、图纸、配方等方面的秘密最多。

重点提示：

科技人员调动或业余兼职是商业秘密泄露的主要渠道之一，而科技人员的调动或者业余兼职既频繁，又不可避免。如何协调二者的关系，既是一个重大的理论问题，也是一个重大的实践问题。同学们可以“竞业禁止制度”为基点对此展开讨论。

七、侵犯商业秘密的表现形式

侵犯商业秘密，就是指不正当地获取、披露或使用权利人商业秘密的行为。就《反不正当竞争法》第10条的规定来看，侵犯商业秘密的行为有以下几种：

（一）不正当地获取行为

不正当地获取行为是指以盗窃、利诱、胁迫或其他不正当手段获取权利人商业秘密的行为。其中：

（1）盗窃商业秘密既包括内部知情人员窃取权利人的商业秘密，也包括外部人员窃取权利人的商业秘密。

（2）以利诱手段获取权利人的商业秘密，是指行为人通过向掌握或了解商业秘密的有关人员中直接提供财物或提供更优厚的工作条件或对此作出某些承诺，而从其处获取权利人的商业秘密。

（3）以胁迫手段获取权利人的商业秘密，是指行为人通过威胁、强迫掌握或了解权利人的商业秘密的有关人员，而从其处获取权利人的商业秘密。

（4）以其他不正当手段获取权利人的商业秘密，是指行为人除了采取上述手段外，采用其他不正当手段获取权利人的商业秘密。例如，通过虚假陈述而从权利人处骗取商业秘密，通过所谓“洽谈业务”、“合作开发”、“学习取经”等活动套取权利人商业秘密。所有这些行为，都是以不正当手段获取权利人商业秘密的行为。

（二）披露、使用或允许他人使用以前项手段获取的权利人的商业秘密的行为

无论是以盗窃、利诱、胁迫，还是以其他不正当手段获取权利人的商业秘

密，均是以非法手段获取的，其结果不受法律之保护。因此，获取者再向第三人披露、自己使用或允许第三人使用这些以不正当手段获取的商业秘密，自然也是一种侵权行为。

（三）违反约定或违反权利人有关保守商业秘密的要求，披露、使用或允许他人使用其掌握的商业秘密的行为

这种行为的实质是指，在与权利人签订有保密协议或权利人对其商业秘密有保密要求的情况下，掌握或了解权利人商业秘密的人，应当遵守有关保密的协议或权利人的保密要求，严格为其保密。否则，这些人如果违反上述协议或要求，擅自向他人披露、自己使用或允许他人使用其掌握或了解的商业秘密，就不仅仅是一种违约行为，而且是一种不正当竞争行为。

除此之处，《反不正当竞争法》还明确规定，“第三人明知或者应知前款所列违法行为，获取、使用或者披露他人的商业秘密，视为侵犯商业秘密”。也就是说，直接侵犯商业秘密行为人以外的人，在明知或者应知其获取、使用或者披露的他人的商业秘密，是通过不正当手段获取的情况下，仍然获取、使用或者向外披露这些商业秘密的，也应当被认为是侵犯商业秘密的行为。

八、侵犯他人商业秘密行为的法律责任

《反不正当竞争法》第 25 条明确规定了，侵犯他人商业秘密的法律责任，主要有：

1. 监督检查部门根据受害人的请求，或依职权，认定侵犯商业秘密行为确实存在，就应当责令侵权行为人停止侵权行为，以制止该侵权行为的继续，并保护权利人的合法权益免遭更大的损害。

2. 对于侵犯商业秘密的行为人，监督检查部门可以根据情节处以 1 万元以上 20 万元以下的罚款。

九、典型案例分析

本案是一起典型的、严重的侵犯他人商业秘密的刑事附带民事案件。公诉机关是陕西省西安市人民检察院，附带民事诉讼原告人是西安重型机械研究所（以下简称西安重研所），被告是裴国良（男，44 岁，原系西安重型机械研究所高级工程师，2004 年 10 月 8 日被逮捕，被捕前系中冶连铸技术工程股份有限公司副总工程师），附带民事诉讼被告人是中冶连铸技术工程股份有限公司（以下简称中冶公司）。

（一）案情简介

西安重研所承接辽宁凌源钢铁有限公司（以下简称凌钢公司）的凌钢 2 号

板坯连铸机（以下简称凌钢连铸机）主体设备的设计工作后，自主完成设计，形成一套“凌钢二号150×750mm板坯连铸机主体设备图纸”（以下简称凌钢连铸机主设备图纸），西安重研所视之为自己的技术秘密。被告人裴国良利用在西安重研所担任高级工程师的工作便利，将凌钢连铸机主设备图纸的电子版本拷贝下来。裴国良应聘到中冶公司担任副总工程师后，将该电子版本输入到中冶公司局域网，供中冶公司为四川省川威集团有限公司（以下简称川威公司）设计“135×750mm二机二流板坯连铸机”、为山东泰山钢铁有限公司（以下简称泰山公司）设计“135×800mm二机二流板坯连铸机”时使用。裴国良的行为给西安重研所造成至少148万元的经济损失，已涉嫌触犯《刑法》第219条规定，构成侵犯商业秘密罪。

附带民事诉讼原告人西安重研所诉称：凌钢公司的二号板坯连铸机原来是委托马鞍山钢铁设计研究院（以下简称马钢设计院）设计，由于马钢设计院的设计方案不能满足凌钢公司要求，本单位才接受委托，对马钢设计院原设计中的连铸机主设备进行修改，马钢设计院仍还负责凌钢连铸机的总体设计。2000年，本单位利用数年科研成就，花费巨大人力物力，独立自主研制，完成了凌钢连铸机主设备的设计任务。经专家论证，本单位的设计是实用可行的，投产后为凌钢公司创造了巨大效益。此事实说明，本单位的设计比马钢设计院的原设计有独到之处。设计过程中形成的图纸千余张，因此也成为不为公众知悉的本单位技术秘密。2003年上半年，本单位工作人员在西冶公司发现，附带民事诉讼被告人中冶公司利用本单位的凌钢连铸机主设备图纸，在给川威公司、泰山公司加工制造板坯连铸机。后经调查，向中冶公司提供这些图纸的，是本单位原高级工程师、被告人裴国良。裴国良在本单位时没有参与凌钢连铸机主设备的设计工作，其只有通过盗窃才能得到这些图纸。中冶公司利用裴国良提供的这些图纸，与川威公司、泰山公司签订了总价款14000余万元的合同，牟取了巨额利润。在中冶公司与川威公司、泰山公司签订的合同中，约定川威公司、泰山公司要为这些图纸承担保密义务。这足以证明，这些图纸承载着不为公众知悉的技术秘密。裴国良与中冶公司的行为，侵犯了本单位的技术秘密，给本单位造成巨大经济损失。诉请在追究裴国良刑事责任的同时，判令裴国良与中冶公司共同赔偿本单位的经济损失2800万元。

（二）案件审理

西安市中级人民法院受理此案后依法进行了审理。审理中：

公诉机关提交以下证据：

(1)《西安重型机械研究所保护知识产权的规定》、西安重研所与在职人员签订的劳动合同，用以证明西安重研所对该所的技术秘密制定了保密制度，凡该所在职人员按合同都应当承担保密义务，被告人裴国良也与西安重研所签订过劳动合同，对西安重研所的技术秘密负有保密义务。

（2）西安重研所与凌钢公司签订的协议、凌钢公司图纸描制登记表、凌钢公司工艺设备科科长陈志芹的证人证言、公安机关的提取笔录，用以证明西安重研所按协议为凌钢公司设计连铸机主设备，设计费用是148万元；对西安重研所设计的图纸，凌钢公司负有保密义务；西安重研所完成设计任务后，已经按协议将设计图纸制成光盘交给凌钢公司；凌钢公司收到的该光盘至今无人借阅，现已由公安机关提取。

（3）凌钢公司召开的凌钢连铸机技术设计审查会记录、凌钢公司转炉炼钢厂和公司财务部的证明，用以证明在凌钢公司、西安重研所、马钢设计院三方人员和有关专家参加的会议上，西安重研所为凌钢公司设计的连铸机主设备被确认实用可行；该连铸机经过22个月的生产运行，性能及各项经济指标已超过设计能力。

（4）西安交通大学知识产权司法鉴定所（以下简称西交大鉴定所）出具的西交司鉴所［2005］知鉴字第1号司法鉴定书，主要内容为：凌钢连铸机主设备技术方案是由部分公知技术和5项特定技术秘密组成，其组成方案和5项特定技术在2002年12月30日前具有不为公众知悉的特征，符合商业秘密中技术秘密的法定条件。

（5）安重研所与马钢设计院签订的“凌钢二号板坯连铸机工程修改设计乙丙双方资料交付备忘录”、马钢设计院主要技术人员周晓青给凌钢公司的传真件，用以证明根据协议，西安重研所负责凌钢连铸机主设备的设计工作，马钢设计院负责凌钢连铸机总体布置的设计工作，马钢设计院从未得到过西安重研所设计的凌钢连铸机主设备图纸。

（6）中冶公司与川威公司、泰山公司签订的合同，用以证明中冶公司为川威公司、泰山公司设计、制造了板坯连铸机，从这两个合同中得到了设计、制造费用。

（7）西安重研所的报案材料、公安机关从西安冶金制造有限公司（以下简称西冶公司）提取的设计图纸、西安重研所设计人员的辨认笔录，用以证明西安重研所工作人员在西冶公司发现该公司接受中冶公司委托为川威公司、泰山公司制造的板坯连铸机，使用了西安重研所设计凌钢连铸机主设备时的图纸；西安重研所随即通过业务关系，又陆续从大连重工、上海路桥等公司获得证据，证实中冶公司正在设计、制造的板坯连铸机大量使用了西安重研所的图纸，遂报案；公安机关接到报案后，从西冶公司提取了中冶公司交付的设计图纸；经西安重研所设计人员辨认，公安机关提取的图纸确实是西安重研所改造凌钢连铸机主设备时的设计图纸。

（8）中冶公司负责和参与川威公司、泰山公司项目设计的熊怀豪、朱学杰、王莉君、丁继周、李水军、陈又新等证人的证言，用以证明川威公司项目是中冶公司承接的第一个板坯连铸机合同，证人在参与该项目的设计过程中，参考了中冶公司局域网上提供的西安重研所设计图纸；有些设计人员是第一次接触板坯连铸机设计，不会计算数据，因此只能将西安重研所原图上的数据进行部分改动，或者将西安重研所的几张图纸拼到一起变成一张大图；中冶公司承接泰山公司项目后，只是将川威公司项目的图纸复印一套，完成泰山公司项目的设计上工作。

（9）中国科学技术法学会华科知识产权司法鉴定中心（以下简称华科鉴定中心）的（2003）知鉴字第014号司法鉴定书，主要内容为：将西安重研所的凌钢连铸机主设备图纸与中冶公司为泰山公司设计的板坯连铸机图纸进行比对，其中完全相同的图纸占52.2%，结构相同、标注尺寸有小变化的图纸占35.8%，结构和尺寸都有小变化的图纸占12%，不相同的图纸没有；由于两个板坯连铸机规格不同，生产线存在单流和双流的形式差别，因此部分图纸存在差异，但是差异主要表现在部分零部件的冷却水管、气管数量不一样、管接头分布和样式不同、部分作关键结构的零件有所变化，部分图纸的尺寸数值有所改变，从装配图和零件图所表现的结构功能看，两者无本质区别。

（10）被告人裴国良的供述，主要内容为2001年一天，他在自己使用的笔记本电脑中发现一张光盘，上面有凌钢连铸机主设备图纸，就将图纸拷贝到自己的电脑上，后又复制到一个移动硬盘件，2002年9月，中冶公司与川威公司签订板坯连铸机设计制造合同，由于该连铸机与凌钢连铸机基本相同，他就将西安市重研所的凌钢连铸机主设备图纸上传到中冶公司局域网内作为参考，但后来发现，在中冶公司有些设计人员设计的图纸上，竟然还有西安重研所的图号。

附带民事诉讼原告人西安重研所提交以下证据：

（1）陕西司法鉴定中心［2005］陕法鉴字第201号司法鉴定书，主要内容为：西安重研所研发板坯连铸技术的费用是2800万元。

（2）中国重型机械工业协会的证明、专家评估意见，用以证明设计、制造板坯连铸机成套设备，平均利润率为12%。

（3）中冶公司与川威公司、泰山公司签订的合同，用以证明中冶公司侵权的规模以及侵权所能获得的利润，以及中冶公司也将西安重研所的图纸视为技术秘密，合同中要求川威公司、泰山公司为这些图纸保密。

被告人裴国良辩称：本人在接受公安机关讯问过程中，由于身体不适，曾经作过有罪供述，那些都是不实之词，应当推翻。本人在西安重研所工作期间，该所正在设计凌钢连铸机主设备。本人酷爱设计工作，带到中冶公司的图纸是本人利用业余时间在家中设计的。起诉书指控本人盗窃了西安重研所的图纸，事实有误。

裴国良的辩护人提出：①公开出版的关于板坯连铸机设计方面的书籍和权威的中国冶金建筑协会的鉴定证明，本案所涉技术是公知技术、并非商业秘密。西交大鉴定所和华科鉴定中心都是学术单位，并不通晓板坯连铸机的设计工作，其出具的司法鉴定书不具有真实性、合法性和关联性，不能作为认定事实的根据；本案只涉及凌钢连铸机主设备由谁设计的问题，而［2005］陕法鉴字第201号司法鉴定书却将西安重研所关于板坯连铸技术的全部研发费用当作该所的经济损失，明显不具有真实性、合法性和关联性。②裴国良没有参加过西安重研所对凌钢连铸机主设备的设计工作，本案也没有证据证明裴国良盗窃了西安重研所的图纸。中冶公司成立时，承继了马钢设计院的一些人员和财产，其中包括西安重研所的凌钢连铸机主设备图纸。而马钢设计院曾负责凌钢连铸机的总设计工作，能合法取得西安重研所的设计图纸。起诉书指控裴国良侵犯了西安重研所的商业秘密，缺乏犯罪主客观方面的要件，指控罪名不能成立。

裴国良的辩护人提交以下证据：

（1）马钢设计院与凌钢公司于1992年、1997年签订的工程设计合同、《凌钢二号板坯连铸机工程修改设计合同》、《技术协议》、《会议纪要》，用以证明马钢设计院按协议取得西安重研所的图纸，且双方没有签订过保密协议。

（2）辩护人与凌钢公司崔树钧、陈志芹的谈话笔录，用以证明凌钢公司、西安重研所、马钢设计院三方曾就凌钢连铸机主设备的改造签订过技术协议，且三方都已履行。

（3）辩护人与中冶公司周晓青、江宁、陈义新、王莉君、陆华等设计人员的谈话笔录，用以证明马钢设计院参与过凌钢连铸机设计，因此能合法取得西安重研所的设计图纸。

（4）机械工业出版社出版的《板坯连铸机设计与计算》一书，用以证明板坯连铸技术是公知技术。

（5）中冶公司委托中国冶金建筑协会所作的图纸鉴定报告，用以证明本案涉及的图纸属于公开通用技术，不是商业秘密。

附带民事诉讼被告人中冶公司的诉讼代理人称：凌钢连铸机最早是由马钢设计院设计，后为了提高生产效率，才引入西安重研所与马钢设计院合作设计。根据合同约定，马钢设计院是技术总负责单位，负责工厂设计、工艺总体设计及除主设备外的其他设计工作，西安重研所负责凌钢连铸机主设备的设计，且西安重研所的设计应当满足马钢设计院的工艺要求。根据《乙丙双方资料交付备忘录》记载，在设计过程中为了配合工作，西安重研所曾与马钢设计院交换过包括西交司鉴所［2005］知鉴字第1号司法鉴定书所指的5项特定技术在内的图纸，其中有“主设备（结晶器至扇形段）总图及软盘”双方对交换的这些图纸，从未签订过保密协议。中冶公司是中国冶金建设集团公司为适应市场需求成立的股份公司，马钢设计院关于连铸设计方面的资产、人员、技术资料等都被划入中冶公司，其中包括西安重研所交给马钢设计院的图纸。因此，中冶公司合法取得西安重研所为凌钢连铸机设计的图纸及电子文档资料。起诉书指控被告人裴国良盗窃西安重研所图纸的电子光盘，证据不足；起诉书指控裴国良的行为给西安重研所造成经济损失148万元，而西安重研所却称其经济损失是2800万元，大大超出了刑事附带民事诉讼的附带范围。综上，板坯连铸技术是公开技术，不属于商业秘密；中冶公司是合法取得西安重研所的图纸，不是本案刑事被告人，也不能成为刑事附带民事诉讼的被告人，西安重研所对中冶公司提出的诉讼请求应当驳回。

附带民事诉讼被告人中冶公司的诉讼代理人提交以下证据：

（1）中国冶金建设集团公司关于组建中冶公司的通知和说明，用以证明该公司来历。

（2）中冶公司与马钢设计院的《会议纪要》，用以证明中冶公司可以合法使用马钢设计院有关连铸技术方面的图纸及相关资料。

经质证、认证，西安市中级人民法院审理查明：

附带民事诉讼原告人西安重研所是隶属于中国机械装备（集团）公司的科技型企业，以冶炼、轧钢、重型锻压和环保设备的设计为主攻方向，板坯连铸设备的设计制造是该所的拳头产品，为该所带来了丰厚利润。为了保护单位的知识产权，西安重研所于1996年制定了《西安重型机械研究所保护知识产权的规定》，同时在与本单位职工签订的劳动合同中，明确了职工的保密义务。被告人裴国良是西安重研所培养的板坯连铸技术方面的高级工程师，与西安重研所签订过含有保密义务条款的劳动合同。

2000年1月，附带民事诉讼原告人西安重研所通过与凌钢公司签订合同，承接了凌钢连铸机主设备（包括结晶器、结晶器震动、零号段、扇形段）的设计工作。2001年6月，凌钢连铸机投产。同年11月，按照合同约定，西安重研所向凌钢公司提供了载有凌钢连铸机主设备图纸的光盘。2001年10月，被告人裴国良在其使用的电脑中发现有凌钢连铸机主设备图纸光盘，即擅自将该图纸拷贝到自己电脑中。2002年8月，裴国良向西安重研所申请解除劳动合同，同时应聘到附带民事诉讼被告人中冶公司担任副总工程师，同年12月才正式与西安重研所解除劳动合同。

2002 年 9 月 28 日，附带民事诉讼被告人中冶公司与川威公司签订《135 × 750mm 二机二流板坯连铸机总合同》及附件，合同总价为人民币 7296 万元，被告人裴国良担任这个项目的技术负责人。裴国良利用国庆休假返回西安，将凌钢连铸机主设备图纸拷贝到随身携带的笔记本电脑中带回武汉，输入到中冶公司局域网内。中冶公司设计人员利用局域网提供的该图纸，在短时间就完成了川威公司项目的设计。10 月 19 日，中冶公司又与泰山公司签订《135 × 800mm 二机二流板坯连铸机总合同》及附件，合同总价为人民币 7560 万元，裴国良仍是这个项目的技术负责人。中冶公司设计人员将给川威公司的设计图纸复印，用于泰山公司项目。中冶公司完成这两个项目的设计工作后，将图纸交付给西冶公司，委托西冶公司按图制造。

2003 年 7 月，附带民事诉讼原告人西安重研所的工作人员在西冶公司发现该公司正在使用有西安重研所标题和标号的图纸制造板坯连铸机，西安重研所遂向公安机关报案，称其商业秘密被侵犯。西安市公安局立案侦查后，查明西冶公司使用的图纸来自于附带民事诉讼被告人中冶公司，是原在西安重研所工作的被告人裴国良向中冶公司提供的，遂调取相关图纸送华科鉴定中心进行鉴定，结论是：中冶公司为川威公司、泰山公司设计的板坯连铸机图纸，从装配图和零件图所表现的结构功能看，与西安重研所设计的图纸无本质区别。又经西交大鉴定所鉴定：西安重研所的凌钢连铸机技术具有不为公众知悉的特征，符合商业秘密中技术秘密的法定条件。裴国良向中冶公司提供西安重研所的凌钢连铸机技术图纸，由中冶公司在为川威公司、泰山公司设计、制造板坯连铸机时使用，该行为给西安重研所造成至少 1792 万元的经济损失。

2001 年 12 月，附带民事诉讼被告人中冶公司由中国冶金建筑集团公司设立。

本案争议焦点是：①凌钢连铸机主设备设计技术是公知技术，还是商业秘密？②中冶公司取得凌钢连铸机主设备图纸是否合法？③中冶公司能否成为附带民事诉讼被告人？④西安重研所遭受的损失数额如何计算？

西安市中级人民法院认为：

（1）附带民事诉讼原告人西安重研所是在马钢设计院的设计方案不能满足凌钢公司要求时，才接受委托，对马钢设计院的原设计进行修改。西安重研所的修改设计经专家论证，是实用可行的。事实证明，按照西安重研所的修改设计制造的板坯连铸机，投产后为凌钢公司创造了巨大的效益这也说明西安重研所的凌钢连铸机主设备设计比马钢设计院的原设计有独到之处，具有商业价值。西安重研所对凌钢连铸机主设备设计采取了保密措施，使其成为自己的技术秘密。

司法鉴定结论，是有权进行鉴定的专业机构或人员接受司法机关委托，对某项专业问题进行科学分析后得出的结论。西交大鉴定所是陕西省司法厅批准设立的鉴定单位，人员分别来自于西安交通大学、西安建筑科技大学冶金工程学院，专门负责知识产权司法鉴定工作；华科鉴定中心隶属于中国科学技术法学会，人员分别来自于北京工商大学机械自动化学院、清华大学机械与自动化学院、燕山大学机械工程学院，也是专门从事知识产权司法鉴定的机构。这两个单位受公安机关委托，就凌钢连铸机主设备设计是公知技术还是商业秘密这一专业问题，运用自己的专门知识和相关技术手段进行检测、分析后作出结论，认定凌钢连铸机主设备技术是西安重研所的商业秘密。这个结论能与本案其他证据相互印证，是科学的结论。

被告人裴国良的辩护人以及附带民事诉讼被告人中冶公司的诉讼代理人依据机械工业出版社出版的《板坯连铸机设计与计算》一书和中冶公司委托中国冶金建筑协会所作的图纸鉴定报告，主张凌钢连铸机主设备图纸是公开通用的技术，不属于商业秘密，认为西交大鉴定所和华科鉴定中心出具的鉴定书不具有真实性、合法性和关联性。上述专业书籍公开介绍板坯连铸技术，不等于公开介绍了西安重研所对凌钢连铸机主设备所作的修改设计，以这样一本公开出版的书籍来证明凌钢连铸机主设备设计是公知技术，缺乏证明力且有悖常理。中国冶金建筑协会不具备进行司法鉴定的资质，其接受本案当事人中冶公司的委托，对凌钢连铸机主设备设计图纸进行鉴定，程序不合法，该鉴定报告不具有证明效力。

另外，附带民事诉讼被告人中冶公司在与川威公司、泰山公司签订合同时，特别要求川威公司、泰山公司对其使用的凌钢连铸机主设备设计方案承担保密责任，足以证明中冶公司也知道此项技术不是公知技术，而是技术秘密。被告人裴国良的辩护人以及中冶公司的诉讼代理人关于凌钢连铸机主设备设计是公知技术的观点，依法不能成立。

（2）关于附带民事诉讼被告人中冶公司使用的凌钢连铸机主设备图纸来源，被告人裴国良在公安机关一直供述：其在附带民事诉讼原告人西安重研所处工作时，在自己使用的电脑中偶然发现有一张刻录着凌钢连铸机主设备图纸的光盘，便将该图纸拷贝下来；后其到中冶公司工作并担任川威公司项目的技术负责人时，发现中冶公司只有马钢设计院移交的凌钢连铸机主设备总图，仅凭总图无法制造出设备，故将其拷贝的西安重研所的凌钢连铸机主设备图纸上传到中冶公司局域网上。裴国良虽然当庭翻供，但仍供称带到中冶公司的凌钢连铸机主设备图纸是其利用业余时间自己在家中设计的。中冶公司的诉讼代理人则以马钢设计院参与凌钢连铸机设计的合同、技术协议、证人证言和中冶公司的会议纪要、中国冶金建筑集团公司证明等证据，坚持认为凌钢连铸机主设备图纸是中冶公司从马钢设计院合法取得的；二者显然存在矛盾。

本案证据证明：①有条件掌握凌钢连铸机主设备图纸的，除了附带民事诉讼原告人西安重研所外，还有凌钢公司，但凌钢公司泄密的可能性已经被排除。②马钢设计院虽然参加过凌钢连铸机设计，但其仅负责设计工厂和除主设备外的其他设备。为了便于马钢设计院安装机器，西安重研所必须将主设备总图提供给马钢设计院，但未向其提供凌钢连铸机主设备详图。③被告人裴国良没有参与凌钢连铸机设计过程。裴国良虽然当庭推翻了其在公安机关的供述，但翻供的理由是接受讯问时身体不适。经查，公安机关在长达半年之久的时间里多次对裴国良进行讯问，而裴国良每次的供述内容始终较为稳定，且能与其他证据相互印证，故其翻供的理由不符合常理，不予采信。公诉机关根据裴国良的多次供述以及其他经核实的证据，指控裴国良利用工作之便盗窃西安重研所的商业秘密提供给中冶公司使用，事实清楚，证据确凿，足以认定。中冶公司只能从裴国良处得到凌钢连铸机主设备图纸，别无他途，因此中冶公司的凌钢连铸机主设备图纸不是合法取得。

（3）最高人民法院《关于执行〈中华人民共和国刑事诉讼法〉若干问题的解释》第 86 条第 5 项规定：附带民事诉讼中依法负有赔偿责任的人包括其他对刑事被告人的犯罪行为依法应当承担民事赔偿责任的单位和个人。被告人裴国良受聘于附带民事诉讼被告人中冶公司，是项目技术负责人。裴国良为完成中冶公司交付的设计任务，将窃取附带民事诉讼原告人西安重研所的技术秘密上传到中冶公司局域网，供中冶公司的设计人员在为川威公司、泰山公司设计、制造板坯连铸机时使用。裴国良是为履行公职而直接侵权，其行为属于单位侵权，应当由其所在单位中冶公司承担侵权的民事责任。客观上，中冶公司也是靠裴国良上传的图纸，才能在短时间内为川威公司、泰山公司完成板坯连铸机的设计、制造工作，从而谋取了巨额利润。中冶公司的行为与裴国良的行为共同导致侵犯西安重研所合法民事权益的损害结果发生，均与损害结果之间存在着法律上的因果关系。单从民事角度讲，中冶公司也应对西安重研所遭受的经济损失承担赔偿责任。将中冶公司列为本案附带民事诉讼被告人，不仅合法，而且合理。

（4）最高人民法院《关于刑事附带民事诉讼范围问题的规定》第 2 条规定："被害人因犯罪行为遭受的物质损失，是指被害人因犯罪行为已经遭受的实际损失和必然遭受的损失。"商业秘密中的技术秘密，是一种具有商业价值，能给权利人创造财富的技术信息，是权利人的无形资产。行为人采取不正当手段获取与使用技术秘密给权利人造成的损失，通常表现为权利人现实利益与合理预期利益的丧失，因此不能简单地以受损的现实利益来界定权利人的损失数额。公诉机关以凌钢连铸机设计费来认定附带民事诉讼原告人西安重研所遭受的经济损失至少为148万元，是不正确的。虽然权利人的损失中包括市场份额被削减、竞争力减弱等许多预期利益损失，其价值量往往不确定，但预期利益的损失必须合理。［2005］陕法鉴字第201号司法鉴定书累计西安重研所在板坯连铸技术方面多年来的总投入，得出总的研发费用为2800余万元，将此认定为西安重研所遭受的经济损失。本案只是凌钢连铸机主设备设计被侵权，该技术是西安重研所整个板坯连铸技术的一个组成部分，故将总研发费用认定为部分技术被侵权的损失，显系不当。西安重研所以［2005］陕法鉴字第201号司法鉴定书为依据，认为附带民事诉讼被告人应赔偿2800万元，该主张不予支持。

《反不正当竞争法》第20条规定："经营者违反本法规定，给被侵害的经营者造成损害的，应当承担损害赔偿责任，被侵害的经营者的损失难以计算的，赔偿额为侵权人在侵权期间因侵权所获得的利润；并应当承担被侵害的经营者因调查该经营者侵害其合法权益的不正当竞争行为所支付的合理费用。"就本案而言，附带民事诉讼被告人中冶公司利用附带民事诉讼原告人西安重研所的凌钢连铸机主设备图纸为他人设计、制造板坯连铸机，从而谋取巨额利润，是不正当竞争行为，故应适用上述规定。中冶公司与川威公司、泰山公司签订的两个板坯连铸机设计、安装合同，总金额为14 856万元。但是中冶公司在这两个合同中获取了多少利润，从现有财务账目中无法确定。按照中国重型机械工业协会关于板坯连铸机成套设备设计、制造的平均利润为12%的专家评估意见计算，中冶公司从这两份合同中所获的利润可以认定为14 856×12% =1782万元。

《刑法》第219条第1款第1、3项规定，以盗窃、利诱、胁迫或者其他不正当手段获取权利人的商业秘密，违反约定或者违反权利人有关保守商业秘密的要求，披露、使用或者允许他人使用其所掌握的商业秘密，从而给商业秘密的权利人造成重大损失的，处3年以下有期徒刑或者拘役，并处或者单处罚金；造成特别严重后果的，处3年以上七年以下有期徒刑，并处罚金。第3款规定："本条所称商业秘密，是指不为公众所知悉，能为权利人带来经济利益，具有实用性并经权利人采取保密措施的技术信息和经营信息。"最高人民法院、最高人民检察院《关于办理侵犯知识产权刑事案件具体应用法律若干问题的解释》第7条2款规定："给商业秘密的权利人造成损失数额在250万元以上的，属于刑法第219条规定的'造成特别严重后果'，应当以侵犯商业秘密罪判处3年以上7年以下有期徒刑，并处罚金。"凌钢连铸机主设备图纸，是不对外公开、且能给附带民事诉讼原告人西安重研所带来经济利益的技术信息。西安重研所通过制定规定，与单位职工签订含有保密条款的劳动合同，对此技术信息采取了保密措施，使此项技术成为该单位的商业秘密。被告人裴国良利用工作之便盗窃该商业秘密，并提供给他人使用，从而使西安重研所遭受1782万元的经济损失，后果特别严重，其行为构成侵犯商业秘密罪，应依法惩处。西安市人民检察院指控裴国良的罪名成立。

《民法通则》第106条第1款规定："公民、法人违反合同或者不履行其他义务的，应当承担民事责任。"第2款规定："公民、法人由于过错侵害国家的、集体的财产，侵害他人财产、人身的，应当承担民事责任。"第130条规定："2人以上共同侵权造成他人损害的，应当承担连带责任。"附带民事诉讼被告人中冶公司为了谋取巨额利润，利用他人的商业秘密履行合同，既是侵权行为的直接受益人，也是给附带民事诉讼原告人西安重研所造成经济损失的直接责任人，应当承担赔偿损失的民事责任。据此，西安市中级人民法院于2006年2月22日判决：

（1）被告人裴国良犯侵犯商业秘密罪，判处有期徒刑3年，并处罚金5万元。

（2）被告人裴国良及附带民事诉讼被告人中冶公司停止侵权行为。

（3）被告人裴国良及附带民事诉讼被告人中冶公司连带赔偿附带民事诉讼原告人西安重研所经济损失1782万元。

一审宣判后，被告人裴国良不服，向陕西省高级人民法院提出上诉，附带民事诉讼原告人西安重研所、附带民事诉讼被告人中冶公司同时就附带民事判决部分提出上诉。二审审理过程中，西安重研所与裴国良、中冶公司就本案的附带民事诉讼部分达成调解协议，并已接受了陕西省高级人民法院送达的调解书。

裴国良上诉称：①中国冶金建设协会出具的图纸鉴定报告以及公开出版的书籍证明，凌钢连铸机主设备技术是公知技术，并非商业秘密；原审片面采信华科鉴定中心、西交大鉴定所不具备证明效力的鉴定结论，是错误的，请求重新鉴定；②本人未窃取西安重研所的凌钢连铸机技术资料，也未交予中冶公司使用；③即使认定本人的行为给西安重研所造成损失，损失数额也只应以西安重研所收取凌钢公司的设计费148万元为限。这个数额不符合侵犯商业秘密罪的定罪标准请求撤销原判，请求宣告裴国良无罪。

陕西省高级人民法院经审理，确认审查的事实属实。陕西省高级人民法院认为凌钢连铸机主设备设计具有实用性。不为公众所知悉，能为权利人带来经济利益，权利人为其采取了保密措施，因此该技术是权利人西安重研所依法受保护的商业秘密。上诉人裴国良身为西安重研所的高级工程师，明知凌钢连铸机主设备图纸是西安重研所的商业秘密，自己与西安重研所签订过含有保密条款的劳动合同，对西安重研所的商业秘密负有保密义务，仍利用工作上的便利，将凌钢连铸机主设备图纸的电子版私自复制据为己有，后又将该电子版交由中冶公司使用，以至给西安重研所造成特别严重的后果。裴国良的行为构成侵犯商业秘密罪，应依法惩处。原判定罪准确，量刑适当，审判程序合法，但适用的法律应当是刑法第219条第1款第1、2项、第3款，第4款。裴国良的上诉理由不能成立，应当驳回。

据此，陕西省高级人民法院依照《刑事诉讼法》第189条第1项规定，于2006年10月11日裁定：驳回上诉，维持原判。本裁定为终审裁定。

（三）专家评析

本案的核心是：凌钢连铸机主设备设计技术是公知技术，还是商业秘密？如果是前者，则公诉机关的公诉和附带民事诉讼原告人的指控和诉讼请求不能成立，不能支持；如属后者，①中冶公司取得凌钢连铸机主设备图纸是否合法？②中冶公司能否成为附带民事诉讼被告人？③西安重研所遭受的损失数额如何计算等问题才可能被提及，也才有可能成立。因此，我们必须围绕这一核心问题进行探讨和研究。

凌钢连铸机主设备设计技术是公知技术，还是商业秘密的问题，公诉机关、附带民事原告人、被告人、附带民事诉讼被告人有着截然不同的认识。在这种情况下，法院聘请了鉴定机构进行鉴定。这种做法是必要的，也是符合法律规定和本案实际的。最终鉴定工作由西交大鉴定所承担。

西交大鉴定所是陕西省司法厅批准设立的鉴定单位，人员分别来自于西安交通大学、西安建筑科技大学冶金工程学院，专门负责知识产权司法鉴定工作；华科鉴定中心隶属于中国科学技术法学会，人员分别来自于北京工商大学机械自动化学院、清华大学机械与自动化学院、燕山大学机械工程学院，也是专门从事知识产权司法鉴定的机构。这两个单位受公安机关委托，就凌钢连铸机主设备设计是公知技术还是商业秘密这一专业问题，运用自己的专门知识和相关技术手段进行检测、分析后作出结论，认定凌钢连铸机主设备技术是西安重研所的商业秘密。这个结论能与本案其他证据相互印证，是科学的结论。因此，我们有充分的理由认为凌钢连铸机主设备设计技术属商业秘密的范畴，是附带民事诉讼原告人的商业秘密。这样以来，其他问题也就不成其问题了。

基于以上分析，我们认为一审、二审法院的判决是正确的。

第六节 不正当低价销售商品行为

一、不正当低价销售商品行为的含义、特征及其危害

不正当低价销售商品行为是指经营者为了排挤竞争对手，故意在一定范围的市场上和一定时期内，以低于成本的价格销售某种商品的不正当竞争行为。

根据《反不正当竞争法》第11条“经营者不得以排挤竞争对手为目的，以低于成本的价格销售商品”的规定，可以看出，不正当低价销售商品行为的主要特征是：

（1）行为的主体是处于卖方地位的经营者。该行为中的卖方，可能处于竞争的优势地位，也可能处于竞争的劣势地位，但是，都必须处于商品流通的上游。

（2）经营者实施了以低于成本的价格销售商品的行为。以低于成本的价格，而不是以一般较低的、微利、保本的价格销售了商品，这是该行为的实质。换句话来讲，这种销售是亏本的，销的越多，赔的也越多；销的时间越长，赔的时间也越长。

（3）经营者实施销售行为时在主观上是故意的。行为人在从事不正当低价时，其目的是为排挤竞争对手。如果是过失，或者是为了摆脱经营困境，或者是为了减少经济损失均不构成该不正当竞争行为。

（4）经营者的行为客观上侵犯了同业竞争对手的公平交易权利和社会的正常竞争秩序。以低于成本的价格销售商品，对于经营者来讲，实际上是一种亏损性经营。这种异常的价格选择是以排挤竞争对手为目的，它以特殊自身的暂时经济利益为代价，最终损害竞争对手的经济利益，同样是一种不正当竞争行为。

以低于成本的价格销售商品，是经营者实施亏损性经营所采取的主要手段，而这些商品通常是其竞争对手赖以生存的同类或者可替代的类似商品。经营者采用这种低于成本的价格销售商品的不正当手段，从事市场交易，表面上看，这种销售方法对消费者来说似乎是很有利的，但应当看到，这种“利”只能是暂时的和短期的。因为，行为人在取得客户甚至排除了竞争对手之后，有可能任意提高售价，再来侵犯消费者的利益。由此可见，行为人的真正动机并不是想让利给消费者，这只不过是一种手段，真正的动机在于，通过实施这一短期的行为，最终排挤竞争对手，独霸市场，牟取非法的、高额的经济利润和经济利益。

实施这种不正当竞争行为的经营者，一般来讲是具有市场竞争优势的企业，他们具有资金雄厚、品种繁多、生产规模大、市场占有率高和经营风险小等优势的竞争实力，而中小企业往往势单力薄，无力承担这种亏损的风险。所以实施这种不正当竞争行为的可能性不如实力雄厚的企业大。

国家鼓励具有经济优势的企业之间积极地开展公平、合理、充分的竞争。这样，不仅能够有效地带动中小企业的发展，而且，也能够在全国范围内的企业中逐步树立良好的竞争风气，从而推动企业技术进步，促进社会主义市场经济的发展，对活跃市场、繁荣经济、提高人民生活水平都有着积极的意义。相反，如果这类企业采用尔虞我诈、相互排挤的手段开展竞争，必将对市场的稳定、经济的繁荣起到破坏作用。同时，对企业内部而言，也不利于发展高新技术，开发出新产品。所以，《反不正当竞争法》将这种行为列入不正当竞争的范畴加以规范和打击。

二、成本与价格

成本是构成价格的主要成分，是制定商品价格的最基本的依据，是确定商品价格的最低经济界限。价格往往高于成本，同时受市场关系的影响发生波动，如以低于成本的价格出售产品，则经营者往往会亏本，但为了把同类产品经营者排挤出市场，经营者可能会以低于成本的价格暂时销售。具体来说，成本与价格的关系由以下三方面构成：

（一）成本是构成商品价格的主要成分

商品价格是由生产这种商品的物质消耗费用、职工工资、税金与合理利润构成的。其中物质消耗费用和职工工资就是成本的货币表现形式。成本与该商品价格成正比例关系，价格随着成本的增加而提高，反之降低，二者是紧密相关不可分离的。

（二）成本是制定价格的最基本依据

价格的制定是以社会成本为依据的，从而可以使同一商品的劳动消耗按同一尺度计算和补偿。企业劳动经营得好，劳动效率高，其产出的产品的价值就低于社会价值，出售该产品的收入，会超过生产该产品的其它同类生产者，而获得利润也就比较高。反之，如在出售商品时，出售商品所得低于生产该商品的各种支出，就将会使企业得利较少甚至亏损、倒闭。

（三）成本是确定价格的最低经济界限

商品成本存在的必要性，是由经营者要以自己经营收入，补偿自己产销开支的客观必然所决定的。商品出售价格的最低界限，只能是商品成本。如果商品低于成本出售，生产中已消耗的那部分就不能全部由出售价格得以补偿，长此以往，企业就不能维持下去，走上亏损甚至破产的道路。所以，商品的定价不能低于成本，商品的价格主要由成本、税金和合理利润组成，同时还受市场供求关系的影响。

三、以低于成本价格销售商品的例外情况

当然，并不是所有的低于成本价格销售商品的行为都是不正当竞争行为。根据我国《反不正当竞争法》的规定，以低于成本的价格销售商品的例外情况有以下几种：

（一）销售鲜活商品

鲜活商品，如鱼、虾、水果、蔬菜等，受时间、气候以及环境等外界条件的影响大。因此，精明的经营者就不得不在一定的时间内经常变动价格，有时甚至要以低于成本的价格销售商品，尽管是亏本经营，但如果不这样做所造成的损失将更大。所以，法律允许经营者在销售新鲜的水果、蔬菜或有生命而存活期较短的鲜活商品时，可以根据气候、市场供应状况、消费者购买力的变化而改变价格。

（二）处理有效期限即将到期的商品或者其他积压的商品

有效期限代表着产品生产的日期，同时，也标志着产品的质量。经营者对有效期限即将到期的商品及时采取降价处理的措施，以免一旦商品到期，将无法再投放市场，这样会给经营者带来更严重的损失。另外，处理积压商品，也不能认定是不正当竞争。因为，商品长期积压会影响到资金的周转使用，使新近生产出来的产品无处存放，从而增加成本，造成更大的损失和浪费。

重点提示：

①有效期和保鲜期是两个不同的概念。同学们考虑：为什么此款中的“保质期”不能用“保鲜期”来替换？②积压商品也是一个专有名词，它和“处理品”、“等外品”、“残次品”、“不合格品”有很大的不同，同学们试区别之。

（三）季节性降价

季节性降价，这一情况在我们的生活中是常见的。如，夏季服装在夏天快要过去时，以低于成本的价格出售。因为，在现代生活中，人们对服装的要求越来越高，各式各样的服装日新月异，变化非常快，如果经营者不及时采取措施，这种服装就会被淘汰，给经营者带来巨大的经济损失。

（四）因清偿债务、转产、歇业降价销售商品

当经营者遇到负债累累需要清偿、产销不对路被迫转产、经营不善不得不歇业等经营上的重大困难时，只有削价销售商品，才能尽量减少库存，加快资金周转，变“死钱”为“活钱”。这时，虽有低于成本的价格销售商品的行为，

法律上也不认定其为不正当竞争行为。此条是最具法律意义的例外情况。

四、司法实践中的几个界限

不正当低价销售商品的行为和保本销售、微利销售、倾销等行为都有一定的区别，不能混为一谈。

（一）正当的价格竞争与以排挤竞争对手为目的压价销售

正当的价格竞争是在采取提高技术、减少消耗、降低成本等措施的基础上，根据市场供求状况而降价销售。而以排挤竞争对手的压价销售则是故意以低于成本的价格销售。同时，也要注意查清其目的。如果目的在于排挤竞争对手，则应视为不正当竞争行为。如果是为了解决经营者自身的某种困难，有正当理由将商品以低于成本的价格销售，不应视为不正当竞争行为。

（二）国际贸易中禁止的倾销行为与我国《反不正当竞争法》中规定禁止的压价销售行为的联系和区别

国际贸易中的倾销行为，是指在国际贸易中，以低于出口国市场价格或者低于合理的市场价格，向进口国市场大量销售某种商品，并给该进口国国内生产和销售同类商品的经营者造成损害，构成市场弊害的行为。对于这种倾销行为，许多国家都制定《反倾销法》或根据有关国际公约解决。我国《反不正当竞争法》规定禁止的压价销售行为，则仅指经营者排挤竞争对手以低于成本的价格销售商品，而且还规定了不视为不正当竞争行为的例外情形。

五、典型案例分析

本案例是世界著名零售企业进行的著名的价格大战，也是被判为正当价格战的典型案例，也是本书收录的唯一没有被认定为不正当竞争行为的正当竞争行为，发人深省，耐人寻味。

（一）案情简介[1]

众所周知，平价或降价是美国零售业巨人沃尔玛商店（Wa1-Mart store）抢占市场份额惯用的竞争手法。它所到之处，其当地同行不得不面临一个痛苦的选择：要么跟随降价，打一场肉搏战，比一比谁的实力更强；要么退避三舍，坐视消费者流失，拱手让出自己的市场份额。一段时间以来，德国各大超级市场便饱尝了沃尔玛平价战略的苦头。

1. 挑衅出击。据德国《明镜》周刊报道，从2009年5月中旬开始，沃尔玛

---

〔1〕 根据“流通概论重点案例”整理、删改，载 http：//www. zjrtvu. com/php/lmnrgl. php？ id = 334 & realname = % DO% A4% 8Di.

在德国发动了一轮声势浩大的价格攻势：遍布各地的沃尔玛超市（共95家）同时推出笼络人心的“优惠方案”（Smart Programn）。大幅降低了家庭主妇十分重视的奶粉、面粉、白糖、饮料、肉类等80种商品的售价。与德国零售商阿尔迪（Aldi）、利德尔（Lidl）、普鲁斯（Plus）和诺尔玛（Norma）的标价相比，沃尔玛标出的优惠价（Smart - Price）明显便宜一大截。一时间，消费者趋之若骛，有的沃尔玛超市甚至出现了德国罕见的抢购人潮。

沃尔玛似乎并不想掩饰其优惠方案的挑衅意味。例如在杜塞尔多夫散布的宣传单上，它直言不讳地打出了这样一个咄咄逼人的标题：“这些商品干吗非要去阿尔迪买？——我们的更便宜!”姑且不论这样指名道姓地做比较广告是否违反德国法律，有一点是肯定的：沃尔玛要跟阿尔迪在价格上较量较量。

2. 群雄反攻。阿尔迪是德国最大的连锁食品超市，多年来一直是德国家庭主妇的购物天堂。既然被沃尔玛点名下了挑战书，当然没有退缩的道理。沃尔玛母公司虽然是全球最大的零售企业，综合实力异常强大，但它1997年才进入德国，在德国的年营业额刚刚迈到55亿马克，还不能与阿尔迪的市场份额相提并论。再说，沃尔玛大幅降价有违反德国反不正当竞争法律的嫌疑，作为德国超市的领袖，阿尔迪也应当站出来主持正义。

于是从6月初阿尔迪开始了“从所有枪口还击”。据德国《食品报》报道，当自己的市场份额和声誉受到威胁时候，阿尔迪准备拿出几亿马克应付价格战。沃尔玛不是声称自己的面粉便宜吗？阿尔迪把自己的价格搞得更便宜：每公斤面粉只售39芬尼，这个价格甚至低于德国数一数二的大零售商梅特罗（Metro）和雷威（Rewe）44至52芬尼的进货价!

沃尔玛不是声称本店的牛奶便宜吗？阿尔迪的回答是“我们这里的更便宜”：全脂牛奶每升售价从95芬尼降为89芬尼，脱脂牛奶从79芬尼降为75芬尼。除此之外，除尔迪还把每公斤白糖的售价下调了10芬尼，降为1.59马克。39芬尼/罐可乐本不算贵，但为了应战也下调10芬尼，只售29芬尼!

无独有偶，为了捍卫市场的份额，利德尔、普鲁斯和诺尔玛把本店出售的商品降价25%，即一律以七五折的优惠价出售。由于其分店遍布德国各地，于是，到处都在降价，德国的零售市场呈现一派空前热闹、空前混乱的景象。

一直袖手旁观的德国零售巨人梅特罗开始担心价格战火蔓延会给自己造成损失。它给自己算了一笔账，如果把牛奶售价与阿尔迪拉平，一年下来将少收4000万马克；把白糖价格拉平的代价亦不小，一年将损失约800万马克。据德国一位专家估算，1999年德国的食品交易因打价格战已损失约10亿马克的收入。

雷威公司也忧心忡忡地关注着价格战的发展。该公司负责商品工作的董事奥托·卡姆巴赫评论说："优惠价和超值价表明，有几个竞争者在争夺顾客过程中，定价不计损失。"

（二）案件审理

毫无疑问，愈演愈烈的价格战最终必然导致政府的介入。6月底，设在波恩的德国卡特局开始对沃尔玛是否违反反不正当竞争法进行调查。一同被调查的还有德国超市阿卡迪、利德尔、普鲁斯和诺尔玛。根据1999年1月修订的有关法律，商家持续以低于成本销售商品是违法行为，违者将被罚款或吊销营业执照。

然而，德国卡特尔局官员在沃尔玛公司扑了个空。在检查了所有优惠商品的进价之后发现，沃尔玛一些商品的进货价和销售价之间还有"不小的空间"。于是，卡特尔局局长乌尔夫·波格7月4日宣布，没有发现足够的违反竞争法律的证据。在80种优惠商品中，50种商品的销售价没有低于进货价，另外30种商品还需要进一步调查。

（三）专家评析

沃尔玛无疑是这场价格战的大赢家。为什么沃尔玛会取得如此巨大的成功？我们认为，除了它的商业营销策略非常成功之外，知悉法律规定，善用法律武器也是它成功的秘籍之一。

（1）沃尔玛成功运用了微利销售和低于成本价销售的区别。前者是合法的，也是法律所保护的。而后者则是一种价格不正当竞争行为，为反不正当竞争法所禁止。

（2）沃尔玛成功运用了德国法律对暂时低于进货价销售商品的行为的规定。根据德国法律，暂时低于进货价销售商品是合法的。所以，即便发现个别商品的销售价低于进货价，德国当局也不可能对沃尔玛进行处罚。这正是沃尔玛的高明之处和成功之处。

第七节　附条件交易及搭售行为

一、附条件交易及搭售行为的含义及特征

附条件交易及搭售行为是指经营者利用其经济优势，违背购买者的意愿，在销售一种商品（或提供一种服务）时，要求购买者以购买另一种商品（或接受另一种服务）为条件，或就商品（或服务）的价格、销售对象、销售地区进行不合理的限制的行为。

在该行为中，经营者是指从事市场交易的供应商（生产厂家）、批发商或零

售商，它们必须是市场交易的主体。一些国家机关、行业组织等为服务对象提供服务时附加不合理条件的行为是一种利用职权的违法行为，这些机关或组织不是市场交易的主体，因而他们的行为不属于附条件交易及搭售行为。再者，附条件交易或搭售行为是经营者对购买者的纵向控制行为，即供应商对批发商，批发商对零售商，零售商对顾客的控制行为，或者换言之，是卖方对买方的控制。在日常生活中出现的买方购买某种滞销商品时，要求供应一定数量的紧销商品，则不在本法规定的范围之内。

经营者实施附条件交易及搭售行为时，利用的一般是其经济优势。至于采用其他不正当手段，如胁迫、强制等手段进行的交易行为带有一定的暴力性质，属强制性交易行为范畴。所谓经济优势，是指经营者的产品必须具有某种独特的性质，能够吸引购买者产生对它的特殊需求，并且已经形成了一定的市场支配力。只有具有这种经济优势，经营者才有可能进行附条件交易及搭售行为。一般来讲，专利产品或名牌产品最容易被利用来搭售商品或附加其他不合理条件。

根据《反不正当竞争法》第 12 条的规定，构成附条件交易及搭售行为的要件是：

（1）经营者销售商品有竞争和获利的目的。经营者如果不是为了竞争，或无偿地为消费者提供商品或服务，根本就没有获利，那么，则不构成该行为。

（2）经营者在销售商品或提供服务时，附加了不合理条件或搭售了商品。如果经营者在销售商品或提供服务时只有“搭售”或“附加”的愿望，而没有实施该行为则不能认定是不正当竞争行为。

重点提示：

不合理条件是此条中的关键。所谓不合理，是指使消费者的消费行为成为不必要，或者给消费者造成了消费负担的行为。不合理和不公平是两个不同的概念，同学们在学习过程中应注意区别之。

（3）“搭售”或“附加”必须是违背了购买者的意愿。在该行为中，如果买卖双方达成了“搭售”或“附加”的协议，是出于购买者的自愿，就不能认定是不正当竞争，相反，“搭售”或“附加”只有在确实违背了购买者的意愿，而购买者又不得不被迫地接受的前提下才能被认为是不正当的。

二、附条件交易及搭售行为的危害及其预防

1986 年 5 月 25 日，国务院发出了《关于认真解决商品搭售问题的通知》。在该通知中明确指出，搭售或附加其他不合理条件危害极大。①保护劣质、滞销产品的生产和销售，造成极大的社会浪费；②有些可以正常销售的产品，由

于被当作劣质、滞销产品搭售，有损这些产品和生产企业的信誉，影响以后的销售；③硬性搭售质次价高的滞销产品，损害广大消费者利益，败坏社会主义商业的信誉。因此，对这种只顾一己眼前利益而不惜损害国家、企业和人民利益的做法，必须引起足够的重视，切实采取措施，认真加以解决。

在该通知中，要求采取以下措施，认真解决搭售或附加不合理条件的不正当竞争行为。

（一）要把住生产关

商品搭售现象的存在，要害是一些工业企业管理不善，技术不求进步，不顾市场需求，生产并通过商业强行搭售劣质、滞销商品。解决商品搭售问题必须首先抓住这个要害。各地区、各工业主管部门和企业，要遵循社会主义生产的根本宗旨，努力增加优质、名牌等适销对路和产品的生产，不断满足人民物质和文化生活日益增长的需要。要严格限制滞销产品生产，坚决淘汰不合格产品，没有销路的产品即应停产和转产。所有企业生产的劣质、滞销产品，均不得经任何名义、任何形式搭售给其他单位。

（二）要把住商业关

一些劣质、滞销产品之所以能进入流通领域并搭售给用户或消费者，另一个重要原因是商业部门盲目进货。各级商业部门和企业，要加强调查研究，搞好市场预测，通过提供信息和及时收购、销售等手段积极支持适销对路产品的生产，对工业部门强行搭售的滞销产品要坚决抵制。无论国营、集体、个体商业企业，对因盲目进货、接受搭售而购进的滞销商品，不得以任何名义、任何形式搭售给零售企业和消费者。

（三）要抓紧拟订具体解决办法

对如何按市场需要安排好生产，紧缺商品怎样合理供应，滞销商品如何妥善处理，对违反规定搞商品搭售的单位及个人怎样处罚等均应制定具体的法律规范。

（四）要切实抓好监督检查工作

各级工业、商业主管部门，要经常检查并制止商品搭售现象，切实搞好监督。要提倡和接受广大消费者的检查监督。在检查中发现问题，一定要严肃、及时、认真地进行处理。

三、附加条件交易及搭售的表现

附加不合理条件交易及搭售行为的具体表现千姿百态，又极具变化，本节中罗列的只是一些常见的表现。

（一）搭售行为

实施搭售的经营者，通常手中掌握着市场上短缺的紧俏商品。所谓搭售，也就是利用这一优势把一些市场地位低、销路差、不受广大消费者欢迎的商品强行推销给用户或消费者。

这种搭售行为主要有：

（1）搭售的商品与购买者欲购的商品有相连关系。例如，经营者销售复印机时，搭售复印纸。

（2）搭售的商品与购买者欲购的系同类商品。例如，经营者销售名牌香烟时，搭售质量差的烟。

（3）搭售的商品与购买者欲购的系不同类商品。例如，煤气公司为提出申请的用户安装燃气热水器时，要求必须使用本公司的热水器。

上述行为均是经营者利用具有市场优势的商品搭售市场地位较低的商品。通过这种手段，把市场地位低的商品推销出去，从而扩大了销售量。这样，在市场竞争中就战胜了其他拥有同类商品的经营者。搭售行为不仅违背了消费者的意愿，侵害了消费者的利益，而且破坏了公平竞争，必须予了打击。我国《反不正当竞争法》规范搭售行为：①对违背购买者意愿进行搭售的行为予以打击；②提倡和鼓励经营者改善经营，通过降低成本，提高质量来提高市场地位较低的商品质量，以活跃市场、繁荣经济、最大程度地满足我国广大消费者的购买需要。

（二）附加不合理条件的行为

附加不合理条件，这种行为有许多表现。归纳起来，大致有以下几种：

（1）强使受让方（购买方）在被转让（购买）的技术基础上取得的新的技术成果及其权利回授给转让方（经营者）。

（2）限制受让方改进或者发展被转让的技术成果。

（3）附加与所转让的技术无关，受让方不需的技术、服务、原材料、设备或产品。

经营者一旦将某一项技术出售给了购买者，该购买者将成为转让技术的经营者的竞争对手。而经营者的上述三种行为，在很大程度上侵害了购买者的经济利益，社会危害非常大，属于典型的不正当竞争行为。

在《反不正当竞争法》第 12 条中没有具体列出法律禁止附加的条件，只是原则性地规定了经营者不得违背当事人的意愿附加不合理的条件。一般而言，衡量是否合理的标准主要是平等、自愿、公平竞争的原则。符合这个原则的，就是合理的；否则，就是不合理的。

四、司法实践中应注意的问题

附条件交易行为与超经济强制行为、商业贿赂行为、强迫性交易行为、限定转售价格行为均有相似之处，但是，又有着实质的不同，不能将他们混同。

（一）附条件交易行为与其他有关不正当竞争行为的关系

附条件交易行为与超经济强制行为、商业贿赂行为、强迫性交易行为、限定转售价格行为均有相似之处，但区别之处也十分明显。

1. 附条件交易行为与超经济强制行为均为经营者在提供商品或服务时，违背相对人的意愿，附加不合理交易条件的行为。二者的区别在于：前者是经营者利用其经济优势而实施的市场交易行为；后者是非经营者利用其特殊权力而实施的非市场交易行为。

2. 附条件交易行为与商业贿赂行为均为采用不正当竞争方法附加不合理交易条件的行为。二者的根本区别在于：前者是经营者利用经济优势，通过附加不合理条件实施的，后者是经营者通过贿赂手段实现的。

3. 附条件交易行为与强迫性交易行为均为经营者在违背相对人意愿的情况下实施的不正当竞争行为。二者的根本区别在于：前者是经营者利用经济优势，通过附加不合理条件而实施的；后者是经营者采取胁迫或其他强制手段实施的。

4. 附条件交易行为与限定转售价格行为均为经营者利用其经济优势，在提供商品或服务时，违背交易相对人的意愿，附加不合理条件的行为，二者的区别在于主体范围不同：前者的主体可以是所有经营者，既包括供应商，也包括购买商；后者的主体只能是制造商等供应商。

（二）规范附条件交易行为的法律规范之间的选择

我国《反不正当竞争法》颁布之前，关于附条件交易行为的规定主要有《民法通则》与《合同法》的有关规定；国务院《关于认真解决商品搭售问题的通知》；国家计委、国家经委、商业部、国家物价局、国家工商局联合发布的《关于禁止商品搭售问题的若干规定》。这些规定对于遏制商品搭售歪风，保护商业企业的信誉和广大消费者的合法权益起到了一定的作用。无疑，《反不正当竞争法》的颁布为禁止附条件交易行为提供了专门的法律依据。因此，人民法院在执法时，应主要依据《反不正当竞争法》第 12 条的规定。当然，人民法院在《反不正当竞争法》中找不到法律依据时，也可根据上述相关法律处理。

五、附条件交易及搭售行为的法律责任

我国《反不正当竞争法》没有具体规定附条件交易及搭售行为的法律责任。关于该问题我们认为应从以下两方面加以解决。

（一）原则问题

《反不正当竞争法》尽管没有具体规定搭售或附加不合理条件的法律责任，但对不正当竞争行为的法律责任却作了明确的规定。第20条明确规定，经营者违反本法，给被侵害的经营者造成损害的，应当承担损害赔偿责任。被侵害的经营者的损失难以计算的，赔偿额为侵权人在侵权期间因侵权所获得的利润；并应当承担被侵权的经营者因调查该经营者侵害其合法权益的不正当竞争行为所支付的合理费用。被侵害的经营者的合法权益受到不正当竞争行为损害的，可以向人民法院提起诉讼。因此，关于搭售或附加不合理条件的法律责任，其原则问题应依照该条的规定进行。

（二）具体问题

搭售或附加不合理条件法律责任的具体问题，我们认为应依照下列法律、法规的具体规定进行：

（1）《国务院关于认真解决商品搭售问题的通知》。

（2）《全国人民代表大会常务委员会关于惩治生产、销售伪劣商品犯罪的规定》。

（3）《国务院关于严厉打击在商品中掺杂使假的通知》。

（4）《国务院关于严厉打击生产和经销假冒伪劣商品违法行为的通知》。

（5）《消费者权益保护法》。

六、典型案例介绍

这是一起隐形而又典型的附加不合理条件的不正当竞争案件，很有代表性。在目前的市场竞争中，诸如此类的不正当竞争案件比比皆是。

（一）案情简介[1]

现在，越来越多的市民希望用贷款的方式的提前享受私家车的便利。但一些4S店的消费者却发现，若想顺利地贷款购车，就必须接受一些附加条款，如必须通过经销商上车牌、必须购买指定保险公司的指定险种等。对此，汽车金融公司表示，这种做法只是经销商自己的行为。

1. 贷款买车“规矩”多。在某市某别克品牌4S店。销售人员表示，在该店贷款买车手续很方便，该店可以负责办理从汽车金融公司贷款的一切手续。只需要必要的一些条件，不需担保人，一般10天内就能办理好贷款手续。

---

〔1〕根据宋杰：“部分4S店设贷款买车附加条款”（原载《新闻晨报》2008年4月29日）一文整理、删改，载http://news.sina.com.cn/c/2008-04-29/024013806470s.shtml，访问日期：2008年5月24日。

贷款手续看似简单，但销售人员却提出另外几个要求。其中包括：①必须通过该店办理上车牌的手续，收费在千元左右；②必须通过该店购买指定保险公司的车险，贷款几年，就要一次性买几年；③必须通过其办理上牌手续。

同样在该市的一汽马自达、上海大众和通用雪佛兰等3家4S店，也被要求到销售各自品牌的汽车金融公司贷款，年利率一般高于银行贷款利率，有的甚至超过13%。且全都表示，贷款买车就要在指定保险公司购买车险，并通过其办理上牌手续。

2. 指定购险“只可多不准少”。不仅如此，很多销售商还规定购险“只可多不准少”，“至少要买5个险种”。在5个险种外，消费者可以增加购买的险种数量，但不可以减少。4S店的销售人员表示，贷款购车不仅要到指定保险公司购险，购买险种也是指定的，其中车辆损失险、商业三者险、不计免赔险、交强险和盗抢险5种是必须购买的。以售价10万元左右的“凯越两厢”为例，5个险种购买3年的花费大概在1.5万元左右。

为何至少要购买5种车险？4S店工作人员表示，除了盗抢险外，其他4种保险是车险“标准配置”，是有规定必须购买的。由于贷款车辆已抵押给汽车金融公司，为防止车辆出现意外，所以要求一定要再购买盗抢险。

但实际情况是，相关部门除了规定交强险必须购买外，其余险种都由消费者自由选择购买。同时，在保险购买中，如果消费者自己购买车险，经常会有保险公司或相关机构推出各类活动，价格要实惠一些。

据了解，由于车险费率已放开，各保险公司所收取的保险费都有差异，购车者现在被指定保险公司购买，便失去了在众多保险公司和代理车险机构中选择“最优惠”的机会。其实，经销商这样做，既可以将保险公司发展为自己的客户，又可以从保险公司领到相关返利。

3. 一招堵住“绕道”贷款。面对这种情况，有些购车者变想绕开汽车金融公司，而直接通过银行贷款。但是，4S店销售人员却表示，这样做他们将不负责帮忙办理任何贷款手续。

因为，如果个人购车从银行贷款，银行一般会要求经销商提供购车合同、购车发票和申请表。而雪佛兰4S店工作人员告诉记者，只有缴付了全部车款，才能拿到购车发票。这样无疑堵住了不少想要“绕道”银行贷款的购车者。

（二）案件审理

对于销售商的种种要求，大多数消费者只能忍气吞声，任其宰割。也有一些消费者不买账，他们除了拒绝销售上的无理要求并退出交易外，还拿起法律武器到工商行政部门或者消费者协会投诉，请求对该行为进行查处。

但是，就目前的查处情况来看，往往不利于消费者。究其原因，在于查处机关一般将之认定为是一种自愿的合同行为。因为，经销商均保有消费者签字的：①购车合同；②贷款合同；③保险合同。

（三）专家评析

搭售或附加不合理条件行为的核心特征是违背购买者的意愿，强迫或者强制消费者接受单方开出的条件，而从表现形式上看，这种交易又往往以合法的形式——合同出现，或者被合法的形式——合同所掩盖。正是这一特征障碍了执法机关的双眼，使执法机关作出了偏差甚至是相反的判断和处理。

在本案中，购车者希望拥有属于自己的车辆，但往往资金又不足。在这样的情况下，一般的购车者只能借助银行贷款解决资金不足问题。但是，通常情况下又无法绕开汽车金融公司而从银行获得直接贷款，于是，只好委曲求全，接受销售商开出的所有的不合理条件，也只好违心的在合同书上签字、画押。人在屋檐下，不得不低头。

但是，作为执法机关，最重要的是透过现象看本质。做一个简单的调查和问卷，一切都不言自明。透过合同书的背后，执法机关应当看到一张张无奈又无助的脸。这就是我们的结论，这也是我们的希望。

第八节　法律禁止的有奖销售行为

一、有奖销售的含义及其利弊

有奖销售，国外多称为悬赏式或抽彩式的有奖销售，是指经营者销售商品或者提供服务时，附带性地向购买者提供物品、金钱或者其他经济上利益的行为。有奖销售包括附赠式有奖销售和抽奖式有奖销售两种。奖励所有购买者的是附赠式有奖销售；奖励部分购买者，奖励取决于购买者是否中奖的，均属于抽奖式有奖销售。

重点提示：

射幸合同是指当事人一方是否履行义务有赖于偶然事件的出现的一种合同，往往会激发和鼓励人们的投机心理。其中的“射幸”，即“侥幸”，其本意是碰运气的意思，很像有奖销售中的抽奖。请同学们比较有奖销售和射幸合同的异同。

在商品的销售活动中，作为经营者的一种促销手段，有奖销售在一定程度上可以刺激人们的购买欲望，吸引消费者购买商品，给经营者带来一定经济利益。而且，由于有奖销售的竞争日趋激烈，特别是经济实力雄厚的大型商业企业推出规模更大、金额更高的有奖销售，这就会引起增加成本、提高销售价格等后果，使本来的质量、价格和服务的正常竞争受到扭曲，损害消费者的权益。同时，中小商业企业因资金不足而无力设奖，造成顾客流失，给中小企业的销售活动带来冲击，破坏了市场的竞争秩序。其不正当性正是体现于此。实践表明，我国《反不正当竞争法》第13条的规定，正是在分析了有奖销售的利与弊的基础上，借鉴国外立法的先进经验作出的，对有奖销售没有采取一概否定或者一概肯定的作法，而是在允许的情况下，又作出了较为严格的限制。

二、法律禁止的有奖销售行为

我国反不正当竞争法在原则性肯定和允许有奖销售的前提下，禁止欺骗性有奖销售、滥售性有奖销售和巨奖性有奖销售等三种有奖销售。

（一）欺骗性有奖销售行为

欺骗性有奖销售行为是指经营者采用谎称有奖或者故意让内定人员中奖的欺骗方式进行有奖销售。这种行为产生于抽奖式有奖销售的情形之下，经营者以奖品或奖金为诱饵，利诱消费者，而所设之“奖”不能为任何消费者所得，构成经营者对消费者的欺骗，其中，又可分为以下两种情况：

（1）谎称有奖实则无奖，如有的经营者在奖券号码上做手脚，带有中奖号码的奖券根本不存在或置留在经营者手中，任何消费者都不可能成为中奖者。这种有奖销售，我们可以称之为绝对式欺骗性有奖销售。

（2）虽然有奖但故意让内定人员中奖，其内定人可能是经营者本身，也可能是其亲友或其他特定的消费者，这与谎称有奖无异。这种舞弊行为的结果，虽然获奖者可能是消费者，但由于属事先内定，对于众多的消费者来讲同样是不可能获得的。这种有奖销售，我们可以称之为相对式欺骗性有奖销售。

欺骗性的有奖销售的危害在于：一方面损害了消费者的利益，因为既然是有奖销售，每一个消费者应有获得奖品或奖金的权利，经营者也有在给付商品（或服务）的同时支付奖品或奖金的义务。而在这里，由于经营者欺骗行为，逃避了应承担的部分义务，造成对消费者权利的侵害。另一方面，破坏了竞争秩序，使其他以正当方式从事有奖销售的经营者与之相比处于不利的地位，实为不公平的竞争。

基于此，1993年12月24日国家工商行政管理局发布了《关于禁止有奖销售活动中不正当竞争行为若干规定》，明确禁止下列欺骗性有奖销售行为：

（1）谎称有奖销售或者对所设奖的种类、中奖概率、最高金额、总金额、奖品种类、数量、质量、提供方法等作虚假不实的表示。

（2）采取不正当手段故意让内定人员中奖。

（3）故意将设有中奖标志的商品、奖券不投放市场或者不将商品、奖券同时投放市场；故意将带有不同奖金金额或者奖品标志的商品、奖券按不同时间投放市场。

（4）其他欺骗性有奖销售行为。

（二）滥售性有奖销售行为

滥售性有奖销售行为最为突出的特点是商品质价不符，实质为变相涨价、欺骗消费者。其表现为借助有奖销售的形式，推销质次价高的商品，或者以次品充正品、以普通的低档商品冒充优质商品进行销售。所推销的商品是否属于质次价高，以消费者的公认和有关主管机关的认定为准。以有奖销售的手段推销冒牌商品、假商品及其他失效、变质等劣质商品，同时触犯其他法律的、法规的，还要依据有关的法律、法规处理。

（三）巨奖性有奖销售行为

抽奖式的有奖销售是通过抽签、摇奖或其他偶然方式决定消费者能否获得奖金或奖品的一种销售形式。大体有三种情况：

（1）商品本身有编码，经营者销售一段时间后，通过既定的方式和程序确定中奖号码；

（2）消费者购买商品的同时，可得到与购货金额相应的若干张奖券，一定时间之后开奖，或者事先确定了中奖号码，消费者可当场核对是否中奖。

（3）在少数商品内装有奖品奖券，或者中奖标志，购买者凭奖券或标志可得到奖品或者奖金。

在此种形式的销售中，法律禁止巨奖性的抽奖销售行为。这种行为以奖品或奖金为诱饵引诱消费者，利用消费者的侥幸心理使其购进商品，结果造成消费者偏离购物的本意，不管是不是需要，也忽略商品的质量、性能和价值，实际上造成对消费者权益的损害。对于经营者来说，只注意到销售额，利润增加的短期效益，而忽视产品质量，服务质量的提高，本来的价格和质量的竞争受到这种手段的竞争的妨碍，最终会使经营者后劲不足、缺乏竞争力而遭受损失。对于社会来说，因为巨奖刺激下的消费不能如实反映社会的实际需求，传递错误的市场信息，可能会导致物价不合理的上涨。有鉴于此，对巨奖式抽奖销售必须予以规范。但是，由于我国目前处在社会主义市场经济初级阶段，抽奖式有奖销售作为一种促销手段，对于活跃商品流通、搞活企业还有一定的积极作用。应该允许这种行为在一定范围内存在，超过这一范围，足以造成对市场竞争秩序的破坏时则予以禁止。因此，法律规定，禁止最高奖金额超过5000元的抽奖式有奖销售行为，如果是奖品，其价值不得超过5000元。即不管每次有奖销售所设奖的数量多少，其最高奖的奖金或奖品价值均不得超过5000元。

三、规范违法有奖销售的立法意图

我国在制定《反不正当竞争法》时，对于有奖销售，尤其是对抽奖式的巨奖销售该不该禁止的问题，无论是在草拟法律草案，还是在讨论法律草案的过程中，都有不同的意见。

一种意见是主张禁止搞有奖销售。其主要理论是：

（1）搞有奖销售，会助长经营者败坏商业道德、违法乱纪。诸如弄虚作假推销假冒伪劣商品。

（2）搞有奖销售，会助长顾客的投机侥幸心理。诸如希望中奖发财而购买自己并不急需，甚至是根本不需要的商品。

（3）搞有奖销售，会增加商品成本，经济实力雄厚的企业承受得起，中小企业则承受不起，认为巨奖有奖销售可能演变为大企业排挤、压制中小企业的手段。

（4）搞有奖销售，往往使众多消费者参与抽奖一无所得，白白地付出代价，而有奖销售的设置者却从中捞到了好处，大发有奖销售之财，甚至成了暴发户。

另一种意见是主张不要一概禁止有奖销售，而应当限制某些有奖销售，主要理由是：

（1）搞有奖销售是企业的让利行为。既然是让利，就应当鼓励和支持。

（2）搞有奖销售是经营者的促销手段。既然是促销，就不应当反对。

（3）只有弄虚作假的欺骗性等形式的有奖销售才损害消费者利益。小额的有奖销售，尤其是附赠式有奖销售应当允许。

经过广泛征求意见和讨论，立法上对有奖销售问题取得了共识，认为有奖销售对于市场竞争有双重影响：符合商业道德和诚实信用的原则的小额有奖销售，可以起到活跃市场、促进消费、促进竞争的作用；采取欺骗等不正当手段搞大规模的或者巨额有奖销售，则会损害消费者和同业竞争者的利益，会破坏商业竞争秩序。总之，从通过颁布的《反不正当竞争法》第 13 条的规定来理解，法律并不是一概否定有奖销售，并没有禁止一切有奖销售，只明确规定禁止三种违法的有奖销售。我们必须正确领会这一立法意图和基本精神。

四、司法实践中应注意的问题

司法实践中，有奖销售与有奖募捐的差异，有奖销售与传销的差异，有奖销售的认定标准等问题是几个十分重要的问题，涉及是与否，此与彼的问题，应当首先予以解决。

（一）有奖销售与有奖募捐

有奖销售和有奖募捐是有着本质区别的两个概念，很容易混淆。二者的区别主要表现在以下几个方面：

（1）设奖的目的不同。有奖销售和有奖募捐的共同点是都有奖或都设奖。但是，二者设奖的目的却有着本质的不同，前者设奖的目的是为了销售产品，为了一定的商业目的；后者设奖的目的是为了某种公共利益，如体育募捐等。

（2）设奖的主体不同。有奖销售的设奖主体为经营者，而有奖募捐的设奖主体则为政府部门或者特定的社会公益机构。

（3）设奖的内容不同。有奖销售可以以实物、现金或者经济上的利益等为奖项内容，而有奖募捐只能以现金为奖项内容。[1]

（4）奖金的限额不同。在抽奖式的有奖销售中，最高奖的奖金额不得超过5000元，而在有奖募捐中，最高奖的奖金额没有最高额度的限制。

（二）违法有奖销售的认定

在司法实践中，执法部门和执法人员在认定违法的有奖销售时，应考虑以下几个问题：

（1）是否有排挤他人和损害消费者的目的和动机。

（2）所称有奖是否真实。

（3）中奖人员与经营者是否有联系，有怎样的联系。

（4）推销的商品是否属于质次价高，是否符合产品质量的要求，如有问题还应按照产品质量法的有关规定进行查处。

（5）抽奖式有奖销售最高奖的金额是否超过了5000元，这个限额包括现金和奖品折价后的金额。

重点提示：

注意关于最高奖的几个问题。①为概括用语，泛指所有诸如特别奖、一等奖等形式；②没有数量的限制，可以设一个最高奖，也可以设多个最高奖；③金额是否是超过5000元，由专门机关或专业机构认定。

（6）该抽奖式活动是不是经政府或政府有关部门依法批准的有奖募捐及其他彩票发售活动。

（7）在《反不正当竞争法》施行前发生的，属于法律禁止的有奖销售行为，《反不正当竞争法》施行后，一律不得继续实施。已预先设定开、兑奖，且时间

---

〔1〕在有奖募捐初期，其奖项的内容与有奖销售几无区别，商品、货币、经济上的利益等均可作为奖品。但后来，发现很多质次价高，甚至是假冒伪劣的商品充斥有奖募捐之舞台，挫伤了募捐者的热情和积极性，扰乱了正常的募捐市场秩序。于是，为了维护良好的募捐市场秩序，国家明确规定，有奖募捐的奖项内容只能为货币，商品、经济上利益等均不得作为奖项内容出现在有奖募捐领域。

在1993年12月1日以后的，经营者仍应履行开、兑奖的义务。

（三）传销与法律禁止的有奖销售

传销也是以奖励消费者为基点进行的一种销售方式。在我国，未经政府批准，未进行合法登记的传销活动是一种非法活动，这一点与法律禁止的有奖销售有着惊人的相似之处。因此，我们在研究法律禁止的有奖销售的时候，也有必要来研究一下法律所禁止的传销活动。

传销是商品直销的一种形式，其基本含义是指通过某一网络，由厂家或产品代理商通过传销商直接销售给消费者，并由厂家或产品代理商支付给传销商传销奖金的一种销售方式。

可以看出，传销与其他销售方式相比有以下三个显著特征：①传销是依靠其特定的销售商——传销商来完成的；②传销是在某一特定网络——传销网络中进行的；③传销是以厂家或产品代理商为传销商支付高额利润——传销奖金为条件的。

传销从无到有，发展到今天，大有愈演愈烈之势。社会各界都在热烈地讨论着这一销售方式，尤其是经济学界和法学界。

根据各个传销厂家或产品代理商的宣传材料和来自传销商的介绍，他们极力推崇和使用这一销售方式的主要原因有以下几点：

（1）厂家可以最大幅度地获得产品的全部利润，即产业利润和商业利润。

（2）可以有效地防止和打击假冒伪劣商品。

（3）可以加速资金周转，免受三角债的困扰，可以一心一意进行生产和销售。

（4）可以限制物价，提高产品在市场上的竞争能力。

（5）可以使消费者获得比市价低10%～30%的商品。

（6）可以最有效地使用销售人员，而无须向他们支付报酬。

（7）减少不必要的中间环节，减少商品滞留时间，加快流通速度，加速资金周转。

（8）减少费用，如庞大的广告宣传费、运输费、仓储费、市场调查费，等等。

仔细研究一下传销的所谓优势，不难发现，巨额利润的实现是传销的实质，也是传销活动得以开展的前提条件。而且，再深入剖析和研究又可以发现，这种巨额利润是经营者通过大幅度地提高产品的销售价来实现的。换句话来讲，传销是产品价格与产品价值严重背离的一种销售方式，是对消费者的一种愚弄，也是对消费者权益的一种侵害，更是对良好市场秩序的一种破坏。

传销的违法及危害表现在以下几方面：

（1）严重地侵犯了消费者的合法权益。《消费者权益保护法》第10条明确规定："消费者享有公平交易的权利。"但在传销中，商品的价格是与商品的实际价值完全背离的，往往要高出商品真正价值的几倍甚至10倍，甚至更多。厂家或产品代理商的传销行为直接侵害犯消费者的公平交易权。

（2）扰乱了市场管理秩序。任何商品交易活动都必须遵守国家的有关规定，从产品质量、包装、计量、价格到售后服务均须纳入法制轨道。在传销中，由于成千上万传销商的加入，而这些传销商进行传销活动的时间、地点、场合、手段和方式均各不相同，因而使国家经济管理机关很难对其传销的产品进行综合的监督、检查和管理。这样，便给一些不法经营者带来可乘之机，他们借此行销假冒伪劣产品，推销质次价高商品以及进行其他违法销售活动，甚至从事其他违法犯罪活动，其后果只能使市场管理的工作难度加大，市场秩序愈加混乱。

（3）误导消费，加重消费者的负担。传销的另一危害是加强消费者的负担，误导消费。在传销中会出现这样一个奇怪的现象：不为消费而购买或者说是不需要而购买。为什么会出现这样一种情况呢？其主要原因是受传销奖金的驱使，其结果便加重了消费者的负担，使消费者背上了沉重的经济包袱。

（4）加剧矛盾，酿成纠纷。由于传销活动是在人与人结成的网络中进行的，而每一个人加入该网络都必须有其他人的推荐，一旦传销失败或厂家和产品代理商背信弃义，推荐人和被推荐人之间便会相互埋怨，发生纠纷。有的传销商投入过多，这种怨恨便会加剧，更有甚者会导致家庭破裂、财毁人亡的结局。

五、法律责任

对于《反不正当竞争法》所规定的法律禁止的有奖销售，监督检查部门应当责令停止违法行为，可以根据情节处以1万元以上10万元以下的罚款。

工商行政管理机关有权根据法律之规定，责令其停止违法行为，同时根据情节，处以1万元以上10万元以下的罚款。责令停止违法行为及罚款，应当按照法定程序作出处理决定，并书面通知行为人。即凡属于法律明文规定禁止的有奖销售行为，都要责令其停止，而是否同时处以罚款，及罚款数额多少，要根据违法行为情节的轻重而决定。"情节"主要指其社会危害性的大小。社会危害性可以从下面几个方面去认定：有奖销售的规模、持续时间、对于推销商品的影响程序、设奖数量及金额、非法所得数额或商品销售额等。对于利用有奖销售手段推销质次价高商品的行为，还要看所推销商品"质次"的程度，是否会造成对消费者生命财产的损害等。

六、典型案例介绍

本案属于一起典型的滥售性有奖销售案，其实质是借有奖销售之名，行销售质次价高商品之实，危害很大，影响很坏，既侵犯了同业竞争者的公平竞争权，又侵犯了消费者的安全保障权、知悉真情权和公平交易权，应当坚决禁止，严厉打击。

（一）案情简介

2007年12月1日，某商场进行有奖销售活动。在这一天，某商场邀请了有关领导前来参加销售活动，还请来了某乐队为开展有奖销售表演文艺节目。商场在大门前写的《告顾客书》中指出：凡来本商场购置电视、自行车、缝纫机、空调者，每购500元的商品可得到一张奖券，如果金额不到500元者，不给奖券；凡持有奖券者都有奖。本次有奖销售设特等奖1名，奖品为熊猫牌彩电一台；一等奖3名，奖品为凤凰牌缝纫机一台；二等奖10名，奖品为飞鸽自行车一辆；三等奖50名，奖品为录音磁带四盒，剩余的为鼓励奖，奖品为暖水瓶一个；开奖日期为2008年1月1日，当众开奖，并请公证人进行监督；地点为某商场门口，开奖后即发奖品，不再另行通知，此期间售出商品概不退货。由于这次购买奖券的顾客都有奖，所以购买商品的人很多。商场在12月份一个月中，总销售额为400万元，赚取了大笔利润。

王某是一名工人，当听说某商场有奖销售时，想碰碰运气，拿出1500元积蓄并从朋友处借了1000元购买了电视和自行车，得到五张奖券。当王某把电视机带家中进行观看时，就发现电视机图像不正常，王某也未在意。可电视没看几天，声音、颜色均出现异常。王某找到修理电视的商店要求进行修理时，被告知该电视是一劣质的组装产品，根本不是正式电视机厂出的产品。王某随即抱上电视机到商场要求退货。该商场负责人告诉王某说，这次有奖销售本身就给消费者额外利益，消费者在享受利益时应承担利益带来的风险。某商场对这次有奖销售中售出的产品概不退换，如有问题请找生产厂家。王某没办法又去信问电视机上标明的生产厂家，询问有关维修事项。生产厂家回信说，据王某写信叙述的电视的特征来看，此种电视机不是本厂生产的产品，而是一个冒牌货，因此本厂不予维修。

王某被某商场拒绝退货，又找不到电视机的生产者，因此，只好向人民法院提起诉讼，要求某商场承担销售伪劣商品的法律责任。

某商场在答辩中提出：本商场进行有奖销售时扩大了中奖面，人人都有奖，只是获奖额大小不同而已。这样，每个消费者在本商场购物时，都比在别的商场购物多得到利益。利益和风险是一致的，消费者获得了额外的利益，就要承担商品带来的风险。因此，本商场规定凡是在有奖销售期间购得的商品一律不予退换，如有问题自己设法解决。

（二）案件审理

立案后人民法院进行了查证：原来某商场进了一批劣质电视机，由于发货人在收到款后逃跑，因此整批货款有全部损失的危险。商场领导经过考虑，决定采取有奖销售的手段把这批伪劣商品全部销售出去。在有奖销售之前，某商场大张旗鼓地进行了宣传，并扩大中奖面，使人人都能得奖。并且商场故意安排在对顾客的说明书中写上“售出商品概不退换”之类的约定，以减轻自己的责任。退换的请求无一例外地被拒绝。还查明，在2008年1月1日进行开奖时，某商场还进行舞弊，把特等奖和一等奖全部安排内部人员中奖。

人民法院审理后，判决如下：

（1）某商场对王某购买到的电视机负责返还价款2000元。

（2）如果其他消费者买到电视机后找某商场，某商场一律照此办理。

（3）此批伪劣电视机停止销售。

同时，工商机关接到人民法院移送的案件后进行了查处，根据《产品质量法》、《反不正当竞争法》、国家工商局《关于禁止有奖销售活动中不正当竞争行为的若干规定》作出处罚：

（1）没收某商场在销售伪劣电视机中的违法所得24万元。

（2）销毁剩余的、没有销售的伪劣电视。

（3）对某商场处以5.8万元的罚款。

（4）某商场内部人员的中奖行为无效，奖品应当没收。

（三）专家评析

我们认为，无论是人民法院的判决，还是工商行政机关的行政处罚都符合反不正当竞争法、产品质量法的规定。

1. 所销售的商品质量不合格。当王某把电视机带到家中进行观看时，就发现电视机图像不正常；没看几天，声音、颜色均出现异常；王某找到修理电视的商店要求进行修理时，被告知电视是一劣质的组装产品，根本不是正式电视机厂出的产品。所有这些，都表明某商场销售的电视机存在严重的质量问题，是不合格产品。某商场销售这样的不合格品，违反了产品质量法的规定，侵犯了消费者的安全保障权、知悉真情权和公平交易权。

2. 某商场实施了不正当的有奖销售行为。我国反不正当竞争法明令禁止滥售性有奖销售行为，即借有奖销售之形式销售质次价高的行为。本案中，电视机的质量不合格，既有事实的依据，也有维修上的鉴定，更有人民法院和工商行政管理机关的认定，应属无疑之事。对于这些存在严重质量问题的电视机，某商场却予以销售，而且是高价销售，明显地违反了反不正当竞争法的上述规定。

某商场的上述行为，侵犯了同业竞争者的公平竞争权，扰乱了正常的市场秩序，所以，应当受到反不正当竞争法的打击和制裁。

第九节　商业诽谤行为

一、商业诽谤的含义

商业诽谤是指经营者自己或者利用他人，通过捏造、散布虚伪事实等不正当手段，对竞争对手的商业信誉、商品信誉进行恶意的诋毁、贬低，以削弱其市场竞争能力，并为自己谋取不正得益的行为。

商业信誉是指经营者以公平、公正、公开的方法，遵守法律、法规和商业道德的规定或要求，通过诚实劳动所取得的成果，是经长时间努力建立起来的，它拥有广大的市场和顾客，并且具有强大的市场竞争优势。这种优势通常表现为公平合理的商品价格、优良的商品质量和热情周到的服务以及良好的企业形象。

商品信誉，主要是针对有形商品而言，是指经营者通过诚实劳动，提高质量，降低成本，增强效益，从而产生出来的产品质量高、价格合理、性能齐全、用户信得过的一种声誉。一种商品的声誉如何，直接影响到这个企业的商业信誉。

重点提示：

商业信誉和商品信誉是紧密相连的，是经营者商业竞争能力的重要组成部分。一般情况下，侵犯商品信誉必然会侵犯商业信誉。商业诽谤行为往往以侵犯商品信誉开始，到侵犯商业信誉结束。对此，同学们应当深刻领会。

商业信誉和商品信誉是企业的生命，它需要经过长时期的努力才能建立，但也可能毁于一旦。在激烈的商业竞争中，优良的商业信誉和商品信誉，包括价格、质量、服务、性能等，甚至企业形象都是吸引顾客的关键所在。如果某个经营者为了竞争的目的，不是兢兢业业地通过诚实劳动提高自己的商业信誉和商品信誉，使之能尽快地在市场上具有较强的竞争能力。相反，却企图通过制造假象的方式，损害竞争对手长期建立的商业信誉和商品信誉，在广大购买者不知情的条件下，有可能使部分对手遭受难以挽回的巨大损失。这种不正当竞争行为已严重破坏了社会主义市场经济秩序，妨碍了公平竞争，应进行严厉的打击。

二、商业诽谤的性质及其特征

商业诽谤从性质上来讲是侵害公民或法人名誉权、荣誉权行为的一种商业化表现形式，属于民法调整的范围。在《民法通则》第101条中明确规定：“公民、法人享有名誉权，公民的人格尊严受法律保护，禁止用侮辱、诽谤等方式损害公民、法人的名誉。”同时，在第120条中又规定：“公民的姓名权、肖像权、名誉权受到侵害的，有权要求停止侵害，恢复名誉，消除影响，赔礼道歉，并可以要求赔偿损失。”法人的名称权、名誉权、荣誉权受到侵害的，同样适用该规定。

商业诽谤具有以下几个特征：

1. 主体是经营者，即从事商品经营或者营利性服务的法人、其他经济组织和个人。值得注意的是，虽然多数情况下，经营者是自己实施对竞争对手的商业诽谤，但在有些情况下，经营者也可能不是自己实施此种行为，而是利用他人实施这种行为。所谓他人，可能是其他同业经营者，也可能是非同业经营者或非经营者的社会组织或个人，例如，会计、审计、质量检验等机构或其工作人员，政府机关或其工作人员，以及消费者个人等。如果这些组织或个人与经营者之间有过共谋，即存在主观上的共同故意，他们就应与该经营者一起对该行为承担法律责任。此外，如果是两个或两个以上的经营者共同实施对其竞争对手的商业诽谤，他们应该对该行为承担连带责任。

2. 主观方面是明知故意，而不是过失。行为人实施商业诽谤行为，是以削弱竞争对手的商业竞争能力，并谋求自己的市场竞争优势为目的，这种主观故意性是明显而确定的。经营者也可能因过失造成竞争对手商业信誉或商品信誉的损害，并要承担相应的损害赔偿责任。但这种行为并不构成商业诽谤，其性质不属于不正当竞争。

3. 侵害的客体是竞争对手的商业信誉和商品信誉。商品总是由一定经营者生产的，商品信誉中体现着经营者的商业信誉。商品声誉最终应归属于经营者的商业信誉，但由于人们往往直接根据商品信誉选择商品，使其具有了相对的独立性。

商业信誉和商品信誉是通过经营者参与市场竞争的连续性活动而逐渐形成的。经营者大都需要经过大量而艰苦的市场研究、技术开发、广告宣传和公关活动等，去建立自己良好的商业信誉和商品信誉。

经营者的商业信誉，商品信誉，属于民法规定中的公民或法人的名誉权和荣誉权。它们是从商业角度对经营者的能力、品德，对其商品品质的积极的社会评价。商业诽谤行为的实施，往往会使经营者的社会评价发生偏差，甚至完全相反，最终则会削弱经营者的商业竞争能力。反不正当竞争法正是基于此打击和制裁商业诽谤行为的。

4. 行为的客观方面表现为捏造、散布虚假事实，对竞争对手的商业信誉、商品信誉进行贬低、诋毁，给其造成或可能造成一定的损害后果。虚假事实是违法行为人以多种形式对自己的竞争对手进行谩骂、诋毁、诬蔑，或者编造、散布足以损害竞争对手商业信誉的谎言，或者贬低其商品的质量、价格、性能及用途等的谎言。对于虚假事实，行为人进行捏造并散布。这两种形式均是违法手段，性质和目的相同，都是要败坏竞争对手的声誉。但是二者有着行为先后顺序的不同，“捏造”在先，“散布”在后，而在“散布”过程中也可能会有新的“捏造”。

三、商业诽谤的表现形式

在现实的市场交易中，商业诽谤的形式是多种多样的。根据对一些作案手段的总结，我们发现，商业诽谤的主要形式有以下几种：

（1）利用散布公开信、召开新闻发布会、刊登对比性广告等形式，捏造、散布贬损竞争对手商业信誉、商品信誉的虚假事实。

重点提示：

对比性广告是一种非常特殊的广告形式，也是商业诽谤常用的一种形式，很值得探讨和研究。同学们试对对比性广告的含义、特征、表现等问题进行总结和研究。

（2）在所出售商品的包装说明中，对竞争对手的同类产品进行诋毁。

（3）组织人员，以消费者的名义，向有关经济监督管理组织部门作关于竞争对手产品质量低劣、服务质量差、侵害消费者合法权益情况的虚假投诉，以增加对竞争对手的社会投诉量，从而达到贬损其商业信誉的目的。

（4）在对外经营过程中，向业务客户及消费者传播散布竞争对手所售的商品质量有问题的虚假信息，使公众对该商品失去依赖，以便自己的同类产品取而代之。

四、司法实践中应注意的问题

商业诽谤行为存在的原因，主要在于行为人道德水平的低下和法律意识的淡漠。有关部门必须大力加强商业道德和法制观念的教育，使经营者能够自觉地守法经营，以正当手段从事竞争，同时在审理商业诽谤案件中应注意以下几个问题。

（一）正确处理名誉侵权行为与不正当竞争行为的竞合问题

商业诽谤从其表现形式及承担民事责任的方式来看，与侵害名誉权的行为有一定竞合。质言之，商业诽谤行为是对竞争对手合法享有的人格权中的名誉权与身份权中的荣誉权的严重侵害，其与一般侵害名誉权的行为在表现形式及承担民事责任的方式方面有相同之处。但是，商业诽谤在以下两个方面却与一般的民事侵权存在着很大的区别：

（1）在主体方面，侵权人的行为一般具有特定的指向，即属于侵害特定的同业竞争者。当然，这里可能是特定的单个竞争对手，也可能是相对特定的多个同业竞争者。

（2）侵权人实施诋毁、贬低竞争对手商业信誉、商品信誉的行为，行为人在主观上是以竞争为目的，旨在削弱竞争对手的市场竞争能力，出自于故意。

（二）审判实践中，如何核实和认定商业诽谤行为的证据

所谓商业诽谤的证据是指能够证明诋毁人诋毁竞争对手商业信誉、商品信誉事实成立的一切证明材料。这些证据的特征是：

（1）隐蔽性。诋毁内容是公开的，但诋毁人一般不公开承认是自己所为。

（2）难印证性。由于诋毁内容一般都是得到过多人传播，所以即使发现某单位或个人实施了诋毁行为，也难以对此认定它究竟是诋毁行为原始制造人还是中间环节传播人。

诋毁行为的特点决定了人民法院必须认真核实和认定商业诽谤事实得以成立的证据。一般来讲，人民法院在认定这类证据时应把握以下几点：

（1）诋毁人必须对其故意诋毁竞争对手商业信誉、商品信誉的事实完全供认或者无异议，否则，不能认定。

（2）民事诉讼中的被诋毁人必须有充分的证据证明诋毁行为人实施了诋毁行为。

（3）必须有诋毁的商品市场（特定经营者、消费对象）的互相印证或者证实。

（三）如何认定被诋毁商品的损失

如何认定被诋毁商品的损失也是商业诽谤案处理过程中的一个难点问题。这一问题主要包括：

1. 损失的主张和认定。对诋毁行为造成的损失必须先由被诋毁人申报，被诋毁人对自己的申报应提供必要资料并预交保证金。然后由人民法院组织核实或请审计部门进行财务审计。审计核实的财务情况必须经过综合分析判断方能最后确定诋毁行为造成的损失。

2. 损失的计算范围。诋毁行为造成的损失从大的方面来看，应包括直接经

济损失和间接经济损失。

直接经济损失包括：因诋毁行为造成客商退货的损失；因诋毁行为造成商品滞销积压库存而失效的损失；为正名在电视中、报刊上进行反诋毁行为宣传所花费的费用；提起诉讼等所花的费用。

间接经济损失包括：因诋毁行为造成客商中止履行合同而减收的可得利益；因诋毁行为造滞销停产期间的设备闲置折旧费的贷款利息。

五、商业诽谤行为的法律责任

在《反不正当竞争法》中未对商业诽谤行为应承担的法律责任作出具体规定。我们认为，应从以下两方面去考虑、确定诋毁人应承担的法律责任。

（一）原则问题

商业诽谤行为的法律责任从原则上讲应适用《反不正当竞争法》第20条的规定。即：经营者违反本法规定，给被侵权的经营者造成损害的，应当承担损害赔偿责任。被侵害的经营者的损失难以计算的，赔偿额为侵权人在侵权期间因侵权所获得的利润；并应当承担被侵权的经营者因调查该经营者侵犯其合法权益的不正当竞争行为所支出的合理费用。被侵权的经营者的合法权益因受到不正当竞争行为损害，可以向人民法院提起诉讼。

（二）具体问题

商业诽谤的具体责任问题可参（比）照以下规定确定：

（1）《民法通则》第101条：“公民、法人享有名誉权，公民人格尊严受法律保护，禁止用侮辱、诽谤等形式损害公民、法人的名誉。”

（2）《民法通则》第120条：“公民的姓名权、肖像权、名誉权、荣誉权受到侵害的，有权要求停止侵害，恢复名誉，消除影响，赔礼道歉，并可以要求赔偿损失。”

（3）《民法通则》第135条：“向人民法院请求保护民事权利的诉讼时效为2年，法律另有规定的除外。”

（4）《民法通则》第137条：“诉讼时效期间从知道或者应当知道权利被侵害时起计算。但是，从权利被侵害之日起超过20年的，人民法院不予保护。”

六、典型案例介绍

本案为一典型的商业诽谤案。原告是萍乡市新安工业有限责任公司（以下简称新安公司），被告是萍乡市龙骧瓷厂。既有民事程序的审理，又有刑事程序的审理，很具典型性。

（一）案情简介[1]

原告新安公司与被告龙骧瓷厂同为生产轻瓷产品的企业，在市场同行业竞争中，被告龙骧瓷厂法定代表人、本案第二被告胡鑫对原告新安公司（前身为萍乡市安源瓷厂）法人代表李日政产生不满情绪。2001 年 8 月份，第三被告李干劲和被告胡鑫及另一人蔡建军（已被判刑）在山西省太原市金叶宾馆共同商议以与原告新安公司有业务往来的河南安阳钢铁集团有限责任公司、湖南涟源钢铁集团公司、辽宁鞍山钢铁公司等单位的党员、职工、离退休人员代表的名义，向这些单位写举报信，反映购买原告新安公司产品价格高、质量差等情况，从而报复新安公司法人代表李日政，使其所经营的企业业务量减少。被告胡鑫起草好举报信，得到被告李干劲等的认可。之后，胡鑫要求李干劲去打印、寄发举报信。同年 9 月 8 日，被告李干劲向太原市化学工业集团公司焦化厂财务科寄出一份举报信，其内容反映有关人员购买新安公司的产品 80% 不合格，价格却高于 1500 元每立方米；向辽宁鞍山钢铁集团公司纪委、安阳钢铁集团有限责任公司纪委、涟源钢铁集团公司纪委等分别寄出一份举报信，其内容反映新安公司向有关人员采取贿赂、欺诈手段高价销售产品，造成公司近百万元损失。太原化学工业集团公司焦化厂纪委得知举报信后，进行了调查，认为举报信反映的内容不属实；安阳钢铁集团有限责任公司纪委经调查核实购买新安公司轻瓷材料与其他厂家同类产品相比价格偏高。

萍乡市新安工业有限责任公司在得知上述情况后，立即向萍乡市安源区人民检察院举报。在侦查中，2002 年 9 月 6 日，萍乡市萍审有限责任会计师事务所接受萍乡市安源区人民检察院委托，就此作出萍审资评报字（2002）第 32 号关于《萍乡市安源瓷厂李日政的发明专利“轻瓷多孔填料”产品信誉损失的无形资产评估报告》，结论为：2001 年下半年至 2002 年 7 月 31 日无形资产损失值为 721.4 万元，其中减少国家税收 238 万元，企业净损失 454.4 万元，其他损失 29 万元。

萍乡市安源区人民检察院立案侦查终结后向萍乡市安源区人民法院提起公诉。

（二）案件审理

在审理中，经过调查，萍乡市安源区人民法院认定被告的行为已经构成商业诽谤罪，遂于 2002 年 11 月 1 日作出（2002）安刑初字第 130 号刑事判决，认定被告人胡鑫、李干劲、蔡建军犯损害商业信誉、商品声誉罪，分别被判刑。

---

〔1〕根据余向阳、黄红建：“原告萍乡市新安工业有限责任公司诉被告萍乡市龙骧瓷厂等侵害商业信誉、商品声誉不正当竞争案”一文整理、删改，原载公安 110 资料网 2009 年 8 月 3 日文章。

2003年3月4日，萍乡市中级人民法院作出（2002）萍刑二终字第60号刑事裁定书，维持该刑事案件的一审判决。

同时查明：在上述刑事案件审判期间，本案原告因被告人的行为造成了商业信誉、商品声誉的损害。于是，萍乡市中级人民法院又于2003年10月19日，依照《反不正当竞争法》第14条、《民法通则》第4条、第134条第7项之规定，作出如下判决：

（1）被告萍乡市龙骧瓷厂、被告胡鑫、被告李干劲赔偿原告萍乡市新安工业有限责任公司商业信誉、商品声誉损失计人民币464.36万元，限本判决生效后10日内付清。三被告承担连带责任。

（2）驳回原告萍乡市新安工业有限责任公司其他诉讼请求。

判决后，原、被告均未提出上诉，该判决发生法律效力。

（三）专家评析

本案既有刑法的适用，也有反不正当竞争法和民法通则的适用，我们重点从反不正当竞争法和民法通则的角度分析被告应当承担的民事责任。

萍乡市中级人民法院判决被告萍乡市龙骧瓷厂、被告胡鑫、被告李干劲赔偿原告萍乡市新安工业有限责任公司商业信誉、商品声誉损失计人民币464.36万元，并承担连带责任。这是本案中三被告承担的民事责任，赔偿成为这种民事责任的唯一责任形式。进而，我们认为，损失是否造成、造成多少损失、被告应否承担赔偿责任便成了民事责任部分的焦点问题。

1. 被告的行为给原告的商誉权造成了损害。商誉具有重要的财产性质和经济性质，其损失程度是可以计算和评估的。本案中人民法院就委托萍乡市萍审有限责任会计师事务所对被告的商誉损失进行了评估。

目前关于商誉损失的评估，可根据《国有资产评估管理办法》用一定的程序由特定的资产评估机构进行评估：

（1）基本因素，即对评估具有决定性作用的因素，具体地说，就是商誉所创造的超额利润或新增利润。就超额利润来说，要测出该商品生产者或经营者的资本收益率和同行业的基准收益率，采用收益现值的标准，把两者相减就可得到。就新增利润的测定来说，要测出现阶段的资金收益率和以前一段相对时间的基准收益率，用同样的方法就可得到。超额利润是横向的比较，是同行业之间的比较；而新增利润是纵向比较，是自身前后两个时期的比较，这两种方法最好结合使用。同时，由于商誉自身的不定型性，必须用动态法和静态法两种方式计算，确定其评估值。

（2）非基本因素，这是我们认为还必须考虑的因素，主要有：①商誉的形成成本，也即形成现阶段的商誉所付出的代价，商誉由于不可比性，无法在流通过程中自然地形成它的价值基础——社会必要劳动时间，社会往往只能承认每个商誉的个别劳动量为必要劳动量。因此，商誉形成的成本，就当然成为评估商誉的重要因素；②商誉的成熟程度，也即商誉信息的传播广度和顾客的接受深度，商誉作为联系生产者、经营者和顾客的接受深度，商誉作为联系生产者、经营者和顾客的“桥梁”，是促销创益的催化剂，因此，商誉的成熟程度就自然地成为测定因素，比较有效的方法可考虑民意测验。总之，虽然对作为无形财产的商誉的评估是一项很细很复杂的工作，但却是可行的。

2. 被告应当对侵犯他人商誉权的行为承担民事赔偿责任。被告龙骧瓷厂、胡鑫、李干劲本身具备经营者身份，同时主观上具有侵犯原告商业信誉、商品声誉的故意，实施了侵犯原告商业信誉、商品声誉的不正当竞争行为，这已为人民法院生效的刑事判决所确认。且三被告的侵权行为已给原告商誉造成了实质性损害，所以，三被告应承担相应的侵权责任。

第十节　违反法律规定的招标投标行为

一、招标投标概述

招标投标作为市场经济条件下的一种特殊的交易形式，对改善企业经营管理，提高产品质量，提高劳动生产率，降低成本，进一步搞好专业化协作，打破部门、行业、地区的界限，砸烂企业中的“铁饭碗”，冲破业务上的“关系网”，有选择地采购价廉物美的产品，使商品流通更加合理化，提高企业的经济效益，具有重要的法律意义和社会意义。

（一）招标投标的含义与构成

招标投标，是在市场经济条件下进行大宗货物的买卖、工程建设项目的发包与承包，以及服务项目的采购与提供时，所采用的一种交易方式。在这种交易方式下，通常是由项目采购（包括货物的购买、工程的发包和服务的采购）的采购方作为招标方，通过发布招标公告或者向一定数量的特定供应商、承包商发出招标邀请等方式发出招标采购的信息，提出所需采购的项目的性质及其数量、质量、技术要求，交货期、竣工期或提供服务的时间，以及其他供应商、承包商的资格要求等招标采购条件，表明将选择最能够满足采购要求的供应商、承包商与之签订采购合同的意向，由各有意提供采购所需货物、工程或服务的报价及其他响应招标要求的条件，参加投标竞争。经招标方对各投标者的报价及其他的条件进行审查比较后，从中择优选定中标者，并与其签订采购合同。

所谓招标投标，是以招标的形式，使投标者分别提出其条件，由招标者选择其中最优者，并与之订立合同的一种法律形式。招标投标由招标行为和投标行为构成。其中，招标行为是招标者依法定方式诱使投标者投标的行为。该行为不指向特定人，不以对方的承诺为目的。因此，不具有要约性质，仅为具有要约引诱性质的订立合同的预备行为。投标行为是投标者根据招标者要求报送标书，提供招标者备选的行为，具有要约性质。

（二）招投标的原则

根据《招标投标法》的规定，招标投标活动应当遵循公开、公平、公正和诚实信用的原则。这些原则要求：进行招标投标活动的有关信息要公开；要给予所有的投标人平等的机会，使其平等地享有权利承担义务；评标结果要公正，对所有投标人应当一视同仁，严守法定的评标规则和统一的衡量标准；各当事人应当以诚实的态度参加招标投标活动，恪守良好的信用。

（三）招标投标的适用条件与适用范围

招标投标的交易方式，是市场经济的产物，采用这种交易方式，须具备两个基本条件：一是要有能够开展公平竞争的市场经济运行机制。在计划经济条件下，产品购销和工程建设任务都按照指令性计划统一安排。没有必要也不可能采用招标投标的交易方式。二是必须存在招标采购项目的买方市场，对采购项目能够形成卖方多家竞争的局面。买方方才能够居于主导地位，有条件以招标方式从多家竞争者中择优选择中标者。在短缺经济时代的卖主市场条件下，许多商品供不应求，买方没有选择卖方的余地，卖方也没有必要通过来竞争来出售自己的产品，也就不可能产生招标投标的交易方式。

招标投标在我国主要为建筑工程项目和世界银行等国际金融机构贷款项目所采用。在这些项目的招标投标活动中，招标者、投标者应当按照这些项目的招标投标程序进行。这些程序规定主要有《建设工程招标投标暂行规定》（1984），以及《国际复兴开发银行贷款和国际开发协会信贷采购指南》（1985）、《日本海外协力基金贷款采购指导原则》（1987），等等。

二、我国招标投标的法律规制

我国十分注意和重视招标投标的法律规制问题。1984 年 11 月 20 日国家计委、城乡环境保护部颁发了《建设工程招标投标暂行规定》，对招标投标活动作了明确规定。1999 年 8 月 30 日又颁布了《招标投标法》，对招标投标活动作出了更加具体、明确的规定，也使我国招标投标法律规范体系更加科学、合理。2002 年 6 月 29 日第九届全国人民代表大会常务委员会第二十八次会议通过的《中华人民共和国政府采购法》又对招标投标制度做了有益的补充，使我国招标投标法律制度更加完善。

我国法律法规对招标投标行为的规范主要表现在：

（一）招标方面

我国法律关于招标的规定主要表现在《招标投标法》中的第二章中。这些规定主要有：

1. 招标人的规定。该法第 8、9 条规定，招标人是依照本法规定提出招标项目、进行招标的法人或者其他组织。招标人应当有进行招标项目的相应资金或者资金来源已经落实，并应当在招标文件中如实载明。

2. 招标项目的规定。该法第 9 条规定，招标项目按照国家有关规定需要履行项目审批手续的，应当先履行审批手续，取得批准。

3. 招标形式的规定。关于招标的形式，该法第 10 条规定，招标分为公开招标和邀请招标。其中：公开招标，是指招标人以招标公告的方式邀请不特定的法人或者其他组织投标。邀请招标，是指招标人以投标邀请书的方式邀请特定的法人或者其他组织投标。

4. 招标形式的适用。该法第 11 条规定，国务院发展计划部门确定的国家重点项目和省、自治区、直辖市人民政府确定的地方重点项目不适宜公开招标的，经国务院发展计划部门或者省、自治区、直辖市人民政府批准，可以进行邀请招标。根据这条规定，可以看出，立法者对邀请招标做了限制性规定，只有符合条件的才可以采取邀请招标的形式，而对公开招标则采取鼓励和放开。

5. 招标代理机构。招标人具有编制招标文件和组织评标能力的，可以自行办理招标事宜，也可以自行选择招标代理机构，委托其办理招标事宜。自行办理和委托办理，实行自愿原则，任何单位和个人不得以任何方式为招标人指定招标代理机构；任何单位和个人不得强制其委托招标代理机构办理招标事宜。

根据该法第 13 条的规定，招标代理机构是依法设立、从事招标代理业务并提供相关服务的社会中介组织。设立招标代理机构应当具备下列条件：①有从事招标代理业务的营业场所和相应资金；②有能够编制招标文件和组织评标的相应专业力量；③有符合本法第 37 条第 3 款规定条件，可以作为评标委员会成员人选的技术、经济等方面的专家库。同时，该法还明确规定，招标代理机构与行政机关和其他国家机关不得存在隶属关系或者其他利益关系。

6. 招标公告。招标人必须按照法律规定的时间和条件张贴招标公告。招标公告是招标过程中的法定文件之一。关于招标公告，该法做出了如下规定：①招标人采用公开招标方式的，应当发布招标公告。依法必须进行招标的项目的招标公告，应当通过国家指定的报刊、信息网络或者其他媒介发布；②招标公告应当载明招标人的名称和地址、招标项目的性质、数量、实施地点和时间以及获取招标文件的办法等事项。

7. 投标邀请书。投标邀请书是要约邀请的具体表现，也是整个邀请招标活动开始的基础活动，不可或缺。关于招标邀请书，该法规定：①招标人采用邀请招标方式的，应当向 3 个以上具备承担招标项目的能力、资信良好的特定的法人或者其他组织发出投标邀请书。②招标人可以根据招标项目本身的要求，在招标公告或者投标邀请书中，要求潜在投标人提供有关资质证明文件和业绩情况，并对潜在投标人进行资格审查；国家对投标人的资格条件有规定的，依照其规定。③招标人不得以不合理的条件限制或者排斥潜在投标人，不得对潜在投标人实行歧视待遇。

8. 招标文件。招标文件是对招标项目、招标人要求、招标条件要求等诸多招标问题进行说明、强调、规范的法律文件，要求严格，不可或缺。这些说明、强调、规范的主要内容包括：①招标人应当根据招标项目的特点和需要编制招标文件；②招标文件应当包括招标项目的技术要求、对投标人资格审查的标准、投标报价要求和评标标准等所有实质性要求和条件以及拟签订合同的主要条款；③国家对招标项目的技术、标准有规定的，招标人应当按照其规定在招标文件中提出相应要求；④招标项目需要划分标段、确定工期的，招标人应当合理划分标段、确定工期，并在招标文件中载明；⑤招标文件不得要求或者标明特定的生产供应者以及含有倾向或者排斥潜在投标人的其他内容；⑥招标人根据招标项目的具体情况，可以组织潜在投标人踏勘项目现场；⑦招标人不得向他人透露已获取招标文件的潜在投标人的名称、数量以及可能影响公平竞争的有关招标投标的其他情况。招标人设有标底的，标底必须保密；⑧招标人对已发出的招标文件进行必要的澄清或者修改的，应当在招标文件要求提交投标文件截止时间至少 15 日前，以书面形式通知所有招标文件收受人。该澄清或者修改的内容为招标文件的组成部分；⑨招标人应当确定投标人编制投标文件所需要的合理时间；但是，依法必须进行招标的项目，自招标文件开始发出之日起至投标人提交投标文件截止之日止

（二）投标方面

我国法律关于投标的规定主要表现在《招标投标法》中的第三章中。这些规定主要有：

1. 投标人资格。投标人是响应招标、参加投标竞争的法人或者其他组织。投标人应当具备承担招标项目的能力；国家有关规定对投标人资格条件或者招标文件对投标人资格条件有规定的，投标人应当具备规定的资格条件。

2. 投标文件。投标文件是对招标文件的一种响应，也是一种明确的邀约。关于投标文件，该法做出了如下规定：①投标人应当按照招标文件的要求编制投标文件。投标文件应当对招标文件提出的实质性要求和条件作出响应。招标

项目属于建设施工的，投标文件的内容应当包括拟派出的项目负责人与主要技术人员的简历、业绩和拟用于完成招标项目的机械设备等。②投标人应当在招标文件要求提交投标文件的截止时间前，将投标文件送达投标地点。招标人收到投标文件后，应当签收保存，不得开启。投标人少于 3 个的，招标人应当依照本法重新招标。在招标文件要求提交投标文件的截止时间后送达的投标文件，招标人应当拒收。③投标人在招标文件要求提交投标文件的截止时间前，可以补充、修改或者撤回已提交的投标文件，并书面通知招标人。补充、修改的内容为投标文件的组成部分。④投标人根据招标文件载明的项目实际情况，拟在中标后将中标项目的部分非主体、非关键性工作进行分包的，应当在投标文件中载明。

3. 投标禁限。投标作为一种法律行为，除了应当遵守法律的一般规定外，还必须遵守以下规定，不得为下列行为：①投标人不得相互串通投标报价，不得排挤其他投标人的公平竞争，损害招标人或者其他投标人的合法权益；②投标人不得与招标人串通投标，损害国家利益、社会公共利益或者他人的合法权益；③禁止投标人以向招标人或者评标委员会成员行贿的手段谋取中标；④投标人不得以低于成本的报价竞标，也不得以他人名义投标或者以其他方式弄虚作假，骗取中标。

（三）开标、评标和中标

我国法律关于开标、评标和中标的规定主要表现在《招标投标法》中的第四章中。这些规定主要有：

1. 开标的有关规定。我国《招标投标法》对开标问题做了如下规定：①开标应当在招标文件确定的提交投标文件截止时间的同一时间公开进行；开标地点应当为招标文件中预先确定的地点。②开标由招标人主持，邀请所有投标人参加。③开标时，由投标人或者其推选的代表检查投标文件的密封情况，也可以由招标人委托的公证机构检查并公证；经确认无误后，由工作人员当众拆封，宣读投标人名称、投标价格和投标文件的其他主要内容。招标人在招标文件要求提交投标文件的截止时间前收到的所有投标文件，开标时都应当当众予以拆封、宣读。④开标过程应当记录，并存档备查。

2. 评标的有关规定。我国《招标投标法》对评标问题做了如下规定：我国《招标投标法》对开标问题做了如下规定：①评标由招标人依法组建的评标委员会负责。②招标人应当采取必要的措施，保证评标在严格保密的情况下进行。任何单位和个人不得非法干预、影响评标的过程和结果。③评标委员会可以要求投标人对投标文件中含义不明确的内容作必要的澄清或者说明，但是澄清或者说明不得超出投标文件的范围或者改变投标文件的实质性内容。④评标委员会应当按照招标文件确定的评标标准和方法，对投标文件进行评审和比较；设有标底的，应当参考标底。评标委员会完成评标后，应当向招标人提出书面评标报告，并推荐合格的中标候选人。⑤招标人根据评标委员会提出的书面评标报告和推荐的中标候选人确定中标人。招标人也可以授权评标委员会直接确定中标人。

3. 中标的规定。我国《招标投标法》对中标问题做了如下规定：①中标人的投标应当符合下列条件之一：一是能够最大限度地满足招标文件中规定的各项综合评价标准；二是能够满足招标文件的实质性要求，并且经评审的投标价格最低；但是投标价格低于成本的除外。②在确定中标人前，招标人不得与投标人就投标价格、投标方案等实质性内容进行谈判。③评标委员会成员应当客观、公正地履行职务，遵守职业道德，对所提出的评审意见承担个人责任。评标委员会成员不得私下接触投标人，不得收受投标人的财物或者其他好处。评标委员会成员和参与评标的有关工作人员不得透露对投标文件的评审和比较、中标候选人的推荐情况以及与评标有关的其他情况。④中标人确定后，招标人应当向中标人发出中标通知书，并同时将中标结果通知所有未中标的投标人。中标通知书对招标人和中标人具有法律效力。中标通知书发出后，招标人改变中标结果的，或者中标人放弃中标项目的，应当依法承担法律责任。⑤招标人和中标人应当自中标通知书发出之日起30日内，按照招标文件和中标人的投标文件订立书面合同。招标人和中标人不得再行订立背离合同实质性内容的其他协议。招标文件要求中标人提交履约保证金的，中标人应当提交。

三、违反法律规定的招标投标行为

为了有效地制止招标投标活动中的不正当竞争行为，确保招标投标活动的公平竞争性，《反不正当竞争法》从保护公平竞争，制止不正当竞争的角度，规定了招标投标中的两种不正当竞争行为。

（一）投标者之间串通投标，抬高标价或压低标价的行为

这种行为，简称串通投标行为，是指参加投标的经营者彼此之间通过口头或书面的协议、约定，就投标报价及其他投标条件，互相通气，以避免相互竞争，协议轮流在类似项目中标，共同损害招标者利益的行为。如果参加投标的所有经营者均进行共谋，此时的串通投标行为便可以称为“围标”行为。串通投标行为的表现很多，投标者相互串通，共同抬高标价，或者压低标价，以损害招标者利益的行为；投标者之间相互串通，协议在类似项目中轮流中标，从而损害招标者利益的行为是两种最为常见和典型的串通行为。

串通投标行为的构成要件如下：

1. 主体要件。投标人之间串通投标，共同损害招标人利益的不正当竞争行为，行为主体应是所有的投标人。在实践中需要明确的是：在串通投标的不正当竞争案件中，被侵权人并不一定就是参与竞争的主体。一般而言，在串通投标的不正当竞争案件中，投标人都串通的，应由拍卖人、招标人起诉，招标人与部分投标人串通的，应由其他未中标的投标人起诉。

2. 客体要件。串通投标的不正当竞争行为，其侵犯的客体主要是同业竞争者的公平交易权。

3. 主观要件。串通投标的不正当竞争行为人，主观上都出于故意。质言之，投标人串通投标，或共同抬高标价，或共同压低标价，都是为了限制竞争，共同损害招标人的利益。

4. 客观要件。串通投标，从客观表现上来讲，主要是通过口头或书面的协议、约定，就投标报价及其他投标条件，互相通气等形式排挤其他同行业者的公平竞争。

（二）招标者与投标者相互勾结，以排挤竞争对手的公平竞争的行为

该行为是指招标者与特定投标者在招标投标活动中，以不正当手段从事私下交易，使公开招标投标流于形式，共同损害其他投标者利益的行为。

1. 主体要件。招标人与投标人相互勾结，其实质是里应外合、内外勾结。因此，行为主体必然离不开招标人。一般情况下，勾结表现为招标人与某一投标人之间的勾结，也可能表现为招标人与某些投标人之间的勾结。

2. 客体要件。勾结投标的不正当竞争行为，其侵犯的客体主要是公平交易权。

3. 主观要件。同串通投标一样，实施勾结投标的不正当竞争行为人，主观上也是出于故意。招标人与投标人相互勾结，目的在于排挤其他投标人与该投标人公平竞争，共同损害其他投标的利益，目的非常明确。

4. 客观要件。招标人与投标人相互勾结行为，从客观表现上来看，主要包括：①投标者通过贿赂手段，在公开开标之前从招标者处获取其他投标者报价或其他投标条件的行为；②招标者允许不符合投标资格条件的投标者参加投标，并让其中标的行为；③招标者在公开开标前，开启标书，并将投标情况告知其他投标者，或者协助投标者撤换标书，更改报价；④招标者向投标者泄露标底；⑤投标者与招标者商定，在招标投标时压低或者抬高标价，中标后再给招标者以额外补偿；⑥招标者预先内定中标者，在确定中标者时以此决定取舍；⑦招标者在审查、评选标书时，对不同的投标者实施差别待遇；⑧招标者在要求投标者就其标书作澄清事项时，故意作引导性提问，以促成该投标者中标；⑨招标者与特定的投标者共同实施的其他营私舞弊行为。

重点提示：

反不正当竞争法和招标投标法都调整和规范上述两种违反法律规定的招标投标行为，存在着一定的法律冲突。同学们可以从二者的立法目的、法律适用、规制模式、法律后果等方面寻找解决这种法律冲突的方案和办法。

四、司法实践中应注意的几个问题

司法实践中，应当重点解决反不正当竞争诉讼中的举证责任问题和罪与非罪问题。前者解决诉讼中举证责任的承担问题，后者解决反不正当竞争法和刑法的冲突问题。

（一）举证责任问题

串通投标和勾结投标的事实较难查清，应加强原告人的举证责任。如果没有过硬的证据，仅是一种迹象和怀疑，不可草率立案。一般在原告起诉阶段，就要求原告提供串通投标行为存在的事实经过及主要证据。法院也可以经过初步审查后认为指控有具体对象及具体事件方可立案。当然不必要查清案件所有证据才予以立案。被告答辩中，如不承认，也要举出其没有串通的证据。

（二）罪与非罪问题

我国《刑法》第223条规定："投标人相互串通投标报价，损害招标人或者其他投标人利益，情节严重的，处3年以下有期徒刑或者拘役，并处或者单处罚金。投标人与招标人串通投标，损害国家、集体、公民的合法利益的，依照前款的规定处罚。"刑法的这一规定，确立了串通投标罪。

根据刑法的规定，传统投标罪是指投标人相互间、投标人与招标人之间串通投标，通过招标活动取得不法利益，损害国家、集体、公民以及招标人或其他投标人的合法利益，情节严重的行为。

一般而言，串通投标罪由以下几个要件构成：

1. 犯罪主体。本罪的犯罪主体特别而特殊，仅局限在招标人和投标人之中。"招标人"是指公布标准和条件，提出价格，招人承包或者承买的人；"投标人"是指在投标竞争活动中，决定并影响投标报价的参与人。按照有关规定，个人和单位均可成为招标人或投标人。因此，个人和单位均可构成本罪的犯罪主体。

2. 主观方面。本罪主观方面只能由故意构成。行为人的动机可能多种多样，但动机不影响本罪的定罪处罚。

3. 犯罪客体。本罪所侵权的客体是投标市场秩序。招标和投标是市场经济条件下一种常用的竞争方式。这种制度现在已在我国经济生活中全面实行。但是，有的不法投标人相互串通投标报价，共同排挤其他投标人；有的投标人与招标人相互勾结，以排挤竞争对手。这不仅破坏了社会主义市场经济中公平竞争的原则，还严重扰乱了市场管理秩序，损害了招标人或者其他投标人以及国家、集体、公民的合法权益，理所当然地应受到我国刑法的惩处。

4. 客观方面。本罪的客观行为方面的“相互串通投标报价”，主要是指在投标过程中，暗中商量好抬高或者压低标价的行为；“损害招标人或者其他投标人利益”是指由于投标人相互串通投标报价，而使招标人没有达到最佳的竞争结果，或者其他投标人无法在公平竞争的条件下参与投标竞争而受到损害的情况；“投标人与招标人串通投标，损害国家、集体、个人的合法权益”是指投标人与招标人在招标过程中相互勾结、影响、破坏和扰乱招标秩序，使国家、集体、个人的合法权益受到严重损害的行为。

值得注意的是，根据法律的规定，串通投标的行为，除具备了上述要件外，还必须达到“情节严重”的程度，才能构成犯罪。所谓“情节严重”，在司法实践中，主要是指由于串通投标报价，而使招标人无法达到最佳的竞争结果或者其他投标人无法在公平竞争的条件下参与竞争投标而受到损害的；造成招标投标工作严重混乱的；使招标人蒙受重大损失的，等等情形。如果情节不严重的，只能属于违法行为，不构成犯罪，就不能追究行为人的刑事责任。

如果构成串通投标罪，按照我国《刑法》第223条的有关规定，个人犯串通投标罪的，处3年以下有期徒刑或者拘役，并处或者单处罚金。对于单位犯本罪的，对单位判处罚金，并对其直接负责的主管人员和其他直接责任人员，处3年以下有期徒刑或者拘役，并处或单处罚金。

通过以上分析，我们一定要分清罪与非罪的关系，不要将一般的不正当竞争行为升格为串通投标罪，同时，也不能将串通投标罪按照一般的不正当竞争行为处理。划清二者界限，对于维护招投标市场秩序，正确适用法律，具有十分重要的意义。

五、违反法律规定招标投标的法律责任

投标者相互串通，抬高标价或压价标价，均会损害招标者的利益，使招标者无法从中选择条件最优者，从而失去了招标投标活动的意义；投标者和招标者相互勾结，私下议标，就排挤了其他投标者的公平竞争，使招标投标流于形式，不能发挥竞争机制的作用，而且也助长了一些项目执行单位的行业不正之风。根据《反不正当竞争法》的规定，当事人可以向项目主管部门、人民法院或本法规定的监督检查部门申诉、控告。

同时，监督检查部门可以根据情节对投标者或招标者处以1万元以上20万元以下的罚款。

六、典型案件介绍

这是一起某建筑公司与招标人恶意串通的不公平竞争案，具体来讲是勾结招投标案。这种相互勾结排挤同业竞争对手的公平竞争，损害国家、集体和社会利益的行为时有发生，必须注意预防和打击。

（一）案情简介

1998 年 10 月，某省决定兴建一条纵贯全省的高速公路。该高速公路预计全长 376 千米，由于工程较大，为了保证工程的整体质量，遂决定采取分段招标方式选择承包商。其中一段 120 千米的路段引起了各大建筑公司的广泛兴趣，因为该路段地形简单，易于施工，原材料运输方便，而且是最长的一个路段，可集中力量施工，所以各个建筑公司争相投标，希望中标为公司盈利。

某建筑公司原是该省建筑业的龙头企业，由于资格老、信誉好而占有一定的市场优势。但是近几年来因为经营不善、管理不当而陷入停滞不前的局面。这次修建高速公路招标无疑被公司领导看成是扭转这种局面的大好机会。为借助这一项目使企业扭亏为盈，并夺回失去的市场领先地位，某建筑公司领导多方寻找能获得其他建筑公司投标价的机会。

在一个偶然的机会中，公司领导得知，负责本次高速公路招标的张某恰巧是本公司职员李某的大学同学。于是，某建筑公司便通过李某，以重金收买了张某。通过张某透露的信息，建筑公司在投标截止日前一天获悉了其他建筑公司的投标价和投标文件等信息。根据竞争对手的报价，某建筑公司以低于上述最低投标价 1 万元和其他诸如施工期较短、施工人员素质较高等更优惠的条件在投标截止最后期限前递交了标书。

在评标、决标过程中，由于张某是这次招标投标活动的主要负责人，于是便利用其负责人的地位对评标委员会其他成员从各方面施加影响，最后致使某建筑公司最终获得了该 120 千米路段的施工合同。

纸里包不住火。后来在一次矛盾中，这件事情被某建筑公司的工作人员透露给其他公司的人员，其他公司遂向工商行政管理局投诉了某建筑公司。

（二）案件审理

工商行政管理部门经过调查核实，证明上述事实属实，于是依照《反不正当竞争法》第 15、27 条的规定，判定该中标无效，并对该建筑公司处以 15 万元人民币的罚款，将受贿的张某和行贿的李某及该建筑公司有关人员移送司法机关处理。

（三）专家评析

在该案中，某建筑公司通过不正当的手段收买了招标的负责人张某，并通过他在投标截止日前获得其他建筑公司的报价等情况，属于招标者在公开开标前将其他投标者的信息透露给特定投标者；在评标的过程中，张某又利用其负责人的地位对评标委员会施加影响，最终使得某建筑公司中标，这又是为《招标投标法》所禁止的。虽然该案发生时《招标投标法》尚未实施，但是这种行为明显是一种不正当的行为，违反了公平公正以及诚实信用的原则，违法者应该受到法律的规制，并承担相应的法律责任。

第十一节　公用企业限制竞争行为

一、公用企业和其他依法具有独占地位的经营者的含义

公用企业和其他依法具有独占地位的经营者是实施该类不正当竞争行为的唯一主体，主体十分限定和特定。非公用企业和非依法具有独占地位的经营者无法实施该行为。

（一）公用企业的含义、特征与范围

公用企业是属于企业的范畴，具有企业的一般性特征，但是，公用企业同一般企业相比，又有很大的不同，具有很强的特殊性。这些特殊性，决定了必须对之进行专门的、特别的法律规制。

1. 公用企业的含义与特征。公用企业，各国立法乃至学术界至今也没有一个统一、严格而明确的定义。1993 年 12 月 9 日我国国家工商行政管理局令第 20 号《关于禁止公用企业限制竞争行为的若干规定》第 2 条对公用企业作了如下界定：公用企业，是指涉及公用事业的经营者，包括供水、供电、供热、供气、邮政、电讯、交通运输等行业的经营者。

同其他企业相比，公用企业具有以下三个明显特征[1]：

（1）垄断性。公用企业最大的特点就是垄断性。这种垄断具有国家垄断性质，它的垄断成因传统而复杂，具有中国特色，是我国计划经济的产物，公用企业中的市场主体多数为过去的业务主管部门、公益事业部门和国有大型企业转化过来的。其垄断地位一定程度是国家法律或地方政府、行政部门赋予的，有的是在实际运用中在事实上取得的。但在实际运用中，其垄断完全超出了国家适度垄断的范畴，造成了对经济秩序损害和公平竞争的限制。

（2）行政性，或称政府性。带有行政性质的公用企业是目前查处不正当竞争行为的主体。这些企业往往依附于政府或行政部门的参与，特别是一些兼有

---

〔1〕沈金祥、陈劲松：“公用企业不正当竞争行为浅析”，载温州工商网，访问日期：2004 年 7 月 19 日。

国家对行业行政管理职能的公用企业和业务部门表现得更为突出。他们依照有关法律法规的规定，在经营活动中享有各种特权，如：独占权、政策调价权、原料购入权和产品销售权等。在组织关系上，公用企业在机构和人员组成上有政府的隶属性，内部机构的设置往往由政府审批，公用企业的负责人往往由政府行使任免权，连一些基础设施也由国家投资。其行政性使得人民群众容易将公用企业与政府行为划同。

(3) 行业性。公用企业的垄断性和限制竞争行为表现有明显的行业性。这些行业的共同特点就是与人民群众的生活密切相关，关乎国计民生。如供水、供电、供气、银行、保险、邮政、通讯、殡葬、铁路等部门，或者是和政府相关的部门，如卫生、烟草等部门。

2. 公用企业的范围。公用企业的范围究竟有多大，目前有关法律和法规也没有明确的界定。一般是指其商品或服务涉及城乡人民群众基本的物质生活需要的一些行业。通常认为，公用企业包括电力、自来水、热水、煤气、通讯、公共交通等领域。这些行业的突出特点是，它属于基础行业，无论是人民群众的日常生活，还是社会经济中的生产活动，都是不可缺少的。离开了这些公用企业提供的商品或服务，人民群众就无法维持正常生活，社会生产秩序和工作秩序就会遭受重大影响，甚至无法进行，也可以说，这些领域的商品或服务是生产、生活最基本的要素，任何人都离不开。

重点提示：

公用企业、公益事业、基础（设施）行业，三者之间有密切的联系，也有很大的区别。同学们可以将其分为两组进行比较，一组是公用企业和公益事业，一组是公用企业和基础（设施）行业。通过这种比较，加深对公用企业含义、特征、范围的理解和认识。

在我国，这些与人民群众生活密切相关的行业，在旧的计划经济体制下，有一部分属于事业单位，有一部分是实行企业化管理。不论哪种形式，都属于国家控制的产业。事实上，一方面，这些行业关系到国计民生、投资大、收益低、成本回收慢，只能由国家经营；另一方面，这些基础产业的相对集中，能保证资源在国家的控制下合理利用，避免不必要的浪费。而在经济体制改革以后，公用事业这一领域中，主导地位仍然是国家控制，但也放开了一小部分，如交通业。目前，这一领域基本上是实行企业化管理和经营，所有从事这些公用企业的经营者，都必须依法登记，取得合法的经营资格。

（二）其他依法具有独占地位的经营者的含义

独占即为垄断，是指在特定的市场上，一个经营者处于无竞争的状态，或取得了压倒性地位和排挤竞争的能力；也指两个以上经营者不进行价格竞争，在他们的对外关系上具有了上述地位和能力。判断一个企业是否在某特定市场占有独占地位，由《反垄断法》加以规定。

二、公用企业限制竞争行为的构成及其表现

为具体制止、规范和打击公用企业限制竞争的行为，1993 年 12 月 24 日我国国家工商行政管理局根据《反不正当竞争法》的有关规定，制定了《关于禁止公用企业限制竞争行为的若干规定》。

1. 公用企业限制竞争行为的构成。根据上述规定，公用企业或者其他依法具有独占地位的企业的限制竞争行为构成要件有三：①主体具有特殊性，即必须是公用企业或者依法具有独占地位的企业；②行为的特定性，即主体利用自己的竞争优势地位实施了法律、行政法规明文禁止的限制竞争行为；③行为具有现实或潜在社会危害性，表现在一方面排挤了其他经营者的公平竞争，另一方面损害了消费者和用户的合法权益。

2. 公用企业限制竞争行为的表现。该规定第 4 条明确规定，公用企业或者其他依法具有独占地位的经营者不得实施下列限制竞争行为：①限定用户、消费者只能购买和使用其附带提供的相关商品，而不得购买和使用其他经营者提供的符合技术标准要求的同类商品；②限定用户、消费者只能购买和使用其指定的经营者生产或经营的商品，而不得购买和使用其他经营者提供的符合技术标准要求的同类商品；③强制用户、消费者购买其提供的不必要的商品及配件；④强制用户、消费者购买其指定的经营者提供的不必要的商品；⑤以检验商品质量、性能为借口，阻碍用户、消费者购买使用其他经营者提供的符合技术标准要求的其他商品；⑥对不接受其不合理条件的用户、消费者拒绝、中断或削减供应相关商品，或者滥收费用；⑦其他限制竞争的行为。

重点提示：

公用企业限制竞争行为与搭售或附加不合理条件行为都包含有对消费者或相关经营者进行强制的内容，因此，二者很容易混淆。但是，二者的区别也十分明显，公用企业主要是凭借独占优势或称经济优势在生活必需品领域对消费者或相关经营者进行强制，而搭售或附加不合理条件中，实施主体则主要是利用紧俏商品在非生活必需品领域进行强制。对此，同学们一定要注意区别。

三、公用企业限制竞争行为的成因与危害

公用企业限制竞争行为与其他限制竞争行为相比，形成原因更加复杂和多样，给市场竞争秩序带来的负面影响和危害也更大。因而，各个国家都十分注意和重视对公用企业限制竞争行为的防范和打击。

（一）公用企业限制竞争行为的成因

公用企业限制竞争行为的成因比较复杂、多样，既有历史的原因，也有现实的原因；既有经济方面的原因，也有经济上和社会上的原因。归纳起来，主要有以下几种原因：

1. 政府体制改革滞后的原因。在我国二十多年的改革开放过程中，在经济体制改革不断推进的同时，其他领域特别是行政领域的改革比较滞后，公用企业还是行政机关的附属物，这为行政权力介入公用企业提供了条件。公用企业的产品或服务的价格只能由行政主管部门说了算，市场机制“失灵”无法起到“定价”作用。公用企业通过游说、疏通主管部门以获得优惠或差别待遇的“寻租”活动，形成了与行业行政主管部门的“权钱交易”。另外，公用企业一般都是当地的利税大户，地方政府愿意保护，对这些行业的一些行为给予默许或支持。

2. 产权单一，政企不分。从产权制度上看，我国大部分公用企业有两种情况：一是政府部门独家经营，别无分号；二是国有独资经营，不许其他资本进入。公用企业的投资由行业行政主管部门代表国家进行，由此，行业行政主管部门在实际上获得了投资者与管理者、监督者的“三位一体”角色。行业行政主管部门既是政府的职能部门，又是该行业国有资产的出资人代表；既是管理者，又是受益者。例如，信息产业部既是电信行业的行政主管部门，又是该行业的资产管理者和受益者，形成了“政企同盟”。既是行业主管部门，又是行业的监督者，就好比在足球场比赛，既是裁判员，又是运动员，不可能站在中立的立场上平等对待所有的市场参与者。这种“政企同盟”一旦形成，行业立法会为部门利益设置有利条件，从而忽视消费者的利益，为公用企业限制竞争提供依据。

3. 法律制度不健全。我国现行的《反不正当竞争法》及相关法规对公用企业限制竞争行为的规定过于原则、抽象，内容涵盖不完整，操作性不强。由于在当时的立法背景下，市场经济体制刚刚开始建立，垄断行为的表现还不充分，对垄断的认识存在较大的分歧，因此，《反不正当竞争法》中涉及公用企业限制竞争行为的规定只有一条。而随着市场经济的发展，对市场中出现的一些新型的限制竞争的行为难以规制，缺乏调控力。另外现有的有关法律、法规、规章之间缺乏统一性，存在一定的冲突，缺乏可操作性。如行业行政主管部门以部门规章监管本行业公用企业限制竞争行为不是很有效，主要原因是行业行政主管部门与被监管的公用企业常常有着相同的经济利益，它只注重保护本行业企业的利益，而忽视保护其他企业以及消费者的利益。

（二）公用企业限制竞争行为的危害

公用企业限制竞争行为的危害如同成因一样，也是多种多样的，危害甚大。

归纳起来，主要表现在以下几个方面：

1. 阻碍了我国经济的发展和科学技术的进步。由于公用企业与政府和行业主管部门有着千丝万缕的联系，你中有我，我中有你，所以地方政府和行业主管部门愿意保护公用企业。这些企业也乐得躺在政府的怀抱享受优惠待遇，致使效益差的企业不能被淘汰出市场，效益好的企业不能扩大生产规模，这势必严重损害企业的竞争力，使社会资源得不到优化配置。同时，由于取得了垄断地位的公用企业没有市场竞争的压力，从而丧失技术创新能力，不思进取，得过且过，其结果必然阻碍经济发展和技术的进步，最终使消费者受到损失。

2. 引发腐败，损害了政府形象。在我国由计划经济向市场经济转变过程中，公用企业限制竞争行为带有很强的行政色彩。公用企业通过行业垄断和地方保护，限制经营者的市场准入，排斥、限制或者妨碍市场竞争，可以获取超额垄断利润，通过“寻租”使“权力经商”得以实现。同时，滥用行政权力的行为还为某些政府官员以权谋私和权钱交易提供了温床，在一定程度上引发了腐败，损害了党和政府在人民群众中的公正廉洁的形象。

3. 损害了消费者的合法权益。一方面，公用企业所遵循的规章一般都是由行业行政主管部门制定，而这些规章的制定过程大多没有公开或举行消费者听证，缺乏透明度，公用企业独掌“信息权”，在信息分享上消费者无法与之抗衡；另一方面我国的公用企业（铁路运输和民航除外）基本上是按行政区域来设置的，面对公用企业提供的产品和服务，消费者没有选择权。另外，在消费者的权益受到损害时，由于公用企业居独占地位，利用格式合同限制消费者，造成消费者举证困难，无法获得法律救济。

4. 有碍社会公平。我国铁路、电力、邮政、电信等行业存在着收费过乱、服务质量差、生产效率低下等问题。但是这些公用企业通过限制竞争可以获得垄断利润，因而职工年平均工资收入却很高。如金融、电力、邮政、电信、煤气、水等行业职工收入是其他行业的两倍多，近两年差距仍在拉大，造成社会财富分配不公。特别是这些企业长期缺乏监督，缺乏真正意义上的成本核算，自身管理成本居高不下，致使每年国家财政还要对这些行业给予巨额补贴，而这些财政补贴无疑增加了每个纳税人的负担。

四、公用企业实施限制竞争行为的法律责任

关于公用企业或者依法具有独占地位的经营者限制竞争行为的法律责任，《反不正当竞争法》第23条明确规定：“公用企业或者其他依法具有独占地位的经营者，限定他人购买其指定的经营者的商品，以排挤其他经营者的公平竞争的，省级或者设区的市的监督检查部门应当责令停止违法行为，可以根据情节

处以5万元以上20万元以下的罚款。被指定的经营者借此销售质次价高商品或者滥收费用的，监督检查部门应当没收违法所得，可以根据情节处以违法所得1倍以上3倍以下的罚款。”

由此规定可以看出，公用企业实施限制竞争行为的法律责任包含以下3层意思：

(一) 处罚机关

《反不正当竞争法》第16条规定：“县级以上监督检查部门对不正当竞争行为，可以进行监督检查。”这就是说，基层的监督检查部门是县级监督检查部门。但是考虑到公用企业、其他依法具有独占地位的经营者往往规模大、“级别高”的特点，不宜由县级监督检查部门处理。所以，规定由省级或设区的市的监督检查部门处理。这是这一法律责任的一个特点。

(二) 处罚种类

行为人承担的法律处罚有两种：①罚款，根据情节处5万元以上20万元以下的罚款，这是对一般情况违法行为处罚；②责令停止违法行为，监督检查部门可以依据职权责令这种违法行为立即停止。

(三) 被指定的经营者的法律责任

在一般情况下，对被指定的经营者不追究法律责任，例外的情况是，如果被指定的经营者借此销售质次价高的商品或滥收费用的，由监督检查部门没收违法所得，并根据情节处以违法所得1倍以上3倍以下的罚款。

这里的违法所得，指销售被指定的商品所获得的利润。其计算方法，依照现行有关法律的规定办理。如何判断某商品是质次价高的商品，在物价已放开的前提下，一般的商品已经没有国家定价，不同的企业生产的同种商品的价格是不完全一样的，不同的销售者的进货渠道不同，其零售价格也不同。这使得商品的价格的高低缺乏客观标准。对于监督检查部门来讲，在缺少客观标准情况下，认定质次价高的商品只能依据广大消费者以及有关部门认为某商品属于质次价高，社会舆论反映强烈等情况来加以规定。

五、典型案例介绍[1]

保险公司的地位非常特殊，是保险业务的唯一合法经营单位，因而在这一领域依法具有独占地位。正是这一特殊的独占地位，使得保险公司的行为受

---

〔1〕 根据最高人民法院中国应用法学研究所2000年3月20日编辑的“中国人民保险公司邵武市支公司不服南平市工商局不正当竞争行政处罚决定案”整理、删改。原载最高人民法院中国应用法学研究所：《人民法院案例选》2000年第3辑（总第33辑）。

《反不正当竞争法》、《反垄断法》的调控、规范和制约。本案例正是基于此原因而选定的。

（一）案情简介

中国人民保险公司邵武市支公司（以下简称邵武市支公司）从 1999 年 1 月开始，在车损事故理赔中，指定车损玻璃由邵武永广汽车玻璃经营部更换，并指定从南平武大轿车维修服务有限公司购进福耀玻璃，统一使用福耀玻璃。邵武市支公司还从 1999 年 4 月开始，在车损事故理赔中，除车损玻璃外其它车损主要配件，指定使用邵武光明汽车配件贸易公司销售的配件。1999 年 12 月 12 日南平市工商行政管理局作出《关于中国人民保险公司邵武市支公司在车损理赔中限定他人购买其指定的经营者的商品的处罚决定》，认定邵武市支公司的行为违反了《反不正当竞争法》第 6 条的规定，属不正当竞争行为，依据该法第 23 条的规定，责令邵武市支公司停止违法行为，并对其处以 15 万元罚款。邵武市支公司不服该处罚决定，诉至南平市延平区人民法院。

（二）案件审理

原告诉称：原告不是公用企业，也不属于依法具有独占地位的经营者，不是《反不正当竞争法》第 6 条规定的主体，对原告的处罚不适用该条，对保险业有权实施监督管理的机关是中国保险监督管理委员会和国家金融管理部门，即中国人民银行，被告不具备对保险业实施行政执法的主体资格。被告处罚时所依据的事实根据不足。原告在客观方面并没有实施指定或限定他人使用福耀玻璃经营部的产品；而原告建议他人使用邵武光明汽车配件贸易公司销售的配件，是为提高工作效率，保证理赔工作的顺利进行，不存在“排挤其他经营者的公平竞争”。因此，被告的处罚决定主体不合法，事实证据不足，请求判决撤销该处罚决定。

被告辩称：国家工商管理局工商公字［1999］第 176 号《关于中保财产保险有限公司宁夏分公司在玻璃碎损理赔中指定使用福耀玻璃是否构成不正当竞争行为问题的答复》中已明确保险公司属于具有独占经营地位的经营者。除中国保险监督管理委员会和国家金融管理部门外，保险公司还必须服从其他有关部门的行政执法监督管理。原告实施了不正当竞争行为，我局按照《反不正当竞争法》的规定，有权对其实施行政处罚。我局调查取证的证人证言及保险公司的文件等证据，充分证明了保险公司系统内早已有限定使用福耀玻璃的文件通知，而邵武市支公司也实施了限定使用福耀玻璃的行为，还限定他人使用其指定的汽车配件供应商的汽车配件。因此，我局对原告作出的处罚决定是正确的，请求判决维持。

延平区人民法院经审理认为：①《保险法》第 6 条规定，经营保险业务，必须是依照本法设立的保险公司，其他单位和个人不得经营保险业务。照此规定，原告符合《反不正当竞争法》第6条指明的“依法具有独占地位的经营者”这一主体。②《反不正当竞争法》第3条第2款规定：“县级以上人民政府工商行政管理部门对不正当竞争行为进行监督检查；法律、行政法规规定由其他部门监督检查的，依照其规定。”工商行政管理部门是该法明确规定的反不正当竞争的执法部门，而《保险法》第9条的规定，国务院金融监督管理部门依照本法负责对保险业实施监督管理。是指行业主管部门依法实施的行业管理，其监管内容在《保险法》中均有明确规定。至于保险公司实施的《保险法》规定的保险业以外的违反其他法律的行为，应受其他法律规定的执法部门的管理。本案原告实施的并非保险业范围的行为。所以，原告认为其监管主体为人民银行，被告无权对其处罚的理由不成立。③原告在车损玻璃理赔中，指定由邵武永广汽车玻璃经营部更换，并指定使用南平武大轿车维修服务有限公司销售的福耀玻璃，虽然统一定点安装福耀玻璃是上级公司文件的要求，但对外的行为主体是原告，所产生的外部责任仍应由原告承担。原告在其他车损主要配件理赔中，指定使用邵武光明配件贸易公司销售的配件的行为，也违反其上级公司制定的理赔操作规程的规定。因此原告的行为属于《反不正当竞争法》第6条所禁止的不正当竞争行为，即“公用企业或者其他依法具有独占地位经营者，不得限定他人购买其指定的经营者的商品，以排挤其他经营者的公平竞争”。原告认为其行为仅是推荐、建议而非限定，这与事实不符。④被告依法委托邵武市工商局调查案情，虽存在调查中未向被调查人表明委托关系的缺点，但其内部委托关系是依法成立的。被告在作出处罚决定前依法履行了听证程序。综上，被告依法主体合法，认定事实清楚，证据充分，适用法律正确，符合法定程序。根据《反不正当竞争法》第3条第2款、第6条、第23条，依照《行政诉讼法》第54条第1项的规定，该院于2000年3月20日作出判决如下：维持被告1999年12月12日作出的南工商公字［1999］246号《关于对中国人民保险公司邵武市分公司在车损理赔中限定他人购买其指定的经营者的商品的处罚决定》。案件受理费人民币4510元由原告负担。

一审宣判后，原告邵武市支公司不服，上诉于福建省南平市中级人民法院。二审审理期间，原告申请撤回上诉。二审法院认为上诉人撤回上诉，符合法律规定，于2000年7月20日作出行政裁定如下：准许上诉人中国人民保险公司邵武市支公司撤回上诉，双方当事人按原审判决执行。

（三）专家评析

该案争议的焦点一是双方主体资格的认定，二是原告所实施的行为性质的认定。这两点因保险公司主体不同于公用企业的特点和保险业运作的特殊性而较难认定。

1. 关于双方的主体资格。在本案中，原告是不是依法具有独占地位的经营者，被告有没有执法权的问题是双方主体资格认定中的重点和难点问题。

（1）关于原告的主体资格问题。《反不正当竞争法》第6条规定："公用企业或者其他依法具有独占地位的经营者，不得限定他人购买其指定的经营者的商品，以排挤其他经营者的公平竞争。"这里指的"公用企业"比较容易界定。1993年12月9日国家工商行政管理局令第20号《关于禁止公用企业限制竞争行为的若干规定》第2条，称公用企业"是指涉及公用事业的经营者，包括供水、供电、供热、供气、邮政、电讯、交通运输等行业的经营者"。该《若干规定》对"其他依法具有独占地位的经营者"则没有具体列举。保险公司（这里指商业保险公司）是否属于独占地位的经营者，法院应根据《保险法》来认定。《保险法》第6条，经营保险业务，必须是依照本法设立的保险公司。其他单位和个人不得经营保险业务。这就明确了保险公司是依法独占经营商业保险业务的经营者。一个经营者如果在特定的市场上，处于独家经营的状况，就可以凭借其特殊的地位或优势，要求客户购买使用其限定的商品。所以认定本案原告邵武市支公司属于独占地位的经营者是正确的。

（2）关于被告的主体资格问题。对于被告的执法主体资格，原告根据《反不正当竞争法》第3条第2款"县级以上人民政府工商管理部门对不正当竞争行为进行监督检查；法律、行政法规规定由其他部门监督检查的，依照其规定"，认为保险公司的监督管理部门是中国人民银行，被告不具有对原告的执法主体资格。对此，一审法院仍依据《保险法》予以分析认定。《保险法》第9条，国务院金融监督管理部门依照本法对保险业实施监督管理。而《银行法》第2条明确了国务院金融监督管理部门是中国人民银行。如果《保险法》将保险公司违反《反不正当竞争法》所规定的不正当竞争行为列入其监管范围，则依照其规定，不由工商行政部门对其查处；但从《保险法》第五章"保险业的监督管理"，第七章"法律责任"所规定的内容中，并无这方面的内容。因此，金融监督管理部门对保险业的监督管理，只是在《保险法》所规定的范围内行使本行业的监督管理。对不正当竞争而言，如果只是在保险业内，各保险公司（分支机构）相互之间，违反《保险法》规定的保险经营规则，进行不正当竞争的，行业监管部门有权依该法予以查处。至于保险公司违反其他法律规定的，应由其他法律规定的行政执法部门查处。本案被告是《反不正当竞争法》规定的行政执法主体，因此对原告违反《反不正当竞争法》规定实施的不正当竞争行为，被告有权依该法予以查处，其执法主体是适格的。

2. 关于原告所实施行为性质的认定。投保的机动车发生保险事故后，保险公司按保险合同予以理赔，赔偿修复费用，是否有理由认为指定配件供应商是正当的，类似消费者有选择商品的权利一样的呢？的确，保险公司的理赔行为有其特殊性，与供电、供水等一般的公用企业不同。供电局给用户装电表时，要用户购买其指定的产品，否则不给安装，因为购电表及安装是用户掏的钱，故供电局这一限定用户购买其指定的电表的行为显属不正当竞争行为。而保险公司理赔行为是保险公司自己掏钱修复事故车辆，岂不是类似消费者那样有权去选择配件产品和供应商吗？这种理由从表面上看，似乎有理，但有两点可以质疑，①保险公司的理赔行为是建立在与保户签订了保险合同这一法律关系基础上的。按合同先交纳保险费是投保人的义务，依合同获得赔偿则是投保人及其受益人的权利。因此，保险公司支出的理赔费，只是保险公司依合同履行的义务，实际的权利人则是投保人及其受益人。这就不是像消费者一样掏自己的钱选择商品，而是以应赔付给投保人或受益人的赔偿款，利用其独占经营者的地位来限定配件产品和供应商，这种行为的性质，应属于不正当竞争。②从其行为对市场经济公平竞争造成的客观影响上看，因保险公司处于独占经营的地位，其在理赔中指定使用产品和供应商，必然会排挤其他经营者的公平竞争。如该案车损玻璃指定使用福耀玻璃，从总公司到分公司均有文件要求，可以说是全国性的，尽管福耀玻璃确实是名优品牌，但这样一来客观上岂不排挤了其他汽车玻璃厂家的公平竞争？这是与市场经济公平竞争的要求不相适应的。因此，法院认定原告的行为性质属于不正当竞争是正确的。

第十二节　政府及其所属部门滥用行政权力限制竞争行为

一、政府及其所属部门滥用行政权力限制竞争行为的含义及其特征

政府及其所属部门滥用行政权力限制竞争行为是指对市场经营活动有影响力的政府及其所属部门，出于地方利益或小团体利益，违反法律或公认的市场规则，故意对市场行为进行干预，妨碍正常的市场竞争的行为。我国《反不正当竞争法》第7条明确规定：“政府及其所属部门不得滥用行政权力，限定他人购买其指定的经营者的商品，限制其他经营者正当的经营活动。政府及其所属部门不得滥用行政权力，限制外地商品进入本地市场，或者本地商品流向外地市场。”

政府及其所属部门滥用行政权力限制竞争行为的主要特点：

（1）该行为凭借的是行政力量，而非经济优势或经济实力。这一点使政府

及其所属部门滥用行政权力限制竞争行为与公用企业或其他依法拥有市场独占地位的经营者凭借经济优势或竞争优势所实施的限制竞争行为有了实质上的区别。

（2）该行为不是一般的行政行为，而是一种不正当竞争行为。其行为主体违反依法行政的基本原则行使权力，直接或间接地干预市场经济活动，限制和妨碍正常的竞争，严重地干扰和破坏经济秩序。

（3）该行为不同于一般的强迫性或强制性交易行为，涉及的范围更广，危害更大。该行为既包括直接干预经济活动，又包括不针对具体的交易对象、交易主体或交易行为而作出的抽象政策与规定。这些政策与规定决定了商品流通的总体状况，限制了商品流通和市场竞争发生的机会和范围。

二、政府及其所属部门滥用行政权力限制竞争行为的构成要件

关于政府及其所属部门滥用行政权力限制竞争行为的构成要件，可以从以下几个方面去认识。

（一）行为主体要件

在政府及其所属部门滥用行政权力限制竞争行为中，其行为的主体是政府机关，包括政府及所属部门。其中，政府是指地方各级人民政府，包括省级以下各级人民政府；而政府所属部门，则包括中央及地方各级人民政府的所属部门。

通过《反不正当竞争法》规范政府及其所属部门的行为，是我国反不正当竞争立法的一大特点，一般的此类立法，只限于规范经营者的行为，但由于我国正处于新旧体制转轨的变革时期，政府彻底转换职能，企业真正转换经营机制，还有待时日。从近年来的实际情况来看，一些地方政府、一些政府部门从地区和部门的利益出发，利用行政手段限制市场竞争，或者说制造不公平竞争的问题日益严重。为此，国务院曾多次下文，禁止地方封锁和限制商品正常流通。然而，这类问题仍时有发生。考虑到这类行为对市场公平竞争的严重危害性，以及其客观存在的长期性，《反不正当竞争法》在规范经营者各种不正当竞争行为的同时，将政府及所属部门滥用行政权力限制市场竞争的行为也纳入了其中。

（二）行为客体要件

政府及其所属部门滥用行政权力限制竞争行为的行为本身的构成要件包括两方面的内容。

1. 政府及所属部门滥用行政权力的行为。根据我国《宪法》的规定，国家的行政权力由国家行政机关行使。从依法行政的社会主义法治要求出发，行政

权必须依法行使。但不能回避如下的现实：我国的立法工作虽然已经取得巨大的成绩，但完善的行政法体系还未真正建立。所以，目前要求一切行政管理活动均必须有法律作依据，实际上是办不到的。行政文件仍然是行政管理的重要依据。按照行政法法理，行使行政权力，一要符合合法原则，二要符合合理原则。其主要含义是：凡法律有明文规定的，必须依法行政；凡法律规定比较原则或行政机关享有较大自由裁量权的，应在法律规定的范围内，合理地行使权力，不得违反法律的原则和精神；凡法律无明文规定，行使行政权应符合中央、国务院的有关规定和精神，有利于社会主义市场体系的形成和社会主义市场经济的健康发展。

滥用行政权力干预竞争行为即是违反合法原则、合理原则行使行政权。

2. 政府及所属部门限制公平竞争的行为。这一限制行为，既可能是表现为限定他人购买其指定的经营者的商品，限制其他经营者正当经营活动；也可能表现为限制外地商品进入本地市场，或者本地商品流向外地市场。行为可以是直接的，也可以是间接的。

三、政府及其所属部门滥用行政权力限制竞争行为的分类与表现

政府及其所属部门滥用行政权力限制竞争行为的主要内容，是限定他人购买其指定的经营者的商品，限制其他经营者正当经营活动；限制外地商品进入本地市场，或者本地商品流向外地市场。这些内容可以分为二类：①行政性强制经营行为；②地区封锁行为。

（一）行政性强制经营行为

行政性强制经营行为是指政府及其所属部门滥用行政权力，对市场经营活动进行非法干涉，强制经营者从事或者不从事某种经营活动的行为。这种行为，违反了依法行政的原则，损害了法律保护的市场竞争秩序。同时，由于这种行为是政府及其所属部门所为，又滋生着官商结合、权钱交易等腐败因素，其危害性极大。

政府及其所属部门滥用行政权力限定他人购买其指定的经营者的商品、限制其他经营者正当的经营活动的限制竞争行为，就其主要表现来看，主要有：

（1）限定客户和消费者只能购买该行政部门下属企业或指定企业生产和经营的商品。

（2）限定客户和消费者购买行政部门关系户的商品。

（3）限定客户和消费者接受指定单位的有偿服务。

（二）地区封锁行为

地区封锁行为，即通常所说的“地方保护”、“市场壁垒”等，是指地方政

府及其所属部门以行政权力为后盾，无法律依据地限制商品在本地和外地之间正常流通，以牟取地方利益的行为。这种行为，人为地分割市场，影响全国性市场经济体系结构的统一和完善，必须予以禁止。

政府及其所属部门滥用行政权力，限制外地商品进入本地市场，或者本地商品流向外地市场的地区封锁行为，就其主要表现来看，主要有：

（1）规定本辖区内未经批准不得购买和销售某些外地商品。

（2）在本辖区边界或交通要道设置检查站，阻止外地商品流入本地和阻止本地紧俏商品及重要材料运往外地。

（3）对外地商品在本辖区的销售作硬性规定或收取不合理的费用。

（4）借口防止伪劣商品进入本辖区而抬高对外地商品的质量检验标准，对符合质量标准的商品仍以伪劣商品为理由拒之门外。

（5）借口保护本地工商业而封锁市场消息。

地方封锁行为从狭隘的地方利益出发，采取不合理的，甚至是违法的行政手段，制造障碍、限制封锁地区之间的贸易往来，割裂地区之间的资源、技术等经济联系。地区封锁虽然暂时维护了本地区的利益，维持了本地生产经营活动在低水平基础上的运转。但是，这些人为的措施分割了市场，不利于调整我国的产业结构和产品结构，不利于保护名优产品，相对的却保护了一批技术差、质量不高、没有竞争能力的商品，对我国统一市场的形成，对正常的商品流通秩序与公平竞争环境有极大的破坏作用，严重阻碍了我国商品经济的发展。因此必须加以规范和打击。

四、工商行政管理机关制止滥用行政权力排除、限制竞争行为的程序

为制止滥用行政权力排除、限制竞争行为，2009年5月26日，国家工商行政管理总局依据《反垄断法》制定了《工商行政管理机关制止滥用行政权力排除、限制竞争行为程序规定》，自2009年7月1日起施行。

该规定对工商行政管理机关制止滥用行政权力排除、限制竞争行为的程序问题做了如下明确规定：

（1）行政机关和法律、法规授权的具有管理公共事务职能的组织滥用行政权力，实施排除、限制竞争行为的，由上级机关责令改正；对直接负责的主管人员和其他直接责任人员依法给予处分。国家工商行政管理总局和省、自治区、直辖市工商行政管理局可以向有关上级机关提出依法处理的建议。

（2）国家工商行政管理总局对国务院所属部门、省级人民政府滥用行政权力排除、限制竞争的，可以向国务院提出依法处理的建议。

对法律、法规授权的具有管理全国公共事务职能的组织滥用行政权力排除、

限制竞争的，国家工商行政管理总局可以向管理该组织的机关提出依法处理的建议。

（3）省级工商行政管理局对省级人民政府所属部门、省以下地方人民政府及其所属部门滥用行政权力排除、限制竞争的，可以向有关上级机关提出依法处理的建议。

对法律、法规授权的具有管理地方公共事务职能的组织滥用行政权力排除、限制竞争的，省级工商行政管理局可以向管理该组织的机关提出依法处理的建议。

（4）法律、行政法规对行政机关和法律、法规授权的具有管理公共事务职能的组织滥用行政权力排除、限制竞争行为的处理另有规定的，依照其规定。

（5）省级工商行政管理局依据本规定第4条提出依法处理的建议后，应当于10个工作日内报国家工商行政管理总局备案。

（6）工商行政管理机关工作人员违反本规定，滥用职权、玩忽职守、徇私舞弊，尚不构成犯罪的，依法给予行政处分；构成犯罪的，依法追究刑事责任。

五、政府及其所属部门滥用行政权力限制竞争行为的法律责任

政府及其所属部门滥用行政权力限制正常市场竞争应承担的法律责任，《反不正当竞争法》第30条作了明确的规定：

（一）行政机关的责任

权力干预行为，从其性质上来看，应属无效的行政行为；从其行为的特点上来看，不仅包括具体行政行为，也包括抽象行政行为。尤为注意的是，采取抽象行政行为形式的还比较普遍。因此，制止不正当竞争行为的做法，不宜采用制止一般不正当竞争行为的做法。法律规定，由实施违法行为的政府及所属部门的上级机关责令改正。

《反不正当竞争法》中规定的情节严重，主要指违法行为造成严重后果和在上级机关予以批评、指正后，仍坚持实施违法行为这两种情况。对此，有必要对直接责任人员给予行政处分。

（二）相关经营者的责任

政府及其所属部门滥用行政权力，限定他人购买其指定的经营者的商品，被指定或者借此销售质次价高的商品或者滥收费用的，工商行政管理机关应没收其违法所得，并可根据情节处以违法所得1倍以上3倍以下的罚款。这样规定的目的是制止被滥用行政权力指定的经营者利用其得到的不合理竞争优势及市场地位，进一步损害其他经营者和消费者的利益。

六、典型案例介绍

地区封锁是典型的政府及其所属部门滥用行政权力限制竞争的行为。这种封锁，保护了落后，保护了本地区，却限制了外地的新技术、新产品、新经验，不利于经济的发展和市场的繁荣，应当坚决制止，严厉打击。本案便是依此思路处理的案件。

（一）案情简介

1994 年 10 月，某县化肥厂向县政府报告说，由于近几个月来外地化肥厂生产的尿素和碳铵大量涌入，本地化肥很难销售，化肥厂往年经营状况非常好，今年却遇到了严重困难。10 月份正是农民为种麦而购买化肥的时候，如果这时化肥销不出去，化肥厂的盈利指标就可能落空，这将会影响到全县的财政收入状况。县政府接到报告后非常重视。经县长办公室会议研究认为，化肥厂作为全县的利税大户，现遇到困难，县政府一定要想方设法予以帮助。县长办公会后，县政府办公室以县政府的名义起草了一个文件下发全县各部门、企业，称在接文件后，任何单位不得再经销外地化肥，已存的外地化肥要降价处理，今后不得再进。今后如发现经销外地化肥的单位，以投机倒把论，要对其处以罚款，甚至吊销营业执照，并追究有关部门人员的行政责任。

此文件下发后，经销外地化肥的单位按县政府规定的期限把化肥卖了出去，由于县各部门联合查缉，外地化肥没能进入本县市场。县化肥厂销量直线上升，不但完成了预期的利润指标，而且还超额 300 万元。县化肥厂和县政府还组织了庆功会。

1995 年 2 月外地化肥厂向县所属的市的工商行政管理部门反映了上述情况。市工商局派调查组来县调查了解有关情况。

县化肥厂称：化肥厂是 20 世纪 50 年代建厂的老企业，自建厂以来，积极地支持农业建设，满足了本县农业的需要。由于其经营有方，年年向县政府上交大批利税。去年（指 1994 年）由于外地化肥的大量涌入，化肥厂面临的竞争压力很大，许多农民购买外地化肥，化肥厂是全县的支柱产业，其经营状况代表着全县的工业发展水平。如果其经营状况不好，会影响全县的财政收入水平，涉及全县在整个地区的位次问题。因此，县化肥厂打报告请求县政府予以帮助完全是出于对工作的考虑，县政府发的文件也是从全局出发进行考虑的。因此，化肥厂和县政府的行为没有什么问题，更谈不上是违法行为。

县政府提出：县政府发文件禁止本地企业销售外地化肥在方式上是有不当的地方。但是从大局出发，在当时的情况下采取这样的措施还是合理的。如果在化肥厂经营困难的情况下不给予帮助，化肥厂就可能倒闭，这样农民将很难买上合适的化肥，如买外地化肥则会支出很高的价格。化肥厂有几千名工人，大多数是农民子弟，化肥厂倒闭后这些农民出身的工人都要回去务农，对于他们本身不利，另一部分城市职工会失业而造成社会问题。如果化肥厂渡过难关，经营状况良好，就会增加更多的就业机会，县财政也就有力量拿出更多的钱来办教育，增加社会福利开支。综上所述，县政府认为在这种情况下所采取的措施是正当的。

（二）案件审理

市工商局调查后认为：县化肥厂一个老企业，在历年的经营中为县的工农业建设做出了巨大贡献。但在市场经济的新形势下，化肥厂领导班子思想老化，不及时采取新技术，长期以来化肥品种单一化，不适应市场经济对农业的要求。在竞争中，逐步落后于兄弟厂家。在这种情况下，化肥厂不思进取，反而套用老一套的方法在经营遇到困难时请求政府保护，县政府作为政府机构，从全局的观点进行考虑是无可厚非的。但是，政府应当从如何改进化肥研制生产和管理，使其生产出合乎农民需要的化肥以提高经济效益。但县政府却采用了地方保护主义的方法来处理，明显的属于滥用行政权力限制竞争的行为。

最后，市级工商局根据《反不正当竞争法》第 7、30 条的规定作出如下决定：责令县政府取消限制外地化肥进入本地企业的禁令，并建议给予有关人员行政处分。

（三）专家评析

十分明显，这是一起典型的地区封锁案件。从县域角度来看，县政府的出发点和初衷是好的，至少是无可厚非的。限制外地化肥进入本地市场，可以保企业，保税收，保市场，保民生，有百益而无一害；但是，从全国经济来讲，则割裂了市场，限制了先进，保护了落后，对国民经济的发展和市场体制的建立则是有百害而无一益。因此，任何时候，任何政府，都必须顾全大局，从长远着想，而不能鼠目寸光，为一己私利而滥用行政权力限制公平、自由的竞争。

有鉴于此，我们认为市工商局对此案的处理是正确的，是符合《反不正当竞争法》规定的。

思考题：

1. 简述回扣和折扣、佣金的异同。
2. 谈谈你对侵犯商业秘密的认识。
3. 不正当低价销售商品的例外情况有哪些，法律为什么要规定这些例外？
4. 你对传销有何具体认识？我国法律为什么要禁止传销？

第七章
反不正当竞争法（下）

内容提要：

本章的基本内容是《反不正当竞争法》的程序问题。主要有：反不正当竞争法的行政执法、司法审判、社会监督、法律责任和公益诉讼等问题。在本章的学习过程中，不正当竞争行为的监督检查和不正当竞争行为的法律责任是应当重点学习和掌握的问题。

教学目的：

通过本章的学习，使同学们：①了解我国目前不正当竞争行为的监督检查制度，尤其是监督管理主体制度、程序制度和措施制度；②学会监督、发现和查处不正当竞争行为；③知悉不正当竞争行为所应当承担的法律责任；④掌握公益诉讼的基本知识。

第一节　不正当竞争行为的监督检查（一）——不正当竞争行为的工商行政监督检查

一、工商行政管理机关是重要的不正当竞争行为监督检查机关

不正当竞争行为的监督检查机关是指法律、法规授权，可以对不正当竞争行为人作出具有法律效力决定的特定的行政机关。根据《反不正当竞争法》第3条："县级以上人民政府工商行政管理部门对不正当竞争行为进行监督检查；法律、行政法规规定由其他部门监督检查的，依照其规定。"由此可以看出，工商行政管理机关是最主要的不正当竞争行为的监督检查机关，将承担绝大部分反不正当竞争方面的行政执法任务。此条规定，是工商行政管理机关管理权的法源。

重点提示：

关于不正当竞争的监督检查机关，国外多专门设立，如美国的联邦贸易委员会、日本的公正交易委员会、韩国的公正交易委员会等。我国将不正当竞争的监督检查权主要赋予工商行政管理机关，这是由我国市场现实和现行行政管理体制所决定的。请同学们对这一法律规定的必然性、可行性、优缺点进行揭示和分析。

在我国，工商行政管理机关分中央和地方两层次：在中央是国家工商行政管理总局，是中华人民共和国国务院主管的行政机构之一，是国务院主管市场监督管理和有关行政执法工作的国务院直属机构。它既是经济监督机关，也是行政执法机关。地方工商行政管理机关的设置分三级：省级（包括省、自治区、直辖市）工商行政管理局；地级市工商行政管理局；区县级（含县级市）工商行政管理局。地方各级人民政府工商行政管理局对其本级地方政府负责，国家工商行政管理局对地方各级工商行政管理局的业务工作予以领导，地方各级工商行政管理局内部职能部门的设置与国家工商局类似。

二、工商行政管理机关的职责

我国现行立法，对国家工商行政管理总局和地方各级工商行政管理机关的职责范围作出了明确而具体的规定。

（一）国家工商管理总局的职责

根据《国务院关于机构设置的通知》的规定，国家工商管理总局的主要职责是：

（1）负责市场监督管理和行政执法的有关工作，起草有关法律法规草案，制定工商行政管理规章和政策。

（2）负责各类企业、农民专业合作社和从事经营活动的单位、个人以及外国（地区）企业常驻代表机构等市场主体的登记注册并监督管理，承担依法查处取缔无照经营的责任。

（3）承担依法规范和维护各类市场经营秩序的责任，负责监督管理市场交易行为和网络商品交易及有关服务的行为。

（4）承担监督管理流通领域商品质量和流通环节食品安全的责任，组织开展有关服务领域消费维权工作，按分工查处假冒伪劣等违法行为，指导消费者咨询、申诉、举报受理、处理和网络体系建设等工作，保护经营者、消费者合法权益。

（5）承担查处违法直销和传销案件的责任，依法监督管理直销企业和直销员及其直销活动。

（6）负责垄断协议、滥用市场支配地位、滥用行政权力排除限制竞争方面的反垄断执法工作（价格垄断行为除外）。依法查处不正当竞争、商业贿赂、走私贩私等经济违法行为。

（7）负责依法监督管理经纪人、经纪机构及经纪活动。

（8）依法实施合同行政监督管理，负责管理动产抵押物登记，组织监督管理拍卖行为，负责依法查处合同欺诈等违法行为。

（9）指导广告业发展，负责广告活动的监督管理工作。

（10）负责商标注册和管理工作，依法保护商标专用权和查处商标侵权行为，处理商标争议事宜，加强驰名商标的认定和保护工作。负责特殊标志、官方标志的登记、备案和保护。

（11）组织指导企业、个体工商户、商品交易市场信用分类管理，研究分析并依法发布市场主体登记注册基础信息、商标注册信息等，为政府决策和社会公众提供信息服务。

（12）负责个体工商户、私营企业经营行为的服务和监督管理。

（13）开展工商行政管理方面的国际合作与交流。

（14）领导全国工商行政管理业务工作。

（15）承办国务院交办的其他事项。

（二）地方各级工商行政管理机关的职责

省级（包括省、自治区、直辖市）工商行政管理局、地级市工商行政管理局、区县组（含县级市）工商行政管理机关的主要职责包括：

（1）贯彻执行国家、省人民政府和上级工商行政管理机关关于工商行政管理工作的方针、政策、法律、法规和规章制度。

（2）组织管理工商企业和从事经营活动的单位、个人的登记注册，依法核定注册单位名称，审定、批准、颁发有关证照，对其登记注册事项及经营活动进行监督管理。

（3）依法组织监督管理市场竞争行为，查处垄断、不正当竞争、流通领域的走私贩私行为，打击传销和变相传销等经济违法行为。

（4）依法组织监督市场交易行为，组织监督流通领域商品质量，组织查处假冒伪劣商品行为，受理消费者申诉，组织查处侵犯消费者权益案件，保护经营者、消费者合法权益。

（5）组织实施各类市场经营秩序的规范管理与监督；监督管理电子网络经营行为。

（6）查处商标侵权行为，保护注册商标专用权，监督管理商标的使用和印制；指导商标代理机构工作。

（7）组织管理广告审批发布与广告经营活动，指导广告审查机构的工作。

（8）组织实施合同行政监督，会同行业管理部门制定合同示范文本，指导办理合同鉴证，监督管理消费类合同格式条款，组织查处合同欺诈行为。

（9）监督管理经纪人、经纪机构以及有关中介服务机构。

（10）组织管理动产抵押物登记，组织管理拍卖行为。

（11）对企业名称，驰名和著名商品特有的名称、包装、装潢、商业秘密、商标等实施监督管理和综合保护。

（12）组织管理个体工商户、个人合伙、私营独资和私营企业的经营行为。

（13）指导所属事业单位和协会、学会、消费者权益保护委员会的工作。

（14）承办上级工商行政管理机关和所在市人民政府交办的其他事项。

三、我国工商行政机关的历史沿革

我国工商行政管理机关从新中国成立之初到如今，大致经历从工商行政管理局到工商行政管理总局，又从工商行政管理总局到工商行政管理局，再到工商行政管理总局的八个阶段：

（一）1954 年 11 月至 1970 年 6 月阶段

1. 1954 年，依据第一届全国人大常委会第二次会议决定，设立中央工商行政管理局。中央工商行政管理局作为国务院直属机构，国务院负责掌管对资本主义工商业进行社会主义改造工作的第八办公室，负责掌管中央工商行政管理局的工作。

2. 1959 年 6 月，国务院召开了全体会议第九十次会议，决定调整国务院办公机构。鉴于资本主义工商业改造的任务已基本完成，国务院决定撤销第八办公室，将其掌管的中央工商行政管理局的工作，改由国务院财贸办公室掌管。

3. 1970 年 6 月，中共中央批准将中央工商行政管理局并入商业部。

（二）1978 年 9 月至 1982 年 8 月阶段

1978 年，经党中央批准，成立中华人民共和国工商行政管理总局，直属国务院，由国务院财贸小组代管。主要职能：保卫社会主义公有制，维护国家计划，保护正当的经营活动，打击资本主义势力，防止资本主义倾向的发展。

（三）1982 年 8 月至 1988 年 4 月阶段

1982 年，依据《关于批准国务院直属机构改革实施方案的决议》改国家工商行政管理总局为国家工商行政管理局。主要职能：贯彻执行党和国家的经济政策、法律、法令，研究拟定有关工商行政管理的法律、法令和规章制度，对工商企业实行经济监督，保护合法经营，取缔非法经营，维护社会经济秩序，促进生产，活跃流通，保证国家计划的实现。

（四）1988 年 4 月至 1993 年 3 月阶段

1988 年，依据《国务院确定行政机构设置》设立国家工商行政管理局，是国务院经济监督管理部门，也是行政执法机关，其主要职能为：依法确定各类工商企业和个体工商业的合法地位。监督管理或参与监督管理市场上的各种经济活动，检查处理经济违法违章行为，保护合法经营，取缔非法经营，维护正常的市场秩序，保证社会主义商品经济的健康发展。

（五）1993 年 3 月至 1998 年 3 月阶段

1993 年，依据第八届全国人大第一次会议批准的《国务院机构改革方案》和《关于国务院机构设置的通知》设立国家工商行政管理局，为国务院直属机构。

（六）1998 年 3 月至 2001 年阶段

1998 年，依据《国务院机构改革方案》（1998）和《国务院关于机构设置的通知》（国发［1998］5 号），设立国家工商行政管理局，主管市场监督管理和行政执法工作，其主要职能为：

（1）研究拟定工商行政管理的方针、政策和有关法规，拟定、发布工商行政管理的规章制度。

（2）组织管理工商企业和从事经营活动的单位、个人的注册，依法核定注册单位名称，审定、批准、颁发有关证照，实行监督管理。

（3）组织监督检查市场竞争行为，查处垄断和不正当竞争案件，依照法律、法规打击流通领域的走私贩私行为和经济违法违章行为。

（4）组织保护消费者合法权益，组织查处侵犯消费者权益案件，组织查处市场管理和商标管理中的经销掺假及假冒产品行为。

（5）组织实施各类市场经营秩序的规范管理和监督。

（6）组织管理经纪人、经纪机构。

（7）组织管理经济合同人，组织查处合同欺诈行为，组织管理动产抵押物登记，组织监管拍卖行为。

（8）组织管理商标注册工作，认定驰名商标，组织查处商标侵权行为。

（9）组织管理广告发布与广告经营活动。

（10）组织管理个体工商户、个人合伙和私营企业的经营行为。

（11）领导全国工商行政管理业务工作。

（12）开展工商行政管理方面的国际合作与交流。

（13）承办国务院交办的其他事项。

在这一阶段，根据《国务院机构改革方案》和《国务院关于机构设置的通知》，其职能作了如下调整：

（1）划出的职能：将指导广告业发展的职能交给国家经济贸易委员会。

（2）转变的职能：①取消市场培育建设、全国市场布局规划、开展各类交易市场登记的管理职能；②把引导个体、私营经济发展职能交给有关的行业协会；将机关服务事务交给事业单位承担。

（七）2001年4月至2003年3月阶段

2001年，依据《国务院关于国家工商行政管理局、新闻出版署、国家质量技术监督局、国家出入境检验检疫局机构调整的通知》（国发［2001］13号），设立国家工商行政管理总局，国家工商行政管理局升为国家工商行政管理总局。

（八）2003年3月至2004年阶段

2003年，依据《国务院关于机构设置的通知》（国发［2003］8号），设立国家工商行政管理总局，成为全国工商行政管理系统的最高职能部门。

四、我国不正当竞争行为工商监督检查的基本原则

在对不正当竞争行为进行监督检查的过程中，作为主要监督检查机关的工商行政管理机关应遵循以下几个基本原则：

（一）按客观规律办事的原则

按客观规律办事，是指工商行政管理部门在执行《反不正当竞争法》工作中，必须遵循社会政治、经济、文化等各方面发展变化的客观规律的要求，实事求是地从事监督检查工作。在改革开放中，尤其要按照社会主义市场经济规律办事，充分考虑社会主义市场经济初级阶段的实际和特点。任何脱离实际的行动都是不可取的，也是错误的。

在现阶段，尤其是要注意市场经济中产生的新的经济现象。

（二）依法办案的原则

工商行政管理机关的监督检查工作，是以《反不正当竞争法》等法律、法规、政策为执法依据的一种行政执法活动。因此，必须符合社会主义法制“有法可依、有法必依、执法必严、违法必究”的基本要求，做到“以事实为根据，以法律为准绳”的办事原则，做到定性准确，处罚适当，手续完备，程序合法。

（三）以防为主，打防结合，综合治理的原则

所谓以防为主，是指工商行政管理机关，要经常开展对全社会的《反不正当竞争法》的宣传教育，使广大经营者自觉遵守《反不正当竞争法》，把不正当竞争违法活动限制在最低限度。所谓打防结合，是指工商行政管理机关实施监督检查时，要坚持“打击”与“防范”两手硬的工作方法，防止和克服那种单纯靠打击来解决问题的作法。所谓综合治理，是指工商行政管理机关的监督检查要与社会各方面的积极力量结合起来进行，加强社会监督，扩大社会效果。

（四）坚持部门协作的原则

工商行政管理机关监督检查不正当竞争行为还需其他执法机关协同配合，如物价、卫生、税务、海关、公安、检察和法院等部门的支持和协助。对情节严重的不正当竞争行为，工商行政机关应主动同司法部门配合，及时移交司法机关依法追究其刑事责任。同时，还应加强工商行政管理内部的协调和合作。

重点提示：

不正当竞争行为的统一、综合查处与多部门分别、协作查处是两种不同的不正当竞争行为查处模式，各有优缺点。请同学们对两种模式的优缺点进行总结。

（五）搞活经营，促进公平竞争的原则

工商行政管理部门监督检查的最终目的是为了搞活经营促进公平竞争，促进社会生产力和商品经济的发展。因此，工商行政管理机关在监督检查中，必须有利于促进公平竞争，搞活经营及生产力的发展。

五、工商行政监督检查部门的职能

“以事实为根据，以法律为准绳”是我国社会主义法制的基本原则。保证执法机关全面、客观掌握案件情况，准确适用法律，既有利于维护社会主义市场经济秩序，保护公平竞争，制止不正当竞争，又保护公民、法人及其他组织人身、财产等基本的权利不受非法侵害，正确实现立法意图，赋予执法机关力度较强的职能，同时对其权力范围作出明确的限定，是现代法制的客观要求。

《反不正当竞争法》第17条明确规定，监督检查部门在监督检查不正当竞争行为时，有权行使下列职权：

（1）按照规定程序询问被检查的经营者、利害关系人、证明人，并要求提供证明材料或者与不正当竞争行为有关的其他资料。

（2）查询、复制与不正当竞争行为有关的协议、账册、单据、文件、记录、业务函电和其他资料。

（3）检查与《反不正当竞争法》第1条规定的不正当竞争行为有关的财物，必要时可以责令被检查的经营者说明该商品的来源和数量，暂停销售，听候检查，不得转移、隐匿、销毁该财物。

具体来讲，监督检查部门的职权有以下几种：

（1）询问权。监督检查机关有权通过询问被检查的经营者、利害关系人、证人提取言辞方面的证据，即被检查经营者的陈述、利害关系人、证明人的证言。

（2）查询复制权。监督检查部门有权查询、复制与不正当竞争行为有关的协议、账册、单据、文件、业务函电等，以提取书证或有关视听资料。

(3) 检查财物权。监督检查部门有权检查与不正当竞争行为有关的财物，以提取物证及制作现场笔录。

(4) 强制措施权。在监督检查不正当竞争行为过程中，为防止违法行为继续进行，违法后果继续扩散，保全证据，固定违法行为或物品，监督检查部门有权采取强制措施，对违法行为及违法物品加以限制。

重点提示：

在监督检查不正当竞争行为过程中，工商行政管理机关除上述强制措施外，能否享有公安机关执法强制权，是一个值得探讨的重要问题。对此问题，同学们可以进行讨论，并发表自己的意见和看法。

(5) 处罚权。监督检查部门对查证属实、定性为不正当竞争的行为人有权根据具体情况作出罚款、没收违法所得、责令停止违法行为、责令消除影响的处罚。

重点提示：

罚款是一种重要的行政处罚措施，在工商处罚中占有重要的地位。但是，由于种种原因所致，罚款往往被推向极致，惟罚款是从，甚至以“罚（款）”代“罚（其他处罚）”，几乎使工商行政处罚演变成罚款处罚，危害甚大。谈谈你对此问题的看法。

六、被检查的经营者、利害关系人和证明人的义务

调查收集不正当竞争行为的证据，是监督检查部门查处不正当竞争行为的法定职权。同时，如实提供有关资料或情况，是被检查的经营者、利害关系人及证明人的法定义务。确定该权利与义务的目的在于，保证监督检查部门准确、全面掌握事实，正确适用法律。

如实提供有关资料或情况的内容有：

(1) 所提供的资料或情况必须与不正当竞争行为直接有关。如：不正当竞争行为的基本事实、不正当竞争行为的协议及有关权利义务的协议、业务函电等。

(2) 所提供的资料或情况必须真实、客观、全面。不得主观臆造、凭空夸大，避重就轻或隐蔽事实。

(3) 要求被检查的经营者、利害关系人不得转移、隐匿、销毁证据材料，以保证监督检查部门准确认定事实，顺利执法。

重点提示：

在检查中，被检查经营者为逃避处罚，往往不择手段的转移、隐匿、销毁

证据材料，工商部门必须严加防范。谈谈你对防范措施的认识。

（4）要求每个公民、法人及社会组织，义不容辞地承担起对不正当竞争行为进行社会监督的责任。对于直接或间接了解和掌握的不正当竞争行为或线索，及时、客观地向监督检查部门举报，做到知情必举。

对于上述各类人，如果他们不如实提供有关资料或者情况的行为超过了一定的界限，构成了诬告陷害他人或者侮辱他人的行为，或者构成了伪证行为，他们的行为则可能触犯刑法、治安管理条例、民法通则等法律。

七、不正当竞争行为的工商行政处罚

工商行政管理机关对构成不正当竞争的行为应当根据《反不正当竞争法》的规定进行处罚。对不正当竞争行为的处罚是监督检查机关的一项严肃的行政执法工作，其从立案、调查、检查到定性处罚都有一套严格的工作程序。为严格工商行政处罚程序，2007 年 9 月 4 日中华人民共和国国家工商行政管理总局发布了《工商行政管理机关行政处罚程序规定》。该规定于 2007 年 10 月 1 日起施行。

（一）管辖问题

关于管辖问题，《工商行政管理机关行政处罚程序规定》分三种情况进行了细致、具体的规定，十分便于行政执法。

1. 地域管辖。关于地域管辖，基本内容包括：①行政处罚由违法行为发生地的县级以上（含县级，下同）工商行政管理机关管辖。法律、行政法规另有规定的除外。②县（区）、市（地、州）工商行政管理机关依职权管辖本辖区内发生的案件。省、自治区、直辖市工商行政管理机关依职权管辖本辖区内发生的重大、复杂案件。国家工商行政管理总局依职权管辖应当由自己实施行政处罚的案件及全国范围内发生的重大、复杂案件。③对利用广播、电影、电视、报纸、期刊、互联网等媒介发布违法广告的行为实施行政处罚，由广告发布者所在地工商行政管理机关管辖。广告发布者所在地工商行政管理机关管辖异地广告主、广告经营者有困难的，可以将广告主、广告经营者的违法情况移交广告主、广告经营者所在地工商行政管理机关处理。④对当事人的同一违法行为，两个以上工商行政管理机关都有管辖权的，由最先立案的工商行政管理机关管辖。

2. 指定管辖。两个以上工商行政管理机关因管辖权发生争议的，应当协商解决，协商不成的，报请共同上一级工商行政管理机关指定管辖。

3. 移送管辖。关于移送管辖，主要内容包括：①工商行政管理机关发现所查处的案件不属于自己管辖时，应当将案件移送有管辖权的工商行政管理机关。

受移送的工商行政管理机关对管辖权有异议的，应当报请共同上一级工商行政管理机关指定管辖，不得再自行移送。②上级工商行政管理机关认为必要时可以直接查处下级工商行政管理机关管辖的案件，也可以将自己管辖的案件移交下级工商行政管理机关管辖。法律、行政法规明确规定案件应当由上级工商行政管理机关管辖的，上级工商行政管理机关不得将案件移交下级工商行政管理机关管辖。下级工商行政管理机关认为应当由其管辖的案件属重大、疑难案件，或者由于特殊原因，难以办理的，可以报请上一级工商行政管理机关确定管辖。③工商行政管理机关发现所查处的案件属于其他行政机关管辖的，应当依法移送其他有关机关。工商行政管理机关发现违法行为涉嫌犯罪的，应当依照有关规定将案件移送司法机关。

（二）立案

关于管辖问题，《工商行政管理机关行政处罚程序规定》做出了如下规定：

1. 工商行政管理机关依据监督检查职权，或者通过投诉、申诉、举报、其他机关移送、上级机关交办等途径发现、查处违法行为。

2. 工商行政管理机关应当自收到投诉、申诉、举报、其他机关移送、上级机关交办的材料之日起7个工作日内予以核查，并决定是否立案；特殊情况下，可以延长至15个工作日内决定是否立案。

3. 立案应当填写立案审批表，同时附上相关材料（投诉材料、申诉材料、举报材料、上级机关交办或者有关部门移送的材料、当事人提供的材料、监督检查报告、已核查获取的证据等），由县级以上工商行政管理机关负责人批准，办案机构负责人指定两名以上办案人员负责调查处理。

4. 对于不予立案的投诉、举报、申诉，经工商行政管理机关负责人批准后，由办案机构将结果告知具名的投诉人、申诉人、举报人。工商行政管理机关应当将不予立案的相关情况作书面记录留存。

（三）调查与取证

立案后，办案人员应当及时进行调查，收集、调取证据，并可以依照法律、法规的规定进行检查。

关于办案人员的取证问题，《工商行政管理机关行政处罚程序规定》从以下几个方面进行规范：①首次向案件当事人收集、调取证据的，应当告知其有申请办案人员回避的权利。向有关单位和个人收集、调取证据时，应当告知其有如实提供证据的义务。②办案人员调查案件，不得少于两人。办案人员调查取证时，一般应当着工商行政管理制服，并出示《中华人民共和国工商行政管理行政执法证》。《中华人民共和国工商行政管理行政执法证》由国家工商行政管理总局统一制定、核发或者授权省级工商行政管理局核发。③需委托其他工商行政管理机关协助调查、取证的，应当出具书面委托调查函，受委托的工商行政管理机关应当积极予以协助。无法协助的，应当及时将无法协助的情况函告委托机关。案件立案后，县以上工商行政管理机关应指定2人以上办案人员及时进行调查、检查、收集证据。④当事人认为办案人员与当事人有直接利害关系的，有权申请办案人员回避；办案人员认为自己与当事人有直接利害关系的，应当申请回避。

关于证据结构问题，根据《工商行政管理机关行政处罚程序规定》，包括以下几种：①书证；②物证；③证人证言；④视听资料、计算机数据；⑤当事人陈述；⑥鉴定结论；⑦勘验笔录、现场笔录。

结合执法实际和实践，我们认为，工商行政部门在收集证据时应注意以下问题：

（1）收集言辞证据时应注意的事项。用询问的方法收集言辞证据。询问应当由监督检查部门的工作人员进行，一般应有2人；询问应当形成笔录并由询问人、被询问人签字。在询问的同时，还可能要求被询问人提供其他证明材料或者与不正当竞争行为有关的其他资料。向被询问人索要其他证据应当妥善办理登记手续，开具清单。除了口头询问以外，也可以要求被询问人提供书面材料，或者接受被检查的经营者、利害关系人、证明人主动提供的书面材料。

（2）收集书证时应注意的事项。书证是以其记载内容证明案件真实情况的一种证据。这种书证的形式有协议、账册、单据、文件、记录、业务函电等。查询上述书证，往往不能取走原件。因此，可以采用复制的方法。复制，可以是由监督检查部门工作人员手抄绘制，也可以采用技术手段，如复印、照相等。

（3）收集物证时应注意的事项。物证是以其外形或者内在属性证明案件真实情况一种证据。检查有关物证应当形成笔录，由检查人与被检查人签字。在检查物证时，为免于流于形式，可以采取一些强制措施，如，责令说明该商品的来源和数量；责令停止销售；责令听候检查；责令不得转移、隐匿、销毁该财物等。

（四）核审

调查取证终结后，即进入核审阶段。关于案件核审，《工商行政管理机关行政处罚程序规定》作出如下规定：

（1）核审范围。省级工商行政管理机关可以根据本辖区的实际情况，确定辖区内各级工商行政管理机关核审案件的类型和范围。

（2）核审主体。案件核审由工商行政管理机关的法制机构负责实施。工商行政管理所以自己的名义实施行政处罚的案件，由工商行政管理所的法制员负责核审。

（3）核审内容。案件核审的主要内容包括：①对所办案件是否具有管辖权；②当事人的基本情况是否清楚；③案件事实是否清楚、证据是否充分；④定性是否准确；⑤适用依据是否正确；⑥处罚是否适当；⑦程序是否合法。

（4）核审意见和建议。核审机构经过对案件进行核审，提出以下书面意见和建议：①对事实清楚、证据确凿、适用依据正确、定性准确、处罚适当、程序合法的案件，同意办案机构意见，建议报机关负责人批准后告知当事人；②对定性不准、适用依据错误、处罚不当的案件，建议办案机构修改；③对事实不清、证据不足的案件，建议办案机构补正；④对程序不合法的案件，建议办案机构纠正；⑤对违法事实不成立或者已超过追责期限的案件，建议销案；⑥对违法事实轻微并及时纠正，没有造成危害后果的案件，建议不予行政处罚；⑦对超出管辖权的案件，建议办案机构按有关规定移送；⑧对涉嫌犯罪的案件，建议移送司法机关。

（5）核审结果。核审机构核审完毕，应当及时退卷。办案机构应将案卷、拟作出的行政处罚建议及核审意见报工商行政管理机关负责人审查决定。

（五）决定

工商行政管理机关负责人经对案件调查终结报告、核审意见或者听证报告，当事人的陈述、申辩意见，拟作出的行政处罚决定进行审查，根据不同情况分别作出给予行政处罚、销案、不予行政处罚、移送其他机关等处理决定。

工商行政管理机关对重大、复杂案件，或者重大违法行为给予较重处罚的案件，应当提交工商行政管理机关有关会议集体讨论决定。

重大、复杂案件，或者重大违法行为给予较重处罚的案件范围，由省级工商行政管理机关确定。

工商行政管理机关作出行政处罚决定，应当制作行政处罚决定书。行政处罚决定书的内容包括：①当事人的姓名或者名称、地址等基本情况；②违反法律、法规或者规章的事实和证据；③行政处罚的内容和依据；④采纳当事人陈述、申辩的情况及理由；⑤行政处罚的履行方式和期限；⑥不服行政处罚决定，申请行政复议或者提起行政诉讼的途径和期限；⑦作出行政处罚决定的工商行政管理机关的名称和作出决定的日期。

行政处罚决定书应当加盖作出行政处罚决定的工商行政管理机关的印章。

（六）期间、送达

期间以时、日、月计算，期间开始之时或者日不计算在内。期间不包括在途时间，期间届满的最后一日为法定节假日的，以节假日后的第一日为期间届满的日期。

工商行政管理机关送达文书，除行政处罚告知书和听证告知书外，应当按下列方式送达：①直接送达当事人的，由当事人在送达回证上注明收到日期，并签名或者盖章，当事人在送达回证上注明的签收日期为送达日期；②无法直接送达的，可以委托当地工商行政管理机关代为送达，也可以挂号邮寄送达，邮寄送达的，以回执上注明的收件日期为送达日期；③采取上述方式无法送达的，公告送达。公告送达，可以在全国性报纸或者办案机关所在地的省一级报纸上予以公告，也可以在工商行政管理机关公告栏张贴公告，并可以同时在工商行政管理机关网站上公告。自公告发布之日起经过60日，即视为送达。公告送达，应当在案卷中记明原因和经过。

（七）行政处罚的执行

处罚决定依法作出后，当事人应当在行政处罚决定的期限内予以履行。

工商行政管理机关对当事人作出罚款、没收违法所得处罚的，应当由当事人自收到处罚决定书之日起15日内，到指定银行缴纳罚没款。有下列情形之一的，可以由办案人员当场收缴罚款：①当场处以20元以下罚款的；②对公民处以20元以上50元以下、对法人或者其他组织处以1000元以下罚款，不当场收缴事后难以执行的；③在边远、水上、交通不便地区以及其他原因，当事人向指定银行缴纳罚款确有困难，经当事人提出的。办案人员当场收缴罚款的，应当出具省、自治区、直辖市财政部门统一制发的罚款收据。

当事人逾期不履行行政处罚决定的，作出行政处罚决定的工商行政管理机关可以采取下列措施：①到期不缴纳罚款的，每日按罚款数额的3%加处罚款；②根据法律规定，将查封、扣押的财物拍卖或者将冻结的存款划拨抵缴罚款；③申请人民法院强制执行。

重点提示：

申请强制执行是工商行政机关落实行政处罚的重要措施，应用非常广泛。请同学们围绕强制执行，对强制执行的条件、程序、结果等展开讨论。

当事人确有经济困难，需要延期或者分期缴纳罚款的，应当提出书面申请。经工商行政管理机关负责人批准后，由办案机构以办案机关的名义，书面告知当事人延期或者分期的期限。

除依法应当予以销毁的物品外，依法没收的非法财物，应当按照国家规定，委托具有合法资格的拍卖机构公开拍卖或者按照国家有关规定处理。

销毁物品，按照国家有关规定处理；没有规定的，经工商行政管理机关负责人批准，由两名以上工商行政管理人员监督销毁，并制作销毁记录。

重点提示：

在工商执法实践中，经常运用销毁物品的方式进行行政处罚。但是，在没收物品被付之一炬的同时，也程度不同的造成了环境的污染和财政的浪费。请同学们谈谈对销毁物品行政处罚方式的认识。

罚没款及没收物品的变价款，必须全部上缴财政，任何单位和个人不得截留、私分或者变相私分。

对依法解除强制措施，需退还当事人财物的，工商行政管理机关应当通知当事人在3个月内领取；当事人不明确的，应当采取公告方式通知当事人在6个月内认领财物。通知或者公告的认领期限届满后，无人认领的，工商行政管理机关可以按照有关规定采取拍卖或者变卖等方式处理物品，变价款保存在工商行政管理机关专门账户上。自处理物品之日起1年内仍无人认领的，变价款扣除为保管、处理物品所支出的必要费用后上缴财政。法律、行政法规另有规定的，从其规定。

（八）复议与诉讼

当事人对监督检查部门作出的处罚决定不服的，可以自收到处罚决定之日起15日内向上一级主管机关申请复议；对复议决定不服的，可以自收到复议决定书之日起15日内向人民法院提起诉讼，也可以直接向人民法院提起诉讼。

第二节　不正当竞争行为的监督检查（二）——不正当竞争行为的其他行政机关监督检查

一、相关行政机关也是不正当竞争行为的监督管理机关

《反不正当竞争法》第3条："县级以上人民政府工商行政管理部门对不正当竞争行为进行监督检查；法律、行政法规规定由其他部门监督检查的，依照其规定。"由此可以看出，工商行政管理机关之外的其他相关行政管理机关也是不正当竞争行为的监督管理机关。此条也成为相关行政机关行使不正当竞争行为监督检查权的法源。

一般而言，其他行政管理机关是指依照其他法律、法规的规定，可对不正当竞争行为进行查处的机关。属于这类监督检查机关的有：专利局、质监局、物价局、卫生局、银监会、证监会、保监会、文化部、新闻出版署、城建局等工程主管部门、商务部、交通、邮电、民航、铁路、烟草专卖等行政主管机关。

其他行政管理机关与工商行政部门对不正当竞争行为的监督检查相比，具有以下三个明显的特征：

1. 行业性。专利局、质监局、物价局、卫生局、银监会、证监会、保监会等其他行政管理机关根据法律的规定只能对本行业内的不正当竞争行为进行监督检查，行业性特别突出和明显。而工商行政管理机关对不正当竞争行为的监

督检查则呈现出泛行业性的特征。

2. 法定性。专利局、质监局、物价局、卫生局、银监会、证监会、保监会等其他行政管理机关对本行业所实施的行业性监督检查必须依据法律的明文规定，只有“法律、行政法规规定由其他部门监督检查的”，各行业行政机关才能依照其规定进行该行业内的不正当竞争行为监督检查，否则，即是滥用监督检查权。而工商行政机关对不正当竞争行为的监督检查则无需法律、法规的特别规定。

3. 无级别性。对工商行政管理机关而言，只有县级以上人民政府工商行政管理部门才有权对不正当竞争行为进行监督检查，其派出机构，如工商所、工商服务中心等不得以自己的名义对不正当竞争行为实施监督检查。而其他行政机关在对行业不正当竞争行为实施监督检查时则无级别的限制，只要依照法律、法规的规定实施监督检查即可。

重点提示：

相关机关对不正当竞争的监督检查不可或缺，与工商行政机关的监督检查相得益彰。但是，二者的协调、合作问题却是一个非常重要的理论问题和实践问题，请同学们一定要注意。

因篇幅所限，本节以保监会对保险活动中不正当竞争行为的查处为例，谈谈不正当竞争行为的其他行政机关监督检查问题。

二、《保险法》关于制止不正当竞争的规定

保险法是指调整保险关系的一切法律规范的总称。保险法有广狭两义，广义保险法：包括专门的保险立法和其他法律中有关保险的法律规定；狭义保险法：指保险法典或在民法商法中专门的保险立法，通常包括保险企业法、保险合同法和保险特别法等内容，另外国家将标准保险条款也视为保险法的一部分内容。

1995 年 6 月 30 日，第八届全国人民代表大会常务委员会第十四次会议通过了《保险法》，这是建国来我国的第一部保险基本法。采用了国际上一些国家和地区集保险业法和保险合同法为一体的立法体例，是一部较为完整、系统的保险法律。2002 年，为践行我国加入世界贸易组织的承诺，根据 2002 年 10 月 28 日第九届全国人民代表大会常务委员会第三十次会议《关于修改〈中华人民共和国保险法〉的决定》，《保险法》做了首次修改，并于 2003 年 1 月 1 日起实施。最新的《保险法》是中华人民共和国第十一届全国人民代表大会常务委员会第七次会议于 2009 年 2 月 28 日修订通过的。

我国《保险法》关于规范保险业的竞争行为，制止和打击不正当竞争行为

的规定，主要表现为以下几点：

（1）从事保险活动必须遵守法律、行政法规，尊重社会公德，遵循自愿原则（《保险法》第4条）。

（2）保险活动当事人行使权利、履行义务应当遵循诚实信用原则（《保险法》第5条）。

（3）保险公司开展业务，应当遵循公平竞争的原则，不得从事不正当竞争（《保险法》第115条）。

（4）设立保险公司，应当具备下列条件：①有符合本法和公司法规定的章程；②有符合本法规定的注册资本最低限额；③有具备任职专业知识和业务工作经验的高级管理人员；④有健全的组织机构和管理制度；⑤有符合要求的营业场所和与业务有关的其他设施。保险监督管理机构审查设立申请时，应当考虑保险业的发展和公平竞争的需要（《保险法》第68条）。

（5）关系社会公众利益的保险险种、依法实行强制保险的险种和新开发的人寿保险等险种的保险条款和保险费率，应当报保险监督管理机构审批。保险监督管理机构审批时，遵循保护社会公众利益和防止不正当竞争的原则（《保险法》第136条）。

这些规定，使《保险法》与《反不正当竞争法》具有了任务和使命上的一致性和共同性，也为保险法加入反不正当竞争的行列提供了法律依据。

三、保监会的地位与职责

中国保险监督管理委员会（简称中国保监会）于1998年11月18日成立，是全国商业保险的主管部门，为国务院直属正部级事业单位，根据国务院授权履行行政管理职能，依照法律、法规统一监督管理全国保险市场。其主要职责有：

（1）研究和拟定保险业的方针政策、发展战略和行业规划；起草保险业的法律、法规；制定保险业的规章。

（2）依法对全国保险市场实行集中统一的监督管理，对中国保险监督管理委员会的派出机构实行垂直领导。

（3）审批保险公司及其分支机构、中外合资保险公司、境外保险机构代表处的设立；审批保险代理人、保险经纪人、保险公估行等保险机构的设立；审批境内保险机构在境外设立机构；审批境内非保险机构在境外设立保险机构；审批保险机构的合并、分立、变更、接管、解散和指定接受；参与、组织保险公司、保险机构的破产、清算。

（4）审查、认定各类保险机构高级管理人员的任职资格；制定保险从业人员的基本资格标准。

（5）制定主要保险险种的基本条款和费率，对保险公司上报的其他保险条款和费率审核备案。

（6）按照国家统一规定的财务、会计制度，拟定商业保险公司的财务会计实施管理办法并组织实施和监督；依法监管保险公司的偿付能力和经营状况；负责保险保障基金和保证金的管理。

（7）会同有关部门研究起草制定保险资金运用政策，制定有关规章制度，依法对保险公司的资金运用进行监管。

（8）依法对保险机构及其从业人员的违法、违规行为以及非保险机构经营保险业务或变相经营保险业务进行调查、处罚。

（9）依法监管再保险业务。

（10）依法对境内保险及非保险机构在境外设立的保险机构进行监管。

（11）建立保险风险评价、预警和监控体系，跟踪分析、监测、预测保险市场运行态势，负责保险统计，发布保险信息。

（12）会同有关部门审核律师事务所、会计师事务所、审计师事务所及其他评估、鉴定、咨询机构从事与保险相关业务的资格，并监管其有关业务活动。

（13）集中统一管理保险行业的对外交往和国际合作事务。

（14）受理有关保险业的信访和投诉。

（15）归口管理保险行业协会和保险学会等行业社团组织。

（16）承办国务院交办的其他事项。

四、保险业不正当竞争行为的监督检查

国务院保险监督管理机构是法定的监督检查机构，依照本法负责对保险业实施监督管理。这些监督管理包括：

（一）设立监督检查

设立保险公司，必须经保险监督管理机构批准。我国《保险法》第68条规定，设立保险公司，应当具备下列条件：①主要股东具有持续盈利能力，信誉良好，最近3年内无重大违法违规记录，净资产不低于人民币2亿元；②有符合本法和公司法规定的章程；③有符合本法规定的注册资本最低限额；④有具备任职专业知识和业务工作经验的高级管理人员；⑤有健全的组织机构和管理制度；⑥有符合要求的营业场所和与业务有关的其他设施。

设立保险公司的申请经初步审查合格后，申请人应当依照本法和公司法的规定进行保险公司的筹建。具备本法第68条规定的设立条件的，向保险监督管理机构提交正式申请表和下列有关文件、资料：①保险公司的章程；②股东名

册及其股份或者出资人及其出资额；③持有公司股份10 %以上的股东资信证明和有关资料；④法定验资机构出具的验资证明；⑤拟任职的高级管理人员的简历和资格证明；⑥经营方针和计划；⑦营业场所和与业务有关的其他设施的资料；⑦保险监督管理机构规定的其他文件、资料。

但是，符合上述条件的不一定都能够获得批准。保险监督管理机构审查设立申请时，应当考虑保险业的发展和公平竞争的需要。这一规定迫使监督管理部门从一开始就应当充分考虑保险行业竞争的必要和需要，严格保险公司审批。这样以来，就可以避免不正当竞争行为的发生，起到防患于未然的作用，具有十分重要的法律意义和社会意义。

（二）变更监督检查

保险公司注册登记事项的任何变更都会影响到行业竞争关系，也会滋生不正当竞争关系，因此，《保险法》第84条规定，保险公司有下列变更事项之一的，须经保险监督管理机构批准：①变更名称；②变更注册资本；③变更公司或者分支机构的营业场所；④调整业务范围；⑤公司分立或者合并；⑥修改公司章程；⑦变更出资人或者持有公司股份10 %以上的股东；⑧保险监督管理机构规定的其他变更事项。同时，还规定保险公司更换董事长、总经理，应当报经保险监督管理机构审查其任职资格。

这样以来，就有效的审查了变更登记保险公司的竞争条件，也能够有效的防止不正当竞争行为，与设立监督检查具有同样重要的作用和意义。

（三）行为监督检查

对行为的监督检查是防范和制止不正当竞争行为的重点和关键。我国《保险法》对行为的规范主要有：

1. 保险公司只能在被核定的业务范围内从事保险经营活动。保险公司不得兼营本法及其他法律、行政法规规定以外的业务（《保险法》第95条第3款）。

2. 保险公司应当具有与其业务规模相适应的最低偿付能力。保险公司的实际资产减去实际负债的差额不得低于保险监督管理机构规定的数额；低于规定数额的，应当增加资本金，补足差额（《保险法》第101条）。

3. 经营财产保险业务的保险公司当年自留保险费，不得超过其实有资本金加公积金总和的4倍（《保险法》第102条）。

4. 保险公司对每一危险单位，即对一次保险事故可能造成的最大损失范围所承担的责任，不得超过其实有资本金加公积金总和的10%；超过的部分，应当办理再保险（《保险法》第103条）。

5. 保险公司的资金不得用于设立证券经营机构，不得用于设立保险业以外的企业。（《保险法》第8条）

6. 保险公司及其工作人员在保险业务活动中不得有下列行为（《保险法》第116条）：

（1）欺骗投保人、被保险人或者受益人。

（2）对投保人隐瞒与保险合同有关的重要情况。

（3）阻碍投保人履行本法规定的如实告知义务，或者诱导其不履行本法规定的如实告知义务。

（4）给予或者承诺给予投保人、被保险人、受益人保险合同约定以外的保险费回扣或者其他利益。

（5）拒不依法履行保险合同约定的赔偿或者给付保险金义务。

（6）故意编造未曾发生的保险事故、虚构保险合同或者故意夸大已经发生的保险事故的损失程度进行虚假理赔，骗取保险金或者牟取其他不正当利益。

（7）挪用、截留、侵占保险费。

（8）委托未取得合法资格的机构或者个人从事保险销售活动。

（9）利用开展保险业务为其他机构或者个人牟取不正当利益。

（10）利用保险代理人、保险经纪人或者保险评估机构，从事以虚构保险中介业务或者编造退保等方式套取费用等违法活动。

（11）以捏造、散布虚假事实等方式损害竞争对手的商业信誉，或者以其他不正当竞争行为扰乱保险市场秩序。

（12）泄露在业务活动中知悉的投保人、被保险人的商业秘密。

7. 保险代理人、保险经纪人在办理保险业务活动中不得有下列行为：①欺骗保险人、投保人、被保险人或者受益人；②隐瞒与保险合同有关的重要情况；③阻碍投保人履行本法规定的如实告知义务，或者诱导其不履行本法规定的如实告知义务；④承诺向投保人、被保险人或者受益人给予保险合同规定以外的其他利益；⑤利用行政权力、职务或者职业便利以及其他不正当手段强迫、引诱或者限制投保人订立保险合同。（根据《保险法》第131条整理）

上述行为既是对投保人合法权益的侵犯，也是对其他保险公司、保险代理人、保险经纪人合法权益的侵犯，严重破坏了保险业的公平竞争关系，因而应当受到《保险法》的打击和制裁。

重点提示：

专利局、质监局、物价局、卫生局、银监会、证监会、保监会、文化部、新闻出版署、城建局等工程主管部门、商务部、交通、邮电、民航、铁路、烟草专卖等行政主管机关都可依照职权对行业范围内的不正当竞争行为进行监督检查，监督模式与保监会类似，同学们应举一反三，融会贯通。

第三节 不正当竞争行为的社会监督

一、社会监督的含义与特点

不正当竞争行为的社会监督，就是调动社会各方面的积极性，依靠大家的力量，通过各种方式和途径，发现各种各样的不正当竞争行为，并依法定程序使之受到制裁的一种监督方式。

《反不正当竞争法》第4条明确规定："国家鼓励、支持和保护一切组织和个人对不正当竞争行为进行社会监督。"由此可见，社会监督是对不正当竞争行为实施监督的一种非常重要的形式，受法律的保护，并受国家的鼓励和支持。

社会监督作为对不正当竞争行为实施监督的一种重要形式，与其他监督形式相比较，具有明显的优势和显著的特点。

（一）主体的广泛性

实施社会监督的主体非常广泛，包括了各种形式的企业、事业单位、行业协会和社会组织，以及作为消费者的所有公民。社会监督主体的广泛性，就决定了它作为一种监督形式，从整体上看是全面的，从局部或个体上看是分散的。法律赋予这些主体实施监督不正当竞争行为的权利：经营者之间可以互相监督；非经营者的组织或个人可以对经营者的不正当竞争行为进行监督；所有社会监督主体都可以对政府机关或其工作人员滥用行政权力、限制公平竞争，或者支持、包庇不正当竞争的行为进行监督。

（二）形式的多样性

由于各种社会监督主体从事社会活动的性质和内容不同，与市场交易活动关系的紧密程度不同，这就使得他们通过各种不同的方式实施对不正当竞争行为的监督。例如，经营者可以在其所从事的具体交易活动中，发现交易伙伴或同业竞争对手的不正当竞争行为；行业组织可以发现本行业或相关的行业内经营者的不正当竞争行为；企业内部的管理人员或普通职工可以发现本企业的不正当竞争行为；新闻单位或个人在工作中可以发现经营者的不正当竞争行为；消费者在消费活动中可能发现经营者的不正当竞争行为。在发现后，他们可能通过广播、电视、报刊等新闻媒介予以披露或者向行政执法部门、司法部门揭发、检举和控告，形式多样。

（三）非法律效力性

各类社会监督本身并不能构成对不正当竞争行为的具有法律效力的确认；各类社会监督主体也都无权对不正当竞争行为采取任何强制措施。社会监督行为的意义在于使行政执法机关或司法机关知悉不正当竞争行为，并为其查处或审判不正当竞争行为提供线索或证据。

重点提示：

目前，我国不正当竞争行为的监督检查从体制上来讲，已成鼎足之势。社会监督与工商行政机关、其他相关行政机关的职权监督一样不可或缺，具有重要的社会意义。对于这一监督检查模式，同学们应当认真学习，深刻领会。

二、社会监督的主体

《反不正竞争法》第4条明确规定："国家鼓励、支持和保护一切组织和个人对不正当竞争行为进行社会监督。"自该条的规定，也可看出社会监督的主体非常广泛。其中主要是经营者、经营组织的内部职能机构、行业协会和消费者四大类。

（一）经营者

经营者是指从事商品经营或者营利性服务的法人，其他经济组织和个人。它们是市场竞争的直接参与者，在具体的交易活动中，可以发现交易伙伴、对手的不正当竞争行为。

（二）经营组织的内部职能机构

经营组织的内部职能机构是指经营组织内部设立的各专业管理部门。它们直接操作本经营组织的经营管理生产活动，对本经营组织参与市场竞争的相关情况最为了解，最易发现本经营组织及竞争对手的不正当竞争行为。

（三）行业协会

行业协会是对不正当竞争行为实施社会监督的主体，是因为行业协会作为群众性的社会团体，它对本行业经营风气的引导作用往往是其他部门所不能替代的。随着市场经济体制的逐步建立和完善，这种引导作用将逐步加强。加之，它们对本行业参与市场竞争的一般规律有比较全面的了解，经常容易发现本行业的不正当竞争行为。

（四）消费者

消费者作为一个庞大的群体，它是对不正当竞争行为实施社会监督的又一重要主体。消费者在自己的消费活动中，往往能够亲身体验到不正当竞争行为造成的危害或者给消费者带来的权益侵害。同时，由于消费者人数众多，分布广泛，可以这么说，凡有不正当竞争行为存在的地方，就有消费者存在；凡是公民，实质上都是消费者。消费者分布范围的广泛性，决定了消费者是对不正当竞争行为实施社会监督的重要主体。

三、社会监督的方法

对不正当竞争行为实施社会监督的主要方法有披露、检举、控告、起诉四种。

(一) 披露

披露，就是通过言行、电视、报刊等新闻媒介公开揭露不正当竞争行为，让它们在社会曝光，以唤起社会舆论。新闻媒介作为党和人民的“喉舌”，作为传播信息的载体，它与社会生活的关系日益密切。无数事实证明，运用新闻媒介实施对不正当竞争行为的社会监督，对于制止不正当竞争行为有着越来越重要的作用。

(二) 举报

举报，是指与不正当竞争行为没有利害关系的消费者、经营者知悉不正当竞争行为主体及其不正当竞争行为事实并向行政机关、司法机关检举、揭发的行为。举报可用书面或口头形式提出。有关行政执法机关或司法机关，要认真接受举报，把它作为处理不正当竞争行为的材料来源之一。举报人如果不愿公开自己的姓名，有关行政执法机关或司法机关应为其保守秘密。行政执法机关或司法机关按照管辖范围对于举报材料审查后，认为有不正当竞争行为事实的，应当立案。

(三) 控告

控告，是指向行政执法机关或司法机关揭发、控诉不正当竞争行为及其不正当竞争违法事实并要求依法惩处的行为。控告和检举同是向行政执法机关或司法机关揭发不正当竞争行为人和不正当竞争违法事实，并要求依法处理的行为。但后者的行为人一般与案件无直接牵连，并往往出于正义感或是为了维护社会正常的经济秩序。控告可以书面或口头形式提出。有关行政执法部门或司法机关应当认真接受控告。如果控告人不愿公开自己的姓名、行政执法机关或司法机关应当为其保守秘密，行政执法机关或司法机关对属自己管辖范围的控告，应当认真审查材料，认为有不正当竞争违法事实并要求追究法律责任的，应当立案。

(四) 起诉

起诉，是指经营者和消费者依法直接提请有管辖权的人民法院对不正当竞争行为主体追究法律责任的诉讼行为。这是对不正当竞争行为实施社会监督的一个重要方法。通过起诉及相关的诉讼活动，可以有效地制止不正当竞争行为，切实保护经营者和消费者的合法权益。

重点提示:

经营者和消费者都有权依法直接提请有管辖权的人民法院对不正当竞争行

为主体追究法律责任的诉讼行为。但是，二者的诉讼请求、举证方式、免责事由都有所不同，同学们试比较之。

四、社会监督的基本法律制度

为保障社会监督的有效实施，调动社会主体参与社会监督的积极性，必须制定相应的法律保障制度。监督无罪制度和监督奖励制度是两项基本的社会监督法律保障制度。

（一）监督无罪制度

社会监督既是社会监督主体的权利，也是一项不可推卸的社会义务。社会监督主体以不同的方式对不正当竞争行为进行社会监督，对于打击和制止不正当竞争行为具有重大的社会意义和法律价值，其有些功能、作用是工商行政管理机构、其他相关的行政执法机构所不具备和不可替代的，因此，我们应当加强社会监督制度建设，促进社会监督的大力开展和健康发展。

在社会监督中，由于社会监督主体所处的市场活动地位不同，与不正当竞争行为的联系不同，发现不正当竞争行为的角度、方式、渠道不同，因而，最终形成的监督材料的内容也就有所不同。在这些材料中，有些内容可能与事实和实际不相符合甚至还可能有很大的差距，甚至还可能提供相反的内容。所有这些，都可能给被监督的经营者的经营造成不应有的不便、负面影响和一定的经济损失，也可能给不正当竞争行为的查处带来不便和一定的负面影响，但是，只要社会监督主体不是故意歪曲事实、捏造事实，都不能因为监督材料不实而追究社会监督主体，尤其是新闻监督媒体的法律责任。此即监督无罪制度。

（二）监督奖励制度

监督奖励制度就是对在社会监督中作出突出贡献的单位和个人给予荣誉和物质鼓励的一项专门性法律。在监督奖励制度中，经济举报奖励制度是最为重要的内容，目前在司法实践中已经得到了广泛的应用。但其基本理论仍在热烈的探讨之中。

1. 举报制度概述。举报是指公民或者单位向司法机关或者其他有关国家机关和组织检举、控告违纪、违法、犯罪，依法行使其民主权利的行为，是同环境违法行为、价格违法行为、产品质量违法行为、医疗违法行为等一切违法违纪行为做斗争的锐利武器。举报的目的就是为了有关部门从速查明被举报者的违法违纪行为并追究他们相应的责任。而举报制度是为了保障公民个人或者单位的举报权，受理相关的举报线索，依照法律或者其他有关规定进行调查处理的一种法律制度。举报制度一般由宣传、受理、分流、审报、转办、初查、催办、保护、奖励、答复等具体制度组成。这些具体制度的制定、完善和贯彻执行，保障了举报工作有序、有效地开展。我国最早规范举报活动的法律规范是最高人民检察院于1994年颁布的《奖励举报人员暂行办法》。

举报制度作为一项严肃的法律制度，时常由以下具体制度组成：

（1）受理制度。为了便于和能够对举报进行调查和处理，举报制度应当对举报格式、内容和署名等问题作出明确规定。如是否允许匿（化）名举报，是否允许网上举报等问题均应有明确的规定，只有这样才能规范举报行为，为调查和处理举报内容奠定坚实的事实和法律基础。

（2）保密制度。对举报信息进行保密，是举报制度的重要内容之一，很多举报人最为担心的就是举报内容泄密的问题。我们建议，应当指定专门的举报信息保密制度，采取专门手段和措施切实保守举报信息，以促进举报工作的正常开展。

重点提示：

保密制度是举报奖励制度中的重要内容。近些年来，经常有举报人遭受打击报复的事件出现，有的举报人甚至在打击报复中失去工作、家庭甚至生命。这些事件的一再发生和屡禁不止，挫伤了广大正义人士的举报积极性，妨碍了对不正当竞争行为的查处，必须尽快杜绝和减少。为此，我们应当加强对保密制度的研究，制定切实可行的保密措施，确保举报的顺利进行和举报人合法权益的不被侵犯。

（3）查处制度。举报受理后，即进入查处阶段。对举报内容的查处是举报制度的实质性阶段，也是取得反违法胜利果实的阶段，更应当有严格的制度加以保障。查处制度应当对举报的查处流程、方式、机构、结果和具体要求等问题作出明确规定，杜绝和减少举而不立、立而不查，大事拖小，小事拖了现象。

（4）奖励制度。对举报人进行奖励，是一种十分有效的激励措施，也是举报制度的一项重要内容。对举报人可以进行物质奖励，也可以进行精神奖励，但是，不管是何种奖励，都应当对奖励的时间、地点、参加人、奖励等级或奖励数额等作出明确的、切实可行的规定。

（5）惩处制度。是指对泄漏举报信息、打击或报复举报人的行为进行严厉惩处的制度。由于种种原因所致，举报人经常会遭受被举报人的打击报复。这种打击报复行为，严重地干扰和破坏了举报工作的正常开展，应当予以坚决打击和严厉制裁。

（6）补偿制度。被举报人的打击报复，往往给举报人的身心造成巨大的摧残和损害，甚至是家破人亡、妻离子散。对此，我们除了应当对打击报复人进行制裁之外，还应当对举报人因打击报复而受到的损失进行补偿，此即举报补偿制度。

2. 经济举报奖励制度。为对经济举报有功人员进行奖励，2001 年财政部、国家工商行政管理总局、国家质量监督检验检疫总局发布了《举报制售假冒伪劣商品违法活动有功人员奖励办法》，2003 年财政部、国家食品药品监督管理局发布了《举报制售假劣药品有功人员奖励办法》，2004 年国家外汇管理局发布了《举报外汇违法案件奖励试行办法》。可以看出，举报奖励制度受到了越来越多的国家机关的注意和重视。随着这种注意和重视程度的不断提高，越来越多、越来越细致的举报奖励制度也将不断出台。可以预见，我国完善的举报奖励制度的形成只是一个时间问题。

上述举报奖励制度对奖励的对象、范围、等级、数额、方法等问题都结合不同的行业和专业领域作了明确或基本明确的规定，如《举报制售假劣药品有功人员奖励办法》就对上述问题做了如下规定：

（1）奖励对象。举报有功人员是指以书面材料、电话或其他形式向各级工商行政管理或质量监督检验检疫机关举报制售假冒伪劣商品活动，且举报情况经行政执法机关办案查证属实的人员。但是，与本职工作有关的国家机关及其工作人员、被假冒方或其委托人以及申诉案件的举报不适用本办法。

（2）奖励范围。举报下列制售假冒伪劣商品违法犯罪活动的，属于本办法奖励范围：①生产、销售、储存、运输、印刷伪造或冒用商标包装装潢厂名、厂址和产地产品及包装物、标识的；②生产、销售、储存、运输、印刷伪造或冒用质量标志的产品及包装物、标识物的；③生产、销售不符合保障人体健康和人身、财产安全的国家标准、行业标准产品的；④生产、销售国家明令淘汰产品的；⑤生产、销售掺杂掺假、以假充真、以次充好、以不合格冒充合格产品的；⑥生产、销售过期失效、变质产品的。

（3）奖励等级。根据举报事实的确凿程度和举报人的配合情况，将举报分为 4 个有功等级：①一级举报。认定违法事实完全清楚，已亲自并直接掌握现场物证、书证并可协助现场查办活动，举报情报与查办事实完全相符；②二级举报。认定有违法事实，已掌握部分现场物证、书证并可协助查办活动，举报情报与查办事实基本相符；③三级举报。尚未对违法事实进行直接核实，但已取得部分重要证据，仅提供查办线索，不直接协助查办活动，举报情报与查办事实大致相符；④四级举报。有部分物证，但未经过核实，仅为怀疑、推测性举报。

（4）奖励数额。对举报有功人员根据不同情况，依据执法机关查获的假冒伪劣商品货值大小，一次性给予奖励。具体奖励标准如下：①对于货值 1 万元以上 15 万元以下不予追究刑事责任的案件，按照举报有功等级分别按货值 5% ~6%，3% ~4%，1% ~3%，0% ~1% 给予奖励；②对于大案要案，行政执法机关已经实施行政处罚的或者未作行政处罚移送司法机关追究刑事责任的，分别不同情况由行政执法机关或者司法机关按照举报有功等级分别按货值4% ~5%，2% ~3%，1% ~2%，0% ~1%给予奖励，每起案件的举报奖励原则上不超过30万元。

（5）奖励方法。奖励举报有功人员的奖金由各省、自治区、直辖市、计划单列市行政执法部门会同财政部门颁发。举报有功人员接到奖励通知后须3个月内领取奖金，逾期不领取的，视为自动放弃。两人以上共同举报同一案件线索的，奖金由举报人自行协商分配比例，协商不成的，由颁发机关裁决。对同一案件举报人只能奖励一次，不得重复奖励。

（6）法律责任。该条例分别规定了举报人和国家机关工作人员的法律责任。关于举报人的法律责任，该办法规定，举报人应对所举报的事实负责。对借举报之名故意捏造事实诬告他人或进行不正当竞争行为的，依法追究其法律责任；关于国家机关工作人员的法律责任，该办法规定，各级行政执法部门工作人员有下列情况的，视情节轻重给予行政处分；构成犯罪的，依法追究法律责任：①伪造举报材料，冒领举报奖金的；②对举报人或举报情况敷衍了事，没有认真核实查处的；③因工作失职造成泄密的；④向被举报人通风报信，帮助其逃避查处的。

综观我国现行的举报奖励制度，可以看出还存在不少问题，是否实行实名制问题，是否应当进行公开奖励问题，如何提高奖励数额等问题依然没有得到很好的解决，而且，各个部门所颁布的举报奖励办法之间还存在着这样或者那样的冲突或矛盾。所有这些，都在一定程度上制约或限制了举报工作的开展，影响了对违法违纪行为的查处和打击，因此，应当尽快地予以纠正和克服。而要达此目的，我们认为最好的办法就是尽快制定一部《举报法》或《举报奖励法》。

重点提示：

《举报法》或《举报奖励法》的制定十分必要，也切实可行。同学们可以运用所学尝试构建《举报法》或《举报奖励法》的基本框架和基本内容。

第四节　不正当竞争行为的法律责任

一、不正当竞争行为法律责任的特点

《反不正当竞争法》第四章对不正当竞争行为所应承担的法律责任作了明确的规定。这些规定反映在第20条至第32条中，共13条。分析一下《反不正当

竞争法》关于“法律责任”的规定，不难发现其有如下特点：

（1）《反不正当竞争法》详细地规定了各种不正当竞争行为以及不正当竞争行为应承担的责任，并规定了有关的行政复议，行政诉讼及民事诉讼程序。

（2）《反不正当竞争法》规定的法律责任，主要包括民事责任、行政责任和刑事责任三种责任形式。

（3）《反不正当竞争法》规定的法律责任突出强调了损害赔偿；其他具体民事责任形式，依《民法通则》及有关法律承担。

（4）《反不正当竞争法》规定的法律责任中的行政责任，主要包括责令停止违法行为，责令改正，消除影响，没收违法所得，罚款，以及吊销营业执照等形式。《反不正当竞争法》还规定了对与不正当竞争相关的国家工作人员违法行为的行政处分。

（5）《反不正当竞争法》规定的法律责任中的刑事责任，本法只作了原则规定，确定具体的刑事责任，要适用刑法的有关规定。对刑法中没有规定的，立法机关将制定对刑法的专门补充规定予以明确。

二、不正当竞争行为法律责任的基本规定与构成

法律责任是法律刚性和强制性的具体体现，不可或缺。我国《反不正当竞争法》对不正当竞争行为法律责任的性质、构成、内容做了具体的规定。

（一）不正当竞争行为法律责任的基本规定

《反不正当竞争法》第20条规定：“经营者违反本法规定，给被侵害的经营者造成损害的，应当承担损害赔偿责任，被侵害的经营者的损失难以计算的，赔偿额为侵权人在侵权期间因侵权所获得的利润；并应当承担被侵害的经营者因调查该经营者侵害其合法权益的不正当行为所支付的合理费用。被侵害的经营者的合法权益受到不正当竞争行为损害的，可以向人民法院提起诉讼。”

该条是《反不正当竞争法》对不正当竞争行为所应承担的法律责任所作出的基本规定，也是行为人应承担的主要的和基本的法律责任，其责任的性质属损害赔偿责任。

（二）不正当竞争行为法律责任的构成

法律责任的确定和承担需要严格的法定条件。不具备法定条件，就不能追究行为人的法律责任。根据《反不正当竞争法》和其他相关法律法规的规定，以及法律责任的一般构成要件，我们认为，欲使不正当竞争行为人承担损害赔偿责任，必须同时具备以下要件：

1. 从主观上来讲，不正当竞争行为人在主观上有过错。这种过错，包括故意和过失两种情况。前者是指明知自己的行为会妨碍公平竞争，破坏市场经济

秩序，侵犯同业竞争者和消费者的合法权益，但仍然追求该结果的发生，甚至希望加快发生；后者是指对上述后果缺乏预见，或已经预见前述后果的出现，但是，自信能够避免。这两种主观状态在追究损害赔偿责任时不应有轻重之不同。

2. 从行为表现上来讲，经营者要有违反《反不正当竞争法》规定的行为，即不正当竞争行为的客观存在。值得注意的是，经营者所实施的不正当竞争行为，除准备行为外，已经完成的行为和未完成的行为，都应当承担赔偿责任。这一要件特征，和不正当竞争行为行政责任的构成要件有明显的不同。

3. 从后果上来讲，必须给被侵害的经营者造成了损害。正当竞争行为只有给相关同业经营者或消费者造成了损害，经营者或消费者才能够提起损害赔偿之诉。没有损害，也就无所谓赔偿。

不正当竞争行为给经营者或消费者造成的损害，既包括人身方面的损害，也包括财产方面的损害；既包括现实财产的减少，也包括可得利益的减少。

4. 从因果关系上来讲，不正当竞争行为与损害事实之间必须存在因果关系。不正当竞争行为引起同业经营者损害后果发生的原因是多种多样的，既可能是主观原因，也可能是客观原因；既可能是单一原因，也可能是多重原因。但是，这些原因只有与损害事实之间存在法律因果关系时，才能要求不正当竞争行为人承担损害赔偿责任。

（三）赔偿额的确定

《反不正当竞争法》在损害赔偿责任中主要解决了赔偿额问题。

关于赔偿额的计算标准有两种：侵权人在侵权期间因侵权所获得的利润或者被侵权人在被侵权期间所受到的损失。同时，《反不正当竞争法》第20条还规定，赔偿的范围还包括“被侵害的经营者因调查该经营者侵害其合法权益的不正当竞争行为所支付的合理费用”。

重点提示：

上述“合理费用”的范围和内容，《反不正当竞争法》中未做具体规定，需视个案的实际情况而定。但是，不管个案的实际情况如何，要求不正当竞争行为人赔偿的费用必须“合理”。这种“合理”，我们认为，合理与否，应当以一般经营者或消费者的共识为判断标准；从内容上来讲，应当包括支付项目的合理和支出数额的合理两方面的内容。

三、不正当行为法律责任的具体规定

《反不正当竞争法》除了对损害赔偿作出了基本规定外，对其他各种（除《反不正当竞争法》第11、12、14条）不正当竞争行为所应承担的法律责任均

作了具体规定。这些具体规定，我们已在该不正当竞争行为中作了介绍，在此不再赘述。

第五节　不正当竞争案件的审判

一、人民法院的受案范围及其管辖

人民法院是审判机关，对属于法院受案范围和管辖的不正当竞争案件，应当依法进行审判，并以此达到制止不正当竞争行为，保护经营者和消费者合法权益的目的。

（一）受案范围

《反不正当竞争法》对受案范围和受案类型问题未作明确的规定。因此，我们只能从该法的司法实践和《民事诉讼法》、《行政诉讼法》、《刑事诉讼法》的规定和法理原则上进行分析，确定一个大致可行的标准和范围。

关于不正当竞争行为的类型，目前还没有引起大多数学者的注意和重视。绝大多数研究者都侧重于不正当竞争行为案件基本表现的研究。我们认为，只有首先对不正当竞争行为案件进行从“类”到“个”的研究，才能从整体上把握不正当竞争行为案件的审理，才能总结共性和经验，提升案件审理质量和水平。

从《反不正当竞争法》第四章“法律责任”的规定以及所确定的责任类型来看，我们认为，人民法院不正当竞争案件的受案类型可以分为四种类型：不正当竞争民事案件、不正当竞争经济案件、不正当竞争行政案件和不正当竞争刑事案件。

（二）管辖

《反不正当竞争法》对管辖问题也未作出规定。我们认为，确定管辖应从《民事诉讼法》、《行政诉讼法》、《刑事诉讼法》的有关规定入手，找出规律性的东西并使之与《反不止当竞争法》相结合，最后确定不正当竞争案件的管辖。

（1）《民事诉讼法》关于民事案件的管辖。《民事诉讼法》关于民事案件的管辖规定有：①级别管辖（第18～21条）；②地域管辖（第22～33条）；③专属管辖（第34条关于不动产等纠纷管辖地的规定）；④先期管辖（第35条）；⑤指定管辖（第37条）；⑥移送管辖（第37条）。

（2）《行政诉讼法》关于行政案件的管辖。《行政诉讼法》关于行政案件的管辖规定有：①与民事案件管辖一致的规定；②最初行为地管辖和复议变更地管辖（第17条）；③原告地管辖（第18条）。

(3)《刑事诉讼法》关于刑事案件的管辖。关于刑事案件的管辖,《刑事诉讼法》在第二章第18~27条作了详细规定。

确定不正当竞争案件的管辖,应按照以上规定结合《反不正当竞争法》加以确定,具体来讲,应由不正当竞争行为地或被告住所地人民法院管辖。一般来说,不正当竞争行为地有以下几种情形:

(1)以不正当竞争手段经营的商品的生产地、销售地。

(2)以不正当竞争手段支付实物或者货币的行为实施地。

(3)虚假不实广告的制作地、发布地,以及能够有效地收视虚假广告的地域。

(4)非法获取权利人商业秘密的行为实施地以及非法披露使用他人商业秘密的行为实施地和行为结果地。

(5)捏造、散布虚伪事实,损害竞争对手商业信誉、商品信誉的行为实施地和行为结果地。其中,以报刊、广播电视等新闻媒介损害他人商品信誉、商业信誉的,其损害结果的为该新闻媒介的实际发行地域或实际可收视的地域。

二、反不正当竞争诉讼中的诉讼请求

《反不正当竞争法》第20条仅规定了不正当竞争行为实施者赔偿损失的民事责任,与此相应,对侵权人的诉讼请求也仅限于赔偿损失。如果审判案件局限于此,显然不符合实际情况。一般情况下,实施不正当竞争行为的经营者,除了承担《反不正当竞争法》所强调的民事责任外,还应承担《民法通则》所规定的侵权的民事责任。与此相应,权利人的诉讼请求的范围也应更大。具体来讲,有以下几种:①请求宣布某种行为为不正当竞争行为;②请求停止不正当竞争行为的继续实施;③请求宣布与不正当竞争相关的合同无效;④请求消除影响、恢复名誉、赔礼道歉;⑤请求赔偿损失。以上诉讼请求,可以单独提出,也可以合并提出。

三、不正当竞争诉讼的主体

不正当竞争诉讼当事人是诉讼中的原告、被告和第三人。正确确定诉讼当事人是人民法院审判这类案件至关重要的一环。

(一)不正当竞争诉讼的原告

不正当竞争诉讼中的原告,就是认为自己的合法权益受到他人不正当竞争行为的侵害,向人民法院提起不正当竞争诉讼的参加人。根据我国《反不正当竞争法》的规定,不正当竞争诉讼的原告就是经营者,具体包括从事经营活动的法人、其他经济组织和工商业者个人。

适格的原告必须同时具备以下两个条件：

1. 必须是与不正当竞争行为实施主体处于同一法律关系之中的经营者。原告要适格就必须与被告有一定的法律联结。这种法律联结具体到不正当竞争诉讼中就是原被告必须处于同一法律关系之中。处于同一法律关系之中，包括两种情况，一种是与不正当竞争行为实施者提供相同的商品或者服务；一种是与不正当竞争行为实施者提供类似的商品或者服务。如果双方不处于同一法律关系之中，也可能依然会有诉讼存在，但绝不可能是不正当竞争之诉。

2. 必须是合法权益受到不正当竞争行为实施者侵犯的经营者。合法权益受到不法行为的侵害几乎是所有诉讼的理由和原因，反不正当竞争之诉当然也不能例外。因此，反不正当竞争法要求原告必须是合法权益受到不正当竞争行为实施者侵犯的经营者。

重点提示：

不正当竞争行为在侵犯同业竞争者合法权益的同时，也会侵犯消费者的合法权益，因此，消费者也可能向不正当竞争行为实施者提起诉讼。但是，这种诉讼与经营者提起的诉讼在诉讼请求、法律依据、举证责任等很多方面都有所不同。同学们应当仔细比较二者之间的不同。

（二）不正当竞争诉讼的被告

反不正当竞争诉讼的被告，就是被原告指控涉嫌进行了不正当竞争行为的经营者，具体包括法人、其他经济组织和工商业者个人。

适格的被告必须同时具备以下两个条件：

1. 必须是与原告处于同一法律关系之中的经营者。被告要适格就必须与原告有一定的法律联结。这种法律联结具体到不正当竞争诉讼中就是原被告必须处于同一法律关系之中。处于同一法律关系之中，包括两种情况，一种是与原告提供相同的商品或者服务；另一种是与原告提供类似的商品或者服务。如果双方不处于同一法律关系之中，也可能依然会有诉讼存在，但绝不可能是不正当竞争之诉。

2. 必须是实际实施了不正当竞争行为的经营者。不正当竞争行为的实际实施和客观存在是不正当竞争诉讼成立的事实原因。没有不正当竞争行为，也就没有不正当竞争诉讼。

反不正当竞争之诉针对不正当竞争行为的实施者。起诉时，原告必须向法院提供初步的事实证据，以此证明被告的正当性和适格性。

3. 必须是具有独立承担法律责任能力的经营者。能够独立的承担责任是被告适格的一个前提条件，也是原告诉讼权益的根本保障。经营者是否具有独立承担责任的能力，主要由工商管理机关进行确认，由营业执照加以记载和明确。

（三）不正当竞争诉讼中的第三人

不正当竞争诉讼中的第三人情况比较复杂。第三人是指同不正当竞争诉讼的处理结果有利害关系的公民、法人和其他经济组织。有两种情况：①不正当竞争诉讼法律关系之内的第三人；②不正当竞争诉讼法律关系之外的另一个法律关系的利害关系人。从第一种意义上的第三人来看，应该具备以下条件：

1. 与诉讼结果有直接利害关系。第三人在一些反不正当竞争诉讼中是不可或缺的当事人。如以假冒商品的生产者为被告的诉讼，销售者虽未列为被告，但却要与生产者承担连带责任，是诉讼第三人。是否与诉讼结果有直接利害关系，应当结合个案加以判断和确定。

2. 其对象是非特定的。不正当竞争诉讼中的第三人是非特定的一个诉讼主体。可以是市场竞争的参与者和市场经营者，也可以是未参加经营活动的其他主体，如刊播广告的报社、电台、泄露技术秘密的技术人员。他们虽未作为主体参与不正当竞争，但其行为为不正当竞争提供了方便，同样要承担法律责任，可以列为诉讼第三人。

3. 经本人申请或者由人民法院通知参加诉讼。第三人不同于原告，具有合法资格的第三人，人民法院可以通知参加诉讼，地位等同于原告；第三人也不同于被告，不是必须由原告指向，而是可以自己申请参加或由人民法院通知参加。

四、不正当竞争诉讼的举证责任

举证责任就是指在各种诉讼活动中，有法定义务的当事人必须提供能够证明自己主张的事实确实存在，否则就要承担败诉后果的一种责任制度。在各种不同类型的不正当竞争诉讼中，由于法律关系的特征不同，各法律关系主体所承担的举证责任也是不完全相同的。一般来说，其举证责任都要按各自的诉讼程序法的规定来执行。

（一）不正当竞争民事诉讼中的举证责任

在不正当竞争民事诉讼中，所实行的是民事诉讼中的“谁主张、谁举证”的举证责任制度，即一个企业如果向法院起诉指控另一家企业仿冒了自己的商标标识，就必须提供主要的证据证明这一事实确实存在，如仿冒的样品、销售发票、销售的时间、地点、自己的商标注册证复印件、证明商标相似的专家鉴定、实际造成误认的市场实例证明、遭受实际损害的证明等，证据越全，胜诉的把握就越大。而对于被告来说，就必须拿出证明自己没有侵权或者侵权没有那么严重，极力证明自己的主张，当然这种举证必须是实事求是的，不得进行伪证。对自己有利的证明越扎实，胜诉的可能性越大，诉讼中的第三人、共同被告也有权利和义务对自己的主张进行举证。人民法院在审理民事案件中，为了更深入地查明案情，也可以自己查证，直接获得的证据同样有法律效力，还可以对有关技术问题组织专家进行鉴定、作出鉴定结论，以此作为证据。

（二）不正当竞争行政诉讼中的举证责任

不正当竞争行政诉讼中的举证责任与民事诉讼、刑事诉讼的举证责任有很大的不同，即由被告承担主要的举证责任。在行政诉讼中，审理的对象是被告的行为，被告要“主张”自己具体行政行为的合法性、正确性，就必须向法庭提供足够的证据。在诉讼中，行政机关应向人民法院提供作出具体行政行为的书面决定，以及作出这一决定的事实根据，包括书证、物证、证人证言、鉴定材料等。这些证据必须是原件。行政机关还必须向法院提供作出具体行政行为所依据的法律、行政法规或者规章等法律依据，并书面说明适用这些法规的理由。除了由行政机关负主要的举证责任外，行政诉讼各方当事人均享有向人民法院主动提供证据的权利。同时，知道案件情况，掌握案件有关证据材料的其他单位和公民有作证和提供证据的义务。人民法院对提交的证据都要进行审查。

（三）不正当竞争刑事诉讼中的举证责任

在不正当竞争刑事诉讼中，举证责任主要由国家机关承担，被告和其辩护人也可以向法院提供证据。证据的种类有物证、书证、证人证言、被害人陈述、被告人供述和辩解、鉴定结论、勘验和检查笔录。被告自己和律师有权依法向法庭提供证据，进行质证。凡知道案件情况的人，都有作证的义务。国家机关举证时要特别注意，不但要收集被告的有罪和罪重证据，还要实事求是地收集被告无罪或罪轻的证据。因为刑事诉讼不同于民事诉讼，被告所处地位是被动的，没有民事案件中的同等举证能力，要特别注意保护其合法权益，防止失误。

五、不正当竞争案件的审判程序

不正当竞争案件一旦诉至人民法院，一般不能按简易程序审理，均应组成合议庭适用普通程序进行审理。因为诉至法院的案件一般都比较复杂和重大，简易的案件工商机关可随即处理。尽管各种类型的不正当竞争案件要适用不同的程序，但在总的开庭操作上，还是有共同规律可循。一般来讲，不正当竞争案件的审理程序如下：①开庭准备；②宣布开庭；③法庭调查；④法庭辩论；⑤法庭调解；⑥合议庭会议；⑦宣判。各阶段的任务依各程序法的规定来办。同时要注意，由于不正当竞争行为的多样性、复杂性，决定了对不正当竞争案件的审理也不能套用一个模式。一定要依该案件的具体情况，在各个程序阶段有其工作重点，做到详略得当。

六、涉外不正当竞争案件的审理

我国《反不正当竞争法》没有对涉外管辖权问题作专门规定，在审理案件中只适用于国家管辖范围之内。但对外籍人员在我国范围内进行不正当竞争行为，外商在我国范围内有不正当竞争行为并给被侵害人造成损害的，应受理并进行审判。

对涉外不正当竞争案件的审理，其依据的法律、法规、条约有：

(1)《民法通则》第八章“涉外民事关系的法律适用”。

(2)《对外贸易法》。

(3)《关于中国出口产品在国外发生的反倾销案件的应诉规定》。

(4) 国际间的条约和协定有：①《保护工业产权巴黎公约》；②《关于集成电路知识产权保护条约》；③《商标国际注册马德里协定》；④《世界版权公约》；⑤《保护录音制品制作者防止未经许可复制其录音制品公约》；⑥《国际专利合作条约》。

第六节　不正当竞争之公益诉讼

一、公益诉讼的含义与分类

不正当竞争行为的危害是巨大的，既侵犯了经营者和消费者的合法权益，也侵犯了国家和社会的合法权益；既侵犯了特定主体的合法权益，也侵犯了不特定多数主体的合法权益；既有直接的侵害，也有间接的侵害。这种社会的、不特定多数的、间接的损害后果，决定了反不正当竞争公益诉讼的必要性。

(一) 公益诉讼的含义及其特征

“公益诉讼”是 Public Interest Litigation 的意译，与“私益诉讼”相对，是伴随着经济社会的进一步发展而出现的一种新类型诉讼，旨在维护国家利益和社会秩序，而私益诉讼的目的则主要是维护个人和组织自身的合法权益。

公益诉讼起源于20世纪60年代的美国，后被很多国家接受和采纳。而关于公益诉讼的定义，目前在国内外学术界还有不同的认识。有些研究者认为，公益诉讼是指特定的国家机关和相关的社会组织和公民个人，根据法律的授权，对违反法律法规，侵犯国家利益、社会公共利益或特定的他人利益的行为，向法院起诉，请求法院依法追究行为人的法律责任的诉讼活动；有些研究者则认为，公益诉讼是指任何组织和个人根据法律法规的授权，对违反法律、侵犯国家利益、社会公共利益的行为，向法院进行起诉，由法院追究行为人法律责任的活动。我们倾向于后一种观点。这种观点使公益诉讼原告的范围最大化，而且使公益诉讼的范围限定化，既活跃了公益诉讼，又防止了对公益诉讼权利的滥用。

（二）公益诉讼的分类

关于公益诉讼的分类，有些学者倾向于将公益诉讼分为民事公益诉讼和行政公益诉讼两类；有些学者则倾向于将公益诉讼分为民事公益诉讼、环境公益诉讼、行政公益诉讼和经济公益诉讼。

1. 民事公益诉讼。民事公益诉讼是指国家专门机关、社会组织和公民个人，在民事活动中，依法对违反民事法律规范，侵害社会公共利益的行为人提起民事诉讼，请求人民法院通过审判，责令行为人承担民事责任，进而维护社会公共利益的诉讼活动。

与普通民事诉讼相比而言，民事公益诉讼有如下几个方面的特征：

（1）诉讼目的的公益性。民事公益诉讼的目的是保护社会公共利益，从根本上区别于以保护个体利益为目的和宗旨的普通民事诉讼。

（2）原告的广泛性。提起民事公益诉讼的原告不一定与被告有直接的利害关系，其他任何相关人，如国家机关、社会组织、公民个人等均可以提起民事公益诉讼。

（3）救济手段的多样性。民事公益诉讼的救济手段也突破了普通民事诉讼的内容，既可以要求侵害行为人对实际损害进行弥补，也可以要求侵害行为人对可能发生的损害进行前期预防。

就诉讼的数量而言，民事公益诉讼的数量正在与日俱增，已经成为诉讼量最大的一种公益诉讼。

2. 环境公益诉讼。所谓环境公益诉讼，是指有关国家机关、社会团体或公民个人为保护环境利益，针对国家机关、企事业单位和公民个人侵犯环境利益的作为或者不作为行为，向法院提起的环境行政或环境民事诉讼。

环境公益诉讼制度作为一项重要的公益诉讼制度，最早起源于美国 1970 年的《清洁空气法》，后被欧盟、加拿大、澳大利亚等世界主要国家和地区广泛借鉴，是伴随着社会经济发展必然出现的一种新型的纠纷形式。越来越多的环境问题的出现，已经使环境公益诉讼成为诉讼法律制度中的一项重要法律制度。环境公益诉讼的确立，突破和超越了传统诉讼法侧重保护个体利益的狭隘性诉讼观，对于保护公共环境和公民环境权益，起到了非常重要的作用。

3. 行政公益诉讼。又简称为行政公诉，是指当行政主体的作为或者不作为等行政违法行为侵犯社会公共利益时，无直接利害关系的公民为公共利益之目的，根据法律的规定，向法院提起行政诉讼的制度。

行政公益诉讼制度对于防止国有资产流失，杜绝和减少环境污染和破坏，预防土地开发、政府采购、招投标中的违法和不合理行为具有重要的意义。目前，行政公益诉讼形式在我国目前还未被立法者所承认，但西方的行政公益诉讼法制实践，已经充分表明建立行政公益诉讼制度已经成为诉讼制度发展的必然趋势。

4. 经济公益诉讼。经济公益诉讼是指特定的国家机关、相关的社会组织和公民个人，对违反经济法律、法规而侵犯社会公共利益的行为，根据经济法律的授权，向法院起诉，请求法院依法追究行为人法律责任，维护社会经济秩序稳定，确保社会公共利益实现的诉讼活动。

与民事公益诉讼、行政公益诉讼和环境公益诉讼相比，经济公益诉讼是争议最大的一种公益诉讼。这种争议，皆缘于对经济诉讼的争议。因此，在我国欲建立起真正意义上的经济公益诉讼，必须首先建立、健全和完善我国的经济诉讼，否则，经济公益诉讼就无法真正建立。

我们认为，公共利益是一种普遍存在的、广泛的利益，而违法行为对公共利益侵害的手段、程度和危害后果均有所不同，我们必须综合运用现行的一切法律制度制止和打击一切侵犯公共利益的行为。因而，我们认为，公益诉讼除了民事公益诉讼、行政公益诉讼、经济公益诉讼和环境公益诉讼之外，还应当有刑事公益诉讼、反不正当竞争公益诉讼等。

重点提示：

反不正当竞争公益诉讼与其他公益诉讼相比有很大的不同。请同学们对①反不正当竞争公益诉讼的类的归属；②反不正当竞争公益诉讼的基本特点；③反不正当竞争公益诉讼的必要性和可行性等问题进行讨论和研究。

与其他诉讼形式相比，经济公益诉讼具有以下特征：

（1）经济公益诉讼的诉讼目的是为了维护社会公共利益，其中主要指的是经济方面的利益。这一点区别于民事诉讼的目的是为了维护私人利益。

（2）经济公益诉讼的提起人的非直接利害关系性。与违反经济法的案件有直接利害关系的当事人当然可以提起诉讼，除此外，行政机关、社会中间层主体以及其他非直接利害关系个人都可以依法提起经济公益诉讼。这里所提的社会中间层主体指的是，独立政府与市场主体，在政府与市场之间起互动、中介作用的主体，如工商业者团体、消费者团体、劳动者团体等。[1] 社会中间层主体可以在其代表的社会利益集团成员的投诉下代表社会公共利益提起公益诉讼，也可以依法直接提起公益诉讼。这里说的非直接利害关系个人和社会中间层主

---

〔1〕 王全兴：《经济法基础理论专题研究》，中国检察出版社 2002 年版，第 524～525 页。

体的依法提起诉讼，指的是法律为了避免滥诉而为非利害关系人在提起诉讼时设计的必要程序，如非直接利害关系人只有在向有关部门投诉未果后方能起诉。并且法院在对非直接利害关系人的诉讼进行立案审查时设定特别的条件。

（3）经济公益诉讼对弱势地位起诉人的倾向性。如美国《谢尔曼法》规定的3倍赔偿的诉讼，我国《消费者权益保护法》规定的双倍赔偿的诉讼。还可以通过支持诉讼、减免诉讼费用等方式鼓励弱势地位起诉人。

（4）对起诉人尤其是提起诉讼的私人的撤诉请求进行合理性审查。在经济公益诉讼中，所有的起诉人都不是社会公共利益的直接载体而只是社会公共利益的代表者，包括行政机关和社会中间层主体在内。这样很有可能导致起诉方和被告私下达成和解放弃诉讼，从而以出卖社会公共利益为代价实现其自身利益的满足。

二、公益诉讼制度的基本内容

公益诉讼与普通诉讼有很大的区别和不同，其特点主要表现在以下制度之上，同时，这些制度也构成了公益诉讼的主要内容。

（一）审查制度

审查，即对案件的审查。公益诉讼案件的审查，包括案件性质审查、原告资格审查和诉讼时效审查等三项内容。

1. 案件性质审查。公益诉讼，必须是以维护公共利益为目的而提起的诉讼，凡非为维护公共利益的诉讼均不得提起公益诉讼，更不得假借公益诉讼之名行私益诉讼之实，或者借此达到个人的其他目的。为保证公益诉讼的名副其实，必须把好公益诉讼的立案审查关，对案件性质进行认真审查和准确界定，防止滥用诉权的行为发生，维护正常的诉讼秩序。

2. 原告资格审查。详见下文“原告制度”的论述。

3. 诉讼时效审查。诉讼时效制度是我国诉讼制度的重要组成部分。原告必须在法律规定的诉讼时效内主张权利，进行诉讼，否则，将丧失诉权。但是，我们认为，由于公益诉讼是维护社会公共利益的诉讼，因此，原告之诉讼不应当受现行法律诉讼时效制度的限制，在任何时候均可提出公益诉讼，只要这种诉讼是维护社会公共利益的。换句话来讲，就是侵犯公共利益的行为在任何时候都应当受到法律的追究，行为人都要受到法律的制裁。

（二）原告制度

为唤起全社会维护社会公共利益的意识，国外立法均为公益诉讼设定了相当广泛的原告主体范围。就国外的公益诉讼实践来看，下列主体可以提起公益诉讼：

1. 公民个人。公民个人是最广泛的公益诉讼提起主体。如在美国，各州都允许公民个人以纳税人身份，向政府或公共团体提起的纳税人诉讼。此皆因税收乃公共资金又用于公共用途，是公共利益的主要物质基础和捍卫者的缘故。除美国之外，几乎凡肯定公益诉讼的国家，都明确规定了公民个人的公益诉讼地位，并赋予其特定的诉讼权利。

但是，公民个人的弱势地位决定了公民个人提起公益诉讼的困难性。对于这种弱势性和困难性，我们必须予以注意和重视，更应当注意弥补和克服。

2. 公益团体。公益团体是社会组织的重要组成部分，一般是指由公民自愿组成，根据法律规定，按照其章程开展活动的非盈利性社会组织。消费者协会、环保协会、绿色组织、动植物保护协会等均是典型的公益团体。

由公益团体提起公益诉讼：一是由公益的设立宗旨、活动目的和追求目标所决定的；二是因为它是团体内部成员共同利益的代表，有义务和责任代表团体内成员对外进行活动；三是因为公益团体是某项公共利益保护的主要力量和行业专家，对某项行为是否侵犯了公共利益有着更为专业的经验和判断；四是因为公益团体与团体内成员相比有着更为丰富的诉讼经验、经济实力，处于相对强势的地位。正由于如此，公益团体正日益成为公益诉讼的重要主体。

3. 检察机关。公民个人和公益团体提起公益诉讼，是行使诉讼权利的具体表现，因而，公民个人和公益团体提起的公益诉讼均呈现出自愿性的特点。也就是说，提与不提，完全取决于公民个人和公益团体组织的主观自愿，即使不提出，也不承担法律责任，也不应当受到舆论的谴责和其他法律主体的指责。但是，公共利益受到的侵害确实客观存在的，因此，如何确保公益诉讼在任何时候都有主体提起，使成了公益诉讼主体制度构建中的重要问题。

针对可能留下的“诉讼真空”，许多国家都建立了由检察院代表国家提起公益诉讼的制度，即由检察院代表国家对涉及公共重大利益而又无人起诉的案件提起诉讼。与公民个人和公益团体提起的公益诉讼相比，检察机构提起的公益诉讼具有职权性和职责性的特征。也就是说，提起公益诉讼既是检察机关的权力，也是检察机关的义务和责任。这样以来，就能够确实保证公益诉讼的提起。

（三）程序制度

公益诉讼是一种特殊的诉讼，自应当有特殊的程序加以保障。这些保障制度包括：

1. 合议制审理制度。公益诉讼涉及的都是公共利益问题。这些公共利益，无论是环境上的，还是土地上的，抑或是产品上的，都会给社会带来重大影响。因此，必须集思广益，群策群力，否则，将难以进行正确的审理。而合议制审理方式，便是这种审理的根本保障。

2. 非调解制度。调解是解决经济法律纠纷的重要方式，也是我国民商事案件审理的重要环节，同时，注重调解也是我国审理民商事案件的基本原则。这主要是因为，诉讼当事人对自己的实体性权利有处分的权利。但是，在公益诉讼中，任何诉讼参加人对公共利益都不具有处分权，因此，公益诉讼不能适用调解制度。公益诉讼实行非调解制度，可以有效地遏止诉讼中的恶意，也能够有效地防止公共利益的私益化。

3. 特别保护制度。一般而言，公益诉讼提起人提起公益诉讼的目的均是为了保护公共利益的不被侵犯或者是促进公共利益的实现，而绝不是为了个人或集体的一己私利，恶意的公益诉讼更是极个别现象。除这种极个别现象之外，可以说，每一个公益诉讼提起人都可以称得上“见义勇为”者。正因为如此，所以，公益诉讼制度中应当建立对“见义勇为”者的特别保护制度，以此鼓励和保护他们进行公益诉讼的精神和行为。

（四）奖励制度

在公益诉讼中，我们不仅应当对公益诉讼提起人进行鼓励和保护，更应当对胜诉的公益诉讼提起人进行奖励。只有建立公益诉讼奖励制度，建立起有效的诉讼激励机制，才能够极大地激发广大公民个人和公益性社会团体进行公益诉讼的热情，才能最大限度地调动他们进行公益诉讼的积极性，公共利益也才能得到更大、更有效的保护。

奖励的数额应当根据胜诉的数额而定，既不能太高，也不能太低。太高，则失去了公益诉讼的本意，也违背了提起人提起公益诉讼的初衷；太低，则不利于调动社会公众和公益团体提起公益诉讼的积极性，甚至还可能给提起人带来一定的经济损失和精神压力。

思考题：

1. 简述对不正当竞争行为进行监督管理的重要性和必要性。
2. 试述我国不正当竞争行为监督管理制度的基本内容。
3. 简述不正当竞争行为法律责任制度。
4. 在中国加入 WTO 后，如何完善我国不正当竞争行为监督管理制度。

第八章 反倾销与反补贴法

内容提要：

倾销和补贴是国际贸易中的专门术语，是一种破坏公平竞争、扰乱市场经济秩序的行为，对出口国经济和进口国经济都有极大的破坏性，因而为各国法律所禁止和打击。本章根据《反倾销条例》和《反补贴条例》的规定，分别对倾销和补贴的含义、特征、表现、危害，反倾销和反补贴的主体、条件、程序、措施以及保障等问题进行了介绍。

教学目的：

通过本章的学习，使同学们：①明白倾销和补贴的含义、特征、表现和危害；②深刻领会反倾销、反补贴的必要性和重要意义；③了解《反倾销条例》和《反补贴条例》的基本内容；④基本学会运用反倾销条例和反补贴条例进行反倾销和反补贴的操作。

第一节 反倾销法

一、倾销与反倾销概述

倾销是国际贸易中的专门术语，是一种破坏公平竞争、扰乱市场经济秩序的行为，对出口国经济和进口国经济都有极大的破坏性，因而为各国法律所禁止和打击。

（一）倾销的含义与特征

倾销是国际贸易中的专门术语，一般是指在国际贸易中一国出口商以低于出口产品的正常价值的价格，将其产品出口另一国市场的行为。我国《反倾销条例》中的倾销，是指在正常贸易过程中进口产品以低于其正常价值的出口价格进入中华人民共和国市场的行为。

倾销具有以下基本法律特征：

（1）从主观上来讲，倾销是出口经营者的故意行为，其实质是一种低价销售行为。出口经营者实施倾销行为的动机复杂而多样，有的是为了销售过剩产品，有的是为了争夺国外市场，扩大出口，但他们都对这种低价销售行为的性质、后果，十分清楚，并追求这种结果的发生。

（2）从结果上来讲，倾销是一种商业致害行为。从结果上来看，倾销行为往往给进口方的经济或生产者的利益造成损害，特别是掠夺性倾销轻则会扰乱进口国的市场经济秩序，重则会给进口国的经济带来毁灭性打击。

（3）从性质上来讲，倾销是一种不公平竞争行为。从行为运行轨迹来看，出口经营者在政府奖励出口的政策下，为获得政府出口补贴，往往以低廉价格销售产品，并以此为手段消灭另一国市场上竞争对手，最终获取垄断高额利润。这实际上就是一种典型的价格不正当竞争行为。

重点提示：

倾销与不正当低价销售商品的行为十分相似。请同学们从行为的表现、法律规制、认定标准、调查程序、处罚措施等方面对二者的相同点和不同点加以总结，并从实质上将二者真正区分开。

（二）倾销的危害

倾销，从本质上来讲，从长远来看，对出口国和进口国的损害都是巨大的，因而，无论是出口国，还是进口国都以立法的方式坚决反对倾销。

倾销对出口国的危害主要表现在：

（1）挤占出口国其他企业的海外市场份额。无论从事倾销的生产厂商出于何种目的对外低价倾销，客观上都可以在短期内扩大其在海外市场的份额。这样，倾销厂商就可能抢夺了原木属于未进行倾销的本国出口企业的海外市场份额。进口国厂商也可以通过对倾销产品进行简单加工后低价出口到第三国，使在第三国市场上进行正当竞争的出口国相应生产厂商受到打击，进而使其缩小或失去市场。

（2）扰乱出口国市场秩序。由于倾销往往并不是出口产品生产厂商劳动生产效率高的结果，因而其低价销售行为会创造一种虚假的竞争优势，引发国内其他生产厂商的过度竞争。这种过度竞争的后果，会使生产厂商过分关注产品价格而忽略非价格因素对质量与销售的影响，造成出口国生产物质与人力资源的浪费，降低资源按照比较优势进行配置时的使用效率。

（3）损害出口国消费者的合法权益。倾销厂商可以利用倾销手段，处理其库存或剩余产品，从而维持其在国内市场上的垄断价格，以弥补其在海外市场的损失。实际上，倾销企业在海外市场的扩张是以侵害出口国消费者的利益为代价的。

倾销对进口国的危害主要表现在：

（1）阻碍了进口国相应产业的发展。出口国倾销企业对海外市场的扩张是通过挤占进口国相同产品生产商的市场份额实现的。

（2）扰乱了进口国市场秩序。倾销产品将会吸引消费者对产品价格的过分注意力，从而引导进口国市场的过度价格竞争，扰乱进口国市场的正常竞争秩序。

（3）威胁和抑制进口国产业结构调整和新兴产业的建立。发达国家对广大发展中国家的倾销，将直接阻碍甚至摧毁这些国家对建立新兴产业和进行产业结构调整而进行的努力。不仅如此，倾销对其他国家也产生极其恶劣的影响，破坏了世界市场竞争秩序。

（三）反倾销

反倾销是进口国依据本国的反倾销法，由主管当局经过立案调查，确认倾销对本国同业造成损害后，采取征收反倾销税等处罚措施的调查程序。

我国反倾销法由反倾销国际立法和反倾销国内立法两部分构成。

反倾销的国际立法是指《反倾销协议》。国际最初的反倾销规则是1947年《关贸总协定》第6条的规定。由于该条款只是一条原则性的规定，各缔约方依此进行反倾销调查时易导致混乱，因而在1967年肯尼迪回合谈判中缔结了专门的反倾销协议。后经东京回合、乌拉圭回合的两次修改形成了现在的《关于履行1994年关贸总协定》，简称《反倾销协议》。

我国的反倾销国内立法主要包括两部分内容：①2004年7月1日实施的《对外贸易法》，该法第41条规定："其他国家或者地区的产品以低于正常价值的倾销方式进入我国市场，对已建立的国内产业造成实质损害或者产生实质损害威胁，或者对建立国内产业造成实质阻碍的，国家可以采取反倾销措施，消除或者减轻这种损害或者损害的威胁或者阻碍。"②《反倾销条例》，我国国务院于1997年3月25日发布了《反倾销和反补贴条例》（已废止）。现行的是2002年1月1日起施行的《反倾销条例》。该条例于2004年3月31日进行了修订，自2004年6月1日起施行，共分6章59条。

二、反倾销的实施主体

反倾销的实施主体，即反倾销的执法主体。根据我国反倾销条例的规定，反倾销的实施主体包括两类主体：①反倾销的主管主体；②反倾销的执行主体。

（一）反倾销的主管机关

根据《反倾销条例》第3条的规定，我国对倾销的调查和确定，由商务部负责。此条实际上确定了商务部反倾销的主管地位。

商务部是根据第十届全国人民代表大会第一次会议批准的国务院机构改革方案和《国务院关于机构设置的通知》组建的、主管国内外贸易和国际经济合作的国务院组成部门。

商务部的主要职责包括：

（1）拟订国内外贸易和国际经济合作的发展战略、政策，起草国内外贸易、外商投资、对外援助、对外投资和对外经济合作的法律法规草案及制定部门规章，提出我国经济贸易法规之间及其与国际经贸条约、协定之间的衔接意见，研究经济全球化、区域经济合作、现代流通方式的发展趋势和流通体制改革并提出建议。

（2）负责推进流通产业结构调整，指导流通企业改革、商贸服务业和社区商业发展，提出促进商贸中小企业发展的政策建议，推动流通标准化和连锁经营、商业特许经营、物流配送、电子商务等现代流通方式的发展。

（3）拟订国内贸易发展规划，促进城乡市场发展，研究提出引导国内外资金投向市场体系建设的政策，指导大宗产品批发市场规划和城市商业网点规划、商业体系建设工作，推进农村市场体系建设，组织实施农村现代流通网络工程。

（4）承担牵头协调整顿和规范市场经济秩序工作的责任，拟订规范市场运行、流通秩序的政策，推动商务领域信用建设，指导商业信用销售，建立市场诚信公共服务平台，按有关规定对特殊流通行业进行监督管理。

（5）承担组织实施重要消费品市场调控和重要生产资料流通管理的责任，负责建立健全生活必需品市场供应应急管理机制，监测分析市场运行、商品供求状况，调查分析商品价格信息，进行预测预警和信息引导，按分工负责重要消费品储备管理和市场调控工作，按有关规定对成品油流通进行监督管理。

（6）负责制定进出口商品、加工贸易管理办法和进出口管理商品、技术目录，拟订促进外贸增长方式转变的政策措施，组织实施重要工业品、原材料和重要农产品进出口总量计划，会同有关部门协调大宗进出口商品，指导贸易促进活动和外贸促进体系建设。

（7）拟订并执行对外技术贸易、出口管制以及鼓励技术和成套设备进出口的贸易政策，推进进出口贸易标准化工作，依法监督技术引进、设备进口、国家限制出口技术的工作，依法颁发防扩散等与国家安全相关的进出口许可证件。

（8）牵头拟订服务贸易发展规划并开展相关工作，会同有关部门制定促进服务出口和服务外包发展的规划、政策并组织实施，推动服务外包平台建设。

（9）拟订我国多双边（含区域、自由贸易区）经贸合作战略和政策，牵头负责多双边经贸对外谈判，协调谈判意见并签署和监督执行有关文件，建立多双边政府间经济和贸易联系机制并组织相关工作，处理国别（地区）经贸关系中的重要事务，管理同未建交国家的经贸活动，根据授权代表我国政府处理与世界贸易组织的关系，牵头承担我国在世界贸易组织框架下的谈判和贸易政策审议、争端解决、通报咨询等工作，负责对外经济贸易协调工作。

（10）承担组织协调反倾销、反补贴、保障措施及其他与进出口公平贸易相关工作的责任，建立进出口公平贸易预警机制，依法实施对外贸易调查和产业损害调查，指导协调产业安全应对工作及国外对我国出口商品的反倾销、反补贴、保障措施的应诉工作。

（11）宏观指导全国外商投资工作，拟订外商投资政策和改革方案并组织实施，依法核准外商投资企业的设立及变更事项，依法核准重大外商投资项目的合同章程及法律特别规定的重大变更事项，依法监督检查外商投资企业执行有关法律法规规章、合同章程的情况并协调解决有关问题，指导投资促进及外商投资企业审批工作，规范对外招商引资活动，指导国家级经济技术开发区、苏州工业园区、边境经济合作区的有关工作。

（12）负责对外经济合作工作，拟订并执行对外经济合作政策，依法管理和监督对外承包工程、对外劳务合作等，制定中国公民出境就业管理政策，负责牵头外派劳务和境外就业人员的权益保护工作，拟订境外投资的管理办法和具体政策，依法核准境内企业对外投资开办企业（金融企业除外）。

（13）负责对外援助工作，拟订并执行对外援助政策和方案，推进援外方式改革，编制对外援助计划，确定对外援助项目并组织实施，管理具有政府对外援助性质资金的使用，管理多双边对中国的无偿援助和赠款（不含财政合作项下外国政府及国际金融组织对中国赠款）等发展合作业务。

（14）牵头拟订并执行对香港、澳门特别行政区和我国台湾地区的经贸规划、政策，与香港、澳门特别行政区有关部门和我国台湾地区受权机构进行经贸磋商并签署有关文件，负责内地与香港、澳门特别行政区商贸联络机制工作，组织实施对台直接通商工作，处理多双边经贸领域的涉台问题。

（15）依法对经营者集中行为进行反垄断审查，指导企业在国外的反垄断应诉工作，开展多双边竞争政策交流与合作。

（16）指导我国驻世界贸易组织代表团、常驻联合国和有关国际组织经贸代表机构以及驻外经济商务机构的有关工作，负责经贸业务指导、队伍建设、人员选派；联系国际多边经贸组织驻中国机构和外国驻中国官方商务机构。

（17）承办国务院交办的其他事项。

（二）反倾销的执行主体

反倾销的执行主体除商务部外，还包括农业部和海关两部门。

1. 农业部。我国《反倾销条例》第 7 条第 2 款规定："对损害的调查和确定，由商务部负责；其中，涉及农产品的反倾销国内产业损害调查，由商务部会同农业部进行。"此条规定，确立了农业部反倾销执行主体的地位。

农业部是主管农业与农村经济发展的国务院组成部门。农业部的主要职责是：

（1）研究拟定农业和农村经济发展战略。中长期发展规划，经批准后组织实施；拟定农业开发规划并监督实施。

（2）研究拟定农业的产业政策，引导农业产业结构的合理调整、农业资源的合理配置和产品品质的改善；提出有关农产品及农业生产资料价格、关税调整、大宗农产品流通、农村信贷、税收及农业财政补贴的政策建议；组织起草种植业、畜牧业、渔业、乡镇企业等农业各产业（以下简称农业各产业）的法律、法规草案。

（3）研究提出深化农村经济体制改革的意见；指导农业社会化服务体系建设和乡村集体经济组织、合作经济组织建设；按照中央要求，稳定和完善农村基本经营制度、政策，调节农村经济利益关系，指导、监督减轻农民负担和耕地使用权流转工作。

（4）研究制定农业产业化经营的方针政策和大宗农产品市场体系建设与发展规划，促进农业产前、产中、产后一体化；组织协调菜篮子工程和农业生产资料市场体系建设；研究提出主要农产品、重点农业生产资料的进出口建议；预测并发布农业各产业产品及农业生产资料供求情况等农村经济信息。

（5）组织农业资源区划、生态农业和农业可持续发展工作；指导农用地、渔业水域、草原、宜农滩涂、宜农湿地、农村可再生能源的开发利用以及农业生物物种资源的保护和管理；负责保护渔业水域生态环境和水生野生动植物工作；维护国家渔业权益，代表国家行使渔船检验和渔政、渔港监督管理权。

（6）制定农业科研、教育、技术推广及其队伍建设的发展规划和有关政策，实施科教兴农战略；组织重大科研和技术推广项目的遴选及实施；指导农业教育和农业职业技能开发工作。

（7）拟定农业各产业技术标准并组织实施；组织实施农业各产业产品及绿色食品的质量监督、认证和农业植物新品种的保护工作；组织协调种子、农药、兽药等农业投入品质量的监测、鉴定和执法监督管理；组织国内生产及进口种子、农药、兽药、有关肥料等产品的登记和农机安全监理工作。

（8）起草动植物防疫和检疫的法律法规草案，签署政府间协议、协定，制定有关标准；组织兽医医政、兽药药政药检工作；组织、监督对国内动植物的防疫、检疫工作，发布疫情并组织扑灭。

(9) 承办政府间农业涉外事务，组织有关国际经济、技术交流与合作。

(10) 指导直属事业单位的工作及部属企业改革；监督部属企业国有资产保值增值；按照权限管理直属单位人事、劳动工资、机构编制工作；指导有关社会团体为农业经济发展服务。

(11) 承办国务院交办的其他事项。

2. 海关。我国《反倾销条例》第29条规定："征收临时反倾销税，由商务部提出建议，国务院关税税则委员会根据商务部的建议作出决定，由商务部予以公告。要求提供保证金、保函或者其他形式的担保，由商务部作出决定并予以公告。海关自公告规定实施之日起执行。"此条确立了海关反倾销执行主体的地位。

中华人民共和国海关是国家的进出境监督管理机关。海关总署是中国海关的领导机关，是中华人民共和国国务院下属的正部级直属机构，统一管理全国海关。

依照《海关法》等有关法律、法规，中国海关主要承担4项基本任务：监管进出境运输工具、货物、物品；征收关税和其他税、费；查缉走私；编制海关统计和办理其他海关业务。根据这些任务主要履行通关监管、税收征管、加工贸易和保税监管、海关统计、海关稽查、打击走私、口岸管理等7项职责。

三、反倾销实施的条件

根据我国《反倾销条例》的规定，实施反倾销必须同时具备两个条件：一是有倾销行为的客观存在；一是给我国国内产业造成损害后果。

（一）进出口产品存在倾销

我国《反倾销法》规定，正常贸易过程中进口产品以低于其正常价值的出口价格进入中国市场即构成倾销。由此条规定可以看出，倾销是否存在、倾销的程度如何，关键是确定进口产品的正常价值和出口价格。

1. 正常价值的确定。进口产品的正常价值，应当区别不同情况，按照下列方法确定：

(1) 进口产品的同类产品，在出口国（地区）国内市场的正常贸易过程中有可比价格的，以该可比价格为正常价值。

(2) 进口产品的同类产品，在出口国（地区）国内市场的正常贸易过程中没有销售的，或者该同类产品的价格、数量不能据以进行公平比较的，以该同类产品出口到一个适当第三国（地区）的可比价格或者以该同类产品在原产国

（地区）的生产成本加合理费用、利润，为正常价值。

（3）进口产品不直接来自原产国（地区）的，按照（1）项规定确定正常价值；但是，在产品仅通过出口国（地区）转运、产品在出口国（地区）无生产或者在出口国（地区）中不存在可比价格等情形下，可以以该同类产品在原产国（地区）的价格为正常价值。

2. 出口价格的确定。进口产品的出口价格，应当区别不同情况，按照下列方法确定：

（1）进口产品有实际支付或者应当支付的价格的，以该价格为出口价格。

（2）进口产品没有出口价格或者其价格不可靠的，以根据该进口产品首次转售给独立购买人的价格推定的价格为出口价格；但是，该进口产品未转售给独立购买人或者未按进口时的状态转售的，可以以商务部根据合理基础推定的价格为出口价格。

3. 倾销幅度的确定。进口产品的出口价格低于其正常价值的幅度，为倾销幅度。倾销幅度的确定，应当将加权平均正常价值与全部可比出口交易的加权平均价格进行比较，或者将正常价值与出口价格在逐笔交易的基础上进行比较。前者称为平均比较，后者称为个别比较。出口价格在不同的购买人、地区、时期之间存在很大差异，按照上述方法难以比较的，可以将加权平均正常价值与单一出口交易的价格进行比较。

（二）倾销对国内产业构成损害

倾销对国内产业构成损害，即倾销对已经建立的国内产业造成实质损害或者产生实质损害威胁，或者对建立国内产业造成实质阻碍。

1. 国内产业和同类产品的界定。损害必须在国内产业和同类产品中加以界定。因此，我们有必要首先明确国内产业和同类产品的内涵。

（1）国内产业。根据我国《反倾销法》第 11 条的规定，国内产业，是指中华人民共和国国内同类产品的全部生产者，或者其总产量占国内同类产品全部总产量的主要部分的生产者；但是，国内生产者与出口经营者或者进口经营者有关联的，或者其本身为倾销进口产品的进口经营者的，可以排除在国内产业之外。在特殊情形下，国内一个区域市场中的生产者，在该市场中销售其全部或者几乎全部的同类产品，并且该市场中同类产品的需求主要不是由国内其他地方的生产者供给的，可以视为一个单独产业。

（2）同类产品。根据我国《反倾销法》第 12 条的规定，同类产品，是指与倾销进口产品相同的产品；没有相同产品的，以与倾销进口产品的特性最相似的产品为同类产品。

2. 损害的内涵。倾销对国内产业构成损害包括三种情况：①实质损害。所谓实质损害是指倾销对国内同类产品的生产者的利益及相关产业的发展已构成事实上的、明显的损害。②实质损害威胁。所谓实质损害威胁是指倾销虽然未造成实质性的损害，但是有充分证据表明，如不采取措施必将导致实质损害的发生。③实质阻碍。所谓实质阻碍是指倾销已对国内尚未建立或正在建立尚未成熟的新产业的建设和发展构成严重阻碍。

3. 损害的确定。在确定倾销对国内产业造成的损害时，应当审查：①倾销进口产品的数量，包括倾销进口产品的绝对数量或者相对于国内同类产品生产或者消费的数量是否大量增加，或者倾销进口产品大量增加的可能性。②倾销进口产品的价格，包括倾销进口产品的价格削减或者对国内同类产品的价格产生大幅度抑制、压低等影响。③倾销进口产品对国内产业的相关经济因素和指标的影响。④倾销进口产品的出口国（地区）、原产国（地区）的生产能力、出口能力，被调查产品的库存情况。⑤造成国内产业损害的其他因素。

重点提示：

这里需要注意的是倾销与损害之间存在的因果关系。因为造成国内产业损害的原因很多，如来自国内的不正当竞争行为、国际市场的大幅波动等。只有当国内产业的损害是由进口产品的倾销造成时，才能实施反倾销措施，即倾销与损害之间必须存在明确的因果关系，不能仅依据指控、推测或者极小的可能性就认定两者存在因果关系。

四、反倾销的实施程序

根据我国《反倾销条例》的规定，反倾销的实施程序主要由反倾销调查、反倾销措施、反倾销税和价格承诺的复审等三方面的内容构成。

（一）反倾销调查

反倾销调查是反倾销实施的核心、基础和前提。根据我国《反倾销条例》第三章的规定，反倾销调查主要包括以下几个方面的内容：

1. 立案。我国《反倾销条例》规定，国内产业或者代表国内产业的自然人、法人或者有关组织，可以向商务部提出反倾销调查的书面申请。

申请书应当包括下列内容：①申请人的名称、地址及有关情况；②对申请调查的进口产品的完整说明，包括产品名称、所涉及的出口国（地区）或者原产国（地区）、已知的出口经营者或者生产者、产品在出口国（地区）或者原产国（地区）国内市场消费时的价格信息、出口价格信息等；③对国内同类产品生产的数量和价值的说明；④申请调查进口产品的数量和价格对国内产业的影响；⑤申请人认为需要说明的其他内容。同时，申请书还应当附具下列证据：①申请调查的进口产品存在倾销；②对国内产业的损害；③倾销与损害之间存在因果关系。

商务部应当自收到申请人提交的申请书及有关证据之日起60天内，对申请是否由国内产业或者代表国内产业提出、申请书内容及所附具的证据等进行审查，并决定立案调查或者不立案调查。在特殊情形下，商务部没有收到反倾销调查的书面申请，但有充分证据认为存在倾销和损害以及二者之间有因果关系的，可以决定立案调查。立案调查的决定，由商务部予以公告，并通知申请人、已知的出口经营者和进口经营者、出口国（地区）政府以及其他有利害关系的组织、个人（统称利害关系方）。立案调查的决定一经公告，商务部应当将申请书文本提供给已知的出口经营者和出口国（地区）政府。

2. 调查的进行。商务部可以采用问卷、抽样、听证会、现场核查等方式向利害关系方了解情况，进行调查。商务部进行调查时应当遵守如下规定：①应当为有关利害关系方提供陈述意见和论据的机会。②认为必要时，可以派出工作人员赴有关国家（地区）进行调查；但是，有关国家（地区）提出异议的除外。③认为保密申请有正当理由的，应当对利害关系方提供的资料按保密资料处理，同时要求利害关系方提供一份非保密的该资料概要。按保密资料处理的资料，未经提供资料的利害关系方同意，不得泄露。④应当允许申请人和利害关系方查阅本案有关资料；但是，属于按保密资料处理的除外。

重点提示：

有关利害关系方是反倾销调查的重要当事人，其提供的证据、证言对于反倾销调查具有重要的价值和意义。请同学们根据反倾销法律关系的特点，列举哪些人是反倾销调查中的有关利害关系方，并对之进行分类。

商务部在进行反倾销调查时利害关系人应当予以配合和协助，应当如实反映情况，提供有关资料。利害关系方不如实反映情况、提供有关资料的，或者没有在合理时间内提供必要信息的，或者以其他方式严重妨碍调查的，商务部可以根据已经获得的事实和可获得的最佳信息作出裁定。

3. 初裁决定。商务部根据调查结果，就倾销、损害和二者之间的因果关系是否成立做出初裁决定，并予以公告。

4. 终裁决定。初裁决定确定倾销、损害以及二者之间的因果关系成立的，商务部应当对倾销及倾销幅度、损害及损害程度继续进行调查，并根据调查结果做出终裁决定，予以公告。

5. 期限。反倾销调查，应当自立案调查决定公告之日起12个月内结束；特殊情况下可以延长，但延长期不得超过6个月。

但是，根据《反倾销条例》第27条的规定，有下列情形之一的，反倾销调查应当终止，并由商务部予以公告：①申请人撤销申请的；②没有足够证据证明存在倾销、损害或者二者之间有因果关系的；③倾销幅度低于2%的；④倾销进口产品实际或者潜在的进口量或者损害属于可忽略不计的；⑤商务部认为不适宜继续进行反倾销调查的。

（二）反倾销措施

如果商务部经过调查，裁定倾销成立并由此对国内产业造成损害的，可以采取反倾销措施。具体包括以下三个措施：

1. 临时反倾销措施。初裁决定确定倾销成立，并由此对国内产业造成损害的，可以采取对倾销进口产品的出口经营者征收临时反倾销税；或者要求其提供保证金、保函或者其他形式的担保。临时反倾销措施实施的期限，自临时反倾销措施决定公告规定实施之日起，不超过4个月；在特殊情形下，可以延长至9个月。自反倾销立案调查决定公告之日起60天内，不得采取临时反倾销措施。

2. 价格承诺。倾销进口产品的出口经营者在反倾销调查期间，可以向商务部做出改变价格停止以倾销价格出口的价格承诺。出口经营者不作出价格承诺或者不接受价格承诺的建议的，不妨碍对反倾销案件的调查和确定。

商务部可以向出口经营者提出价格承诺的建议，但不得强迫出口经营者作出价格承诺；如认为出口经营者作出的价格承诺能够接受并符合公共利益的，可以决定中止或者终止反倾销调查，不采取临时反倾销措施或者不征收反倾销税，但是，在对倾销以及由倾销造成的损害作出肯定的初裁决定前，不得寻求或者接受价格承诺；如不接受价格承诺的，应当向有关出口经营者说明理由。

根据我国《反倾销条例》第48条的规定，价格承诺的履行期限不超过5年。

3. 征收反倾销税。终裁决定确定倾销成立，并由此对国内产业造成损害时，可以征收反倾销税。反倾销税应当根据不同出口经营者的倾销幅度，分别确定，但不得超过终裁决定确定的倾销幅度，其纳税人为倾销进口产品的进口经营者。

征收反倾销税，由商务部提出建议，国务院关税税则委员会根据商务部的建议做出决定，由商务部予以公告。海关自公告规定实施之日起执行。

下列两种情形并存的，可以对实施临时反倾销措施之日前90天内进口的产品追溯征收反倾销税，但立案调查前进口的产品除外：①倾销进口产品有对国内产业造成损害的倾销历史，或者该产品的进口经营者知道或者应当知道出口经营者实施倾销并且倾销对国内产业将造成损害的；②倾销进口产品在短期内大量进口，并且可能会严重破坏即将实施的反倾销税的补救效果的。

重点提示：

反倾销税就是对倾销商品所征收的进口附加税。当进口国因外国倾销某种产品，国内产业受到损害时，征收相当于出口国国内市场价格与倾销价格之间差额的进口税，目的在于抵制倾销，保护国内产业。

请同学们根据税法的基本要素，列表学习反倾销税的征税主体、纳税主体、征税对象、税率、纳税期限、减免措施等反倾销税的基本内容。

根据我国《反倾销条例》第 48 条的规定，反倾销税的征收期限不超过 5 年。

（三）反倾销税和价格承诺的复审

在反倾销措施的有效期内，根据反倾销措施做出后已发生变化的正常价值和出口价格，对继续实施原有形式和程度的反倾销措施的必要性进行复审。

1. 反倾销税的复审。反倾销税生效后，商务部可以在有正当理由情况下，决定对继续征收反倾销税的必要性进行复审；也可以在经过一段合理时间，应利害关系方的请求并对利害关系提供的相应证据进行审查后，决定对继续征收反倾销税的必要性进行复审。根据复审结果，由商务部提出保留、修改或者取消反倾销税的建议，国务院关税税则委员会根据商务部的建议做出决定，由商务部予以公告。

2. 价格承诺的复审。价格承诺生效后，商务部可以在有正当理由的情况下，决定对继续履行价格承诺的必要性进行复审；也可以在经过一段合理时间，应利害关系方的请求并对利害关系方提供的相应证据进行复审后，决定对继续履行价格承诺的必要性进行复审。根据复审结果，由商务部做出保留、修改或者取消价格承诺的决定并予以公告。

根据我国《反倾销条例》第 51 条的规定，复审期限自决定复审开始之日起，不超过 12 个月。

五、贸易报复

我国《反倾销条例》第 56 条规定："任何国家（地区）对中华人民共和国的出口产品采取歧视性反倾销措施的，中华人民共和国可以根据实际情况对该国家（地区）采取相应的措施。"贸易报复便是其中的一项重要措施。

非歧视原则是国际贸易中最基本的原则，指各缔约国之间应在无歧视的基础上进行贸易交往，相互间的贸易关系中不应存在差别待遇。根据这一原则，一缔约国在实施进口数量限制或其他限制及禁止措施时，不对任何缔约国实施歧视待遇。如果缔约国一方根据合法的理由而采取某种限制或禁止措施时，这种限制或禁止措施必须同样适用于其他缔约国，而不仅仅针对某缔约国实行。根据《对外贸易法》第 7 条的规定，我国在保护自己时可以根据国际公认的对等原则，对任何对我国采取歧视性的禁止或者限制措施的国家或者地区，根据实际情况采取相应的措施进行报复。

重点提示：

贸易报复是主权国家的一项国际习惯法上的权利，是解决国际争端的手段之一。实施贸易报复等反制措施的目的是要遏制贸易伙伴的保护主义倾向，从而为国际贸易创造更平稳、更可预期的环境。但是，贸易报复是一把双刃剑，伤人也会害己，所以，必须规定严格的实施条件。请同学们尝试列举贸易报复的实施条件。

贸易报复措施有狭义和广义之分，前者指进出口贸易领域的措施，后者则包括金融、财政等其他领域的措施。在实践中，贸易报复通常奉行等额原则。贸易报复的关键，在于令对方感到损害令其得不偿失。对于发达国家而言，损害主要体现在就业方面，如果当事双方经济发展水平相当，报复额与受影响出口额相等，对两国就业的影响大致相当。如果当事双方经济发展水平相差较大，报复额与受影响出口额相等，较发达国家就业所受影响就要小得多，对其警诫效果相应也就小很多。所以，如果贸易摩擦受害国要更好地发挥警诫作用，根据让挑起争端国家受影响就业人数相等的原则，选择制定报复清单的效果将更好。

目前，世界上常用的贸易保护措施有：①按照有效保护税率设置阶梯关税；②反倾销税；③反补贴税；④采取各种非关税壁垒；⑤实行“管理贸易”。

六、典型案例分析[1]

对进口产品进行反倾销调查，是保护本国行业利益、企业利益，维护市场经济秩序的重要举措。近些年来，我国政府已开始根据我国反倾销法律对外国产品进行反倾销。本案便是其中的一例。

（一）案情简介

甲乙酮是一种有机溶剂，用于炼油、染料、涂料、香料、粘合剂、医药、电子元件清洗、磁记录材料、合成革等行业，还可用于制备某些抗氧剂、硫化促进剂及硝化纤维素、醋酸纤维素、聚氨腊树脂、乙烯树脂、丙烯树脂、醇酸树脂、酚醛树脂、油墨等。

2006年10月8日，中国石油抚顺石油化工公司、中国石油天然气股份有限公司哈尔滨石化分公司、新疆独山子天利高新技术股份有限公司和江苏泰州石油化工总厂代表中国国内甲乙酮产业向商务部提起申请，对原产于日本、我国台湾地区和新加坡的进口甲乙酮进行反倾销立案调查。

---

〔1〕 根据商务部反倾销公告整理、删改。

（二）案件审理

根据《反倾销条例》的规定，中华人民共和国商务部（以下称调查机关）于2006年11月22日发布第92号公告，决定对原产于日本、我国台湾地区和新加坡的进口甲乙酮（以下称被调查产品）进行反倾销调查。调查机关对被调查产品是否存在倾销和倾销幅度、被调查产品是否对中国大陆产业造成损害及损害程度以及倾销与损害之间的因果关系进行了调查。根据调查结果和《反倾销条例》第24条的规定，调查机关作出初裁决定：

调查机关初裁决定，原产于日本、我国台湾地区和新加坡的进口甲乙酮存在倾销，中国大陆甲乙酮产业遭受了实质损害，同时倾销和实质损害之间存在因果关系。

因此，根据《反倾销条例》第28、29条的规定，调查机关决定采用现金保证金形式实施临时反倾销措施。自2007年8月9日起，进口经营者在进口原产于日本、我国台湾地区和新加坡的进口甲乙酮时，应根据本初裁决定所确定的各公司的倾销幅度向中华人民共和国海关提供相应的保证金。保证金以海关审定的完税价格从价计征，计算公式为：保证金金额 =（关税完税价格 × 保证金征收比率）×（1 + 进口环节增值税税率）。

（三）专家评析

本案的关键在于对国内同类产品、国内产业、是否存在倾销以及倾销对国内损害是否构成损害的认定上。如果上述事实均被认定，那么，我国政府就可以对原产于日本、我国台湾地区和新加坡的进口甲乙酮进行反倾销。

1. 国内同类产品的认定。根据《反倾销条例》第12条和《反倾销产业损害调查规定》第10、11条关于中国大陆同类产品认定的规定，调查机关对中国大陆生产的甲乙酮和被调查产品的物理和化学特性、生产工艺流程、产品用途、产品的可替代性、消费者和生产者的评价、销售渠道、价格等因素进行了考察，调查证据显示：

（1）中国大陆生产的甲乙酮与被调查产品在基本的物理和化学特性方面没有区别，分子式、化学结构式相同，纯度、水分、色度、密度等主要技术指标相同或类似。

（2）生产工艺流程。中国大陆生产的甲乙酮产品与被调查产品使用的原材料和采用的生产原理相同，都是以液化石油气中的碳四为原材料，合成仲丁醇后脱氢生成甲乙酮。

合成仲丁醇存在两种生产工艺，即硫酸法间接水合法和树脂法直接水合法。此次被调查国家（地区）的生产企业有的采用硫酸法间接水合法，有的采用树脂法直接水合法。中国大陆的生产企业主要采用树脂法直接水合法。

虽然合成仲丁醇阶段生产工艺存在区别，但生产原理相同，最终产品甲乙酮的物理和化学特性以及主要工艺技术指标不存在差异。

（3）产品用途、消费者和生产者的评价、销售渠道及价格等。中国大陆生产者调查问卷和国外（地区）生产者调查问卷答卷显示，中国大陆用户既使用中国大陆生产的甲乙酮，又使用被调查产品，二者可以相互替代。

中国大陆生产的甲乙酮与被调查产品销售渠道基本相同，被调查产品主要通过进口商在中国大陆进行销售，中国大陆生产的甲乙酮产品主要通过代理商销售。市场销售区域基本相同。中国大陆同类产品价格总体的变动趋势与被调查产品进口价格总体的变动趋势一致。

综合以上因素，调查机关认定，中国大陆生产的甲乙酮与被调查产品的物理和化学特性、生产工艺流程、产品用途、消费者和生产者的评价、销售渠道及价格变化趋势等方面基本相同，具有可替代性。因此，中国大陆生产的甲乙酮与被调查产品属于同类产品。

2. 国内产业的认定。根据《反倾销条例》第 11 条和《反倾销产业损害调查规定》第 13 条的规定，调查机关对本案中国大陆产业的范围进行了审查。调查期内，表示支持并提交产业损害调查问卷答卷的 6 家中国大陆生产企业同类产品合计产量占中国大陆同类产品总产量的比例均在 70% 以上，符合上述规定，可以代表中国大陆甲乙酮产业（以下称中国大陆产业）。本案裁决依据的中国大陆产业数据，除特别说明者外，均来自以上特定的中国大陆生产者。

3. 正常价值。东燃公司在向调查机关提供的材料中指出，被调查产品的同类产品在其国内销售中分为高端和低端两个型号，在对中国大陆出口时只销售低端产品，进而主张在计算倾销幅度时，将国内销售的低端产品和出口产品相比较。调查机关审查了上述主张，初步认定东燃公司高端与低端产品在产品用途、客户群体、销售渠道、销售价格以及物理特性等方面存在差异；内销的低端产品与出口至中国大陆的被调查产品完全相同；本着公平比较的原则，在初裁中调查机关暂接受了东燃公司关于型号划分的主张，在进行比较时，仅将内销中的低端产品与出口至中国大陆的产品相比较；在计算正常价值时，也仅考虑东燃公司内销中的低端产品，高端产品的销售不作为计算正常价值的基础。调查机关审查了东燃公司的日本国内销售情况，认定调查期内东燃公司在日本国内销售的被调查产品的同类产品中的低端产品占同期向中国大陆出口销售总量的比例大于 5%，符合作为确定正常价值基础的数量要求。

根据东燃公司报告，被调查产品的同类产品由东燃公司直接销售给关联贸易商埃克森美孚有限公司（以下称美孚公司），美孚公司再转售给日本国内的最终用户。美孚公司报告，被调查产品的同类产品由东燃公司销售给美孚公司，然后再转售给贸易公司或者最终用户。这些贸易公司或者最终用户与美孚公司没有关联关系，也不存在特殊价格安排。调查机关审查了东燃公司与美孚公司之间的交易情况，鉴于其关联关系的存在，使得东燃公司与美孚公司之间的交易无法反映正常的市场交易状况；而美孚公司与其销售被调查产品同类产品的贸易公司或者最终用户都没有关联关系或特殊价格安排，因此，调查机关决定暂以美孚公司销售给贸易公司或者最终用户的价格作为计算正常价值的基础。

调查机关对东燃公司的成本数据进行了审查，初步认定公司提供的生产成本和销售、管理、财务及其他费用数据准确，对东燃公司的生产成本和费用数据暂予接受。由于调查机关暂以关联贸易商美孚公司销售给国内非关联用户的价格作为计算正常价值的基础，为进行公平比较，调查机关在进行低成本测试时，以东燃公司销售的低端产品的生产成本和费用加上分摊的美孚公司销售低端产品的费用之和，与美孚公司的低端产品的销售价格进行比较，考察其是否能够弥补成本。

为进行关联贸易商美孚公司费用的分摊，调查机关对美孚公司填报的表格6－5进行了审查，初步认定其填报的在国内销售被调查产品同类产品时分摊的管理、销售和财务费用数据准确。调查机关将美孚公司在国内销售产品时应分摊的管理、销售和财务费用计算总和，根据美孚公司填报的低端产品的销售额比例进行分摊，计算出被调查产品同类产品的低端产品在美孚公司环节应承担的费用。

经过测试，低于成本销售的交易数量比例超过20%，调查机关认为这部分交易属于非正常贸易过程中的交易，在计算正常价值时暂将这部分交易予以排除。根据《反倾销条例》第4条的规定，在初裁中，调查机关决定依据排除上述低于成本销售后的国内交易作为确定其正常价值的依据。

4. 出口价格。调查机关对东燃公司的出口价格进行了审查。根据东燃公司报告，东燃公司将被调查产品全部销售给日本关联贸易商美孚公司后，美孚公司再将被调查产品转售给位于新加坡的关联贸易商埃克森美孚亚太私人有限公司转售，进而通过三种渠道继续销售：①直接将被调查产品销售至中国大陆的非关联客户；②通过位于香港的关联贸易商埃克森美孚化工国际商务有限公司（以下称香港公司）销售给中国大陆非关联用户；③通过关联贸易商香港公司销售给中国大陆境内的关联贸易商埃克森美孚化工商务（上海）有限公司（以下称上海公司），再由上海公司转售给中国大陆非关联用户。根据《反倾销条例》第5条的规定，对于第一种和第二种渠道，调查机关暂决定分别采用关联贸易商新加坡公司、香港公司转售至中国大陆非关联用户的价格作为确定出口价格的基础；对于第三种渠道，调查机关暂决定采用关联贸易商上海公司首次转售给中国大陆非关联用户的价格为基础，确定出口价格。

调查机关发现香港公司在香港转售时，其销售数量大于新加坡公司销售给它的数量。香港公司在补充问卷中解释其销售的甲乙酮不仅包括日本产品，还包括欧盟产品，对于每笔具体交易无法区分原产地。上海公司主张其可以根据销售地区区分日本产品和欧盟产品。经审查，调查机关对上海公司的上述主张暂予接受，并以调查期内美孚公司销售给新加坡公司的甲乙酮数量作为调查期内东燃公司出口至中国大陆的被调查产品总数量；以新加坡公司在答卷中填报的直接销售给中国大陆非关联用户的数量作为第一种渠道销售被调查产品的数量；以上海公司在补充问卷中填报的销售日本产品数量作为第三种渠道销售被调查产品的数量；以调查期内东燃公司出口至中国大陆的被调查产品总数量扣除第一种渠道和第三种渠道后的数量作为第二种渠道销售东燃公司生产的被调查产品的数量。

在上述四项事实确定之后，调查机关通过价格比较，认定原产于日本、我国台湾地区和新加坡的进口甲乙酮存在倾销行为，并给我国相同产业造成实质损害。基于此，我们认为对原产于日本、我国台湾地区和新加坡的进口甲乙酮实施反倾销措施是完全符合我国反倾销法规定的。

第二节　反补贴法

一、补贴与反补贴概述

为扩大出口，世界各国（地区）纷纷对出口进行补贴，而进口国家为了维护本国市场和产业的发展，往往以反补贴措施拒之，遂形成补贴与反补贴的尖锐斗争。

（一）补贴的含义与特征

按 WTO《补贴与反补贴协议》，补贴是指在一成员国领土内由一个政府或任一公共机构作出的财政支持。它包括：政府的行为涉及一项直接的资金转移；政府预定收入的扣除或不征收；政府对非一般基础设施提供货物或者服务；政府向基金组织或信托机构支付或者指示某个私人机构执行上述列举的、一般由政府行为承担的作用；构成 1994 年关贸总协定第 16 条含义内的任何形式的收入或价格支持。我国《反补贴条例》中的补贴是指出口国（地区）政府或者其任何公共机构提供的并为接受者带来利益的财政资助以及任何形式的收入或者价格支持。

补贴具有以下几个法律特征：

（1）补贴是一种政府行为，包括中央和地方政府的补贴行为，也包括政府干预的私人机构的补贴行为。

（2）补贴是一种财政行为，生产和出口的条件可能会因各种各样的政府干预行为而受影响，而被协定管辖的补贴应为政府的财政性干预行为。即政府公共账户存在开支。

（3）补贴必须授予被补贴方某种利益，关贸总协定未对“利益”作出明确定义，一般认为，这种利益应该是受补贴方从某项政府补贴计划中取得了某些它从市场上不能取得的价值。

（4）补贴应具有专向性。专向性补贴是指成员方政府有选择或有差别地向某些企业提供的补贴。

重点提示：

对于出口企业来讲，政府补贴具有双重性，既有有利的一面，也有不利的一面。请同学们分析补贴之于企业的利和弊。

（二）补贴的分类

补贴在很大程度上可以被利用为实行贸易保护主义的工具，成为国际贸易中的非关税壁垒。补贴与反补贴措施协议把补贴分为三大类，即禁止的补贴、可申诉的补贴和不可申诉的补贴。

1. 禁止性补贴。禁止性补贴系指在法律上或在事实上仅按照出口实绩，或将其作为多种条件之一而提供的有条件之补贴；在法律上或事实上仅将使用本国产品以替代进口，或将其作为多种条件之一而提供的有条件之补贴。

根据WTO《补贴与反补贴协议》附录1应禁止的具体补贴有：

（1）政府按出口实绩而给企业的直接补贴。

（2）给予外汇留成或其他类似于任何出口激励的措施。

（3）经政府提供或授权的，在条件上使出口商品享受比国内运输更为优惠的交通、运输费用。

（4）由政府或其代理机构直接或间接通过政府计划，对出口生产中使用的进口或国内产品或服务，提供比用于国内生产消费中使用的相似的或直接生产的产品或服务更为优惠的条件。

（5）对出口直接税（包括工资、利润、利息、租赁、提成和所有其他形式的收入税及不动产税）或由企业支付或应支付的社会福利的全部或部分豁免，或予以特别的延期。

（6）与出口或出口实绩相联系的特殊税收减让，其优惠超过那些被批准的、以直接税为基础计算的国内消费品生产费用。

（7）对出口产品生产和分销的间接税的豁免或减少超过对那些在国内市场

出售的类似产品的生产和分销的税收。

(8) 对出口产品或其生产中使用的产品或服务的前期累进间接税的豁免、减少或延期，超过对国内市场上出售的类似消费品或生产中使用的产品或服务的前期累进间接税的豁免、减少或延期。但是，如果前期累进间接税是指对出口产品生产过程消费投入（用以弥补正常的损耗）而征收，则这种出口产品前期累进间接税可以被豁免、减少或延期，即使在国内市场出售的类似产品不被豁免、减少或延期。

(9) 进口费用的豁免或退还超过出口产品生产中进口消费的投入（弥补正常损耗）税收。

(10) 为了防止因弥补长期经营成本和项目损失、出口产品或交易风险项目成本的增加，政府或其特别机构优惠提供的出口信贷担保或保险项目。

(11) 政府或其特殊机构的出口信贷的提供，其利率低于它们实际使用的必须支付的资金利率（或者其利率低于它们为了取得相同期限和其他信贷条件及相同币种的出口信贷资金，而在国际资本市场借贷又须支付的资金利率），或者为了保证在出口信贷条件范围内的物质利益，出口商或取得信贷的金融机构所产生的费用，它们全部或部分代为支付。

(12) GATT1994 第 16 条规定的任何其他构成出口补贴的共同开支。

2. 可申诉的补贴。可申诉的补贴是指不绝对禁止但可以对其提出申诉的补贴措施。关贸总协定乌拉圭回合补贴和反补贴谈判把可申诉的补贴措施归纳为：

(1) 政府（或通过私人机构）向某些特定的企业提供直接的现金资助（赠予、贷款、资产投入等），或间接的现金资助（如贷款担保），或税收减免，商业及服务。

(2) 关贸总协定第 16 条下的多种收入补贴和价格支持。

(3) 向特定企业提供的任何补贴。对于这种补贴，具体执行的政府当局是明确知道的、或者应该知道是为某些特定企业提供的。

3. 不可申诉补贴。不可申诉补贴是指各成员方在实行这类补贴措施的过程中一般不受其他成员方的反对或因此而采取反补贴措施。在 1994 年乌拉圭回合首次明确规定了不可申诉补贴的概念，不可申诉补贴包括两种类型：一种是不属于专向性的补贴，即那些具有普遍性的补贴，这种补贴不会引起 WTO 项下的任何反补贴措施；另一种是政府对科研、落后地区以及环保的补贴，即使具有专向性，也属于不可申诉的补贴，但是这种不可申诉补贴应符合下列条件：

(1) 为公司所从事的科研活动或为高等教育或科研单位与公司的合同基础上所从事的科研活动提供补贴，但是这种补贴不得超过工业研究开支的 75% 和竞争前开发活动成本的 50%，且仅用于人员开支、科研设备、科研服务、管理方面的费用。

（2）为扶持落后地区的发展而在一定的地域范围内对一切企业都适用的补贴，经济落后地区应符合以下标准：其一，清楚表明地理区域以及经济与行政的确定特征；其二，该地区的人均国民生产总值低于该成员方境内的85%，失业率高出该成员方境内的115%。

（3）为适应新环保要求扶持改进企业现有设备而提供的补贴，这种补贴应是一次性的，并且不得高于采用环保要求所需费用的20%。不可申诉补贴是指对科研活动、贫困落后地区以及企业为执行保护环境的法律而增大的财政负担由政府给予的资助，以及不具有特定性的补贴。

（三）反补贴

反补贴是指一国反倾销调查机关实施与执行反补贴法规的行为与过程。

重点提示：

反补贴和反倾销是一个问题的两个方面，是两国政府、出口商和进口商争夺国际、国内市场的两种重要手段。请同学们据此谈谈反补贴与反倾销的关系。

我国反补贴法由反补贴国际立法和反补贴国内立法两部分构成。

我国的反补贴国内立法主要包括两部分内容：①2004 年 7 月 1 日实施的《对外贸易法》。如该法第 43 条规定“进口的产品直接或者是间接接受出口国家或地区给予的任何形式的专向性补贴，对已建立的国内产业造成实质损害或者产生实质损害威胁，或者对建立国内产业造成实质阻碍的，国家可以采取反补贴措施，消除或者减轻这种损害或者损害的威胁或者阻碍”。②《反补贴条例》。我国国务院于 1997 年 3 月 25 日就发布了《反倾销和反补贴条例》（已废止）。现行的是 2002 年 1 月 1 日起施行的《反补贴条例》。该条例于 2004 年 3 月 31 日进行了修订，自 2004 年 6 月 1 日起施行，共分 6 章 58 条。

二、反补贴的实施主体

反补贴的实施主体与反倾销的实施主体相同，详见反倾销一节的介绍。

三、反补贴的实施条件

反补贴的实施条件要求严格，根据我国《反补贴条例》的规定，反补贴的实施条件包括以下三个方面的内容：

（一）进口产品存在补贴

补贴主要的表现是出口国（地区）政府或者其任何公共机构提供的并为接受者带来利益的财政资助。

财政资助包括；①出口国（地区）政府以拨款、贷款、资本注入等形式直接提供资金，或者以贷款担保等形式潜在地直接转让资金或者债务；②出口国（地区）政府放弃或者不收缴应收收入；③出口国（地区）政府提供除一般基础设施以外的货物、服务，或者由出口国（地区）政府购买货物；④出口国（地区）政府通过向筹资机构付款，或者委托、指令私营机构履行以上职能。

（二）补贴必须具有专向性

具有下列情形之一的补贴，具有专向性：①由出口国（地区）政府明确确定的一些企业、产业获得的补贴；②由出口国（地区）法律、法规明确规定的某些企业、产业获得的补贴；③指定特定区域内的企业、产业获得的补贴；④以出口实绩为条件获得的补贴，包括条例所附出口补贴清单列举的各项补贴；⑤以使用本国（地区）产品替代进口产品为条件获得的补贴。

（三）补贴对国内产业构成损害

所谓补贴对国内产业构成损害即补贴对已经建立的国内产业造成实质损害或者产生实质损害威胁，或者对建立国内产业造成实质阻碍。

在确定补贴对国内产业造成的损害时，应当审查下列事项：①补贴可能对贸易造成的影响；②补贴进口产品的数量，包括补贴进口产品的绝对数量或者相对于国内同类产品生产或者消费的数量是否大量增加，或者补贴进口产品大量增加的可能性；③补贴进口产品的价格，包括补贴进口产品的价格削减或者对国内同类产品的价格产生大幅度抑制、压低等影响；④补贴进口产品对国内产业的相关经济因素和指标的影响；⑤补贴进口产品出口国（地区）、原产国（地区）的生产能力、出口能力，被调查产品的库存情况；⑥造成国内产业损害的其他因素。

重点提示：

对实质损害威胁的确定，应当依据事实，不得仅依据指控、推测或者极小的可能性。在确定补贴对国内产业造成的损害时，应当依据肯定性证据，不得将造成损害的非补贴因素归因于补贴。

四、反补贴的程序

反补贴的程序分为反补贴调查、反补贴措施以及反补贴税和承诺的复审三个阶段。

反补贴调查包括立案、调查的进行、初裁决定和终裁决定；反补贴措施包括临时反补贴措施、承诺和征收反补贴税，其中临时反补贴措施采取以保证金或者保函作为担保的征收临时反补贴税的形式，而承诺是指在反补贴调查期间，出口国（地区）政府提出取消、限制补贴或者其他有关措施的承诺，或者出口经营者提出修改价格的承诺。关于反补贴的具体程序同反倾销的程序大致相同，都是针对他国的不公平贸易行为的，不再赘述。

五、保障措施

为了促进我国对外贸易健康发展．根据我国《对外贸易法》第44条规定："因进口产品数量大量增加，对生产同类产品或者与其直接竞争的产品的国内产业造成严重损害或者严重损害威胁的，国家可以采取必要的保障措施，消除或者减轻这种损害或者损害的威胁，并可以对该产业提供必要的支持"。

2001年10月31日国务院通过《中华人民共和国保障措施条例》（以下简称《保障措施条例》），自2002年1月1日起施行。与其有关的配套规章还有外经贸部2002年2月10日通过、2002年3月13日实施的《保障措施调查立案暂行规则》及《保障措施调查听证暂行规则》。2004年3月31日对《保障措施条例》作了修订，修订后的《保障措施条例》共5章34条，主要涉及保障措施的调查、实施、期限和复审等。

（一）实施保障措施的条件

实施保障措施与反倾销税、反补贴税一样，是对约束关税义务的例外。只有某产品的进口数量增加，该进口对国内相同产品或直接竞争产品的生产商造成损害或严重损害威胁，进口产品数量增加与国内产业损失之间存在因果关系，进口国才可以对该产品实施保障措施。但与反倾销税、反补贴税不同的是，保障措施不是针对不公平贸易的做法，而是针对公平的但对国内产业造成损害或严重损害威胁的进口的紧急救济措施。保障措施的事实，一方面会给进口国受害的国内产业提供救济，帮助其恢复竞争力或进行产业结构调整；另一方面，也会使出口国的正当贸易利益受到损害。为此，WTO《保障措施协议》规定，实施保障措施的成员方应与利益受损害的出口成员方谈判贸易补偿问题，如双方不能就补偿问题达成满意的解决方案，则利益受损害的出口成员方有权采取报复措施，由此可以看出，并不是只要存在产业的严重损害或严重损害威胁，一成员方就可以当然地采取保障措施，而是要评估贸易利益的得失。

1. 进口产品数量增加。进口产品数量增加是指进口产品数量与国内生产相比绝对增加或者相对增加。绝对增加应指进口产品当期数量相对于前一时期的增加，而相对增加应指相对于进口国国内生产而言进口产品所占市场份额的上升，如每年进口产品量1000件，国内产量每年5000件，如果需求下降导致国内生产下降为3000件，而进口数量不变，则这种情况属于相对增加。

2. 对国内产业造成损害或严重损害威胁。国内产业应理解为中国国内同类产品或直接竞争产品的所有生产商，或者占同类或直接竞争产品的中国国内生产总量主要比重的生产商。根据《保障措施条例》，商务部在确定进口产品数量增加对国内产业造成的损害时，应当审查下列相关因素：进口产品的绝对和相对增长率与增长量；增加的进口产品在国内市场中所占的份额；进口产品对国内产业的影响，包括对国内产业在产量、销售水平、市场份额、生产率、设备利用率、利润与亏损、就业等方面的影响；造成国内产业损害的其他因素。美国1974年贸易法的201免责条款，作为一般性条款适用于市场经济国家，美国在其对201免责条款的注释中对严重损害和严重损害威胁的因素，注释为所有认为有关的经济因素，但对严重损害的因素注释为：产业中生产设施的严重闲置；众多公司无法在合理的利润水平上进行国内生产经营；国内产业内部的严重失业或不充分就业。严重损害威胁的因素注释为：销售或市场份额的下降；国内产业无法提供足够的资金对国内的工厂和设备进行更新换代，或无法保持现有的研究开发支出的规模；因为向第三国市场出口或第三国出口的限制，美国市场作为有关产品的出口转移的焦点的重要程度。WTO《保障措施协议》第4条2（a）款中规定确定增加的进口是否对一国内产业已经或正在威胁造成严重损害的调查中，主管机关应评估影响该产业状况的所有有关的客观和可量化的因素，特别是有关产品按绝对值和相对值计算的进口增加的比率和数量，增加的进口所占国内市场的份额，以及销售水平、产量、生产率、设备利用率、利润和亏损及就业的变化。

3. 因果关系。商务部应当根据客观事实和证据，确定进口产品数量增加与国内产业损害之间是否存在因果关系。《保障措施条例》对于因果关系确定做出了概括性的反向规定：在确定进口产品数量增加对国内产业造成的损害时，不得将进口增加以外的因素对国内产业造成的损害归因于进口增加。

（二）采取保障措施的程序

根据我国《反补贴条例》的规定，采取保障措施的程序包括申请与立案、调查、裁决等环节。

1. 申请与立案。与国内产业有关的自然人、法人或者其他组织（以下统称申请人），可以依照本条例规定，向商务部提出采取保障措施的书面申请。商务部没有收到采取保障措施的书面申请，但有充分证据认为国内产业因进口产品数量增加而受到损害的，可以决定立案调查。立案调查的决定，由商务部予以公告。

重点提示：

申请书内容包括：补贴与数量；损害状况；补贴进口与受损害的因果关系。应充分证明某种已大量进口的产品享有某种补贴和对申诉产业造成的损害。

反补贴调查书面请求应包括以下内容：①申诉者的身份及代表的产业，产品的数量与价值；②受补贴产品状况，如出口国家或出口地、出口厂商、进口厂商名单；③补贴的数量与性质；④补贴进口产品对国内工业的损害，如补贴进口量的演变，它们对国内相同价格的影响，对国内工业的冲击影响等。

同学们可根据上述内容提示制作申请书。

2. 调查。对进口产品数量增加及损害的调查的确定，由商务部负责。其中，涉及农产品的保障措施国内产业损害调查，由商务部会同农业部进行。

在调查期间，商务部应当及时公布案情的详细分析和审查的相关因素等，应当为进口经营者、出口经营者和其他利害关系方提供陈述意见和论据的机会。调查可以采用调查问卷的方式，也可以采用听证会或者其他方式。

进口产品数量增加、损害的调查结果及其理由的说明，由商务部予以公布。

3. 裁决。商务部根据调查结果，可以做出初裁决定，也可以直接做出终裁决定，并予以公告。

（三）保障措施的实施

保障措施有两种，即临时保障措施和保障措施。有明确证据表明进口产品数量增加，在不采取临时保障措施对国内产业造成难以补救的损害的紧急情况，可以做出初裁决定，并采取临时保障措施。临时保障措施表现为提高关税的形式。采取临时保障措施，由商务部提出建议，国务院关税税则委员会根据商务部的建议做出决定，由商务部予以公告。海关自公告规定实施之日起执行。临时保障措施的实施期限，自临时保障措施决定公告规定实施之日起，不超过200天。

终裁决定确定进口产品数量增加，并由此对国内产业造成损害的，可以采取保障措施。保障措施包括提高关税、数量限制等形式。保障措施采取提高关税形式的，由商务部提出建议，国务院关税税则委员会根据商务部的建议做出决定，由商务部予以公告；采取数量限制形式的，由商务部做出决定并予以公告。海关自公告规定实施之日起执行。采取数量限制措施的，限制后的进口量不得低于最近3个有代表性年度的平均进口量；但是，有正当理由表明为防止或者补救严重损害而有必要采取不同水平的数量限制措施的除外（《保障措施条例》21条）。采取保障措施应当限于防止、补救严重损害并便利调整国内产业所必要的范围内。目前，各国多使用提高关税和数量限制并用的办法，具体做法是采用关税配额的方式，即在一定的配额数量之下，适用普通的关税税率，一旦超过配额数量，则征收较高的关税。

保障措施的实施期限不超过4年。符合下列条件的，保障措施的实施期限可以适当延长：①按照本条例规定的程序确定保障措施对于防止或者补救严重损害仍然有必要；②有证据表明相关国内产业正在进行调整；③已经履行有关对外通知、磋商的义务；④延长后的措施不严于延长前的措施。一项保障措施的实施期限及其延长期限，最长不超过8年。

保障措施实施期限超过1年的，商务部应当在实施期间内按固定时间间隔逐步放宽。保障措施实施期限超过3年的，商务部应当在实施期间内对该项进行中期复审。复审的内容包括保障措施对国内产业的影响、国内产业的调整情况等。保障措施属于提高关税的，商务部应当根据复审结果，依照本条例的规定，提出保留、取消或者加快放宽提高关税措施的建议，国务院关税税则委员工会根据商务部的建议做出决定，由商务部予以公告；保障措施属于数量限制或者其他形式的，商务部应当根据复审结果，依照本条例的规定，做出保留、取消或者加快放宽数量限制措施的决定并予以公告。

对同一进口产品再次采取保障措施的，与前次采取保障措施的时间间隔应当不短于前次采取保障措施的实施期限，并且至少为2年。符合下列条件的，对同一产品实施的期限为180天或者少于180天的保障措施，不受上述2年期限限制：①自对该进口产品实施保障措施之日起，已经超过1年；②自实施保障措施之日起5年内，未对同一产品实施两次以上保障措施。

六、典型案例评析[1]

2004年12月9日，加拿大边境服务署作出最终裁决，裁定来自中国的紧固件100%地受到了中国政府的补贴。本节重点介绍加拿大对华碳钢和不锈钢紧固件反补贴的调查过程，希望通过介绍能使大家对反补贴案本身及加拿大反补贴调查程序有更深入的认识。

（一）案情介绍

2004年4月28日，加拿大边境服务署正式对我国出口加拿大的碳钢及不锈钢紧固件进行反补贴和反倾销调查。调查期为2003年1月1日至2004年3月31日。本次调查的涉案产品为螺钉、螺栓、螺母等紧固件，涉及我国20多家企业。

加拿大反补贴调查官员在对我国涉案产品的反补贴调查过程中，刚开始由于对我国情况不熟悉，尤其是对政府部门的运作程序不甚了解，调查只限于一般层面，随着对我国情况的逐渐了解，调查的程度越来越深，触及的面越来越广、涉及的政府部门也越来越多。加拿大对我国反补贴调查首先是对涉案企业和相关政府部门发放调查问卷，并且规定比较紧的答复调查问卷的时间；然后根据调查问卷的信息收集对涉案企业和相关政府部门进行实地核查。在实地核

[1] 根据“加拿大对华反补贴案例分析”一文整理、删改，作者不详。原载 Copyright2005－2015www.9ask.cn，访问日期：2009年4月19日。

查过程中，首先是对涉案企业进行核查，随后就涉案企业中发现的问题对相关政府部门进行核实。

1. 加拿大反补贴调查法律依据。根据加拿大“钢铁进口监测分析”规则第2（1.6）节的规定，一国政府（除加拿大外）提供的财政资助在下列情况下构成补贴：①政府的行为涉及直接转移资产或债务或者潜在地转移资产或债务；②本属于政府应收缴的收入被免除或减少或者本属于政府应收缴的收入被放弃或不予征收；③政府提供除一般基础设施之外的货物或服务或购买产品，或政府允许或指示非政府机构从事本属于政府权力义务范围内的事项并且以在实质上与政府的行为方式没有什么不同的方式从事这些活动。

如果补贴存在，并且是专向性补贴，则该补贴将会被采取反补贴措施。当一项补贴按照法律规定只能由有限的企业才能获得时，该补贴被认为是专向性补贴或禁止性补贴。根据加拿大“钢铁进口监测分析”规则的定义，“企业”也包括“企业团体、产业和产业团体”。禁止性补贴包括从整体上或部分上以出口实绩为条件获得的补贴或者以使用本国产品替代进口产品为条件获得的补贴。

尽管一项补贴从法律上讲不是专向性的，但是考虑到如果符合下列条件，则一项补贴也可能被认为是专向性的：①该补贴只有有限数目的企业可以获得；②一个特定的企业在使用该补贴时处于绝对优势地位；③大部分的补贴被授予有限的企业，并且授予主体自由裁量的行为表明该补贴并不是普遍可以获得的。

为了反补贴调查的目的，加拿大边境服务署把发现的专向性补贴称为“可诉补贴”，这意味着如果被调查的进口货物得益于该补贴，则该补贴将会被采取反补贴措施。

在进行调查的过程中，加拿大边境服务署对位于中国和中国台湾的被抽样调查的出口商及中国大陆政府和中国台湾当局发放调查问卷。这些调查问卷要求提供必要的信息以证明是否存在政府任何程度的财政资助，如果存在这种资助，证明该项利益是否被授予涉案产品的生产者、制造者、加工者、购买者、运输者、销售者、出口商或进口者，由此产生的补贴是否是专向性的。中国大陆政府和中国台湾当局也被要求在各自的领域内向对被抽样调查的出口商有管辖权的下级政府发放调查问卷。

2. 对中国反补贴调查过程。加拿大边境服务署确定“中国政府”指各级政府，包括联邦、中央、省/州、地区、直辖市、市、城镇、山区、地方、立法、行政或司法意义上的政府。在本案中，由中国政府直接或间接控制下的国有企业提供的利益被认为是中国政府提供的利益。

加拿大边境服务署列出下列在中国将会被提供给涉案产品生产者的一般补贴的清单：①经济特区鼓励金；②因出口实绩或雇用普通劳动者而被授予的利

益；③优惠贷款；④中国政府提供的担保贷款；⑤所得税优惠、返还和免除，包括减少出口型企业的企业所得税；在企业设立阶段免除或减少企业所得税；对在经济特区投资的企业返还所得税；免除或减少经济特区企业的地方税；⑥投入产品税费的减少；⑦土地使用费减少；⑧从国有企业购买产品。

2004年6月~10月，加拿大边境服务署向中国政府发放了5份调查问卷。这些调查问卷是为了进一步澄清事实并且要求中国政府提供在最初被调查时要求提供的信息，包括解决明显不一致问题的信息。

加拿大边境服务署向中国政府提供了由其选定的进行抽样调查的18家出口商的目录，此次抽样调查是2004年4月28日的要求提供信息的一部分。这一目录包括加拿大边境服务署当时能够获得的所有信息，主要是通过海关文件获得的出口商的通讯地址。中国政府于初次被调查时提交的5家只对贸易公司进行销售的国内生产商的清单（均被加拿大边境服务署确认并且包括在要求提供信息的目录中）中国政府认为这些生产商都是被确定进行涉案产品生产的，并且其答复中包括这些生产商的信息。

当时，加拿大边境服务署收到中国政府提供的目录中5家公司中的3家及目录外另2家出口商和另外5家只对贸易公司进行销售的国内生产者提交的有关补贴调查的信息。由于多家公司对调查问卷作出答复，又有1家出口商被加入到抽样调查中，被抽样调查的企业增至19家。

加拿大边境服务署在发放第三次补充调查问卷时，反复强调中国政府应提供加拿大边境服务署抽样调查中新增加的公司的信息。加拿大边境服务署向中国政府的法律顾问提供了初步调查时通过单个公司对调查做出答复获得的有关联系方式的信息（这些信息主要包括公司的电话号码、传真号码及公司指定的联系人的姓名）。中国在其答复中陈述道，其不可能确定已被确认的5家出口商之外的其他出口商的地址，并把加拿大边境服务署没有向中国政府提供这几家其他出口商的中文名称而只提供了英文名称作为其不能提供确切地址的主要理由。中国政府坚持认为，这几家另外的公司很可能既是贸易者又是（或者是）并非专门从事涉案产品生产的生产者，中国政府对此一无所知。

除此之外，中国政府的答复多数是其直接与被确定的出口商进行联系的结果，即中国政府询问这些公司是否得益于政府的项目或政策，然后再将这些询问的结果提供给加拿大边境服务署。

中国政府确认其答复加拿大边境服务署所需要的信息只能从下级政府获得（下级政府被定义为在中央政府之下），并且以中央政府无法获取这些信息作为依赖于对单个出口商进行的询问结果的理由。在初次提供信息的要求中，加拿大边境服务署已把“中国政府”定义为“所有级别的政府，如联邦、中央、省/

州、地区、直辖市、市、城镇、山区、地方、立法、行政或司法意义上的、单一的、集体的、选举的或任命的政府，也包括自然人、组织、国有企业、代理机构、代表机构或中央政府、省政府、州、市政府或其他地方政府通过的法律所授权的组织”。

加拿大边境服务署希望中国政府对所有初次及补充提供信息的要求所作的答复是一个完整的包括上述“中国政府”所涵盖的所有利害关系人的全面答复，而不是仅局限在中央政府的层面上。考虑到被调查的补贴在调查期有可能或可能不会提供给涉案产品的生产商，既然中国政府未能提供这一信息，加拿大边境服务署认定中国政府提交的任何信息是不完整的。

2004 年 8 月 30 日，中国政府收到加拿大边境服务署的信函，该信函指出中国政府提供的信息中的不足之处，要求中国政府尽快提供这一信息，以便加拿大边境服务署能够利用这一信息继续正在进行的调查。截至 2004 年 9 月 10 日，加拿大边境服务署作出初裁时尚未收到中国政府答复，因此，加拿大边境服务署认定中国政府提供的信息是不完整的或是不可用的。

2004 年 9 月 13 日，中国政府向加拿大边境服务署提交信息，确认 19 家被抽样调查的出口商中有 7 家是“无关的”，因为在调查期，有 4 家没有出口涉案产品，2 家是海外公司的办事处，并不是“中国公司”，而另外一家在 1999 年就已经不存在了。按照加拿大的海关文件及单个出口商提交的答复，所有的这 19 家被加拿大边境服务署抽样调查的出口商在调查期都对加拿大出口涉案产品。根据海关记录的数据，加拿大边境服务署要求中国政府就所有的被抽样调查的 19 家出口商做出答复，以便提交完整的答复信息，而不论中国政府的记录中是否确认中国政府确认的 7 家公司是否是“涉案企业”。

此外，加拿大边境服务署要求中国政府提供中央政府的下级政府的信息，以便于决定是否省、市、县或其他级别的政府对一家或多家被抽样调查的出口商提供被认为是可诉补贴的财政资助。中国政府只提供了有限的信息，未能提供要求其提供的关于地方政府的其他文件信息。

由于中国政府提供的信息不完整，加拿大边境服务署认为出口商和中国政府提交的信息不能作为加拿大边境服务署认定对来自中国的涉案产品的补贴量的依据。

因此，补贴量按照“钢铁进口监测分析”规则第 30. 4（2）小部分部委的规定做出裁定。每千克涉案产品的补贴量为 1. 25 元人民币，按照加拿大边境服务署在初步调查中的估计此价格为原材料和加工成本的费用，在调查期间加拿大边境服务署认为这一价格超过了涉案产品的平均出口价格。加拿大按照海关数据库的记录认为补贴量为涉案产品价格的 31. 53%。

2004年12月9日，加拿大边境服务署作出最终裁决，裁定来自中国的紧固件100%地受到了中国政府的补贴。加拿大边境服务署在裁定补贴数量时认为没有充分的信息，因此根据加拿大反补贴调查规则，补贴数量计算为1.25元人民币/公斤，这个数量是加拿大边境服务署通过原材料和工艺成本超过平均市场价格的部分计算的，最终的反补贴税率为出口价格的31.53%。

（二）案件审理

2004年12月9日，加拿大边境服务署对原产于中国和中国台湾省的碳钢和不锈钢紧固件作出反倾销和反补贴终裁，裁定原产于中国的紧固件产品存在倾销及补贴，倾销幅度为3.46%～170%，平均倾销幅度为71.95%，补贴额为1.25元人民币/千克。

2005年1月7日，加拿大国际贸易法庭就本案的损害部分作出终裁，裁定：①原产于或出口自中国的不锈钢螺钉的倾销数量及补贴数量属于可忽略不计，终止对该进口产品的反倾销和反补贴调查；②原产于或出口自中国和中国台湾的碳钢螺钉倾销及原产于或出口自中国的碳钢螺钉补贴对加国内产业造成损害；③原产于或出口自中国和中国台湾的碳钢螺母和螺栓倾销及原产于或出口自中国的碳钢螺母和螺栓补贴没有对加拿大国内产业造成损害或损害威胁；④原产于或出口自中国和中国台湾的不锈钢螺母和螺栓倾销及原产于或出口自中国的不锈钢螺母和螺栓补贴没有加拿大国内产业造成损害或损害威胁。

（三）专家评析

加拿大发起的3起反补贴调查，重点不在于给中国的涉案企业造成了多大影响，也不在于给国内相关产业的竞争力造成多大的影响，其最大的意义在于给中国的企业、产业、相关的职能部门发出了一个“信号”：我国遭遇的反补贴调查数量可能会逐渐增多。

反补贴调查应诉以政府为主体，它不仅针对政府的出口补贴，还针对政府的生产补贴。但反补贴的相关规则只适用于市场经济国家，由于目前中国的“市场经济地位”没有得到欧美等国承认，因此以前并未遭受过国外的反补贴调查。中国加入世界贸易组织后，《中华人民共和国加入议定书》第10条规定，中国对国有企业提供的补贴将被视为专向性补贴，中国在加入时起应取消所有出口补贴和进口替代补贴。虽然中国在加入世界贸易组织后的15年内可以被视为非市场经济国家，但其他世界贸易组织成员可以援引《补贴与反补贴措施协定》对从中国进口的产品征收反补贴税。因为《补贴与反补贴措施协定》在确认是否存在补贴时并不考虑补贴的成员方是否是市场经济国家。

加拿大对我国反补贴调查的发起为其他国家（如美国和欧盟等）起了示范作用。2005年3月10日，美国国会11名议员提出一项新议案，要求修订美国现行的反补贴法，对市场经济和非市场经济一视同仁，对中国等国家补贴出口的做法进行回击。议案的名称为《2005 年停止海外补贴议案》。2005 年 7 月 27 日，美国国会众议院以 255∶168 票通过了经修正的美国众议院筹款委员会共和党议员英格利希提出的《美国贸易权利执行法案》。主要内容如下：授权美国反补贴法适用于来自非市场经济体（如中国）的进口。同时，欧盟也一直在寻求法律上的突破，欧盟正在考虑给予中国临时市场经济地位，这样欧盟的反补贴法也将适用于中国。所以，今后我国可能面临遭受更多的反补贴调查。

鉴于此，彻底解决现行个别补贴政策与世界贸易组织《补贴与反补贴措施协定》和《中华人民共和国加入议定书》的冲突，应成为我国今后制定和完善产业政策时必须加以认真研究的一个问题。

思考题：

1. 试述反倾销和反补贴的重要意义。
2. 简述反倾销和反补贴的区别和联系。
3. 简述实质性损害的含义、特征及其表现。
4. 谈谈你对我国反倾销、反补贴法制建设的认识。

第九章 国际市场竞争法律制度概述

内容提要：

市场竞争是市场经济的客观要求，是各国政府、经营者的共同希冀和要求。在一个国家和一定范围内的市场，要求经营者进行公平交易是狭隘的、目光短浅的。今日的世界，经济一体化，市场一体化，法律一体化是基本的趋势。因此，了解国际市场竞争中的法律调整问题就显得十分重要和必要。

教学目的：

通过本章的学习，使同学们：①了解国际公约、条约、协定等规范性文件中有关市场竞争的基本内容；②学会用国际合作和保护的眼光来审视我国的市场竞争立法。

第一节 WTO规则与国际竞争

一、WTO概述

世界贸易组织（World Trade Organization，简称WTO），世界贸易组织是一个独立于联合国的永久性国际组织。该组织的基本原则和宗旨是通过实施市场开放、非歧视和公平贸易等原则，来达到推动实现世界贸易自由化的目标。1995年1月1日正式开始运作，负责管理世界经济和贸易秩序，总部设在日内瓦莱蒙湖畔的关贸总协定总部大楼内。

建立世界贸易组织的设想是在1947年7月举行的布雷顿森林会议上提出的，当时设想在成立世界银行和国际货币基金组织的同时，成立一个国际性贸易组织，从而使它们成为二次大战后左右世界经济的“货币—金融—贸易”三位一体的机构。1947年，联合国贸易及就业会议签署《哈瓦那宪章》同意成立世界贸易组织，后来由于美国的反对，世界贸易组织未能成立。同年，美国发起拟订了关贸总协定，作为推行贸易自由化的临时契约。1986 年关贸总协定乌拉圭回合谈判启动后，欧共体和加拿大于 1990 年分别正式提出成立世界贸易组织的议案，1994 年 4 月在摩洛哥马拉喀什举行的关贸总协定部长级会议才正式决定成立世界贸易组织。

重点提示：

世界贸易组织与国际货币基金组织、世界银行构成了世界经济体系的三大支柱。其中，世界贸易组织被称为“经济联合国”。请同学们认真思考和讨论，并回答世界贸易组织为什么被称为“经济联合国”。

（一）世界贸易组织的宗旨

世界贸易组织的宗旨是：提高生活水平，保证充分就业和大幅度、稳步提高实际收入和有效需求；扩大货物和服务的生产与贸易；坚持走可持续发展之路，各成员方应促进对世界资源的最优利用、保护和维护环境，并以符合不同经济发展水平下各成员需要的方式，加强采取各种相应的措施；积极努力确保发展中国家，尤其是最不发达国家在国际贸易增长中获得与其经济发展水平相适应的份额和利益。

（二）世界贸易组织的目标

世界贸易组织的目标是建立一个完整的，包括货物、服务、与贸易有关的投资及知识产权等内容的，更具活力、更持久的多边贸易体系，使之可以包括关贸总协定贸易自由化的成果和乌拉圭回合多边贸易谈判的所有成果。

（三）世界贸易组织的职能

世界贸易组织的主要职能是：组织实施各项贸易协定；为各成员提供多边贸易谈判场所，并为多边谈判结果提供框架；解决成员间发生的贸易争端；对各成员的贸易政策与法规进行定期审议；协调与国际货币基金组织、世界银行的关系，提供技术支持和培训。

世界贸易组织的基本职能有：管理和执行共同构成世界贸易组织的多边及诸边贸易协定；作为多边贸易谈判的讲坛；寻求解决贸易争端；监督各成员贸易政策，并与其他同制订全球经济政策有关的国际机构进行合作。世界贸易组织的目标是建立一个完整的、更具有活力的和永久性的多边贸易体制。与关贸总协定相比，世界贸易组织管辖的范围除传统的和乌拉圭回合确定的货物贸易外，还包括长期游离于关贸总协定外的知识产权、投资措施和非货物贸易（服务贸易）等领域。世界贸易组织具有法人地位，它在调解成员争端方面具有更高的权威性和有效性。

（四）世界贸易组织的基本原则

世界贸易组织的基本原则是非歧视贸易原则，包括最惠国待遇、透明度和国民待遇条款；可预见的和不断扩大的市场准入程度，主要是对关税的规定；促进公平竞争，致力于建立开放、公平、无扭曲竞争的“自由贸易”环境和规则；鼓励发展与经济改革。

（五）世界贸易组织的组织机构

世界贸易组织的最高决策权力机构是部长会议，至少每2年召开1次会议。下设总理事会和秘书处，负责世界贸易组织日常会议和工作。总理事会设有货物贸易、非货物贸易（服务贸易）、知识产权3个理事会和贸易与发展、预算2个委员会。总理事会还下设贸易政策核查机构，它监督着各个委员会并负责起草国家政策评估报告。对美国、欧盟、日本、加拿大每2年起草1份政策评估报告，对最发达的16个国家每4年1次，对发展中国家每6年1次。上诉法庭负责对成员间发生的分歧进行仲裁。

（六）世界贸易组织的成员

世界贸易组织成员资格分为两种，即创始成员和新加入成员。创始成员必须是关贸总协定的缔约方，世界贸易组织在接纳新成员时，须在部长级大会上由2/3多数成员投票表决通过。目前拥有140个成员国/地区（截止2000年11月30日），另有超过30个国家/地区正在进行入世谈判。

（七）世界贸易组织的标志

1997年10月9日，世界贸易组织启用新的标识。该标识由6道向上弯曲的弧线组成，上3道和下3道分别为红、蓝、绿3种颜色。标识意味着充满活力的世界贸易组织在持久和有序地扩大世界贸易方面将发挥关键作用。6道弧线组成的球形表示世界贸易组织是不同成员组成的国际机构。标识久看有动感，象征世界贸易组织充满活力。

二、WTO现有规则直接或间接与竞争相关的基本内容

WTO现有规则直接或间接与竞争相关的基本内容主要表现在《服务贸易总协定》、《与贸易有关的知识产权协定》、《保障措施协定》、《反倾销协定》、《技术性贸易壁垒协议》和《与贸易有关的投资措施协定》等协定、协议之中。

（一）《服务贸易总协定》

《服务贸易总协定》（General Agreement on Trade in Service，缩写为GATS）是世界贸易组织管辖的一项多边贸易协议。《服务贸易总协定》由三大部分组成：一是协定条款本身，又称为框架协定；二是部门协议；三是各成员的市场准入承诺表。《服务贸易总协定》本身条款由序言和6个部分29条组成。前28条为框架协议，规定了服务贸易自由化的原则和规则，第29条为附件（共有8个附件）。主要内容包括：范围和定义、一般义务和纪律、具体承诺、逐步自由

化、机构条款、最后条款等，其核心是最惠国待遇、国民待遇、市场准入、透明度及支付的款项和转拨的资金的自由流动。《服务贸易总协定》适用于各成员采取的影响服务贸易的各项政策措施，包括中央政府、地区或地方政府和当局及其授权行使权力的非政府机构所采取的政策措施。

重点提示：

服务贸易已经成为世界经济贸易的重要组成部分，甚至可以说已经成为世界贸易的核心组成部分。请同学们查找有关资料：①搞清楚服务贸易的内涵、分类、基本表现等有关服务贸易的基础性问题；②弄清我国服务贸易的现状、特点、差距与不足；③提出促进我国服务贸易健康发展的法律对策。

《服务贸易总协定》关于竞争的规范主要反映在第8、9、15、16条中。

第10条：垄断和专营服务提供者

（1）每个成员应确保在其境内的任何垄断服务提供者，在相关市场上提供垄断服务方面，不得违反该成员在第2条下的义务和具体承诺。

（2）当一成员的垄断提供者，不论是直接或通过一附属企业参与在其垄断权范围之外且该成员已作出具体承诺的服务提供的竞争，该成员应确保该提供者在其境内不滥用其垄断地位，从而违反其承诺。

（3）当一成员有理由相信任何其他成员的垄断服务提供者的行为不符合第1款和第2款的规定而向服务贸易理事会提出请求时，理事会可要求建立、维持或批准上述服务提供者的成员提交有关经营的具体资料。

（4）在WTO协议生效后，如果一成员在其已作具体承诺的服务的提供方面授予垄断权时，在给予的垄断权即将实施前不晚于3个月，该成员应通知服务贸易理事会，并适用第21条第2款、第3款和第4款的规定。

（5）本条规定也同样适用于专营服务提供者，如果一成员正式或实际上，（n）批准或建立少数几个服务提供者和（b）实质上阻止这些服务提供者之间在其境内竞争。

第11条：商业惯例

（1）各成员承认除属于第8条的以外，服务提供者的某些商业惯例，会抑制竞争从而限制服务贸易。

（2）每一成员应任何其他成员的请求，应就取消第1款所述的商业惯例与其进行磋商。被要求的成员对此类请求应给予充分和同情的考虑，并通过提供与该事项有关的、公开的非机密性资料予以合作。在不违反国内法并就请求方保障其机密性达成满意协议的情况下，被请求的成员也应向请求方提供其他资料。

第15条：补贴

旨在保证平等或有效地课征或收取直接税的措施包括一成员根据其税收制度采取的以下措施：

（1）各成员承认，在某些情况下，补贴对服务贸易可能会产生扭曲影响。各成员应进行多边谈判以制定必要的多边纪律来避免这类贸易扭曲的影响。谈判也应讨论反补贴程序的适当性。谈判应承认补贴对发展中国家发展计划的作用，并考虑到各成员，尤其是发展中国家成员在这一领域中所需的灵活性。为进行谈判，成员应交换其提供给本国服务提供者的与服务贸易有关的补贴的所有资料。

（2）任何成员如认为另一成员的补贴使其受到负面影响时，可就此事要求与该成员进行磋商。对这种要求应给予同情的考虑。

第16条：市场准入

（1）在第1条所确定的服务提供方式的市场准入方面，每个成员给予其他任何成员的服务和服务提供者的待遇，不得低于其承诺表中所同意和明确的规定、限制和条件。

（2）在承担市场准入承诺的部门中，一成员除非在其承诺表中明确规定，既不得在某一区域内，也不得在其全境内维持或采取以下措施：（a）限制服务提供者的数量，不论是以数量配额、垄断、专营服 务提供者的方式，还是以要求经济需求测试的方式；（b）以数量配额或要求经济需求测试的方式，限制服务交易或资产的总金额；（c）以配额或要求经济需求测试的方式，限制服务业务的总量；（d）以数量配额或要求经济需求测试的方式，限制某一特定服务部门可雇佣的或一服务提供者可雇佣的、对一具体服务的提供所必需或直接有关的自然人的总数；（e）限制或要求一服务提供者通过特定类型的法律实体或合营企业提供服务的措施；（f）通过对外国持股的最高比例或单个或总体外国投资总额的限制来限制外国资本的参与。

（二）《与贸易有关的知识产权协定》

《与贸易有关的知识产权协定》（Agreement on Trade-Related Aspects of Intellectual Property Rights，缩写为TRIPs，以下简称《知识产权协定》），是世界贸易组织管辖的一项多边贸易协定。

《知识产权协定》有7个部分，共73条。主要条款有：一般规定和基本原则，关于知识产权的效力、范围及使用标准，知识产权的执法，知识产权的获得、维护及相关程序，争端的防止和解决，过渡安排，机构安排，最后条款等。协定的主要内容是：提出和重申了保护知识产权的基本原则，确立了知识产权协定与其他知识产权国际公约的基本关系。协议保护的范围包括：版权及相关权、商标、地域标识、工业品外观设计、专利、集成电路布图设计、未公开的信息包括商业秘密等 7 种知识产权，规定了最低保护要求；并涉及对限制竞争行为的控制问题，规定和强化了知识产权执法程序，有条件地将不同类型的成员加以区别对待。该协定宗旨是促进对知识产权在国际贸易范围内更充分、有效的保护，以使权利人能够从其创造发明中获益，受到激励，继续在创造发明方面的努力；减少知识产权保护对国际贸易的扭曲与阻碍，确保知识产权协定的实施及程序不对合法贸易构成壁垒。

TRIPs 第八章专门“对协议许可中限制竞争行为的控制”加以规定。其第 14 条授权成员国在其立法中明确规定在特定情况下，可构成对知识产权滥用并对相关市场的竞争产生不利影响的许可活动或条件。为此目的，一成员国可以采取适当的措施以防止或控制此类活动。然而，采取此类措施只能按照成员的有关法律法规来进行。为享受此条款规定的利益，成员应该在其竞争法中作出适当的规定。

在商标保护上，协议将商标所有权人禁止商标未经许可的适用限制在可能引起混淆的范围。由此，我们可以看出，WTO 保护商标权的目的是为了保护公平竞争和消费者的合法权益。同样的，在地理标志的保护上，成员方应确保避免可能引起在巴黎公约中规定的、混淆或不公平竞争的使用上述标志的行为。

关于专利，当确信发生一项限制竞争的行为时，可以强制许可的方式获得救济。并且，在此种情况下进行强制许可的条件要比其他情况下的简便得多。此外，在此种情况下决定给予权利所有人的补偿时，可以考虑纠正限制竞争行为的需要。实际上，整个 TRIPs 协议都是关于知识产权方面公平竞争条件的，对控制技术转让领域中的限制性商业行为具有重要意义。

（三）《保障措施协定》

保障措施（Safeguard Measures），又称为保障条款，是国际贸易协定中常见的一种条款，其目的在于使缔约方在特殊情况下免除其承诺的义务或协定所规定的行为规则，从而对因履行协定所造成的严重损害进行补救或避免严重损害威胁可能产生的后果。

《保障措施协定》在前言中指出，各成员国认识到有必要澄清和加强 GATT 1994 的纪律，特别是其中第 19 条的纪律（对某些产品进口的紧急措施），而且有必要重建对保障措施的多边控制，并消除逃避此类控制的措施；认识到结构调整的重要性和增加而非限制国际市场中竞争的必要性。在此基础上，根据第 11 条第 1 款的规定，成员不得在出口或进口方面寻求、采取或维持任何自愿出口限制、有序销售安排，或者出口节制、出口价或进口价监控体制、出口或进口监督、强制进口卡特尔等其他类似措施。依据第 11 条第 3 款，各成员不得鼓励或支持公私企业采用或者维持与上述措施等同的其他措施。

（四）《反倾销协定》

1994年关贸总协定乌拉圭回合谈判达成的《关于实施1994年关税与贸易总协定第6条的协议》（简称《反倾销协定》）是目前最具权威的国际反倾销法。该协定第2条第1款对倾销的定义作了明确的规定：“如果在正常贸易过程中，某项产品从一国出口到另一国，该产品的出口价格低于在其本国内消费的相同产品的可比价格，亦即以低于其正常的价值进入另一国的商业渠道，则该产品将被认为是倾销。”

重点提示：

《反倾销协定》是目前最具权威的国际反倾销法，对各国的反倾销立法都有巨大的指导意义和适用价值。请同学们以此为基点，谈谈我国《反倾销条例》在哪些方面与《反倾销协定》保持了一致，在哪些方面又体现出了我国立法的特殊性。

WTO关于反倾销协定的核心内容可以归纳为三大部分：倾销的概念与倾销幅度的确定，如何认定倾销所造成的损害，反倾销的程序。

1. 倾销的概念与倾销幅度的确定。倾销的概念是“如果一个产品经一国出口到另一国的出口价格低于在出口国正常贸易中旨在用于消费的相同产品的可比价格，即低于该产品的正常价值进入另一国商业，此产品被视为倾销”。

确定倾销幅度的原则包括：

（1）对出口价格和正常价值进行公平比较，这两个价格应在同样贸易水平上进行比较，即指在出厂价水平上和尽可能接近在同一时间的销售。可根据每一条件的具体状况，对影响价格比较的各种因素予以考虑。这些因素有销售的状况和条件、捐税、贸易水平、数量、物理特性等。

（2）货币折算依据的汇率。在进行价格比较需要进行货币折算时，应按销售日的汇率为准，销售日是指交易合同、购买订单、确认定单或发票的日期。

（3）调查期间倾销幅度成立的基础。通常应在加权平均正常价格与全部出口交易的加权平均价格之间比较，或者在正常价值和每年交易价格之间比较。

（4）通过中间国进口商品的价格比较。如果产品不是从原产国直接进口，而是通过一个中间国进口，则对进口成员方出售产品的价格，通常与出口国可比价格进行比较，但也可以与原产国的价格进行比较。如果产品是以低于正常价值的价格出口，则视为倾销。正常价值是指出口国中市场上的同类产品的可比价格。

2. 如何认定损害。损害是指对国内产业的“实质损害”、实质损害威胁或对建立此类产业的“实质阻碍”。损害的确定应当有明确根据，要根据两个方面的情况：①倾销产品的数量及对进口国市场同类产品价格的影响；②这些产品进口对进口国同类产品生产者的影响。

3. 反倾销的主要程序。这些程序包括：调查的发起和进行，调查进程，临时性措施，自愿提价停止调查，反倾销税的征收，可能的司法审议，反倾销的最后终止等。

（五）《技术性贸易壁垒协议》

《技术性贸易壁垒协议》（Agreement on Technical Barriers to Trade，简称 TBT 协议）。是世界贸易组织管辖的一项多边贸易协议，是在关贸总协定东京回合同名协议的基础上修改和补充的。它由前言和15 条及3 个附件组成。主要条款有：总则、技术法规和标准、符合技术法规和标准、信息和援助、机构、磋商和争端解决、最后条款。协议适用于所有产品，包括工业品和农产品，但涉及卫生与植物卫生措施，由《实施卫生与植物卫生措施协议》进行规范，政府采购实体制定的采购规则不受本协议的约束。

《技术性贸易壁垒协定》第 5 条和第 6 条对中央政府机构的合格评定程序及对合格评定的承认作出规定，其实质内容包括应当适用国民待遇原则，不得对贸易进行不必要限制。《技术贸易壁垒协定》第 8 条第 1 款则对非政府机构的合格评定程序做出了规定，要求各成员不得直接或间接要求或鼓励非政府机构以与第5 条和第6 条规定不一致的方式行事。因此，由企业组成的贸易协会等非政府机构实施合格评定时，不得对其他成员进行歧视，否则，将违反第8 条第1 款的规定，甚至可能违反相关国家竞争法。

（六）《与贸易有关的投资措施协定》

《与贸易有关的投资措施协议》（简称《TRIMs 协议》）达成于 1991 年 1 月 20 日。该协议与乌拉圭的其他协议一样，也是各方妥协的产物。协议中关于调整 TRIMS 的范围确定上采纳发达国家的观点，以概括式与列举式相结合的方法，原则上将所有与贸易有关的投资措施都包括在内；而列举的明确予以禁止的投资措施，其范围比发达国家提出的大大缩小，规定了广泛的例外，从而充分地考虑了发展中国家的利益。

根据《与贸易有关的投资措施协定》第 9 条，在审议过程中，货物贸易理事会应考虑该协定是否应当补充有关投资政策和竞争政策的规定。

综上，WTO 现有竞争规则具有以下特点：

（1）现有的规则是分别针对货物、服务、知识产权的投资等几种不同的贸易形式而制定的。各贸易形式的特点使得制定的竞争规则各不相同，也不具有共性，从而使得竞争政策规定过于分散、整体性不强、不具有协调性。

（2）限制市场准入、不受政府支持的纯粹商业行为不在世界贸易组织竞争规则的范围内。

（3）缺乏对不限于一国国内的、具有国际性的限制或损害竞争行为的规定。

（4）始终未就竞争议题 WTO 体系下应采取的基本原则和政策取向达成明确的意见。

第二节 保护工业产权巴黎公约与制止不正当竞争

一、《巴黎公约》概述

《保护工业产权巴黎公约》（Paris Convention on the Protection of Industrial Property，简称《巴黎公约》）于 1883 年 3 月 20 日在巴黎签订，1884 年 7 月 7 日生效。最初的成员国为 11 个，到 2004 年 12 月底，缔约方总数为 168 个国家，1985 年 3 月 19 日中国成为该公约成员国，我国政府在加入书中声明：中华人民共和国不受公约第 28 条第 1 款的约束。

《巴黎公约》的基本目的是保证一成员国的工业产权在所有其他成员国都得到保护。但由于各成员国间的利益矛盾和立法差别，巴黎公约没能制定统一的工业产权法，而是以各成员国内立法为基础进行保护，因此它没有排除专利权效力的地域性。自从 1883 年签署以来，《巴黎公约》多次被修订。现行的是 1980 年 2 月在日内瓦修订的文本。共 30 条，分为 3 组，第 1 ~ 12 条为实质性条款，第 13 ~ 17 条为行政性条款，第 18 ~ 30 条是关于成员国的加入、批准、退出及接纳新成员国等内容，称为“最后条款”。

（一）《巴黎公约》的保护范围

《巴黎公约》的调整对象即保护范围是工业产权。包括发明专利权、实用新型、工业品外观设计、商标权、服务标记、厂商名称、产地标记或原产地名称以及制止不正当竞争等。

《巴黎公约》的条款可以分为四个主要类别：

①实体法规则，它们保证基本权利，即每个成员国的“国民待遇”问题。

②确立另一个基本权利，即“优先权”。

③关于国际组织和成员国之间法律的一致性和执法的统一性问题。要求或允许成员国主管机关根据《巴黎公约》的条款制订出相应的法律条文，并且规定了申请人应遵守《巴黎公约》中规定的各项义务。

④关于行政机构的问题，如联盟大会、国际局的设立，财务制度和分配原则等，并且还规定了各项最终条款。

（二）《巴黎公约》的基本原则

《巴黎公约》确立了以下几项基本原则：

1. 国民待遇原则。在工业产权保护方面，公约各成员国必须在法律上给予公约其他成员国等同于其本国国民的待遇；即使是非成员国国民，只要他在公约某一成员国内有住所，或有真实有效的工商营业所，亦应给予相同于本国国民的待遇。

2. 优先权原则。《巴黎公约》规定凡在一个缔约国申请注册的商标，可以享受自初次申请之日起为期6个月的优先权，即在这6个月的优先权期限内，如申请人再向其他成员国提出同样的申请，其后来申请的日期可视同首次申请的日期。优先权的作用在于保护首次申请人，使他在向其他成员国提出同样的注册申请时，不致由于两次申请日期的差异而被第三者钻空子抢先申请注册。发明、实用新型和工业品外观设计的专利申请人从首次向成员国之一提出申请之日起，可以在一定期限内（发明和实用新型为12个月，工业品外观设计为6个月）以同一发明向其他成员国提出申请，而以第一次申请的日期为以后提出申请的日期。其条件是，申请人必须在成员国之一完成了第一次合格的申请，而且第一次申请的内容与日后向其他成员国所提出的专利申请的内容必须完全相同。

3. 独立性原则。申请和注册商标的条件，由每个成员国的本国法律决定，各自独立。对成员国国民所提出的商标注册申请，不能以申请人未在其本国申请、注册或续展为由而加以拒绝或使其注册失效。在一个成员国正式注册的商标与在其他成员国——包括申请人所在国——注册的商标无关。这就是说，商标在一成员国取得注册之后，就独立于原商标，即使原注册国已将该商标予以撤销，或因其未办理续展手续而无效，都不影响它在其他成员国所受到的保护。同一发明在不同国家所获得的专利权彼此无关，即各成员国独立地按本国的法律规定给予或拒绝、或撤销、或终止某项发明专利权，不受其他成员国对该专利权处理的影响。这就是说，已经在一成员国取得专利权的发明，在另一成员国不一定能获得；反之，在一成员国遭到拒绝的专利申请，在另一成员国则不一定遭到拒绝。

4. 强制许可专利原则。《巴黎公约》规定：各成员国可以采取立法措施，规定在一定条件下可以核准强制许可，以防止专利权人可能对专利权的滥用。某一项专利自申请日起的4年期间，或者自批准专利日起3年期内（两者以期限较长者为准），专利权人未予实施或未充分实施，有关成员国有权采取立法措施，核准强制许可证，允许第三者实施此项专利。如在第一次核准强制许可特许满2年后，仍不能防止赋予专利权而产生的流弊，可以提出撤销专利的程序。

《巴黎公约》还规定强制许可，不得专有，不得转让；但如果连同使用这种许可的那部分企业或牌号一起转让，则是允许的。

5. 商标的使用。《巴黎公约》规定，某一成员国已经注册的商标必须加以使用，只有经过一定的合理期限，而且当事人不能提出其不使用的正当理由时，才可撤销其注册。凡是已在某成员国注册的商标，在一成员国注册时，对于商标的附属部分图样加以变更，而未变更原商标重要部分，不影响商标显著特征时，不得拒绝注册。如果某一商标为几个工商业公司共有，不影响它在其他成员国申请注册和取得法律保护，但是这一共同使用的商标以不欺骗公众和不造成违反公共利益为前提。

6. 驰名商标的保护。无论驰名商标本身是否取得商标注册，公约各成员国都应禁止他人使用相同或类似于驰名商标的商标，拒绝注册与驰名商标相同或类似的商标。对于以欺骗手段取得注册的人，驰名商标的所有人的请求期限不受限制。

7. 商标权的转让。如果其成员国的法律规定，商标权的转让应与其营业一并转让方为有效，则只须转让该国的营业就足以认可其有效，不必将所有国内外营业全部转让。但这种转让应以不会引起公众对贴有该商标的商品来源、性质或重要品质发生误解为条件。

8. 展览产品的临时保护。公约成员国应按其本国法律对在公约各成员国领域内举办的官方或经官方认可的国际展览会上展出的产品所包含的专利和展出产品的商标提供临时法律保护。

二、不正当竞争行为

《巴黎公约》对不正当竞争的含义、具体表现、救济程序等反不正当竞争问题做了规定。

（一）不正当竞争行为的定义

《巴黎公约》规定，不正当竞争行为是指在工商业事务中违反诚实的习惯做法的竞争行为。这一定义包涵以下内容：

（1）不正当竞争行为发生在工商业事务中。

（2）不正当竞争行为是违反了诚实的习惯做法。“诚实的习惯做法”不仅包括成员国国内所形成和存在的诚实的习惯做法，也包括在国际贸易中形成和存在的诚实的习惯做法。

（3）不正当竞争行为是竞争行为的一种。

重点提示：

不正当竞争行为的提法始自《巴黎公约》，后世关于不正当竞争的立法均渊源于此。请同学们比较《巴黎公约》和后世相关立法，回答：①《巴黎公约》所规范和打击的不正当竞争行为为何仅局限在非法标有商标和厂商名称行为、假标记行为和需要特别禁止的不正当竞争行为等三类上？②《巴黎公约》关于不正当竞争行为的规范，对后世立法有哪些影响？③后世不正当立法对《巴黎公约》做了哪些补充和完善？

（二）不正当竞争行为之表现

《巴黎公约》所规定和规范的不正当竞争行为主要包括非法标有商标和厂商名称行为、假标记行为、需要特别禁止的不正当竞争行为等三类。

1. 非法标有商标、厂商名称行为。非法标有商标、厂商名称行为是指《巴黎公约》第9条所称的一切非法标有商标或厂商名称的六种情况。

制止非法标有商标、厂商名称行为的较好办法是采取严格的制裁措施，为此，公约第9条作了较为详细的规定：①本公约成员国对一切非法带有在该国受法律保护的商标或厂商名称的商品应在其输入该国时予以扣押；②在发生非法粘附上述标记的国家或该商品已输入进去的国家，得同样予以扣押；③扣押应依检察官或其他主管机关或有关当事人的请求，按照各国国内法的规定进行；④各机关对过境商品没有执行扣押的义务；⑤如果一国法律不准许在输入时扣押，应代之于禁止输入或在国内扣押；⑥如果一国法律既不准许在输入时扣押，也不准禁止输入国内扣押，则在法律作出相应修改之前，应代之以按该国法律在此情况下对其国民采取的行动和补救措施。

2. 假标记行为。假标记行为是指《巴黎公约》第10条所规定的，直接或间接使用假的货源标记、生产者、制造商或者商人标记的情况。

3. 需要特别禁止的不正当竞争行为。“需要特别禁止”的不正当竞争行为是相对于“一般”不正当竞争行为而言的。“一般”不正当竞争行为指《巴黎公约》第10条之2第2款对不正当竞争行为所作的概括性规定，即在商业事务中违反诚实的习惯做法的竞争行为。

“需要特别禁止”的行为包括：①用各种手段对竞争对手的企业、商品或工商业活动制造混乱的性质的一切行为；②在经营商业中，谎言损害竞争对手的企业、商品或工商业活动的信誉；③在经营商业中使用会使公众对商品的性质、制造方法、特点、用途和数量易于产生误解的表示或说法。

（三）制止不正当竞争行为的救济程序

公约除了在列举非法标有商标、厂商名称的行为、假标记行为的条文中分别特别规定了对这两种行为的救济措施和程序外，还规定了制止不正当竞争行为的一般救济程序。《巴黎公约》对制止不正当竞争的一般救济程序采取“国民待遇”的原则。

(1) 对于条约成员国的国民，包括自然人和法人在本公约的其他成员国享有该国国民待遇，不能有差别和歧视。

(2) 本公约成员国有义务对其他成员的国民待遇保证给予制止不正当竞争有效保护。

(3) 本公约成员国应当承诺，保护本公约其他成员国国民获得有效的制止不正当竞争行为的法律上的救济手段。

第三节　欧盟竞争法律制度简介

一、欧盟与欧盟竞争立法概述

欧盟成立后，其成员国资源共享，优势互补，已成为当今世界上最大的经济体，其竞争立法也已经成为世界最为完善的竞争立法。

(一) 欧盟概述

欧洲共同体是对欧洲经济共同体、欧洲煤钢共同体和欧洲原子能共同体的统称。其前身是比利时、法国、德意志联邦共和国、意大利、卢森堡和荷兰6国于1952年8月联合成立的欧洲煤钢共同体。1953年7月，上述6国为进一步推动欧洲一体化，在罗马签署了《关于建立欧洲经济共同体和欧洲原子能共同体的罗马条约》，宣告成立欧洲经济共同体和欧洲原子能共同体。1967年7月，这3个共同体宣告合并，并以单一的欧洲共同体委员会、部长理事会和共同体法院取代了原来的3个相应的机构，组成了统一的欧洲共同体。欧共体总部设在比利时布鲁塞尔。1991年12月11日，欧共体马斯特里赫特首脑会议通过了建立欧洲经济货币联盟和欧洲政治联盟的《欧洲联盟条约》(通称马斯特里赫特条约，简称马约)。1992年2月1日，各国外长正式签署马约。经欧共体各成员国批准，马约于1993年11月1日正式生效，欧共体开始向欧洲联盟过渡。1999年1月1日起在奥地利、比利时、法国、德国、芬兰、荷兰、卢森堡、爱尔兰、意大利、葡萄牙和西班牙11个国家开始正式使用欧元，并于2002年1月1日取代上述11国的货币。欧盟目前已成为一个拥有27个成员国，人口超过4.8亿的大型区域一体化组织。

1. 欧盟的宗旨。欧盟的宗旨是：取消各成员国之间的贸易壁垒；建立一个单一的对非成员国的商业政策；最终协调成员国之间的运输系统、农业政策和一般经济政策；取消私人和政府所采取的限制自由竞争的措施；保证成员国之间劳动力、资本和工商企业家的流动性。

2. 欧盟的组织机构。欧盟内部组织机构由以下几个部分组成：

（1）理事会。包括欧洲联盟理事会和欧洲理事会。欧洲联盟理事会原称部长理事会，是欧共体的决策机构，拥有欧共体的绝大部分立法权。由于马约赋予了部长理事会以欧洲联盟范围内的政府间合作的职责，因此部长理事会自1993年11月8日起改称作欧洲联盟理事会。欧洲联盟理事会分为总务理事会和专门理事会，前者由各国外长参加，后者由各国其他部长参加。欧洲理事会即欧共体成员国首脑会议，为欧共体内部建设和对外关系制定大政方针。1974年12月欧共体首脑会议决定，自1975年起使首脑会议制度化，并正式称为欧洲理事会。1987年7月生效的《欧洲单一文件》中规定，欧洲理事会由各成员国国家元首或政府首脑，以及欧洲共同体委员会主席组成，每年至少举行两次会议。马约则明确规定了欧洲理事会在欧洲联盟中的中心地位。理事会主席由各成员国轮流担任，任期半年。顺序基本按本国文字书写的国名字母排列。

（2）委员会。欧洲委员会是常设执行机构。负责实施欧共体条约和欧共体理事会作出的决定，向理事会和欧洲议会提出报告和建议，处理欧共体日常事务，代表欧共体进行对外联系和贸易等方面的谈判。委员会由17人组成，法国、德国、英国、意大利、西班牙各2人，其他成员国各1人。主席由首脑会议任命，任期2年；委员由部长理事会任命，任期4年。

（3）欧洲议会。欧共体监督、咨询机构。欧洲议会有部分预算决定权，并可以2/3多数弹劾委员会，迫其集体辞职。议员共有518名，法国、德国、英国、意大利各81名，西班牙60名、荷兰25名，比利时、希腊、葡萄牙各24名，丹麦16名，爱尔兰15名，卢森堡6名。议长任期2年半，议员任期5年。议会秘书处设在卢森堡。每月1次的议会例行全体会议在法国斯特拉斯堡举行，特别全体会议和各党团、委员会会议在布鲁塞尔举行。

（4）欧洲法院。欧共体的仲裁机构。负责审理和裁决在执行欧共体条约和有关规定中发生的各种争执。

（5）审计院。欧共体审计院成立于1977年10月，由12人组成，均由理事会在征得欧洲议会同意后予以任命。审计院负责审计欧共体及其各机构的账目，审查欧共体收支状况，并确保对欧共体财政进行正常管理。其所在地为卢森堡。

此外，欧共体还设有经济和社会委员会、欧洲煤钢共同体咨询委员会、欧洲投资银行等机构。

（二）欧盟的竞争法

欧盟竞争法，作为维护市场秩序的基本法律武器，欧盟竞争法在制止不正当竞争，建立公平、公正、公开的市场规则方面发挥着重要作用。

实际上，欧盟竞争法并不是一部法典，其具体规定散见于1957年《罗马条约》以及欧盟部长理事会和欧盟委员会通过的一系列条例、指令和决定中。如今，欧盟竞争法已成为世界上最具影响力的反垄断法之一。

欧盟委员会是欧盟竞争法的执法机构，拥有广泛的调查权和处罚权，其中处罚金额最多可达处罚对象年营业额的10%。在执法过程中，欧盟可谓严格。微软公司、英特尔公司、苹果公司和喜力啤酒公司等全球知名企业都曾遭到欧盟的反垄断调查或处罚。对于欧盟委员会的反垄断决定，相关企业可以依次上诉至设在卢森堡的欧洲初审法院和欧洲法院，但诉讼往往耗时费力。

欧盟竞争法主要涉及卡特尔组织、垄断、企业兼并、国家补助等4个方面。此外，欧盟竞争法还担负着推动欧盟内部统一市场形成的任务。为此，欧盟委员会还谋求在运输、能源、邮政和电信等行业，打破由各成员国国有企业垄断的局面，实现欧盟内部市场自由化。

重点提示：

目前，欧盟建立了较为严密的竞争法律制度，在所有的区域性国际经济组织中，欧共体的竞争法律制度是最为完善的国际间的竞争法律制度。请同学们参考相关资料总结欧盟竞争立法的基本特点。

二、欧盟的竞争法体系

欧盟竞争法重要由三部分组成，分别为《欧共体条约》，即一级立法、次一级立法和欧盟法院的判决以及先行裁决。

（一）一级立法（《欧共体条约》）

《欧共体条约》是欧盟竞争法的核心内容，属一级立法。《罗马条约》是最为主要的一级立法。

1.《罗马条约》简介。1957年3月25日，在欧洲煤钢共同体的基础上，法、西德（联邦德国）、意、比、荷、卢六国政府首脑和外长在罗马签署《欧洲经济合作条约》和《欧洲原子能共同体条约》，后来人们称这两个条约为《罗马条约》。同年7月19日到12月4日，六国议会先后批准了该条约，条约于1958年1月1日生效，该条约的生效标志着欧洲经济共同体的正式成立，即正式确定建立一个共同市场的总目标。这是欧洲一体化的重要步骤。

《罗马条约》共分6章248条，并附有11份议定书和3个专约，以及若干清单。《罗马条约》在序言中强调它的目标是：消除分裂欧洲的各种障碍，加强各成员国经济的联结，保证协调发展，建立更加紧密的联盟基础等。

《罗马条约》涉及的内容极其广泛，其中心内容是：建立关税同盟和农业共同市场，逐步协调经济和社会政策，实现商品、人员、服务和资本的自由流通。关于工业品关税同盟，条约规定在12年过渡期内分3个阶段逐步取消成员国间一切关税和贸易限制。

《罗马条约》规定了对一些特殊商品允许采取例外措施并制定了保护条款。条约还对运输政策、贸易政策、经济发展政策、国际收支政策、竞争规则、财政收入等作出规定。

此外，条约还决定设立欧洲社会基金和欧洲投资银行，以便在共同体内提供工人就业的机会和促进工业企业的现代化与改造。

《罗马条约》还确定，共同体的主要机构有：部长理事会、执行委员会、欧洲议会、欧洲法院。条约还规定设置经济政策委员会、预算委员会、运输委员会、货币委员会等一系列附属机构和专门机构。

2.《罗马条约》关于竞争规则的规定。《罗马条约》关于竞争的规则的规定，主要体现在该条约的第85、86条中。

（1）《罗马条约》第85条对竞争规则做了如下规定：①凡可能影响成员国间的贸易并以阻止、限制或违反共同体内的竞争准则为目的或产生此项结果的企业之间的协议，企业协会的决定、协作惯例以及特别是下列行为都是同共同市场相抵触的和必须予以禁止的：直接或间接地限制购买价格或出售价格，或者限定交易的其他条件；限制或控制生产、销路、技术发展或投资；分配市场或供应货源；以不平等的条件适用于贸易伙伴所履行的同等义务，使贸易伙伴因此在竞争中处于不利地位；使合同的签订取决于贸易伙伴对额外义务的接受。②根据本条而被禁止的协议或决定属当然无效。③但是，下列所指协议、决定或惯例如果有助于改善生产或改善产品的分配，或者有助于促进技术进步或经济发展，同时让使用者获得由此而产生的一部分正当利润，并且对有关企业不实行强制性的并非为实现上述目标所必需的限制，也不使该有关企业所生产的有关产品的绝大部分失掉竞争机会，那么，第1款的各项规定应被宣布不适用于这些协议、决定或惯例：企业之间的任何协议任何种类的协议；企业协会的任何决定或任何种类的决定；任何协作惯例或任何种类的协作惯例。

（2）《罗马条约》第86条对竞争规则做了如下规定：①因一个或几个企业滥用其在共同市场的优势地位，或滥用其在共同市场上的主要市场上优势地位而使各成员国间的贸易可能受到影响的情况是与共同市场的目标相抵触的，必须予以禁止。②上述滥用行为主要表现在：以直接或间接的方式强行限制购买价格或出售价格，或者限定交易的其他不平等条件；限制生产、销路或技术发展并从而使消费者蒙受损害；对履行同等义务的贸易伙伴适用不平等的条件从而使贸易伙伴在竞争中处于不利地位；使合同的签订取决于贸易伙伴对额外义务的接受。

（二）“次一级立法”或称二级立法

二级立法主要是指欧盟的有关机构制定的法规、指令、通令、决定等。欧盟的立法机构是部长理事会，除《罗马条约》外，欧盟的“次一级立法”主要由部长理事会承担。关于竞争方面的“次一级立法”主要是1962年部长理事会颁布的1762号规则，该规则有24条，是《罗马条约》第85、86条的实施细则。

（三）欧洲法院的判决和先行裁决

欧洲法院通过受理有关竞争争议的案件，进一步解释和适用竞争法的基本原则和制度，以判决方式弥补法律规定的不足，并且通过先行裁决书的形式向成员国有关法院解释条约和二级立法的规定。欧洲法院的判决生成大量的司法解释，丰富和完善了欧盟竞争法的体系。

三、限制性商业做法的竞争法规制

对限制性商业做法进行法律规制是欧盟竞争法的重要内容，也是其基本内容。

（一）限制性商业做法的含义

限制性商业做法包括限制性商业协议、决定和行为，指《罗马条约》第85第1款规定的凡足以影响各成员国之间的贸易和阻止、限制或破坏共同市场内部竞争为目的或产生此项结果的一切企业间的限制竞争协议、企业联合组织的决定和联合一致的行为。

（二）限制竞争协议

限制竞争协议通常采用两种方式：

（1）横向协议。此类协议主要发生在处于同等经济地位的企业间。其主要内容有：规定商品的价格或其他贸易条件，如批准减价、购销条件等；控制市场或产品份额；控制生产和技术；歧视第三方竞争者进入市场或阻止其进入市场；搭配出售商品或提供服务时搭售商品等。

（2）纵向协议。这类协议主要发生在从生产到流通的全过程或几个环节。这类协议主要有：专门销售或购买协议；选择销售协议。

从上可以看出，上述联合协议或联合行动，具有意图阻止或限制共同市场竞争的主观故意，客观上影响了成员之间的贸易，即为《罗马条约》禁止的限制性商业性做法之列。

（三）联合一致行为

联合一致行为是指企业间的一种协调形式，它虽未达成正式协议，然而在实践中有关企业却有意识地以实际合作来代替竞争的危险。联合一致行为虽不是正式协议，仅是企业通过口头或其他方式达成的某种默契，对有关企业具有类似合同的效力，甚至比合同具有更强的约束力。

四、滥用优势地位行为的竞争法规制

欧盟法院的解释认为，一个在市场上具有相当实力的企业，在企图用吞并竞争对手的企业的办法来进一步扩充它在这个市场所占的比重时，就存在着滥用优势地位的倾向。

欧盟关于滥用优势地位的规定主要体现有《罗马条约》第 86 条的规定。从规定看，欧盟法中，优势地位本身不属非法，特别是企业在其成员国内部的优势地位共同体法律更是不予干预。只有当企业滥用优势地位时，才会受到竞争法的禁止。这是欧盟竞争法的显著特征之一。

五、企业兼并的竞争法控制[1]

欧共体《企业合并控制条例》于 1990 年 9 月 21 日正式生效。根据欧共体理事会《企业合并控制条例》的第 1 条第 1 款，该条例仅适用于在共同体范围内具有影响的企业合并。

（一）企业合并途径

《企业合并控制条例》第 3 条指出如下三种企业合并途径：

1. 组织合并。相互独立的两个或两个以上的企业实行合并即为组织合并。这种组织合并既可以是新设合并，也可以是吸收合并。

2. 取得支配权。即一个或者几个企业通过取得另一个企业的股权、财产或者通过合同以及其他方式取得对另一个企业直接或者间接的支配权。这种支配权一般是指对另一个企业的全部控制。但是，根据《企业合并控制条例》第 3 条第 1 款的规定，这种支配权也可以表现为部分支配权。

3. 建立合营企业。几个企业共同建立一个合营企业，也会涉及取得企业支配权问题。如何控制以建立合营企业的方式实现的合并，在欧共体一直存在着争议。

（二）具有影响合并的认定标准

欧共体理事会 1989 年的第 4064 号条例对具有共同体影响的合并标准作出了规定，1997 年第 1310 号条例对该标准又做了修订。修订后的标准为：

（1）参与合并的企业在全球的共同销售额超过 25 亿欧元。

（2）参与合并的企业至少在欧共体 3 个成员国的共同市场销售额超过 1 亿欧元。

（3）参与合并的企业中至少有 2 个企业各自在欧共体上述 3 个成员国的市

---

〔1〕参见王晓晔：《欧共体竞争法》，中国法制出版社 2001 年版，第 303～320 页。

场销售额超过2500万欧元。

（4）参与合并的企业中至少有2个企业各自在欧共体市场的销售额超过1亿欧元。

此外，还有一个条件，参与合并的企业各自在共同体市场上销售额的2/3以上不是来自同一个成员国。

（三）合并控制程序

企业合并控制程序主要包括以下内容：

（1）申请。根据欧共体《企业合并控制条例》第10条规定，对共同体具有影响的合并须在合并宣告或者在订立合并协议之后的一周内，向欧共体委员会进行申报，请求委员会的批准。

（2）第一阶段的审查。委员会收到有关合并的全面的申报材料后，须在1个月内作出批准或者需要作出进一步审查的决定。

（3）第二阶段的审查。对于那些是否与共同体市场相协调有着怀疑的合并，委员会必须进行第二阶段的审查。这个阶段的审查期限为4个月。

六、欧盟竞争法的实施

欧盟竞争法的实施包括执法机构、权限、程序等问题，是欧盟竞争法的一个关键问题。

（一）执行机构和权限

欧盟理事会具体实施欧盟范围内的竞争立法。委员会可以行使下列权限：

（1）调查权。对控告违反竞争规则的企业，委员会可不经事先通知而进行现场调查。

（2）采取临时措施权。委员会对于不需要作长时间调查和审查的案件，可以采取临时措施，保护控告者的利益。

（3）决定权。经过调查，委员会可以对企业及有关组织的协定、决定或联合行动等竞争行为作出是否违反竞争规则的决定。

（4）罚款权。委员会有权对没有按规定提供情况、甚至拒绝提供情况的企业或企业组织予以罚款，罚款金额可以从100到5000欧洲货币单位。

（二）执行程序

欧盟委员会作为主要的竞争法案件主管机关，其作出禁止某种限制性商业行为的裁决时，应通知有关当事人；如果委员会对有关控告通过审查，作出不予或免予制裁的裁决，则应在规定的报纸上公告，使第三者有提出异议的机会。

思考题:

1. 简述《反倾销协定》中的“倾销定义”与我国《反倾销条例》中的“倾销定义”的异同点。

2.《巴黎公约》对不正当竞争行为作出了哪些具体规定，这些规定与我国《反不正当竞争法》的规定相比有哪些不同?

3. 欧洲共同体对企业兼并法律控制的基本内容。

4. 欧洲共同体竞争法实施的基本内容。

主要参考文献

1. 种明钊:《竞争法学》,高等教育出版社 2002 年版。
2. 王名湖主编:《反不正当竞争法概论》,中国检察出版社 1994 年版。
3. 徐孟洲等:《市场竞争的法律调整与对策》,中国政法大学出版社 1993 年版。
4. 戴奎生等:《竞争法研究》,中国大百科全书出版社 1993 年版。
5. 孔祥俊:《反不正当竞争法的适用与完善》,法律出版社 1998 年版。
6. 吴宏伟:《竞争法有关问题研究》,中国人民大学出版社 2000 年版。
7. 王全兴主编:《竞争法通论》,中国检察出版社 1997 年版。
8. 孔祥俊:《公平交易执法前沿问题研究》,工商出版社 1998 年版。
9. 王晓晔:《企业合并中的反垄断问题》,法律出版社 1996 年版。
10. 曹士兵:《反垄断法研究》,法律出版社 1996 年版。
11. 陈有西:《反不正当竞争法律适用概论》,人民法院出版社 1994 年版。
12. 高言、曹德斌主编:《反不正当竞争法理解适用与案例评析》,人民法院出版社 1996 年版。
13. 国家工商行政管理局条法司:《现代竞争法的理论与实践》,法律出版社 1993 年版。
14. 国家工商行政管理局条法司:《反不正当竞争法释义》,河北人民出版社 1993 年版。
15. 黄勤南主编:《中国反不正当竞争法讲座》,改革出版社 1995 年版。
16. 商业秘密法制丛书编辑委员会:《商业秘密法制现状分析及案例》,中国法制出版社 1995 年版。
17. 胡寄南:《中国经济思想史》,上海人民出版社 1981 年版。
18. 孔祥俊:《反垄断法原理》,中国法制出版社 2001 年版。
19. 王兴运、李建民:《公平交易法教程》,陕西人民出版社 1997 年版。
20. 李昌麒主编:《经济法学》,中国政法大学出版社 1999 年版。
21. 刘剑文、崔正军主编:《竞争法要论》,武汉大学出版社 1996 年版。
22. 吴炯主编:《维护公平竞争法》,中国人事出版社 1991 年版。
23. 王晓晔:《反垄断法与市场经济》,法律出版社 1998 年版。

24. 陈秀山:《现代竞争理论与竞争政策》，商务印书馆 1997 年版。
25. 高菲:《论美国反托拉斯法及其域外适用》，中山大学出版社 1993 年版。
26. 种明钊主编:《竞争法》，法律出版社 2005 年版。
27. 尚明主编:《主要国家（地区）反垄断法律汇编》，法律出版社 2004 年版。
28. 李国海:《反垄断法实施机制研究》，中国方正出版社 2006 年 1 月版。
29. 龚维敬:《企业兼并论》，复旦大学出版社 1996 年版。
30. 吴振国:《〈中华人民共和国反垄断法〉解读》，人民法院出版社 2007 年版。
31. ［美］保罗·萨谬尔森·威廉·诺德豪斯:《微观经济学》（第 16 版），萧琛等译，华夏出版社 2001 年版。
32. ［美］约瑟夫·E. 斯蒂格利茨:《经济学》（上册），中国人民大学出版社 1998 年版。
33. Bryan A. Garnan:《Black's Law Dictionary》（Eight Edition），Publisher: Thomson West，2008.
34. ［美］马歇尔·C. 霍尔德:《美国反托拉斯法与贸易法规》，孙南申译，中国社会科学出版社 1991 年版。
35. ［韩］权五乘:《韩国经济法》，崔吉子译，北京大学出版社 2009 年版。

重要法律法规索引

1.《中华人民共和国反不正当竞争法》(1993年9月2日中华人民共和国第八届全国人民代表大会常务委员会第三次会议通过，自1993年12月1日起施行)。
2.《中华人民共和国反垄断法》(2007年8月30日中华人民共和国第十届全国人民代表大会常务委员会第二十九次会议通过，自2008年8月1日起施行)。
3.《中华人民共和国反倾销条例》(2001年10月31日国务院第四十六次常务会议通过，自2002年1月1日起施行)。
4.《中华人民共和国反补贴条例》(2001年10月31日国务院第四十六次常务会议通过，自2002年1月1日起施行)。
5.《关于禁止公用企业限制竞争行为的若干规定》(1993年12月24日国家工商行政管理局公布)。
6.《关于禁止有奖销售活动中不正当竞争行为的若干规定》(1993年12月24日国家工商行政管理局公布)。
7.《关于禁止仿冒知名商品特有的名称、包装、装潢的不正当竞争行为的若干规定》(1995年7月6日国家工商行政管理局公布)。
8.《关于禁止侵犯商业秘密行为的若干规定》(1995年11月23日国家工商行政管理局公布)。
9.《关于禁止商业贿赂行为的暂行规定》(1996年11月15日国家工商行政管理局公布)。
10.《驰名商标认定和保护规定》(2003年4月17日国家工商行政管理总局公布)。
11.《工商行政管理机关查处垄断协议、滥用市场支配地位案件程序规定》(2009年5月26日国家工商行政管理总局公布)。
12.《工商行政管理机关制止滥用行政权力排除、限制竞争行为程序规定》(2009年5月26日发布国家工商行政管理总局公布)。
13.《工商行政管理机关行政处罚案件违法所得认定办法》(2008年11月21日

国家工商行政管理总局公布）。

14.《工商行政管理执法证管理办法》（2008年10月9日国家工商行政管理总局公布）。

15.《工商行政管理机关行政处罚程序规定》（2007年9月4日国家工商行政管理总局公布）。

图书在版编目（CIP）数据

竞争法学 / 王兴运，郑艳馨编著．—北京：中国政法大学出版社，2010.8

ISBN 978-7-5620-3701-9

Ⅰ.竞... Ⅱ.①王...②郑... Ⅲ.市场竞争-经济法-法的理论-高等学校-教材 Ⅳ.D912.29

中国版本图书馆CIP数据核字(2010)第162773号

出版发行　中国政法大学出版社

经　　销　全国各地新华书店

承　　印　固安华明印刷厂

787×960mm　16开本　22.25印张　405千字

2010年10月第1版　2010年10月第1次印刷

ISBN 978-7-5620-3701-9/D·3661

定　价：36.00元

社　　址　北京市海淀区西土城路25号

电　　话　(010)58908435(教材编辑部)　58908325(发行部)　58908334(邮购部)

通信地址　北京100088信箱8034分箱　邮政编码 100088

电子信箱　fada.jc@sohu.com(教材编辑部)

网　　址　http://www.cuplpress.com　(网络实名：中国政法大学出版社)

声　　明　1. 版权所有，侵权必究。

2. 如有缺页、倒装问题，由本社发行部负责退换。